O VALOR DAS IDEIAS

MARCOS LISBOA E SAMUEL PESSÔA
Em diálogo com: Ruy Fausto, Fernando Haddad, Marcelo Coelho, Celso Rocha de Barros, Helio Gurovitz, Luiz Fernando de Paula, Elias M. Khalil Jabbour, José Luis Oreiro, Paulo Gala, Pedro Paulo Zahluth Bastos e Luiz Gonzaga Belluzzo

O valor das ideias

Debate em tempos turbulentos

Prefácio
Renato Janine Ribeiro

1ª reimpressão

COMPANHIA DAS LETRAS

Grafia atualizada segundo o Acordo Ortográfico da Língua Portuguesa de 1990, que entrou em vigor no Brasil em 2009.

Capa
Tereza Bettinardi

Preparação
Julia Passos

Revisão
Isabel Cury
Clara Diament

Dados Internacionais de Catalogação na Publicação (CIP)
(Câmara Brasileira do Livro, SP, Brasil)

Lisboa, Marcos
O valor das ideias : Debate em tempos turbulentos / Marcos Lisboa e Samuel Pessôa — 1ª ed. — São Paulo : Companhia das Letras, 2019.

Em diálogo com: Ruy Fausto, Fernando Haddad, Marcelo Coelho, Celso Rocha de Barros, Helio Gurovitz, Luiz Fernando de Paula, Elias M. Khalil Jabbour, José Luis Oreiro, Paulo Gala, Pedro Paulo Zahluth Bastos e Luiz Gonzaga Belluzzo
ISBN 978-85-359-3215-7

1. Brasil – Política e governo 2. Brasil – Política econômica 3. Discussões e debates 4. Política I. Pessôa, Samuel. II. Título.

19-24015 CDD-324.281

Índice para catálogo sistemático:
1. Brasil : Debates : Políticas e econômica : Economia 338.981

Iolanda Rodrigues Biode – Bibliotecária – CRB-8/10014

[2020]

EDITORA SCHWARCZ S.A.
Rua Bandeira Paulista, 702, cj. 32
04532-002 — São Paulo — SP
Telefone: (11) 3707-3500
www.companhiadasletras.com.br
www.blogdacompanhia.com.br
facebook.com/companhiadasletras
instagram.com/companhiadasletras
twitter.com/cialetras

Sumário

Prefácio: O debate que faz falta — *Renato Janine Ribeiro*..... 9
Apresentação 19

PARTE I: CAMINHOS E *DES*CAMINHOS DA ESQUERDA: EM DIÁLOGO COM RUY FAUSTO E MARCELO COELHO 37
1. Reconstruir a esquerda — *Ruy Fausto* 39
2. A armadilha em que a esquerda se meteu — *Samuel Pessôa* 87
3. Ainda a esquerda — *Ruy Fausto* 109
4. Utopia e pragmatismo — *Samuel Pessôa* 132
5. Segunda resposta ao economista liberal — *Ruy Fausto*.... 152
6. Texto para o lançamento do livro de Ruy Fausto *Caminhos da esquerda* — *Samuel Pessôa* 182
7. Será que governo Fernando Henrique foi tão de esquerda quanto o de Lula? — *Marcelo Coelho* 194
8. Esquerda precisa desapegar de crenças e fazer avaliação honesta de anos FHC — *Samuel Pessôa*................. 200

9. A retórica importa; a técnica também — *Marcos Lisboa* 207

PARTE II: OS GOVERNOS PT: EM DIÁLOGO COM FERNANDO HADDAD 209
10. Vivi na pele o que aprendi nos livros — *Fernando Haddad* 211
11. Outra história — *Marcos Lisboa* 253
12. (Des)ilusões liberais — *Fernando Haddad* 275
13. De crise em crise — *Marcos Lisboa* 290

PARTE III: COMEDIMENTO E A CRISE DA POLÍTICA: EM DIÁLOGO COM CELSO ROCHA DE BARROS E HELIO GUROVITZ 307
14. O Brasil e a recessão democrática — *Celso Rocha de Barros* 309
15. A recessão democrática no Brasil: resposta a Celso — *Samuel Pessôa e Marcos Lisboa* 334
16. Recessão democrática: resposta a Samuel e Marcos — *Celso Rocha de Barros* 348
17. Autocontenção democrática: novos argumentos no debate com Celso — *Samuel Pessôa e Marcos Lisboa* 356
18. Autocontenção democrática: nova resposta a Marcos e Samuel — *Celso Rocha de Barros* 374
19. Contumélia e comedimento democrático — *Helio Gurovitz* 378

PARTE IV: HETERODOXIA À BRASILEIRA: EM DIÁLOGO COM LUIZ FERNANDO DE PAULA, ELIAS M. KHALIL JABBOUR, JOSÉ LUIS OREIRO, PAULO GALA, PEDRO PAULO ZAHLUTH BASTOS E LUIZ GONZAGA BELLUZZO 399
20. O funcionamento da economia segundo a direita e a esquerda — *Marcos Lisboa e Samuel Pessôa* 401

21. Texto rebate críticas aos economistas heterodoxos de Lisboa e Pessôa — *Luiz Fernando de Paula e Elias M. Khalil Jabbour* 414
22. O núcleo duro da divergência entre ortodoxos e heterodoxos na economia — *José Luis Oreiro e Paulo Gala* 426
23. Uma crítica aos pressupostos do ajuste econômico — *Pedro Paulo Zahluth Bastos e Luiz Gonzaga Belluzzo* 432

Notas 451

Prefácio

O debate que faz falta

Renato Janine Ribeiro

Este livro, com treze autores discutindo economia e política, é um sonho de consumo intelectual. O que mais falta no universo acadêmico brasileiro é debate sério. Ou seja, entre pessoas qualificadas, com argumentos bons, divergindo, mas se respeitando. Pois é o que temos aqui.

O que se discute nestas páginas são essencialmente as políticas adotadas no Brasil nos anos Lula e Dilma, até a destituição da presidente Dilma Rousseff em 2016, o que suscita a pergunta sobre as causas e consequências do impeachment/golpe. As políticas sociais, marca absolutamente registrada e bem-sucedida do Partido dos Trabalhadores, são um pressuposto desse debate. Nenhum dos autores discorda da necessidade delas. Mais que isso: nenhum critica sua qualidade.

Essa convergência é condição para o tom *civilizado* da discussão. Se tivéssemos gente argumentando em favor da dimensão iníqua a que chega a desigualdade social no Brasil, não haveria esse solo *ético* que é comum aos interlocutores. Quer se deva a valores de esquerda (a igualdade é um valor ético, antes mesmo de ser útil ou positiva para o desenvolvimento econômico), quer a valores liberais (não há liberalismo sem igualdade de oportunidades, que por sua vez multiplica a produtividade e a renda das pessoas), os autores concordam nesse ponto decisivo.

Mas, desde o afastamento de Dilma, os programas sociais deixaram de ser o ponto fundamental e inegociável da política brasileira — como tinham sido durante uma década e meia. Marcos Lisboa e Samuel Pessôa sustentam que eles perderam o protagonismo porque uma política econômica irresponsável, a de Dilma, cortou as bases para a continuidade deles. Como ministro que fui da Educação, no segundo mandato da presidente depois afastada, posso atestar que a falta de dinheiro foi fatal para a estabilidade institucional: os próprios apoiadores do governo e de suas políticas passaram a contestá-la, tão logo o orçamento começou a minguar.

A divergência aqui presente assim incide, essencialmente, sobre a política econômica. Não estão em discussão as políticas sociais, mas a política econômica; não o uso do dinheiro para reduzir a desigualdade, mas para promover — ou não — a economia; não o Bolsa Família, mas o que alguns chamam de bolsa empresário; não os valores ou fins sociais, mas os meios econômicos.

Embora a crítica de Lisboa e de Pessôa à política econômica seja severa, nenhum de seus interlocutores é defensor intransigente da forma como Dilma a conduziu. Fernando Haddad, o mais petista dos autores do livro, na verdade o único político aqui, cujo depoimento sobre seu mandato como prefeito de São Paulo abre a segunda parte da obra, conta um episódio de finais de 2012. Ele acabava de ser eleito para a prefeitura — e o governo Dilma lhe pediu que não elevasse as tarifas de transporte público, para não impactarem os índices de inflação. Foi um exemplo do que a oposição depois chamaria de "contabilidade criativa" — uma política que mascararia a realidade. E isso, quando Haddad tinha recebido, durante a campanha, promessas — que não foram cumpridas — de recursos federais que ajudariam a cidade a resolver alguns de seus inúmeros problemas.

(É irônico que, meses depois, as ruas do país fossem tomadas contra o aumento na tarifa, que na verdade nem mesmo repunha a inflação do período desde o último ajuste, pelo menos no caso paulistano, e que essas manifestações marcassem o fim da lua de mel do Brasil com o PT e os inícios de sua debacle.)

Outra tese dos principais autores é que há uma continuidade entre o governo Fernando Henrique Cardoso e o primeiro mandato de Lula, marcados ambos pelo compromisso com a estabilidade monetária e o controle fiscal. A seriedade com os gastos públicos, segundo eles, permitiu o desenvolvimento econômico e gerou recursos para um crescente (desde o governo FHC) investimento em políticas sociais. O problema, dizem, principia quando o aumento em gastos públicos se descola dos recursos disponíveis. Isso teria começado quando Antonio Palocci foi substituído no comando da economia pelo par Dilma Rousseff-Guido Mantega, no segundo mandato de Lula.

As dificuldades que se tornaram visíveis desde meados do primeiro mandato de Dilma, explodindo imediatamente após a reeleição, já estariam sendo incubadas desde o governo Lula. Não haveria um abismo entre o presidente popular e bem-sucedido e a presidente impopular e destituída, mas uma sequência. Por outro lado, existiria continuidade entre FHC e o primeiro Lula, o que leva os dois economistas — Samuel, mestre em física, prefere ser chamado de professor de economia, não de economista, mas por brevidade usarei este último termo para ele e Lisboa — a dizer que tanto FHC quanto Lula foram, ou são, social-democratas.

A grande maioria de seus onze interlocutores discorda deles.

Haddad observa que a desigualdade diminuiu, sim, sob FHC, mas apenas um pouco — e foi com Lula que ela caiu de maneira bem mais significativa.

Eu mesmo tenho insistido, como recentemente fiz em meus livros *A boa política* (Companhia das Letras, 2017) e *A pátria educadora em colapso* (Três Estrelas, 2018), na tese de que somente com Lula as políticas de inclusão social ocuparam o centro da agenda política brasileira, tornando-se irreversíveis. Esta a razão para que, entre 2006 e 2014, ninguém disputasse a chefia do Poder Executivo, federal, estadual ou municipal, sem realçar em seu programa eleitoral o fortalecimento dos programas sociais. Tudo isso pode ser datado da entrevista de Lula ao *Jornal Nacional*, logo após a vitória na eleição de 2002, quando, pressionado insistentemente pelos jornalistas a dizer o que faria com a economia, o presidente eleito redarguiu: "E da fome, ninguém vai perguntar?". Desde aquele momento, a agenda política brasileira mudou. A inclusão social se tornou o principal tema, isso ao longo de quatro eleições.

Os temas sociais já surgiam desde os governos Itamar Franco e FHC — concordo nisso com Lisboa e Pessôa —, mas ainda não eram irrenunciáveis, não se tinham consolidado como as *principais* pautas políticas do país. Esse papel eles só vão adquirir durante os governos petistas, perdendo-o porém com o impeachment e levando a eleição de 2018 a ser a primeira, em nosso século, a não mais ter a questão social como o ponto decisivo em jogo.

Essa mudança entre FHC e Lula não é questão menor. Reconhecer uma continuidade de Itamar Franco a Dilma Rousseff na priorização da questão social, assim como — na educação — no período que vai do ministro Murílio Hingel à segunda gestão de Aloizio Mercadante no MEC, não significa igualar todas as suas políticas.

Se me parece haver exagero na tese de uma continuidade nítida entre FHC-2 e Lula-1, por outro lado é positivo que Lisboa e Pessôa constantemente apelem ao princípio de realidade, razoavelmente ausente de algumas leituras de esquerda, como por exemplo as de Ruy Fausto, que abre, com uma série de artigos bem escritos, o livro. Não há como discordar da crítica de Fausto à corrupção que ele aponta nos governos do PT, embora ela não tenha começado com o partido e sejam discutíveis tanto sua dimensão quanto o envolvimento de Lula e Dilma. Mas fica difícil, para quem trabalhou, por exemplo, *As mãos sujas*, de Jean-Paul Sartre — no meu entender um dos livros relevantes para se pensar a política —, desconhecer que, mesmo nos países mais democráticos, os compromissos necessários para executar uma política com frequência envolvem negociações que não são angelicais.

Desde o impeachment de Dilma, muitos à esquerda brandiram o argumento de que a aliança com o PMDB teria sido a causa de sua queda. Mas essa tese ignora que, se a ruptura com os partidos fisiológicos ajudou a derrubar o PT em 2016, sem tal aliança Lula não teria terminado sequer seu primeiro mandato. A política realista deu uma década de governo ao PT, de 2005 a 2016 — assim como, antes, garantiu a governança de FHC. Como diz Maquiavel numa passagem-chave d'*O príncipe*, é melhor falar da política como ela é do que de Estados muito belos, mas que jamais existiram.

Uma reforma política é necessária, para reduzir severamente a corrupção, mas ela não é fácil e não depende apenas da boa vontade de um governo ou partido — justamente porque a corrupção está enquistada em nosso Estado, assim como a desigualdade social gritante está marcada a fundo na sociedade brasileira.

Este livro de acadêmicos, de intelectuais, teria um impacto diferente, fosse outro o resultado das eleições de outubro de 2018. Isso porque o autor Haddad não só foi ministro da Educação e prefeito de São Paulo, como também concorreu à Presidência da República nesse ano, perdendo-a por uma clara diferença de votos, mas mesmo assim obtendo 47 milhões de sufrágios, o que não é pouco.

Fica subjacente à tese de Lisboa e Pessôa que essa derrota é resultado de erros cometidos ao longo dos anos. A forte recessão que se abateu sobre o país, custando o mandato de Dilma Rousseff e depois permitindo a eleição de um absoluto outsider à Presidência, decorreria em última análise desses erros na política econômica. Não teria sido fruto das más alianças, como sustenta Fausto, mas de uma perda de apoio político causada por uma frustração intensa das expectativas depositadas nos avanços econômicos. O pior efeito de tudo isso, a longo prazo, foi retirar a inclusão social do centro dos programas eleitorais. Os candidatos vitoriosos na eleição presidencial e na maior parte dos estados, em 2018, deixaram em segundo plano a questão da pobreza e se concentraram na violência, na economia e na corrupção.

Ora, o Brasil tem duas grandes questões éticas. Uma delas é, sim, a do desvio do dinheiro público — mas qualquer estudioso de economia sabe que acabar com a corrupção não libera dinheiro suficiente para resolver o país. Esse é o tema histórico da direita, na verdade, o grande tema da incultura política brasileira, que data pelo menos de Gregório de Matos, tendo assim uns bons quatro séculos de tradição. A outra questão é a da exclusão social, que começa a ser combatida desde a fundação do quilombo de Palmares (a data que prefiro), em torno de 1580, mas assume a frente do palco somente nos últimos vinte ou trinta anos.

Infelizmente, as duas pautas não apenas vivem separadas, mas são utilizadas uma contra a outra. O resultado é que a mais que necessária inclusão social, que passa essencialmente pela economia e pela educação, perdeu o protagonismo nas eleições de 2018. Por se tratar de um problema real, ela voltará à cena nos próximos anos. Como os eleitos não se comprometeram com ela, haverá forte descompasso entre a questão dita social e as chamadas esferas política e econômica, entre as necessidades e os sentimentos da maioria e sua não tradução institucional. Temos uma bomba a explodir à nossa frente.

Uma lição que se pode retirar de Hegel é que a tragédia ocorre quando dois lados opostos têm, ambos, razão. Mas têm razão um *contra* o outro. Não acontece a desejável e necessária síntese entre suas posições. Este livro é sinal de nossa tragédia. Deveria ser óbvio que sem dinheiro não se prossegue na inclusão social. Como relatei em *A pátria educadora em colapso*, a própria presidente Dilma Rousseff, falando em julho de 2015 a investidores norte-americanos, em Nova York, mencionou a necessidade da retomada econômica para *manter* — já não dava para ampliar — os programas sociais. Ela tinha noção do tamanho da crise.

Infelizmente, os beneficiários das políticas de inclusão a que ela deu continuidade, com uma redução significativa da miséria em seu primeiro mandato, não se deram conta disso. Um dos sintomas desse descolamento da esquerda em relação à realidade foi a longa e injustificável greve das universidades federais em 2015, que durou quatro meses: elas tinham recebido um aumento real nos salários superior a 20% nos últimos três anos, mas mesmo assim queriam mais dinheiro. Isso quando o desemprego já crescia no país.

O Brasil está condenado, se quiser se tornar um país justo, a fazer crescer seu PIB — e bastante. É esse ponto que dá razão a Pessôa e a Lisboa, embora, como se lê na quarta parte do livro, haja economistas que proponham outras estratégias para o PIB subir. De todo modo, tenho notado, no debate sobre economia que ocorre desde 2014, a omissão do papel da educação. Ao mesmo tempo, a condenação que os dois economistas propõem das políticas de Dilma me parece severa demais. Erros foram cometidos, mas ela tinha a convicção de que, depois de anos de forte expansão das políticas sociais, era preciso fortalecer a base econômica delas; uma das medidas promissoras que adotou foi o Pronatec, um projeto ambicioso de ensino técnico; o programa Ciência Sem Fronteiras seguia o mesmo espírito. A história lhe fará mais justiça do que o presente imediato.

Este livro não esgota, até por tratar de sucessivos debates, as questões a que se propõe. Um de seus méritos está em abrir espaço para novas discussões. Como afirmei, não me convencem o caráter social-democrata do PSDB, que melhor teria feito se assumindo como partido liberal (e adotando pautas fundamentais do liberalismo, como a das pequenas e médias empresas, que ironicamente o PSDB nunca valorizou e acabaram sendo promovidas por Dilma, com seu ministro Afif Domingos); a crítica às alianças por vezes fisiológicas demais, mas inevitáveis num regime que soma um presidente eleito em dois turnos e uma proporcionalidade rigorosa na eleição dos deputados, o que exige negociações duras e difíceis para garantir a governança; a ênfase de Lisboa e Pessôa mais na rubrica de despesas (se quiserem, despesas e investimentos) do orçamento do que na das receitas, uma vez que não há social-democracia sem uma razoável ou forte progressividade dos impostos sobre a renda da pessoa física, bem como a propriedade de imóveis e de veículos; a dificuldade, sobretudo na esquerda, de compreender o quanto dependemos do crescimento do PIB para retomar e completar a inclusão social (não é raro, quando eu afirmo isso, que me respondam alegando que basta tirar o dinheiro da corrupção, ou do desperdício, ou ter vontade política; o problema é que, mesmo somadas, tais economias não bastariam para completar a agenda de inclusão social implantada desde 2003, ou a agenda de serviços públicos decentes exigida em 2013).

Pior: os anos de razoável convergência em torno de programas de inclusão social — e, neles, da primazia da educação — parecem ter acabado, pelo menos no que depende dos eleitos para a Presidência e para o governo dos estados mais ricos. Chegamos a um ponto em que a palavra-chave da presidente Dilma Rousseff era a defesa da igualdade de oportunidades — e em inícios de 2018, no programa *Roda Viva*, o candidato Guilherme Boulos, do PSOL, diria que socialismo era igualdade de oportunidades: ou seja, tanto a segunda presidente do PT quanto o concorrente histórico do PT à sua esquerda assumiam, como meta, o lema *liberal* por excelência. Essas convergências acabaram, não só devido ao impeachment, que dividiu as antigas forças democráticas, como também à ampla derrota infligida a ambas, PT e PSDB, pela extrema direita.

Daí que o debate elegante, inteligente e honesto, responsável pela qualidade deste livro, esteja hoje sendo substituído, em nosso país, por discursos e propostas sem futuro, que não veem esperança na educação, mas ameaça; que o ideal de Juscelino Kubitschek, presente por longos anos no Brasil, de "avançar cinquenta anos em cinco" esteja cedendo lugar à proposta do novo presidente de recuar cinquenta anos nos costumes.

Mas é nos momentos difíceis que podemos, devemos, pensar mais. (Caio Graco Prado, que foi um grande editor, uma vez me disse: quando falta dinheiro, as pessoas leem mais, querem entender o que está acontecendo — e mudá-lo.) No fundo, talvez aquilo de que o Brasil precise seja unificar projetos que em certo momento se tornaram — tragicamente — antagônicos. Em 2014, na última eleição normal que tivemos para presidente, Dilma Rousseff insistia na *inclusão social*, que é a melhor finalidade, em termos de valores éticos, para um país como o nosso; Aécio Neves falava da necessidade de *recuperar a economia*, meio indispensável para fazer o Brasil funcionar, e mais que isso, ter recursos para a própria inclusão social; Marina Silva reiterava a importância da *sustentabilidade*, conceito que proveio da defesa do meio ambiente, e que é o melhor modo de aumentar o PIB, mas sem os desastres colaterais que convertem bônus de curto prazo em ônus enormes a longo prazo. Foi trágico que três pautas que deveriam se combinar tenham conhecido um conflito tão radical que o próprio equilíbrio institucional do país entrou em colapso.

Cabe a nós prolongar agora essa discussão tão bem iniciada neste livro. Não mais pensar apenas quais foram as responsabilidades pela crise a que chegamos, mas quais os meios de sair dela com um projeto consistente de crescimento sustentável e justo. Conseguir isso, num contexto de queda do poder aquisitivo, de tensão e mesmo ódio, será muito difícil, mas imprescindível. É o desafio suplementar que proponho aos autores — e aos leitores — deste livro essencial.

Apresentação

Este livro reúne quatro das polêmicas em que nos envolvemos nos últimos anos sobre a política econômica e a história recente do nosso país.

A primeira polêmica foi motivada por artigo do filósofo Ruy Fausto publicado na *piauí* sobre o papel das esquerdas depois das muitas transformações da economia mundial nas últimas três décadas. Fausto critica os governos petistas, as suas alianças políticas e a conivência com a corrupção. Alega também que a globalização teria levado à destruição do Estado de bem-estar e ao aumento da desigualdade. Samuel Pessôa comentou o artigo na mesma revista e argumentou que alguns fatos vão na contramão das teses de Fausto. Nos últimos vinte anos, por exemplo, a expansão do comércio mundial ocorreu simultaneamente a uma notável diminuição da pobreza nos países emergentes. Além disso, Pessôa critica a tradicional demonização do governo FHC e a incapacidade de avaliar corretamente a experiência social-democrata dos dois mandatos do peessedebista.

Um tema que percorre as muitas polêmicas deste livro —

notadamente a segunda, travada com Fernando Haddad — é o contraponto entre os governos FHC e Lula. Marcelo Coelho e Fernando Haddad afirmam que houve uma inflexão na política social a partir do primeiro mandato de Lula. Por outro lado, Lisboa e Pessôa argumentam que a expansão da política social foi similar nos dois governos, ainda mais quando comparada com o desempenho verificado no resto do mundo.

O governo FHC ocorreu em um momento de menor crescimento da economia mundial. O salário mínimo, porém, aumentou quase 20% acima da inflação em cada um dos seus mandatos. Já o governo Lula se deu em um momento de forte crescimento mundial, com os países emergentes crescendo 6% ao ano, enquanto o Brasil crescia cerca de 4%. O aumento do salário mínimo em cada um dos seus mandatos foi pouco acima de 20%.

Além disso, como observa Lisboa no debate com Fernando Haddad, há uma notável continuidade nas políticas econômica e social iniciadas por FHC e aperfeiçoadas por Lula, como o Bolsa Família, continuidade essa que foi criticada por muitos intelectuais de esquerda no começo do primeiro governo Lula.

A patente redução da pobreza e da desigualdade a partir de 2001 foi também observada na maioria dos países emergentes. O percentual de pessoas que viviam na extrema pobreza nesses países, excluindo a América Latina, despencou de quase 35% em 1996 para menos de 5% em 2013, segundo dados do Banco Mundial. No mesmo período, a extrema pobreza no Brasil caiu de 15% para 5%, a mesma queda observada no restante da América Latina. A estatística não parece identificar nenhuma ruptura na política pública no governo Lula que tenha contribuído para a queda da desigualdade, quase que integralmente explicada pelo desempenho do mercado de trabalho desde o fim do governo FHC. O mesmo desempenho explica a ainda mais notável queda da pobreza nos demais países emergentes e parece estar relacionada com a expansão do comércio mundial, em vários casos fortalecida pela política de aumento do salário mínimo em muitos países, como no caso do Brasil desde os anos 1990.

As principais divergências entre Haddad e Lisboa dizem respeito às rupturas. Haddad argumenta, em nossa segunda polêmica, que a gestão Lula desde o começo apresentou diferenças importantes em relação ao governo FHC. Lisboa discorda e aponta diversas continuidades na política social e econômica. Para ele, a ruptura na política econômica teria ocorrido a partir de meados do segundo governo Lula, com o resgate da agenda nacional-desenvolvimentista. Haddad contrapõe, porém, que o segundo governo Lula apenas aprofundou a sua agenda de desenvolvimento tendo em vista a crise da economia mundial a partir de 2008. Os problemas com a política econômica, segundo ele, teriam se iniciado em meados do governo Dilma Rousseff.

A terceira polêmica sistematizada no livro foi suscitada por um artigo de Celso Rocha de Barros na revista *piauí*. Barros dizia que a direita brasileira desde 2015 vinha quebrando a regra de boa convivência política e optando pelas zonas cinzentas de nossa democracia. Tal ação da direita seria a responsável pela crise política que se instaurou a partir do impeachment.

Em comentário ao texto de Barros no blog do Instituto Brasileiro de Economia da Fundação Getulio Vargas (Ibre-FGV), observamos que o PT optara pela zona cinzenta da democracia desde o governo FHC, e mais, que no começo do governo Lula o PSDB surpreendeu ao apoiar a agenda de reformas do governo Lula. O esgarçamento da política teria ocorrido em meados da década de 2000.

Como nas boas polêmicas, a troca de artigos entre Barros e nós no blog do Ibre-FGV resultou em alguns consensos e deixou mais claras as razões da divergência. Helio Gurovitz fecha o debate criticando a todos nós. Para Helio, não é possível definir com precisão o que é zona cinzenta; a política deveria se ater exclusivamente à observância das regras formais.

Por fim, apresentamos um aspecto central de nossa participação no debate público: uma longa troca com Pedro Paulo Zahluth Bastos e Luiz Gonzaga Belluzzo, Luiz Fernando de Paula, Elias M. Khalil Jabbour, José Luis Oreiro e Paulo Gala sobre as diferenças entre os ditos "heterodoxos" e os "ortodoxos" na análise da economia.

Os heterodoxos defendem narrativas ambiciosas que combinam aspectos da história econômica e estudos de caso, ilustrados por dados econômicos. Os ortodoxos, por sua vez, utilizam modelos teóricos quantitativos para propor conjecturas precisas sobre aspectos econômicos muito específicos, que podem ser rejeitadas pelos testes estatísticos. Os primeiros, porém, criticam a suposta cientificidade da análise quantitativa e o recurso à econometria da abordagem ortodoxa.

As discordâncias entre heterodoxos e ortodoxos resultam em propostas distintas sobre a política econômica mais adequada para promover o desenvolvimento e a inclusão social. Durante anos a abordagem heterodoxa foi dominante no Brasil, mas a partir da década de 1990 a agenda de política econômica acabou polarizada pelos confrontos entre essas duas formas de analisar a economia e conduzir a política econômica, mesmo quando compartilham o mesmo objetivo para a política pública.

As quatro polêmicas aqui reunidas refletem profundas divergências tanto sobre o diagnóstico de temas da economia quanto sobre as propostas de política econômica.

Tais divergências poderiam apenas refletir a discordância sobre os objetivos da política econômica. Como argumentamos nesta introdução, no entanto, parece-nos que existem motivos adicionais para o debate polarizado sobre economia no Brasil. Afinal, mesmo intelectuais com objetivos semelhantes, como a retomada do crescimento e a diminuição da pobreza, divergem sobre os meios e os instrumentos mais eficazes de intervenção pública.

As razões da dissensão parecem, em boa parte, decorrer da disputa partidária disfuncional entre PSDB e PT, partidos de centro-esquerda, alimentada pela existência de duas formas bem distintas de analisar a economia, a contraposição entre heterodoxos e ortodoxos.

Partidos fronteiriços no espectro político, em que muitos militantes e intelectuais compartilhavam abordagens e visões de mundo, PSDB e PT acabaram se distanciando pela dinâmica da política e pelas alianças formadas na transição para a democracia. A polarização terminou por construir uma caricatura do governo FHC, que mascarou as divergências sobre as políticas públicas mais eficazes para retomar o desenvolvimento como projetos distintos decorrentes do conflito entre classes sociais.

O PSDB tornou-se, para alguns, o partido de direita, neoliberal e insensível ao desenvolvimento e à desigualdade social. O PT simbolizaria, por sua vez, o partido de esquerda comprometido com as minorias e a oposição às elites.

Como ocorre na retórica da política, um pouco de verdade justifica muita distorção na tentativa de construir a identidade da oposição.

Desde meados do século XX, a estratégia dominante de política econômica passava pela proteção da produção doméstica e pela concessão de subsídios e estímulos para a industrialização, contando inclusive com a forte participação de empresas estatais. Havia pouco cuidado com a disciplina fiscal e, com frequência, o governo recorria a medidas heterodoxas para enfrentar a inflação, como o controle de preços. Por fim, a política social, em particular a educação, era considerada pouco relevante para o desenvolvimento econômico e a redução da desigualdade de renda.

Heterodoxos e ortodoxos adotam abordagens distintas para analisar a economia, tornando difícil o debate. Os heterodoxos — e são muitas as suas correntes no Brasil — compartilham visões de mundo em que o papel da retórica é aglutinar evidências e argumentos para defender as intervenções que acreditam adequadas para a política econômica.

Já os ortodoxos não se caracterizam por uma visão de mundo comum sobre as prescrições de política econômica, mas apenas sobre o método pelo qual se pode tentar dirimir as divergências. Na análise ortodoxa, devem ser propostos modelos formais com conjecturas precisas que possam ser testadas empiricamente com o uso da melhor estatística disponível. Em alguns casos, a evidência parece bastante robusta, em muitos não. Daí os muitos debates entre economistas ortodoxos sobre, por exemplo, qual deveria ter sido a política fiscal nos Estados Unidos depois da crise de 2008. Ao contrário das muitas heterodoxias, a ortodoxia não tem como ponto de partida um conjunto de prescrições de política pública.

A heterodoxia, por outro lado, é cética quanto à ênfase da ortodoxia em modelos formais e seus testes estatísticos, argumentando que ela encobre uma ideologia liberal que vai na contramão das experiências bem-sucedidas de desenvolvimento econômico, como no caso da Alemanha e de países do Leste Asiático, como a Coreia.

A crítica à abordagem liberal e à expansão do comércio mundial ocorre igualmente nos artigos de Ruy Fausto e Fernando Haddad, que defendem a intervenção pública para limitar os movimentos do capital e garantir um desenvolvimento autônomo com promoção de maior igualdade social.

Por muito tempo, apenas a Escola de Pós-Graduação em Economia da Fundação Getulio Vargas no Rio de Janeiro e alguns economistas da USP faziam majoritariamente pesquisa em economia como nas principais universidades no exterior.

Esse quadro começou a mudar com o crescimento do departamento de economia na PUC-Rio nos anos 1980 e as novas gerações de economistas com doutorado no exterior que questionavam os velhos dogmas, ainda mais tendo em vista a grave crise econômica e os seguidos fracassos dos planos heterodoxos para estabilizar a economia, que atingiu seu ápice no governo Collor. A inflação crescente, que chegou a 80% ao mês, convivia com empresas estatais que cobravam caro por serviços de baixa qualidade e empresas privadas pouco produtivas em comparação com as dos demais países. A economia fechada dificultava a difusão de novas tecnologias e o descontrole das contas públicas inviabilizava a estabilização da economia.

Os economistas ortodoxos, muitos associados ao PSDB, passaram a criticar a abordagem heterodoxa e a agenda nacional-desenvolvimentista no fim dos anos 1980. Segundo eles, a forma de intervenção do setor público na economia brasileira tornara-se disfuncional, desestimulando o aumento da produtividade e o crescimento da renda. A abertura ao comércio externo e as privatizações de algumas estatais seriam parte da agenda de reformas para garantir a estabilidade e retomar o crescimento econômico. Além disso, a política fiscal deveria garantir a sustentabilidade das contas públicas e a política monetária e assegurar a estabilidade dos preços. Por fim, a redução da desigualdade passaria pelo aumento da escolaridade das novas gerações, que resultaria no aumento da produtividade do trabalho e da renda dos indivíduos.

Depois da abertura da economia e do sucesso do Plano Real, o debate entre heterodoxos e ortodoxos tornou-se mais acirrado na academia e na formulação da política econômica, tanto nos dois governos de Fernando Henrique quanto no primeiro governo Lula.

Os heterodoxos defendiam o resgate da agenda nacional-desenvolvimentista, enfatizando o papel da política pública para estimular e apoiar o setor produtivo. Os ortodoxos, por sua vez, defendiam uma política econômica mais liberal, com ênfase no papel da política pública para regular os mercados e focalizar os gastos públicos em educação e na garantia de proteção social para as famílias mais vulneráveis. Esse debate reverberava na condução da política macroeconômica com a crítica heterodoxa à ênfase ortodoxa na necessidade de equilíbrio das contas públicas e no uso da taxa de juros para controlar a inflação.

Invariavelmente, a equipe do Ministério da Fazenda procurava garantir o equilíbrio das contas públicas, administrar conflitos e promover reformas que permitissem o melhor funcionamento dos mercados. Ao mesmo tempo, muitos grupos no governo e na oposição defendiam a retomada do nacional-desenvolvimentismo. A imprensa documentou as frequentes críticas do Ministério do Planejamento, liderado por José Serra no governo FHC, à política econômica adotada pela Fazenda e à ausência de uma política industrial. Esses críticos defendiam que a política econômica deveria priorizar a concessão de crédito subsidiado e a proteção à produção local para estimular o desenvolvimento.

Tal conflito refletia a falta de consenso sobre a agenda econômica e resultou em um debate esquizofrênico. A política econômica liderada pelo Ministério da Fazenda era criticada tanto pela oposição quanto por aliados, incluindo ministros do próprio governo. Nas fases de crescimento, a política econômica, fosse do PSDB fosse do PT, resgatava medidas típicas da agenda desenvolvimentista. Nos momentos de crise doméstica aguda, porém, o governo optava pelos ajustes e pelas reformas defendidos pela Fazenda.

Nesse aspecto, os governos FHC e Lula foram bastante semelhantes. Em ambos, os críticos heterodoxos, no PSDB e no PT, defendiam a necessidade de o governo apoiar o investimento e a produção doméstica para viabilizar o maior crescimento da economia. O governo FHC adotou algumas medidas típicas do nacional-desenvolvimentismo, como as regras de conteúdo nacional para o setor de óleo e gás, assim como planos de desenvolvimento setorial, como no caso da indústria automotiva.

O descuido com a política fiscal, porém, cobrou seu preço no fim do primeiro FHC. O governo Itamar Franco havia feito um notável ajuste fiscal em 1993 que viabilizou o Plano Real. A inflação elevada, porém, era uma forma disfuncional de financiar os gastos públicos, e a receita do governo se reduziu com a estabilização da economia. A deterioração das contas públicas em um regime de câmbio fixo resultou na crise de 1999. Premido pelas circunstâncias, o governo FHC reconheceu erros, cortou gastos, aumentou impostos, promoveu o ajuste das contas dos estados e optou pelo câmbio flutuante e pelo regime de metas de inflação. O Congresso aprovou a Lei de Responsabilidade Fiscal.

O primeiro governo Lula, provavelmente assustado com a crise de 2002, em boa medida uma reação às propostas econômicas defendidas durante anos pelo PT, optou por uma agenda econômica ainda mais ortodoxa do que a adotada no segundo governo FHC.

Como no governo FHC, porém, o bom desempenho da economia nos anos seguintes resultou no resgate de políticas típicas do nacional-desenvolvimentismo. A diferença ficou na sua extensão. No governo FHC, foram adotadas medidas de proteção e estímulo a alguns setores específicos, enquanto no segundo governo Lula se assistiu à retomada da agenda nacional-desenvolvimentista com a disseminação muito mais ampla e profunda das políticas de estímulo à industrialização e à produção doméstica, incluindo o fortalecimento de empresas estatais, como Petrobras e Eletrobras.

A imensa maioria desses projetos fracassou na década seguinte, mas o governo Dilma, ao contrário dos de FHC e de Lula, foi incapaz de reconhecer erros e dobrou a aposta na intervenção nacional-desenvolvimentista.

Alguns textos nesta coletânea apresentam a nossa interpretação das causas da crise recente e por que achamos que a política econômica adotada a partir do segundo governo Lula — e ampliada no governo Dilma — resultou na imensa crise recente.

Entre os economistas que divergem de nós, alguns atribuem a crise recente à opção do segundo governo Dilma por promover um ajuste fiscal, ainda que, posteriormente, tenham reconhecido, em maior ou menor grau, que o seu primeiro mandato cometeu diversos equívocos. Para os economistas heterodoxos, os problemas decorreram de erros na execução da política desenvolvimentista, não da estratégia adotada. Fernando Haddad defende posição semelhante no seu debate com Marcos Lisboa. Ruy Fausto, por sua vez, é ainda mais crítico a qualquer tentativa de conciliar uma estratégia de desenvolvimento com inclusão social em uma economia de mercado.

Deixamos para o leitor o veredito sobre as controvérsias entre heterodoxos e ortodoxos, assim como sobre a divergência ainda mais profunda com Ruy Fausto sobre a possibilidade de uma economia de mercado promover a inclusão social.

As divergências sobre os objetivos da política pública entre PSDB e PT, no entanto, nos parecem bem menores do que a retórica sugeria. Tanto PSDB quanto PT eram partidos essencialmente de centro-esquerda e compartilharam, inclusive, as mesmas discrepâncias nos seus governos.

Havia, isso sim, uma profunda discordância entre os economistas sobre as políticas a serem adotadas para atingir esses objetivos, e essas divergências ocorreram entre os técnicos tanto do governo FHC quanto do primeiro governo Lula. O afastamento na política, por sua vez, começou na transição para a democracia, quando o PSDB optou pela aliança com grupos políticos moderados, enquanto o PT preferiu construir a sua identidade como dissidência.

No governo de coalizão após a renúncia de Collor, o PSDB acabou tendo que assumir a responsabilidade pela política econômica e o custo da estabilização macroeconômica.

A política partidária talvez explique a reação equivocada dos economistas do PT ao Plano Real. Nos anos seguintes, as crescentes divergências entre economistas heterodoxos e ortodoxos se somaram à divergência partidária, agravando o confronto sobre as escolhas da política econômica mais adequada para a retomada do desenvolvimento.

A polarização PT × PSDB foi acentuada pela retórica distinta adotada pelos seus governos, que argumentavam rupturas em meio à continuidade tanto da agenda econômica quanto das políticas sociais nos governos FHC e, sobretudo, no primeiro Lula. No entanto, um ficou rotulado como neoliberal e insensível à desigualdade, enquanto o outro ficou marcado pela agenda de inclusão social.

Pouco importava que a queda da pobreza extrema tivesse sido um fenômeno mundial nos países emergentes nos anos 2000, e que essa queda tenha sido bem maior em outros países do que no Brasil. A retórica terminou por prevalecer. Os economistas do governo FHC enfatizavam o ajuste das contas públicas e o jargão técnico ocupava o debate com termos obscuros como superávit primário. O discurso de Lula, por sua vez, notava corretamente que a estabilidade macroeconômica não era um fim em si mesma, mas o caminho para o cuidado com os mais pobres e as minorias.

Como resultado, apesar da similaridade e continuidade da política social nos seus governos, ficou a imagem de ruptura. A retórica teve efeitos para além da percepção. Aparentemente, o discurso do governo Lula foi eficaz em disseminar práticas de inclusão social e de reconhecimento da desigualdade de oportunidades no nosso país. Minorias, negros e mulheres passaram a fazer parte do debate. A narrativa liderada por Lula parece ter resultado em um avanço notável no cuidado com as minorias na década de 2000.

O debate sobre a política econômica, porém, acabou contaminado pelo confronto político entre PSDB e PT. Havia bem mais disputa partidária do que economia, e, com frequência, não se procurava esclarecer as razões da discordância e analisar as evidências para desenhar a melhor abordagem para a política econômica, mas apenas desqualificar a divergência.

Em vez de debater em que casos a intervenção estatal havia sido malsucedida e se seria melhor para o país privatizar algumas estatais, preferiu-se rotular o governo FHC de neoliberal, o que constitui uma contradição em termos para um governo que elevou a carga tributária e o gasto social.

O confronto na política foi acentuado pelas divergências entre os economistas heterodoxos e os ortodoxos, sendo frequentemente caracterizado como contrapondo esquerda e direita, ou PT e PSDB. Não foi bem assim. Como já comentamos, havia economistas heterodoxos no governo FHC que defendiam teses semelhantes às dos economistas do PT, e seus embates com a equipe do Ministério da Fazenda foram públicos. Da mesma forma, o primeiro governo Lula optou por uma política econômica ainda mais ortodoxa do que o segundo Fernando Henrique, sendo duramente criticada por economistas do partido e membros do governo.

A nosso ver, a disputa partidária explica bem mais a polarização entre PSDB e PT do que uma suposta oposição entre direita e esquerda ou entre ortodoxos e heterodoxos. Na taxonomia proposta por Norberto Bobbio, a esquerda se diferencia da direita pela defesa de maior inclusão social, mesmo que às custas de menor crescimento econômico. Essa divergência não diferencia os governos do PT e do PSDB ou os economistas ortodoxos e heterodoxos.

Ambos os governos FHC e Lula preservaram o equilíbrio das

contas públicas, utilizaram a política monetária para controlar a inflação e expandiram os gastos sociais. Pode ter havido diferença na retórica, mas a evidência não indica qualquer ruptura entre as políticas públicas adotadas por ambos os governos.

A divergência entre economistas heterodoxos e ortodoxos, por outro lado, não decorre da maior ou menor preocupação com a desigualdade ou a redução da pobreza. A economia procura estimar os impactos das diversas opções de política pública e seus efeitos colaterais. A escolha sobre os caminhos a serem tomados, porém, pertence à política e à escolha social.

São dois eixos distintos de análise. De um lado, existe o debate sobre quais são as consequências de cada escolha de política pública. Por exemplo, será que a intervenção no mercado de câmbio de fato promove maior crescimento? Qual é a política pública mais eficaz para reduzir a pobreza ou para promover o crescimento?

Samuel Pessôa e Ruy Fausto revelam preocupações semelhantes sobre a desigualdade social e o papel da política pública para promover a melhor qualidade de vida dos mais pobres. O seu debate, porém, ilustra suas muitas diferenças na análise do impacto do comércio mundial sobre a desigualdade de renda e a redução da pobreza nos países emergentes. Da mesma forma, Fernando Haddad e Marcos Lisboa discordam sobre o impacto das políticas desenvolvimentistas adotadas a partir do segundo governo Lula no crescimento econômico.

Esses debates, a nosso ver, devem ser resolvidos pela análise dos casos concretos utilizando-se a melhor estatística disponível, enquanto os economistas heterodoxos preferem as narrativas baseadas nas experiências bem-sucedidas de desenvolvimento.

De outro lado, discute-se quais devem ser as escolhas da sociedade frente a objetivos conflitantes. Preferimos maior crescimento econômico mesmo que resulte em maior desigualdade de renda, ou devemos optar por políticas de proteção social ainda que isso gere um país mais pobre? Nesse debate sobre a escolha social, o papel da economia é apenas estimar os impactos de cada escolha, mas ela nada pode afirmar sobre qual escolha é preferível. Cabe à política, que representa a sociedade, definir o rumo a ser tomado.

Existem economistas ortodoxos mais ou menos à esquerda, assim como economistas heterodoxos que defendem políticas públicas para distribuir renda para o setor produtivo em detrimento das políticas sociais, como ocorreu com o resgate do nacional-desenvolvimentismo a partir de 2008, em que apenas o BNDES concedeu o equivalente a dez anos de gasto com o Bolsa Família em subsídios para o investimento do setor privado.

Economistas heterodoxos e ortodoxos divergiram sobre a eficácia dessa política. Os heterodoxos acreditavam que ela resultaria em maior crescimento econômico, comentando as experiências bem-sucedidas de desenvolvimento, como no caso da Coreia. Os ortodoxos argumentavam, com base nas pesquisas sobre políticas de estímulos setoriais, que elas seriam ineficazes e apenas resultariam em transferir recursos públicos para benefício do setor privado. A economia discute os meios mais eficazes para atingir determinados objetivos, um debate sobre os meios.

Cumpre à política, por outro lado, deliberar sobre quais objetivos devem ser prioritários, e é esse o debate entre esquerda e direita na classificação de Bobbio. Os recursos públicos devem ter como prioridade cuidar dos grupos mais vulneráveis ou promover o crescimento econômico?

O debate em economia no Brasil sempre embaralhou as divergências sobre os meios com supostas discordâncias sobre os objetivos da política pública. Um exemplo de como a divergência entre esquerda e direita é mais sutil do que a retórica ligeira sugere ocorreu com a proposta de unificação dos programas de transferência de renda e a sua focalização nos mais pobres feita pelo

Ministério da Fazenda em abril de 2003. A proposta foi formulada por economistas ortodoxos e recebeu críticas severas de economistas heterodoxos.

Essa controvérsia reflete divergências tanto sobre a eficácia das políticas públicas em reduzir a pobreza quanto sobre a disputa política, em que alguns apenas procuravam desqualificar a equipe econômica que liderava o Ministério da Fazenda no primeiro governo Lula.

A disputa partidária transformou as divergências sobre como estabilizar a economia e promover o desenvolvimento em confrontos entre esquerda e direita, entre heterodoxos e ortodoxos — como se existissem economistas contrários à estabilização ou ao crescimento.

A discordância sobre a origem do processo de demonização recíproco entre PT e PSDB — quem começou a briga, como sintetiza Helio Gurovitz — é o centro de nosso debate com Celso de Barros. Barros destaca o tumultuado processo de impedimento de Dilma Rousseff e afirma que teria havido oportunismo nas denúncias contra políticos do PT ao mesmo tempo que se preservavam políticos envolvidos em denúncias ainda mais graves, como Eduardo Cunha, desde que fossem úteis na disputa política.

Avaliamos que essa demonização começou antes. Na política partidária, e aqui nos parece que o PT teve precedência, o importante foi desqualificar a divergência por supostamente defender interesses inaceitáveis. O discurso que nega a existência de dilemas e propõe saídas populistas inviáveis seria justificado pela disputa eleitoral. Nada mais fácil para a oposição do que argumentar que os dilemas não existem e que as escolhas do governo de plantão apenas beneficiam segmentos da elite.

Não cabia analisar o Plano Real e a sua possibilidade de sucesso. Muito menos se devia discutir a sustentabilidade das regras da nossa Previdência e a eventual necessidade de uma reforma para evitar uma grave crise fiscal nas décadas seguintes. A retórica partidária transformou as discordâncias sobre a política econômica em confronto de classes. O objetivo não era entender as razões da divergência, mas sim desqualificar os "economistas do outro lado". O resultado foi a quase impossibilidade de diálogo para tratar dos problemas econômicos.

O confronto surdo e insensível às evidências na economia refletia a polarização da política, em que a legitimação do PT passava pela desqualificação do PSDB como partido "neoliberal", "entreguista", que deixara uma "herança maldita" em 2003. Nada disso era verdade, como as lideranças do PT reconheciam a portas fechadas, mas apenas parte do jogo retórico para demonizar a divergência. Essa agenda contaminava não apenas a economia, mas também as muitas denúncias de malfeitos e supostas irregularidades em atos da administração do governo FHC. Não cabia saber onde havia problema verdadeiro, ou onde havia apenas oportunidade para denúncias vazias, mas que ocupavam as manchetes de jornal.

Discordâncias sobre a política econômica e eventuais problemas com processos licitatórios eram embrulhados com denúncias descabidas sobre o Plano Real, a Lei de Responsabilidade Fiscal e a reforma da Previdência, em meio a acusações infundadas, mas devastadoras, sobre servidores públicos, como Eduardo Jorge, secretário de FHC, contra quem nada foi provado, passadas duas décadas.

A ciência política recentemente passou a debater a importância da autocontenção nas divergências da política. A filigrana da lei não deveria ser utilizada para derrubar a oposição, ou adotar subterfúgios para criminalizar a divergência.

A oposição democrática, segundo alguns cientistas políticos citados na nossa polêmica com Celso de Barros, deveria ser cuidadosa com a possibilidade das denúncias frágeis que procuram apenas tumultuar a política, insinuando crime onde há, apenas, divergência política. Por isso mesmo, muitos países preveem delimitar as ações que podem ser iniciadas contra governantes durante o seu mandato. Afinal, deveria haver limites para que a obstrução partidária inviabilize a condução da política pública.

Militantes vinculados ao PT apoiaram entusiasticamente o afastamento de Collor, pediram dezenas de vezes o impedimento de FHC, e uma presidente eleita pelo PT foi impedida. Em que medida a filigrana da lei foi utilizada para obstruir a divergência? Os fatos justificaram as ações?

Por outro lado, as regras legais do confronto democrático permitem a livre contraposição de argumentos para benefício da escolha pública, ainda que por vezes estimulem a desqualificação da divergência.

A política, porém, cobra o seu preço quando o oportunismo partidário procura aniquilar a divergência e suas propostas, ainda que as discordâncias ideológicas sejam pequenas. O resultado pode ser a demonização de grupos assemelhados, porém em partidos distintos. A autocontenção deve ser exercida não para garantir a governabilidade, mas sim porque na sua ausência se alienam possíveis aliados, e o resultado pode ser permitir o fortalecimento de grupos ainda mais distantes no espectro ideológico.

Como afirmava Ulysses Guimarães, em política não se deve se distanciar tanto de alguém a ponto de não se poder se aproximar; nem se aproximar tanto a ponto de não se poder distanciar.

Afinal, a governabilidade requer maioria no Congresso e, paradoxalmente, a demonização recíproca de PT e PSDB levou a alianças com partidos com agendas bem distintas, nem sempre republicanas.

O PSDB, ao menos, se aliou primordialmente ao PFL, que tinha programa e ideologia, o que permitia a negociação às claras, mas também precisou do apoio marginal de partidos menores, com interesses não tão claros assim. O PT construiu a maioria necessária no Congresso por meio de alianças com alguns partidos aparentemente apenas interessados em cargos nas estatais. Esse foi o resultado da demonização do PSDB e do PFL.

A demonização também impediu a construção de uma frente de centro no segundo turno das eleições de 2018. A quebra de confiança — que não existia, por exemplo, no primeiro mandato do presidente Lula quando o PSDB foi, na prática, um partido da base de sustentação do governo — impediu qualquer aproximação.

O confronto partidário resultou no naufrágio do PSDB e do PT, partidos assemelhados na ideologia, porém rompidos pelas circunstâncias e pelas suas escolhas. O oportunismo da retórica ligeira deixa a pergunta: se Fernando Henrique era de direita, como classificar os tempos atuais?

As escolhas surpreendentes da última eleição, no entanto, não devem iniciar uma nova polarização que desqualifica a divergência e a transforma em inimigo a ser combatido. Parte relevante da sociedade optou por novos caminhos e caberá à dinâmica da política revelar os desdobramentos dessa escolha.

Resta a constatação de que o debate furioso, que buscou a desqualificação em vez do diálogo e do entendimento das razões da divergência, resultou na polarização desmedida, no confronto em vez da conversa.

A economia pode delimitar as escolhas viáveis, mas cabe à velha arte da política negociar o caminho a ser seguido. Por mais desgastada que esteja pelos equívocos dos últimos anos, a política convida ao debate e permite a divergência. Aceitar o confronto mediado pelas regras da convivência democrática nem sempre é fácil. Pior apenas quando a divergência não é mais permitida.

PARTE I

Caminhos e *des*caminhos da esquerda: em diálogo com Ruy Fausto e Marcelo Coelho

1. Reconstruir a esquerda

Um balanço crítico da experiência histórica e algumas ideias para o futuro

*Ruy Fausto**

Reconstruir a esquerda? Ainda recentemente, um bom autor francês de esquerda — Jacques Rancière — se referia de maneira levemente irônica ao eterno trabalho dos "reconstrutores". E, no entanto, é o que cabe fazer. Há uma situação de crise no nosso campo político. Vale dizer, para usar uma metáfora, que a condição atual da esquerda é a de um homem perdido na floresta: é preciso encontrar uma saída. Mas não partimos de um marco zero.

Para começo de conversa, é preciso privilegiar a crítica dos nossos erros e das nossas ilusões. Mais do que por alguma indefinição quanto aos seus objetivos, a esquerda paga um preço muito alto pelas figuras aberrantes que se apresentaram e continuam a se apresentar como encarnações dela. Desde há mais ou menos um século, o campo político que privilegia a defesa de maior justiça social foi

* RUY FAUSTO é doutor em filosofia pela Universidade Paris I e professor emérito da Universidade de São Paulo.
Publicado originalmente em *piauí*, edição 121, out. 2016. Acréscimos posteriores estão indicados entre colchetes.

acometido de um certo número de doenças que, se não chegaram a matá-lo, tampouco foram plenamente curadas. Apesar de tudo o que já se escreveu sobre essas formas aberrantes, há que voltar a elas de maneira sistemática. Sem esse trabalho, não escaparemos dos impasses atuais, por mais que se possa encontrar uma saída provisória — e sempre instável — para esta ou aquela situação.

A primeira e mais importante forma aberrante que a esquerda assumiu no último século foi a do totalitarismo. Por isso mesmo muitas vezes se afirmou que a esquerda levou um enorme baque, se não o baque definitivo, com o fim do chamado socialismo de caserna — cuja história terminou, pelo menos em termos simbólicos, com a queda do Muro de Berlim em 1989. Ou, de forma mais radical, se disse e afirmou que foi justamente a experiência terrível do totalitarismo — no caso, do totalitarismo de esquerda — a responsável por desferir um golpe mortal no projeto da esquerda. Na realidade, o golpe foi imenso, mas a trajetória da esquerda não termina aí. O colapso do totalitarismo igualitarista é, na realidade, um ponto de partida e dele nasce uma porção de perguntas. Que representou o socialismo de caserna, o socialismo de estilo quase militar, cuja encarnação primeira se deu na União Soviética? Por que razões ele caiu? Em que medida ele representava efetivamente um ideal que se poderia chamar de socialista? E mais: houve outras deformações além daquela que ele implicou? Se houve, que significam e como se explica a emergência delas? Essas múltiplas perguntas põem na ordem do dia a interrogação mais geral: será que não haveria mais futuro para a esquerda depois da queda do Muro, como pretendem os ideólogos mais radicais do sistema dominante?

Estou convencido de que é falsa a tese de que a esquerda foi mortalmente ferida com a queda do Muro. Fico mesmo tentado a afirmar a tese contrária: a de que ela nasce — ou melhor, renasce — justamente com a crise do "comunismo". Mas é também verdade que, desde essa crise, a esquerda vive uma situação difícil. Há uma ofensiva ideológica e político-prática da direita, no Brasil e no mundo, para a qual a esquerda tem tido dificuldade de encontrar a resposta adequada.

Acresce que o totalitarismo igualitarista não foi a única patologia da esquerda no último século. Houve múltiplos "desvios" em relação ao que se poderia considerar como o encaminhamento original da esquerda. Pode parecer uma banalidade — para alguns, a ideia parecerá, ao contrário, uma heresia —, mas a primeira coisa a fazer é dissociar o projeto da esquerda da maioria dos projetos e políticas que se apresentaram como representativos dela, nos últimos cem anos, na forma de práticas de Estado ou de partido, ou mesmo enquanto corpo de ideias. Minha hipótese é a de que o ponto de partida de um eventual trabalho de reconstrução tem de ser a consciência de que vivemos no último século, por diferentes razões e sob diferentes formas, em algo assim como um período de alienação radical do projeto de esquerda em relação ao que ela representou na sua origem.

Ouço já a objeção que se fará a essa proposta: para salvar a esquerda, você põe entre parênteses a esquerda realmente existente e se refugia numa outra, que só existe no seu espírito. Entendo o argumento, mas ele falseia a natureza do problema. Aliás, a respeito do argumento, leio um texto em que um articulista — muito embalado com os ares do tempo, como aliás todo direitista-novo — resolve dar uma lição de realismo a uma moça que, embora não acredite em Stálin nem em Fidel Castro, acha entretanto que o socialismo verdadeiro é outra coisa. Aspirando fundo no senso comum conservador do pós-impeachment, o articulista tripudia sobre o irrealismo da moça: ela teria introduzido sub-repticiamente um pretenso socialismo verdadeiro sob a miséria do socialismo real, o único que existiu efetivamente, algo que de resto ela é incapaz de enxergar. E, no entanto, é preciso lembrar: houve a Inquisição, houve o papa Bórgia, a Noite de São Bartolomeu, o reacionarismo de uma fieira de pontífices mais ou menos renomados, a atitude covarde, para dizer o mínimo, do papa Pio XII durante a Segunda Guerra Mundial, houve e há a homofobia, a oposição ao divórcio — enfim, uma longa história de erros e horrores do cristianismo realmente existente — e, no entanto, seria mesmo tão irrealista dizer que apesar de tudo o cristianismo verdadeiro é outra coisa? No caso da esquerda, bem entendido, não se trata de religião, mas, enquanto ilustração e "epígrafe", a comparação é útil.

Não estou propondo, como já indiquei, uma volta a um marco zero. Já me opus explicitamente a essa atitude. O que é preciso erradicar de forma eficaz são representações ilusórias que se propagaram na esquerda. Erradicar práticas também, é claro. Mas não se trata de pôr entre parênteses tudo o que a esquerda fez e faz, mesmo quando o faz no interior de uma perspectiva que pode ter muito de ilusória. Em 1968, para dar um exemplo, muita gente se exprimia na linguagem do maoismo ou do trotskismo. Nem por isso o movimento de 1968 deixou de ser um movimento libertário, ainda que as ideologias de viés autoritário que impregnaram parte dele limitassem o seu alcance.

A esquerda lutou e luta, mesmo se sob bandeiras que muitas vezes são ambíguas ou duvidosas. As grandes greves operárias na Europa e na América Latina não deixaram de ser grandes movimentos porque se fizeram, muitas vezes, sob direções social-democratas, populistas ou stalinistas. A campanha contra o impeachment no Brasil foi um importante movimento, a ser sempre saudado e comemorado, embora tenha sido feito sob a hegemonia de um partido que não é propriamente um modelo. Enfim, não pretendo substituir isto que aí está por um movimento novo. Não se trata de trocar o movimento real por um movimento ideal. Trata-se de combater infecções de ideias que prejudicam o movimento.

Dito de outra forma: as doenças da esquerda são graves porque elas limitam o alcance da sua atividade e dão armas aos adversários. Mas não são doenças que façam com que esses movimentos deixem de ser, na sua imensa maioria, movimentos de libertação.

É preciso partir, contudo, de uma realidade horrível e brutal. Uma das tendências da esquerda, nascida na Rússia no início do século XX e que mais tarde se tornou mais ou menos hegemônica na esquerda mundial, conduziu a um resultado catastrófico. Ela nasceu de um partido autoritário que, depois de algumas peripécias, deu origem a um Estado totalitário e até mesmo, a partir dele, a um sistema de Estados totalitários. Isso quer dizer: Estados em que se negavam todas as liberdades civis e políticas aos seus supostos cidadãos, e que tinham como projeto uma dominação total do indivíduo. O balanço da experiência totalitária de esquerda é o de muitas dezenas de milhões de mortos, sendo os pontos altos desse massacre a fome stalinista dos anos 1930 — que atingiu os camponeses da Ucrânia e do sul da Rússia — e o Grande Salto para a Frente, projeto delirante de crescimento econômico e industrialização hiperbólicos de Mao Tsé-tung, na China, entre 1958 e 1961. Pode-se acrescentar a essa lista, sem hesitação, o "grande terror" na URSS, nos anos 1930, e a Revolução Cultural Chinesa, que começa em 1966, com prolongamentos que vão até a morte de Mao, dez anos depois. *Not least*, a façanha sangrenta de Pol Pot e companhia, com seus cerca de 2 milhões de mortos, mais ou menos um quarto da população do Camboja.

O que há de enorme em tudo isso, circunstância sobre a qual é preciso continuar refletindo, é que a "folha de serviços" prestados pelos partidos e Estados totalitários representa o oposto exato do que se pode considerar como o ideário da esquerda, no seu projeto original. Isto é: o destino de uma parte da esquerda foi o de negar, de maneira brutal, tudo aquilo que ela propunha na origem: igualdade, liberdade, solidariedade, respeito mútuo entre cidadãos e governantes, justiça social. Claro que sempre se pode falar das famosas "conquistas" do "comunismo" no plano da seguridade social e em parte da educação, mas elas foram na realidade mais "avanços" do que conquistas, porque foram precárias e não compensaram a enormidade da violência criminosa dos Estados totalitários.

Assim, a partir do leninismo, assistiu-se ao nascimento de um leque de formas no interior do universo totalitário. E se considerarmos que o trotskismo reivindicou e reivindica uma herança leninista bastante ortodoxa, apesar de tudo, vemos que há uma pluralidade de modelos políticos — leninismo, trotskismo, maoismo, stalinismo, castrismo — que ou encarnaram propriamente um projeto totalitário ou, pelo menos, não criticaram efetivamente o modelo totalitário e, de um modo ou de outro, continuaram presos a ele e lhe pagaram tributo.

Mas qual a situação atual do modelo totalitário no Brasil e no mundo?

Pode-se dizer que, na Europa, a crítica do totalitarismo dentro da esquerda avançou muito. Há muito pouca gente de esquerda que continue a acreditar em Stálin; e mesmo correntes leninistas, trotskistas ou castristas são claramente minoritárias. Entretanto, é preciso observar que há ainda teóricos neototalitários bem conhecidos do grande público que defendem, de uma forma ou de outra, a herança totalitária, ou pelo menos uma parte dela. É principalmente o caso de dois filósofos: o francês Alain Badiou e o esloveno Slavoj Žižek. O primeiro pratica uma espécie de neomaoismo, reivindicando em particular as práticas dominantes em pelo menos um dos períodos da Revolução Cultural; o segundo é mais ambíguo, mas a sua atitude em relação ao passado, inclusive no que se refere a Stálin, é pelo menos duvidosa. Esses dois personagens tiveram e têm certo sucesso perante o público europeu. Inclusive bons jornais de esquerda, como o *Libération*, lhes deram, até há pouco tempo, bastante atenção.

No Brasil, a situação é muito diferente — e muito mais séria. Há na extrema esquerda vários pequenos partidos — PSTU, PCdoB, PCO, entre outros — que reivindicam o leninismo, o trotskismo, o castrismo — às vezes, mais de uma dessas figuras — e, em pelo menos um caso, o stalinismo. Essas tendências existem igualmente na Europa, onde são também minoritárias. Só que, aqui, elas têm certo peso — de maneira mais evidente no plano das organizações estudantis. Infelizmente, não ficamos nisso: se passarmos desses movimentos radicais e minoritários ao PT, nosso principal partido de esquerda, veremos que, se o prestígio das ideologias neototalitárias muda, não muda tanto quanto seria de esperar. É notório que uma parcela considerável de simpatizantes e militantes petistas tem certas ilusões com relação a partidos e movimentos totalitários. Pelo menos parte do núcleo pró-castrista mais duro, no Brasil, pertence ao PT, e não a partidos que em princípio se situam mais à esquerda. E muita gente do PSOL, partido de semiextrema esquerda, também compartilha dessas ilusões.

[A passagem que se segue, que trata da violência de grupos de extrema esquerda na universidade, marca uma ruptura um pouco excessiva em relação ao contexto, que trata do totalitarismo. Mas sob certos aspectos, ela poderia se justificar. Os abusos daqueles grupos são evidentemente de ordem microssocial, e não têm medida comum com a violência macrossocial dos totalitarismos. Mas, digamos, o espírito com que eles praticam aquelas "pequenas violências" tem a ver com o impulso totalitário. Como para o caso dos macrototalitários, que eles em geral admiram, e em cuja esteira se movem, as violências são legitimadas pela pretensão enganosa de que eles representariam o ponto de vista do progresso social. Nada mais falso.] Deve-se considerar também, nesse contexto, o papel dos ativistas que militam principalmente nas universidades, e que promovem certo tipo de ocupações, ou ocupações em série, "cadeiraços" e outros abusos. O caso mais grave é provavelmente o da Universidade de São Paulo. Trata-se em parte de militantes de grupos de extrema esquerda, mas há também os que pertencem a partidos de esquerda supostamente mais moderada, além de neoanarquistas e similares. A observar que os ativistas são muito minoritários entre os estudantes, e também que eles muitas vezes agem contra as decisões das assembleias, onde se decide democraticamente. O modelo totalitário está muito presente nessas práticas. Bem entendido, o problema da universidade não começa aí. Durante anos houve movimentos perfeitamente justificáveis por parte dos estudantes — apoiados por muitos professores — contra a burocracia universitária, a falta de verbas, as difíceis condições de trabalho. Mas um grande número de professores foi perfeitamente indiferente a essas reivindicações; isso se não as denunciou como demagogia irresponsável. As burocracias universitárias e uma massa considerável de docentes de direita contribuíram, e muito, não esqueçamos, para a deterioração da situação. A Polícia Militar não entrou de mão leve, ao fazer as desocupações, o que é absolutamente intolerável. Tudo considerado, contudo, o tipo de violência de esquerda a que se tem assistido há alguns anos na USP é propriamente lamentável. Que a esquerda não se engane: seus efeitos são negativos. Pode levar à destruição da universidade. E tal tipo de movimento só pode beneficiar a direita, como aliás já vem acontecendo.

Se passarmos da prática política ao campo do pensamento, verifica-se que também o peso das ideias neototalitárias continua sendo importante na esquerda brasileira. Observo que Žižek e

Badiou são mais ou menos bem recebidos nos meios de esquerda, embora a sua fama seja relativa. De qualquer maneira, não faltam resenhas elogiosas aos seus trabalhos, inclusive na pena de gente que pertence a organizações de esquerda não muito radicais — ao PT, por exemplo.

Assim, não nos livramos inteiramente da peste totalitária. Bem entendido, o mundo também não se livrou. Além dos limites da crítica europeia, a que fiz referência, a situação é confusa, porque agora temos poderes de Estado ao mesmo tempo totalitários — totalitários de esquerda — e capitalistas. É o caso da China. Ora, uma cura total em relação à doença totalitária é não só indispensável em termos teóricos — não há como eliminar a democracia dos fundamentos teóricos da esquerda —, mas ela se impõe do ponto de vista prático, e com urgência. Quem hoje no "grande público" acredita no totalitarismo? Que "opinião pública" nacional ou internacional se dispõe a aceitar o totalitarismo? Quando fazem o elogio do castrismo, os militantes de certos partidos de esquerda e de extrema esquerda querem dizer com isso que esse seria o regime ideal para o Brasil? Não sei se pensam assim, mas tudo fica pelo menos numa região cinzenta, num claro-escuro. Certas declarações dessa ou daquela figura daqueles partidos sugerem que sim.

Ora, um projeto desses é um suicídio político, a curto, médio e longo prazo. Quem desejaria um governo de tipo castrista no Brasil? De minha parte, se por acaso isso viesse a acontecer, tomaria o caminho do refúgio em alguma embaixada. De onde vem esse temor de cortar o fio que nos prenderia aos regimes totalitários? Provavelmente de um medo de se "isolar da história", de perder suas bases reais, de se desligar da "experiência concreta" da esquerda no mundo. Mas isso é uma ilusão. A esquerda sempre representou uma ideia de ruptura. Ruptura com o capitalismo, é claro. Mas também ruptura com todas as formas de opressão, mesmo aquelas que se pretendem progressistas — incluindo aí as que eventualmente o foram, no passado. Partidos, movimentos e regimes apodrecem. Eles mudam muito e podem se transformar no seu contrário, às vezes conservando antigas denominações. Se a esquerda não for capaz de distinguir bem os nomes das coisas, estamos perdidos, porque a história é em grande parte um jogo de esconde-esconde que mobiliza e embaralha esses dois elementos: os nomes, de um lado, e os processos históricos efetivos, no sentido do progresso ou da regressão — porque há regressões históricas, é bom não esquecer —, de outro. Enfim, impõe-se uma plena e absoluta superação crítica — tanto no plano da prática como no da teoria — do interregno totalitário. Só nessas condições a esquerda tem futuro. Sem isso, não sairemos da floresta.

ADESISMO E POPULISMO

Embora grave, o totalitarismo não foi o único grande "desvio" tomado pela esquerda em relação aos seus verdadeiros ideais nos últimos cem anos. Pelo menos duas outras importantes patologias caracterizaram o período. Elas podem ser chamadas, simplificando bastante as coisas, de "adesismo" e de "populismo".

Essa não é, de toda forma, uma constatação nova. Aqueles que fizeram a crítica dos totalitarismos de esquerda frequentemente os consideravam como sendo apenas um dos polos de um processo — em geral bipolar — de degenerescência da esquerda. Fazendo *pendant* à crítica à esquerda totalitária vinha um segundo bloco crítico, cujo objeto era uma outra degenerescência, considerada como mais ou menos simétrica à primeira, e em geral chamada de "reformismo". Hoje seria melhor falar em adesismo do que em reformismo — afinal, se a diferença entre "reforma" e "revolução" não desapareceu, pelo menos se tornou muito complexa; além disso, ocorre que o antigo reformismo tomou nas últimas décadas formas extremas, de pura e simples capitulação diante do sistema.

Esse outro polo de degenerescência teria existido no Brasil? Parece-me que sim, e a melhor encarnação dele é o que eu chamaria de "cardosismo", a tendência política que se articulou em torno do ex-presidente Fernando Henrique Cardoso. O grupo de FHC aos poucos se deslocou do que era uma posição de centro-esquerda, à época da fundação do PSDB, para uma de centro-direita (outros políticos tucanos, como Geraldo Alckmin, por exemplo, podem ser simplesmente situados na direita, sem maiores qualificações).

Há alguma coisa em comum entre Fernando Henrique Cardoso e Tony Blair, primeiro-ministro da Grã-Bretanha entre 1997 e 2007, que, como líder do Partido Trabalhista, pôs em prática uma política econômica neoliberal. Num dos livros de memórias que escreveu — *The Accidental President of Brazil* —, Fernando Henrique o afirma explicitamente. Trata-se, nos dois casos, de políticos que originalmente se posicionavam à esquerda, mas que acabaram aderindo ao sistema político-econômico dominante. No caso de Blair, à política econômica de Margaret Thatcher.

Como isso ocorreu, no caso de FHC e dos seus amigos? A reconstituição desse processo é sempre difícil. De toda forma, houve uma espécie de aceitação da ideia de que "não haveria alternativa" ao liberalismo econômico. A julgar pelo que Fernando Henrique Cardoso escreve no texto autobiográfico a que me referi, essa convicção vem fundada na percepção que ele teve — e tem — do significado do fim do "comunismo". A queda do Muro implicaria uma espécie de julgamento definitivo quanto à vitória do capitalismo. O destino do "socialismo de caserna" mostraria que não há outra saída. Conclusão apressada, evidentemente.

Dá o que pensar o destino que acabou tendo o antigo sociólogo crítico, importante intelectual da esquerda. E também o de gente como o atual ministro das Relações Exteriores, José Serra, ex-líder estudantil exilado pela ditadura. O destino deles me parece um pouco melancólico. É verdade que em alguns membros daquele grupo, como também em Blair, sobrou algum verniz de esquerda — mas nunca muito mais do que um verniz.

A terceira figura patológica da esquerda é a que se designa pelo termo genérico de "populismo". Mas a que ela corresponde, precisamente? Como definir o populismo? E como definir a situação do partido de esquerda até aqui hegemônico no Brasil — o PT — em relação ao populismo? O PT é um partido populista?

Muito se discutiu a respeito do populismo de esquerda. Seus traços principais parecem ser a existência de uma liderança carismática autoritária; uma política que une, pelo menos na aparência, interesses de classes mais ou menos antagônicas; e certo laxismo na administração da riqueza pública. A meu ver, mesmo quando falta algum desses traços, ainda assim é possível falar em populismo, desde que os outros sejam suficientemente marcados. Por exemplo: no caso de Getúlio Vargas, há os dois primeiros fatores, mas não exatamente o último (Getúlio não enriqueceu no poder, embora tenha havido corrupção no seu governo). No caso de Adhemar de Barros, duas vezes governador de São Paulo entre os anos 1940 e 1960, os dois últimos aspectos — aparente conciliação de interesses de classe e tolerância com desvios na administração da coisa pública — são visíveis; já o primeiro, só imperfeitamente. Adhemar tinha certo carisma, mas não de tipo autoritário. Creio, entretanto, que Adhemar e Getúlio, cada um a seu modo, podem ambos ser considerados como líderes populistas.

No caso do PT, também falta, à sua maneira, o elemento autoritário. O carisma está lá, ainda que menos pronunciado do que no caso de um Juan Domingo Perón, de um Hugo Chávez ou de um Getúlio Vargas. Mas, sobretudo, houve certamente laxismo — é o mínimo que se poderia dizer — nas suas práticas administrativas. Entretanto, saber se o PT pode ou não ser chamado de populista não é o mais importante. Pelo menos do ponto de vista prático, o essencial é insistir sobre o fato, indiscutível a meu ver, de que o partido não "errou" simplesmente, como pretendem alguns. O partido não se limitou a "cometer certos erros". Erros, aliás, se reconhecem até da mãe... Houve, na verdade, um sistema deliberado de poder e de administração pública que era errado.

A prática petista foi e é uma prática patológica e, nesse sentido, comparável mutatis mutandis à política dos neototalitários e à dos reformistas-adesistas. Isso não quer dizer que os governos do PT não tenham feito nada de positivo, que o balanço global da sua trajetória seja puramente negativo. Na realidade, o PT pôs em prática uma política de redistribuição de renda cujos instrumentos principais foram o Programa Bolsa Família, a valorização do salário mínimo e certas facilidades de crédito para setores não privilegiados. Além de ter garantido, pelo menos na cidade, uma atmosfera democrática — ainda que, durante os dois grandes eventos esportivos internacionais, o governo petista tenha sido brutal com certos núcleos da população urbana — e de ter assegurado, o que governos anteriores não fizeram, a independência da Polícia Federal e do Ministério Público.

O programa redistributivo, ou parte dele, obteve êxito considerável, o que é reconhecido mesmo pelos adversários. Só que esse programa não só veio ligado a uma política de "aliança de classes" — algo que, em si mesmo, conforme as condições, poderia ser tolerado — como também associado a um uso abusivo da máquina do Estado em benefício do partido e de particulares ligados a ele. É esse o lado intolerável.

Mas já que se admite que houve um lado positivo na trajetória petista, impõe-se a pergunta que, implícita ou explicitamente, recebe uma resposta positiva por parte de muitos dirigentes, teóricos e simpatizantes do PT: valeu a pena a "operação"? Isto é, foi correto corromper deputados, desviar dinheiro público, vender cargos públicos, entre outras ilegalidades, para se sustentar no poder e com isso implementar medidas redistributivas? É isso que está por trás do raciocínio de muita gente ligada de algum modo ao PT. "Fizemos o que tinha de ser feito", dizem ou pensam eles, e o resultado aí está. Pelo menos o Bolsa Família ninguém considera liquidar inteiramente.

Na realidade, esse raciocínio é falso. O impasse a que o PT conduziu a esquerda brasileira não paga o preço do que resta, isto é, os resultados obtidos por sua política redistributiva. Não só o partido perdeu o poder, mas, queiramos ou não — e apesar de a esquerda independente não ter sido em nada responsável por aqueles desvios —, a esquerda em geral saiu desmoralizada ao final dos anos de Lula e Dilma na presidência. A direita, por sua vez, incluindo aí a extrema direita, levantou a cabeça.

Não se diga que a corrupção é endêmica na política brasileira. Isso é verdade, mas não justifica. O PT nasceu como um partido que precisamente visava romper com esse tipo de prática, ao mesmo tempo que a legenda também se manifestava como estranha ao modelo leninista ou stalinista, de um lado, e ao modelo social-democrata, de outro. Que o sistema político brasileiro seja visceralmente corrupto não absolve o PT. Poderíamos mesmo dizer: é normal que a direita nade na corrupção, mas toda esquerda séria é hostil a esse tipo de coisas. O que não significa que o fato de a corrupção ser generalizada não desmascare a política da direita. Em outras palavras, é necessário criticar a fundo o modelo petista, mas ao mesmo tempo desmascarar a jogada da direita, segundo a qual só o PT rouba.

Mas, insistem alguns — e isso não é simples hipótese, o argumento está na boca de muita gente —, "sem as práticas corruptas não teríamos chegado ao poder". E, nesse caso, nada de medidas de redistribuição. Nesse plano, o país estaria onde estava no início do século, mesmo que contasse com um partido de esquerda hegemônico irreprochável. Na realidade, esse caminho, o que *não* foi seguido pelo partido e que parece irrealista, porque ligado a algo como uma "ética da convicção", teria sido o único aceitável.

O que teria acontecido nessa hipótese? Talvez o PT tivesse tido maior dificuldade para chegar ao poder. Talvez tivesse obtido, nos anos seguintes, apenas poderes executivos estaduais ou municipais. Ainda assim — mesmo nessa hipótese pessimista quanto ao sucesso eleitoral do partido —, o ganho teria sido considerável. O PT apareceria como um grande partido de esquerda independente, que sem dúvida a direita tentaria derrubar, de qualquer jeito, mas sem dispor dos mesmos meios para levar a cabo esse projeto. O seu prestígio nacional e internacional seria imenso. Mesmo não dispondo de todo o poder governamental, projetos como o Bolsa Família poderiam provavelmente ser implementados nos estados ou nos municípios. Não tenho dúvida de que, apesar de tudo, essa opção seria de longe preferível àquela pela qual enveredou o petismo. Uma opção cujo resultado catastrófico estamos vivendo no presente: uma direita em plena ofensiva, uma esquerda golpeada e de certo modo desmoralizada, um país em pleno retrocesso político.

O petismo e os populismos em geral, sui generis ou não, representam a terceira patologia da esquerda. Certamente a que mais nos atinge. A mais grave, no momento presente. Caberia portanto saber o que dizem alguns dos mais importantes intelectuais petistas a esse respeito, e examinar os seus argumentos. Que me seja permitido dizer alguma coisa sobre as intervenções recentes e menos recentes de minha colega Marilena Chaui, professora de filosofia da USP, certamente a figura intelectual mais conhecida da família petista.

Para além dos velhos laços de amizade e de lealdades acadêmicas, é preciso afirmar com todas as letras: o discurso político de Marilena Chaui tem representado uma verdadeira catástrofe para a esquerda. Senão, vejamos. Por ocasião do mensalão, Chaui tomou a defesa do PT — e praticamente não fez nenhuma crítica ao partido ou a sua direção. Agora, com a operação Lava Jato e os escândalos sucessivos envolvendo, certo, não só o PT, mas também o PT, a sua atitude não foi diferente. Tivemos uma defesa intransigente do partido — não se ouviu da professora de filosofia praticamente nenhuma crítica à legenda — e, o que é pior, a defesa se fez na base de uma enxurrada verbal arbitrária. Assim, contra todas as evidências, Chaui continua insistindo no caráter "fascista" da pequena burguesia. Na realidade uma parte da pequena burguesia é, digamos, fascistizante, outra parte hesita, e uma terceira, constituída sobretudo por gente com formação secundária ou universitária, está na verdade afinada com a esquerda e, frequentemente, com o melhor da esquerda. Quanto à operação Lava Jato — fenômeno complexo, ao qual não se pode deixar de atribuir, em princípio, efeitos positivos, apesar dos erros e desmandos de alguns dos seus "operadores" —, Chaui a desmistifica: afirma, sem se dar ao trabalho de provar o que diz, que o juiz Sergio Moro teria sido treinado pela Agência de Inteligência Americana, a CIA, para levar adiante um projeto de entrega do pré-sal aos norte-americanos.

Uma intervenção recente de Marilena Chaui me interessou particularmente. Por ocasião de um debate com outros intelectuais, e porque se falasse da necessidade de reconhecer os erros do PT, Chaui fez questão de deslegitimar todo projeto de "autocrítica". Explicou aos participantes do debate e à plateia que "autocrítica" era coisa da política totalitária, política terrível como se sabe, e que seria preciso recusá-la a todo custo. Pôs-se então a falar longamente da autocrítica em regime totalitário, ou dentro de um partido totalitário. Com esse tipo de discurso, Marilena Chaui não apenas "saiu do tema" — discutia-se o PT, e não o regime e os partidos totalitários —, mas fez mais do que isso. Com seu discurso contra a autocrítica em regime totalitário, ela lançou uma cortina de fumaça sobre o que se passava e se passa no seu partido. A autocrítica forçada em regime totalitário se tornou a mesma coisa que qualquer autocrítica, a mesma coisa que a autocrítica em geral. Ou, preferindo, o mal-estar que se pode sentir, efetivamente, diante da *palavra* "autocrítica" — pelo que evoca, a palavra se tornou de fato horrível — tornou-se, no discurso de Chaui, uma arma para impedir qualquer explicação autocrítica por parte do PT. Acontece que, se a palavra é ruim, a "coisa" pode ser boa (embora não na versão stalinista, como é óbvio).

Mas o que quer dizer Marilena Chaui quando exorciza a autocrítica no presente contexto? Será que ela quer dizer, por acaso, que mutatis mutandis a situação dos acusados do mensalão e investigados pela Lava Jato seria análoga à dos acusados nos processos stalinistas? José Dirceu seria, assim, uma espécie de Bukharin, o líder bolchevique falsamente acusado, perseguido por Stálin e condenado à morte? Antonio Palocci, por sua vez, seria um Liev Kamenev, outro líder soviético descartado por Stálin? Os juízes que atuaram no mensalão ou que atuam na Lava Jato seriam os herdeiros de Andrei Vishinski, encarregado pelo ditador soviético de levar a cabo o julgamento de seus inimigos? Isso significaria que as acusações que se lhes fazem, de maneira análoga ao que aconteceu nos processos de Moscou, remeteriam ao mais puro delírio? E que os protestos de inocência dos acusados exprimiriam as razões verdadeiras de gente inocente, injustamente acusada?

Na realidade, quaisquer que sejam as críticas que se possam

fazer ao encaminhamento dos atuais processos por corrupção no Brasil — *não* me refiro à questão do impeachment, que é de outra ordem —, a situação real, guardadas as proporções, é mais ou menos inversa à dos processos stalinistas. Apesar das reservas que se podem fazer a tal ou qual iniciativa dos procuradores e juízes operando nos processos do mensalão e na Lava Jato, em linhas gerais — pelo menos até o show lamentável do promotor Deltan Dallagnol — a acusação não foi delirante. Já insustentáveis, se não delirantes, foram os protestos de inocência dos acusados e os protestos de inocência total do PT. É aí que está a ficção. Assim, Marilena Chaui toma alhos por bugalhos. Ou, pior ainda, mistura tudo e nos oferece um mundo de cabeça para baixo.

Essa intervenção de Chaui — que não é um caso isolado — se revela uma peça de pura retórica. O problema com Marilena — não se trata de fazer carga gratuitamente contra Chaui, mas ela dá o tom para os seus pares — é que, infelizmente, ela se mostra seduzida demais pelo aplauso dos auditórios. Ora, não há nada mais funesto, para a esquerda, do que esse tipo de sedução. Porque, infelizmente, digamos as coisas brutalmente, beócios não há somente no campo da direita. No nosso, é preciso reconhecer, os há também — em número considerável e, o que é pior, muitos deles costumam frequentar os anfiteatros. Para eles, quanto mais retórico, no mau sentido, for um discurso, e quanto mais afetado for o modo como ele é pronunciado, mais aplausos merecerá. Ilusão funesta da oradora. Sim, o discurso é aplaudido por algumas centenas de pessoas no momento em que é pronunciado no auditório, e talvez venha mesmo a ser aplaudido por alguns milhares que poderão assisti-lo em vídeo. Em compensação, milhões de pessoas que terão ciência do seu conteúdo o repudiarão, como de fato o repudiaram.

É preciso distinguir com clareza a defesa de uma posição de esquerda da defesa de um partido. As duas coisas não vão sempre juntas. A esse respeito — e também quanto à retórica —, a posição dos populistas é infelizmente muito parecida com a dos totalitários. Se um daqueles velhos líderes stalinistas, que, sem dúvida, defendiam bem mais o seu partido do que a causa da esquerda, voltasse ao Brasil de hoje, que diria ele sobre os investigadores? Provavelmente o mesmo que disse Chaui: que eles são agentes do imperialismo ianque interessados em entregar as nossas riquezas.

O exemplo de Marilena Chaui serve para que se diga o seguinte: se o discurso dominante na esquerda não mudar, perdemos hoje e perderemos sempre. A fala populista irresponsável diante da verdade nos condena à derrota. Os aplausos dos ingênuos ou dos fanáticos não são, certamente, uma compensação suficiente.

O ATAQUE DA DIREITA

Pois bem, as patologias de esquerda, cada uma a seu modo, entraram em crise. O império "comunista" se desintegrou com a queda do Muro de Berlim, a União Soviética se desfez, os regimes comunistas foram derrubados, em geral por movimentos pacíficos, nos países da Europa Oriental. Restaram "ilhas" comunistas, algumas com regime ortodoxo, se não hiperortodoxo, como a Coreia do Norte, outras articulando um neototalitarismo leninista-stalinista com uma economia de tipo capitalista, caso da China.

Além do totalitarismo de esquerda, a social-democracia europeia também entrou num processo "crítico", embora de um tipo diferente: ela se tornou cada vez menos reconhecível enquanto força de contestação do capitalismo. Tony Blair, na Grã-Bretanha, e Gerhard Schröder, primeiro-ministro alemão de 1998 a 2005, lideraram esse processo ao colocarem em prática programas econômicos de cunho neoliberal em seus países. A social-democracia não se decompôs com essa mudança, mas perdeu, isso sim, o seu caráter de força política da esquerda, algo que é reconhecido mais ou menos universalmente. Porém, houve mais: pelo menos em alguns países da Europa — Espanha e França, principalmente — os partidos social-democratas e socialistas também se enfraqueceram.

O populismo entrou em crise e perdeu poder: Chávez encontrou dificuldades crescentes e, depois da sua morte, o regime bolivariano não se estabilizou; o processo descendente do peronismo, na Argentina, se intensificou com a derrota dos Kirchner; o lulismo — se for válido caracterizá-lo como um "populismo atípico" — entrou em parafuso.

É o caso de perguntar se as dificuldades que encontraram as patologias da esquerda são positivas ou negativas para uma esquerda autêntica. O fim do totalitarismo foi certamente uma boa coisa; já a decadência de um partido como o PT é um fenômeno cujo significado é bem mais ambíguo. É preciso considerar quem se beneficiou ou tomou o lugar dos partidos, movimentos e líderes totalitários. O mesmo vale para os grupos adesistas quando estes foram derrotados eleitoralmente, ou as agremiações populistas e semipopulistas. Infelizmente não foi, em geral, uma esquerda autêntica que se beneficiou desse processo. O lugar que ocupava a esquerda "deformada" acabou sendo preenchido pela direita, e não por uma expressão qualquer de uma nova esquerda. Foi o que aconteceu, de forma geral, nos países do Leste Europeu. Para os populismos e semipopulismos, deu-se algo da mesma ordem — basta ver o caso da Argentina e também o do Brasil —, mas as implicações políticas, aqui, são diferentes, precisamente porque não se tratava de totalitarismos.

Assim, a derrota de uma certa esquerda — quase fictícia, no caso do totalitarismo — significou uma vitória da direita mais ou menos radical — o que não é uma tautologia, pois poderia sobrevir uma esquerda autêntica. Menos tautológica ainda, menos inevitável, foi a ofensiva ideológica da direita que se seguiu àquelas derrotas. Apesar das crises que assolaram o sistema capitalista mundial nas últimas décadas do século XX e nas primeiras do século XXI, a direita, após períodos breves de pânico e de defensiva, conseguiu impor o seu programa econômico e político. Privatizações, liberdade para o capital, compressão salarial. Estado intervencionista só quando se trata de proteger a "livre-iniciativa". Da crise das patologias de esquerda emergiu também uma espécie de filosofia construída a partir da tradição liberal ou, antes, surgiram quase-filosofias, todas dependentes do liberalismo econômico, algumas de tipo mais moderno, aceitando certos avanços no plano dos problemas de "sociedade", outras marcadas por ideologias francamente reacionárias em todos os planos. Isso tudo produziu e continua produzindo um imenso barulho midiático. Com todo esse ruído, parte dessas ideias de direita acabou sendo incorporada ao "senso comum".

Seja como for, fica claro quais são as armas da direita. Ela explora a fundo o totalitarismo de esquerda e o populismo. Ela se alimenta dessas duas patologias, que na sua forma geral — totalitarismo e populismo — não são, é bom insistir, patologias exclusivas da esquerda. Mas parte da esquerda enveredou por aí e, com isso, ofereceu espaço de manobra para a direita e a extrema direita.

Um dos espaços em que opera essa nova direita, ao explorar as contradições das patologias da esquerda, é a imprensa, algo que se viu crescer em anos recentes no Brasil. Ainda sob a ditadura, num texto clássico publicado em livro em 1978, mas redigido anos antes — "Cultura e política, 1964-1969" —, o crítico literário Roberto Schwarz fazia o balanço do que lhe parecia ser a hegemonia do pensamento de esquerda nos anos que se seguiram ao golpe militar. Embora fora do poder, a esquerda era então hegemônica no plano das ideias. De lá para cá, muita água passou sob a ponte. Se, já nos anos da ditadura, a direita tinha evidentemente os seus representantes intelectuais, hoje ela tem todo um grupo de porta-vozes que atua na mídia escrita ou falada empenhado numa verdadeira ofensiva contra a esquerda.

Em conjunto, eles se caracterizam, apesar de algumas exceções, pela extrema violência no tom do que dizem ou escrevem; e, não à toa, pelo fato de a maioria de seus representantes ter vindo da esquerda ou da extrema esquerda. Quanto à filosofia que hoje professam, ela varia de um conservadorismo cristão e espiritualista a um quase ceticismo, com vertentes pessimistas ou mais otimistas. O mais velho é o filósofo Olavo de Carvalho. Em certos círculos, ele tem fama de teórico respeitável. Não vou me ocupar mais em detalhe da sua filosofia espiritualista e cristã. Seria longo demais, e isso me obrigaria a lê-lo mais do que o li — e já foi o bastante. A propósito de Olavo de Carvalho, eu me limitaria a algumas observações sobre as suas posições políticas, mas falarei também sobre o conteúdo e a forma da sua crítica.

No plano político, Olavo de Carvalho se revela, em alguns de seus textos, um ferrenho adversário do atual presidente dos Estados Unidos, Barack Obama. Chega mesmo, num tipo de exagero que não lhe é incomum, a supor — e a dizer — que o governo americano trabalha em favor da conspiração islâmica mundial. O velho pensador da direita brasileira se insurge contra as principais medidas e tomadas de posição do governo Obama. É adversário da tentativa de se ampliar uma das formas da seguridade social americana, o Medicare, que provê assistência médica a idosos — isso entraria na conta dos pecados do "governo socialista de Barack Hussein Obama". Carvalho também se opõe a uma eventual legislação que controle a venda de armas a particulares. Pelo que pude ler, aprova a invasão do Iraque, decidida por George

W. Bush, à qual Obama se opôs. Difícil dizer, sobre alguém que assuma tais posições, que é um amigo da humanidade. No plano nacional, Olavo de Carvalho se situa à direita da direita clássica. Não hesita em tecer elogios ao deputado Jair Bolsonaro ou ao coronel Carlos Alberto Brilhante Ustra (é curioso ver a mistura de pensadores cristãos e espiritualistas, que Carvalho admira, com o deputado "atirador" Bolsonaro e o torturador Ustra).

Seu discurso não exclui um trabalho de ordem mais analítica, mas, mesmo quando a intenção é crítica, não só o estilo é muito violento como muitas vezes vem acompanhado, nas intervenções orais ao menos, por insultos e palavrões. Para se ter uma ideia de até onde vai o discurso de Olavo de Carvalho, ofereço ao leitor esta pérola de ódio, extraída de uma de suas obras recentes: "Quem quer que estude a vida de cada um deles descobrirá que Voltaire, Diderot, Jean-Jacques Rousseau, Sade, Karl Marx, Tolstói, Bertolt Brecht, Lênin, Stálin, Fidel Castro, Che Guevara, Mao Tsé-tung, Bertrand Russell, Jean-Paul Sartre, Max Horkheimer, Theodor Adorno, Georg Lukács, Antonio Gramsci, Lillian Hellman, Michel Foucault, Louis Althusser, Norman Mailer, Noam Chomsky e tutti quanti foram indivíduos sádicos, obsessivamente mentirosos, aproveitadores cínicos, vaidosos até a demência, desprovidos de qualquer sentimento moral superior e de qualquer boa intenção por mais mínima que fosse, exceto talvez no sentido de usar as palavras mais nobres para nomear os atos mais torpes. Outros foram estupradores ou exploradores de mulheres, opressores vis de seus empregados, agressores de suas esposas e filhos. Outros, orgulhosamente pedófilos. Em suma, o panteão dos ídolos do esquerdismo universal era uma galeria de deformidades morais de fazer inveja à lista de vilões da literatura universal. De fato, não se encontrará entre os personagens de Shakespeare, Balzac, Dostoiévski e demais clássicos nenhum que se compare, em malícia e crueldade, a um Stálin, a um Hitler ou a um Mao Tsé-tung".

Creio que o texto dispensa um comentário maior. Marx, Adorno, Horkheimer, Russell — este, coitado, além de grande lógico, autor de uma obra pioneira de crítica do bolchevismo —, mais Diderot, Foucault e Norman Mailer, juntos a Stálin, Mao Tsé-tung e... Hitler! Hitler, também de esquerda? Todos, juntos, recebem a pecha coletiva de "sádicos, mentirosos, cínicos, estupradores, exploradores de mulheres ou pedófilos". É mais ou menos como se alguém tomasse alguns pensadores de direita — digamos, os filósofos franceses Raymond Aron e Alain Finkielkraut —, pusesse-os lado a lado com os dirigentes nazistas — Goebbels, Himmler, Goering — e afirmasse que é tudo vinho da mesma pipa. O simples alinhamento desses nomes já seria evidentemente uma barbaridade.

Por fim, quanto à forma de seu discurso: Olavo de Carvalho usa de uma série de figuras sofísticas muito rodadas, que ele deve extrair de livros de retórica, de manuais de marketing político da extrema direita americana ou mesmo de textos filosóficos sobre a retórica.

Vou dar apenas dois exemplos dessas figuras. Uma consiste em ir até o extremo da acusação, até os limites do absurdo e da caricatura. Assim, como vimos, ele não acusa Obama de tais ou tais erros políticos, dessa ou daquela ação ilegal ou desonesta: ele o acusa de estar a serviço da conspiração islamista mundial. A acusação é tão absurda que ela desarma o interlocutor. Seria fácil defender o acusado se a referência fosse a tal ou tal malfeito particular, um malfeito possível, ainda que inexistente. Porém, quando estamos diante de uma impossibilidade total, é como se aquele que acusa mexesse nas próprias bases racionais de toda crítica e de todo julgamento. O contraditor eventual, e com ele o público em geral, termina como que paralisado pela enormidade do que está sendo dito.

Uma segunda figura — essa um pouco mais sutil — é o

sofisma da hiperanálise ou do desdobramento infinito das razões. Assim, para defender uma intervenção militar, [Essa afirmação é falsa, Olavo quer ditadura sim, mas através de métodos mais eficazes do que uma intervenção militar (ver, a respeito, meu artigo "A gravidade da hora: desconstruindo o discurso de Olavo de Carvalho", *Folha de S.Paulo*, Ilustríssima, 02/12/2018). Entretanto, a análise lógica do procedimento sofístico não me parece perder o interesse, porque ele de qualquer modo bloqueia a discussão substantiva do problema assim como a revelação das razões que sustentam a posição do autor, além de poder ser utilizado em outros contextos. A versão que dei a essa passagem em *Caminhos da esquerda* (Companhia das Letras, 2017, p. 51), livro que era na origem um desenvolvimento do presente artigo, foi a seguinte: "Assim, para discutir a questão de uma possível 'intervenção militar' (quer o autor seja ou não favorável a ela) ele observa [...] 'Vocês se relacionam em relação a uma intervenção militar? Mas sabem o que é isso? [...]'".] Olavo de Carvalho faz uma série de perguntas: Estão contra uma intervenção militar? Mas sabem o que é isso? Sabem que a decisão partiria do estado-maior do Exército? E, a propósito, sabem o que é o estado-maior? Sabem quais as mediações que teria a decisão de intervir? Em resumo, ele diria, não sabem nada sobre o que é uma intervenção militar, e ainda pretendem tomar posição contra ela. O argumento de Carvalho se completa da seguinte maneira, num pseudoeco de Aristóteles: querem falar de um objeto — nesse caso, a intervenção militar — e tomar posição diante dele, mas dele ignoram quase tudo e só conhecem possíveis qualidades (se é bom ou se é mau, por exemplo). Mas, dirá Carvalho, é impossível conhecer a qualidade sem conhecer a substância. Ora, são todos ignorantes, não conhecem a substância, como de resto ele pretende poder provar com todas as perguntas que faz e que ninguém seria capaz de responder.

O sofisma é evidente. A passagem que o seu raciocínio efetua não é da qualidade para a substância, mas do essencial para o inessencial. De fato, sabemos por experiência direta ou indireta o que significa uma "intervenção militar". Conhecemos a essência dela — repressão, desrespeito à ordem constitucional vigente, suspensão das liberdades fundamentais. O conhecimento dessa essência — que ele considera como simples "qualidade" — vem mistificado por elementos que ele apresenta como substanciais, mas que, na realidade, são inessenciais: a estrutura de comando do Exército, as mediações por que deveria passar a decisão de intervir, e por aí vai. Isto é, a obliteração do essencial pelo inessencial é apresentada pomposa e enganadoramente como movimento, teoricamente enriquecedor, conduzindo da simples "qualidade" à substância do fenômeno. Eis como funciona a máquina linguística perversa, pseudo-*savant* — para não dizer mais — do senhor Olavo de Carvalho.

Uma figura de estilo diferente, porque mais jornalístico do que teórico, é Reinaldo Azevedo. Mas nele encontramos uma violência verbal comparável à de Olavo de Carvalho. Quando ainda não era colunista da *Folha de S.Paulo*, Azevedo costumava agredir os seus desafetos atacando menos o que diziam — seus textos — do que eles próprios, os autores-desafetos, pessoalmente. Isso quando não atacava a família — mesmo o pai e a mãe — do autor do texto. Apontava, com frequência, as fragilidades físicas dos seus adversários: a condição de velho, por exemplo, podia ser mencionada, como se demérito fosse. Embora não se trate em absoluto de afirmar que Azevedo seja nazista, não há como negar que esse tipo de estratégia retórica lembra o estilo do discurso nazista. Por exemplo, a propósito de alguém com ideias de esquerda e já em idade meio avançada, ele não hesitava em dizer mais ou menos assim: "É velho e de esquerda, portanto, burro". O que significa e o que vale tal tipo de afirmação? Imaginemos que alguém escrevesse: "É jovem e de direita, portanto burro". Seria uma tolice e uma grosseria. É claro que existem velhos de esquerda que são inteligentes, e jovens de direita que não são burros. E não me parece muito justificável sair por aí passando atestados de burrice a Fulano e a Beltrano. Tal tipo de agressão não vale nada, nem em teoria nem na prática, e visa essencialmente obter aplausos de um público de muito baixo nível.

Desde que passou a escrever na *Folha*, contudo, o tom de Reinaldo Azevedo mudou, tornou-se um pouco menos violento. Mas não melhorou muito. Como é frequente nos ideólogos da direita, costuma pôr no mesmo plano as figuras mais diversas da esquerda. Quanto ao seu estilo de pensamento, digamos, valeria a pena examinar parte de um artigo que escreveu sobre a guerra americana no Iraque. Ali, se Azevedo não chega a defender a invasão, se acomoda com ela, porque — ele explica — "os impérios têm uma essência amoral". E daí passa a defender, tanto quanto a impotência da moral, também o caráter supostamente benéfico das guerras e de outros horrores, pois com eles viria o progresso da civilização. "Quantos de nós, os humanistas de pé quebrado, temos claro que a tecnologia de guerra serviu — e ainda serve, a exemplo da internet — para prolongar e tornar mais venturosa a trajetória humana na Terra?", ele pergunta.

Há, nesse texto, algumas coisas a observar. Em primeiro lugar algo que se poderia chamar de generalismo. Da Guerra do Iraque, ele pula para o amoralismo dos impérios em geral. Mas, pelo menos do ponto de vista de uma esquerda independente, se era preciso condenar a invasão do Iraque, que acabou tendo consequências as mais desastrosas, isso não quer dizer que toda intervenção, e mesmo toda intervenção americana, seja necessariamente condenável. É discutível se não teria sido melhor, para os norte-americanos e para o mundo, ter ousado atacar o ditador sírio Bashar al-Assad, por exemplo, em vez de recuar e se omitir. Porém, há mais do que isso. O nosso autor propõe uma filosofia da "civilização" cujas dificuldades são visíveis — e na qual se reconhece, aliás, o esquematismo de um antigo esquerdista: no lugar da revolução, ele põe o progresso. Que as guerras tenham impulsionado muitas vezes o progresso técnico, ninguém duvida. Que, para além disso, o capitalismo, em meio aos seus horrores ou por meio deles, tenha sido em certas circunstâncias um fator de progresso é também inegável — este, aliás, é um tema marxista arquiconhecido. Só que: 1) O horror de uma guerra compensaria sempre o progresso técnico advindo dela? Pensemos em cada caso singular. Quando o custo de um conflito é enorme, não seria melhor se contentar com um progresso mais lento, sem pagar o preço do massacre? O mundo também anda nos períodos de paz; 2) O autor fala de progresso técnico. E o progresso social? "Progresso social" seria um conceito vazio? Se não, pergunta-se: As guerras sempre serviram ao progresso social? A Primeira Guerra Mundial, por exemplo, teria servido a esse progresso?

No que se refere ao progresso social — por exemplo, à redução da jornada de trabalho de doze a catorze horas diárias para oito, ou à emergência da democracia —, seria preciso considerar não apenas, e não principalmente, as guerras, mas as lutas. Porque esses progressos foram em geral resultado de grandes lutas, nas quais, simplificando, havia um lado a favor e um lado contra. Entre os que eram a favor, estavam, aliás, muitos inimigos das guerras, gente que acreditava no progresso pacífico da humanidade. Na prosa da extrema direita, costuma-se zombar dos que acreditavam e acreditam na possibilidade de um futuro pacífico para a humanidade, e ela se esmera, mesmo, em denunciar os resultados nefastos daquela crença. Ora, se no caso do comunismo uma inversão brutal de fato ocorreu, se o sonho virou pesadelo, também é verdade que durante anos e anos — antes, durante e depois do fastígio do bolchevismo e também do stalinismo — homens e mulheres que acreditavam num futuro pacífico para a humanidade contribuíram, e muito, apesar de tudo, para o progresso social do mundo. E não só para eles próprios ou para os seus aliados. Pois, como já disse, dessas lutas não resultaram apenas melhores condições de trabalho para os proletários. Resultaram também grandes avanços democráticos.

Not least: As guerras suscitam progresso tecnológico? E o progresso tecnológico nos levou para onde? Sem dúvida, a muitas coisas boas. Mas, sem progresso social e sem crítica do mundo, crítica que não cabe nas filosofias de extrema direita, ele também está nos levando a catástrofes ecológicas que comprometem o futuro, próximo e longínquo, da espécie. Aliás, a direita, que se pretende tão moderna, parece não se preocupar muito com o tema. Não é do seu feitio perder o sono por causa do destino da humanidade.

Além de um pouco menos de niilismo, precisamos justamente de uma filosofia complexa da história, em que, longe dos simplismos, se reconheçam linhas de progresso coexistindo com regressões — a saber, desigualdade social crescente, crises econômicas, agressões ao meio ambiente e ameaças à sobrevivência da espécie.

Outro ideólogo da direita, este professor universitário e jornalista, é Luiz Felipe Pondé. Eu o conheci um pouco, já faz bastante tempo; participei da banca de seu concurso de qualificação de tese, no doutorado. Até onde me lembro, seu trabalho em história da filosofia era sério. Na sua atividade jornalística, Pondé se caracteriza por fazer, em relação ao grande público, aquilo que os franceses chamam de "acariciar no sentido do pelo", tranquilizando-o em muitas de suas crenças. Assim, em uma de suas crônicas, ele sugeria que os críticos de esquerda, de modo geral ateus e infensos ao casamento, não tinham o sentimento de segurança que têm os que creem em Deus. Como se não bastasse, acabariam se privando também, por instabilidade afetiva, das delícias do amor monogâmico e da vida de casal. Poderia responder, no que me concerne, que prefiro enfrentar a ideia do nada que se segue à vida do que apelar para um mito consolador. Parece-me uma atitude mais corajosa. Quanto ao amor e ao casamento, talvez valesse lembrar que algumas das grandes figuras da história da esquerda foram gente muito apaixonada e "romântica" no sentido usual, e que é tolice supor que a esquerda não acredita no amor. Ocorre que a função do discurso do ideólogo é menos a de tentar caracterizar corretamente a esquerda, ou a experiência da religião e do casamento, do que a de tranquilizar o bom cidadão conservador. Assim, a crença do cidadão em Deus não teria nada de supersticiosa, e seu casamento representaria, apesar dos problemas, a melhor solução possível. Mas será mesmo assim?

A prosa de Pondé tem uma outra vertente, que completa essa primeira e talvez esteja mais ligada a ela do que parece. O colunista tem por hábito assustar e escandalizar o leitor. Nesse sentido, é uma espécie de Žižek da direita, em versão brasileira. Isso é visível na sua relação com a violência. Não que ele a justifique. Mas ele joga com a violência, abusando das fórmulas provocadoras. Faz o elogio das réplicas de Lady Macbeth legitimando a violência do marido; assim, desenvolve um estranho discurso "pró-mulheres" em que convida os jovens a defender as meninas contra ameaças e violências na base da porrada. De maneira dúbia, diz ao leitor que é preciso respeitar os terroristas — para melhor combatê-los, sem dúvida. Depois se descobre que o que quer dizer é apenas que a violência está por toda parte et cetera. Compare-se com Žižek e suas afirmações do tipo "Hitler não foi suficientemente longe". De forma análoga, o leitor de Žižek, assustado num primeiro momento pelas fórmulas proferidas *pour épater le lecteur*, é tranquilizado em seguida, quando o autor nos explica que ele queria dizer "apenas" que Hitler foi um falso radical, que ele foi incapaz de chegar até a liquidação do capitalismo...

Nos últimos tempos o discurso de Pondé, que no passado misturava um certo elogio do conservadorismo com temas ambíguos, tem se apresentado, de forma menos impura, como uma fala de simples defesa da tradição teórica liberal. Só que a esquerda, a melhor pelo menos, nunca desprezou essa tradição.

A maioria dos ideólogos da nova/velha direita — trânsfugas da esquerda, em geral — opera, em seus ataques, uma espécie de homogeneização de todo o campo ideológico a que se opõe. Reinaldo Azevedo não para de afirmar que não há diferença entre um esquerdista de tipo stalinista e um homem de esquerda de espírito democrático. Isso é evidentemente absurdo. De nossa parte, não confundimos extrema direita com direita. A igualização não tem rigor. É como se Azevedo dissesse, por exemplo, que entre Andrei Jdanov, teórico stalinista do realismo socialista, e o pensador francês de origem grega Cornelius Castoriadis, integrante da esquerda libertária e democrática, não há diferença essencial. Qual o erro de tal afirmação? O erro está em que entre esses dois existe um abismo. Este abismo é o totalitarismo. Um é totalitário; o outro não. Essa diferença é essencial.

Também no tratamento de tendências ou de partidos, o impulso homogeneizador é uma característica daqueles ideólogos. Assim, o PT é lido como um partido cujos militantes têm um perfil mais ou menos idêntico. Isso é falso: há certamente gente de tendência totalitária no PT, mas há também democratas, populistas e um contingente considerável de personagens pura e simplesmente oportunistas. Transformar o PT em instrumento de um complô totalitário é teoricamente falso e, na prática, mistificador.

Mas, se os ideólogos da direita gostam de homogeneizar coisas que são heterogêneas, eles também incorrem na violência oposta: estabelecem assimetrias lá onde não existem assimetrias essenciais. Reinaldo Azevedo costuma bater na tecla de que, se há corrupção por todo lado, a do PT é sistemática e visa a fins bem precisos — fins que, para ele, são evidentemente totalitários. Ora, se é verdade que as práticas de corrupção implementadas por gente daquele partido não representam simples "erros", mas são, de fato, sistemáticas, é também falso dizer que no outro lado do espectro ideológico não existe sistema de corrupção, mas simples erro e desvio ocasional. Na realidade, a roubalheira praticada pelo "outro lado" — refiro-me às estripulias do conjunto dos partidos de centro-direita, de direita ou de extrema direita no Brasil — também é, a sua maneira, sistemática. Além de encher os bolsos de muitos, ela alimenta máquinas partidárias que asseguram o funcionamento de uma das sociedades de maior desigualdade no mundo. Eis aí algo que é completamente escamoteado pelos porta-vozes da direita. Tudo se passa, segundo eles, como se o único problema fosse a corrupção de certa esquerda, ou mesmo a corrupção em geral.

Há sempre certa dificuldade em explicar por que alguém se desloca de uma posição política para outra — em particular para uma posição oposta, da esquerda para a direita ou, mais precisamente, da extrema esquerda para a extrema direita. A passagem em alguns casos foi muito rápida, aliás. A explicação do mecanismo desses deslocamentos não é muito simples, mas há pistas que nos aproximam dela. Sabe-se por experiência histórica, desde os anos 1920 e 1930, pelo menos, que há um caminho relativamente curto que conduz da extrema esquerda à extrema direita. Alguém que militava em algum grupo dogmático e violento de extrema esquerda não tem muita dificuldade em passar à extrema direita. Ele conserva o dogmatismo, o gosto pela violência. Só elimina o que resta de melhor no grupo que abandonou: os objetivos, pelo menos em tese, igualitários.

Quando vejo manifestações da esquerda mais dogmática — por exemplo, as manifestações visando impedir que a dissidente cubana Yoani Sánchez falasse durante sua visita ao Brasil há alguns anos —, fico pensando que daqui a uns dez ou quinze anos alguns daqueles manifestantes estarão na extrema direita. Na figura de alguns dos mais fanáticos, vejo os Reinaldinhos dos anos 2030. Talvez a passagem da extrema esquerda à extrema direita merecesse uma análise mais detalhada. A violência dos discursos da nova (velha) direita tem, certamente, alguma coisa a ver com aquela passagem. Creio que essa violência seja resultado de um acúmulo de ódio. Ódio que vem de várias fontes, em geral ligadas àquele deslocamento.

Uma das fontes da violência e do dogmatismo está, justamente, na esquerda, ou em uma de suas patologias — quero dizer, está no próprio conteúdo das crenças que esses ideólogos professavam anteriormente. Sem dúvida, nem todos vêm do stalinismo, mas de qualquer modo há dogmatismo e violência suficientes no leninismo, por exemplo, para que eles possam carrear aquelas antigas energias para o moinho da extrema direita. A isso se soma o ódio que vem do mundo burguês. Cada burguês ordinário é não só muito cioso dos seus privilégios, mas despreza os escravos — e tem um ódio particularmente violento em relação a qualquer tentativa de rebelião. Liberado de certos pudores esquerdistas, pode mostrar que não há nada mais intolerável, para ele, do que as revoltas de escravos. Sobretudo, ele não gostaria de ser confundido com um escravo, e tem um ódio que se volta contra si próprio por no passado ter pertencido à esquerda. Para alguém que usufrui das vantagens advindas do fato de ser membro da classe média no Brasil, ou de algo melhor do que a classe média, é sempre um salto se engajar numa posição de esquerda. Faz-se aí uma espécie de pacto de solidariedade com os explorados e oprimidos. Aquela gente, cuja trajetória agora leva à direita, aceitou um dia esse pacto, e depois rompeu com ele. Creio que parte do seu ódio atual vem do fato de terem dado esse passo. É que, em geral, o passo exige generosidade, e muitos descobrem que nunca a tiveram. Como foi possível, então, o engajamento? Em muitas circunstâncias, e principalmente no tempo em que a esquerda era realmente hegemônica, o engajamento se fazia por uma espécie de hábito ou de imitação da maioria. Seja como for, os novos direitistas têm dificuldade de se perdoar por um dia terem efetuado a passagem.

O ódio que destilam os escritos e as falas dos nossos heróis do pensamento de extrema direita é, portanto, um condensado disso tudo: ódio de classe, ódio herdado de uma extrema esquerda mais ou menos delirante convertido em "ódio de direita", e ódio de si mesmo, por terem cedido a alguma coisa que, em condições normais, exige generosidade.

Sejam quais forem as razões do ódio e das peripécias retóricas da direita midiática, é preciso reconhecer que ela passou a dispor de margem de manobra por explorar as contradições e as patologias da esquerda. Essa constatação basta para demonstrar o quanto o combate às deformações do totalitarismo e do populismo é essencial para a esquerda. Não quero dizer com isso que, diante de uma esquerda democrática hegemônica, a direita ficaria boazinha. Na realidade, ela continuaria a conspirar e é até possível que viesse a se tornar ainda mais violenta, porque naquelas condições a ameaça à sua dominação seria maior. Porém, se ela conspirar, pelo menos não conspirará mais nas condições relativamente favoráveis em que o faz atualmente. Livre das suas piores patologias, a esquerda teria condições muito mais favoráveis para ganhar a batalha.

Ora, também o impeachment de Dilma Rousseff é fruto de uma aliança e de um avanço das direitas no Brasil, além de ser, pelo menos em parte, resultado da crise do populismo sui generis petista e de mudanças no cenário econômico mundial.

Dilma se reelegeu em 2014, quando a política populista particular do PT parecia seguir o seu curso sem maiores entraves. Ocorre que a situação econômica mundial já havia se alterado, e não sob a forma de uma crise financeira mais ou menos passageira. O mercado de commodities, que de certa forma dera sustentação à capacidade dos governos Lula de conciliar interesses de classe distintos, foi atingido pela redução de atividade na economia chinesa. E Dilma não é Lula. Não tem, politicamente, a mesma habilidade para conciliar contrários, negociando com uns e outros. A presidente, assim, se tornou vítima da crise. Diante do arrefecimento da economia, ela hesitou entre três modelos — que poderíamos chamar o "social", o "desenvolvimentista" e o "liberal". Passou de um a outro. Chegou mesmo a tentar combinar todos eles, o que em si não é condenável, só que trabalhando mal no plano da cúpula governamental, do Legislativo e das direções partidárias. Tampouco se mostrou capaz de explicar às suas bases e à opinião pública o sentido das mudanças de rota.

Enquanto Dilma parecia não saber o que fazer, a direita se articulava, reunindo a centro-direita — representada pelos cardosistas —, a direita — que congrega o DEM, o PSDB não cardosista e outros grupos e partidos — e a extrema direita — na qual aparecem várias figuras mais ou menos sinistras, como Bolsonaro. Conforme disseram os próprios participantes, durante um longo período — um ano ou mais, ao que parece —, organizaram-se reuniões em que se preparava a derrubada de Dilma. A direita militar esteve pelo menos ciente do que se preparava, e provavelmente bem mais do que isso. Não se pode esquecer também do papel muito importante que tiveram nesse processo as chamadas "classes produtoras", por meio dos seus órgãos representativos, como a Fiesp.

Tudo isso se passava enquanto jovens procuradores e representantes do Judiciário começavam a fazer uma ofensiva contra a promiscuidade entre o poder econômico e o poder político. Em que medida a direita estava articulada com esse movimento? Duas coisas me parecem certas. Por um lado, as operações do tipo Lava Jato tiveram e têm certa autonomia, e não são simples criaturas da direita. Mas é também evidente que sua atuação — em si mesma positiva, pois se impunha uma ofensiva contra a corrupção endêmica da política brasileira — não foi simétrica. Isso ficou claro no episódio da condução coercitiva de Lula, levado a depor "debaixo de vara". E novamente durante o processo contra o ex-presidente, contra Dilma, os ex-ministros Aloizio Mercadante e José Eduardo Cardozo, por suposto "entrave à Justiça", ao pretenderem a nomeação de Lula como ministro. A assimetria está também — e aqui não se trata de assimetria no comportamento de um único juiz, mas de diferentes juízes e instâncias judiciárias — na lentidão com que a Justiça se ocupa dos processos em que estão envolvidos políticos da direita, inclusive do PSDB. Apoiada por um movimento de massas com base nos setores mais reacionários da classe média, um pouco no estilo da famosa "Marcha da Família com Deus pela Liberdade" de 1964, a direita obteve a denúncia de Dilma por parte da Câmara dos Deputados, denúncia em que o seu muito corrupto presidente, Eduardo Cunha, teve um papel relevante.

Durante algum tempo, Cunha negociou a aceitação do documento pela Câmara: tratava-se de obter, em troca, a garantia da sua própria impunidade. Feitos os cálculos — e tudo isso de forma visível, sem que o protagonista se mascarasse —, ele acabou aceitando o pedido como retaliação a uma decisão da bancada do PT, de não apoiá-lo na Comissão de Ética. O documento foi submetido à Câmara e depois aprovado, numa reunião ruidosa e folclórica. O processo, já duvidoso no seu conteúdo, foi visivelmente viciado em termos morais e políticos, se não jurídicos, pela forma em que foi encaminhado.

O impeachment é decisão excepcional, excepcionalíssima mesmo, que exige nada menos do que atos que "atentem" contra a Constituição. Os atos que praticou Dilma, regulares ou irregulares, têm muito mais cara de "manobras contábeis" — praticadas, ademais, por muitos outros titulares de cargos no Executivo — do que de "atentados" à Constituição. E o resultado do processo tem algo de escandaloso. Em nome da lisura administrativa, substitui-se Dilma por Michel Temer, assim como, no plano partidário, sai o PT e entra o PMDB. Afinal, quem é mais suspeito em tudo isso?

Parece não haver dúvida de que o processo foi mais uma manobra política do que o cumprimento de uma exigência de ordem jurídica. Foi, aliás, o que percebeu a imprensa do mundo inteiro, pelo menos toda imprensa suficientemente crítica. Manobra política para derrubar um presidente da República sem base jurídica suficiente deve ser chamada de golpe — ainda que golpe brando, jurídico ou o que for. Essa parece ser, cada vez mais, a forma moderna dos golpes. A caneta em vez do tanque. Em lugar da mobilização do Exército, a instrumentalização do Poder Judiciário, que vem a ser sacralizado. Processos desse tipo se constroem em três "momentos": enquadramentos jurídicos duvidosos e arbitrários; formalismo, em que se abstraem as circunstâncias; e sacralização da "Justiça". Talvez se possa acrescentar, no caso, uma circunstância não decisiva, mas que também pesa. Se uma maioria esmagadora da população fosse favorável a esse desfecho, a decisão ainda assim não se justificaria, mas a gravidade do caso estaria, certamente, atenuada. Ora, o que se fez foi algo muito sério: votar um impeachment juridicamente arquiduvidoso diante de uma opinião pública dividida. Como disseram alguns, produziu-se uma ferida que não fechará tão cedo.

UM PROGRAMA

Diante de tudo isso, diante da crise da esquerda, inclusive das ilusões alimentadas por muitos dentro dela, e do avanço prático e ideológico da direita, impõe-se a pergunta clássica. Pergunta que foi formulada não apenas por um líder bolchevique bem conhecido e que aprecio pouco, Lênin, mas muitas outras vezes, antes e depois dele, por gente politicamente muito diversa. Que fazer?

A esquerda brasileira precisaria, antes de mais nada, de um outro tipo de discurso. Algo que se poderia definir como um discurso de *verdade*. Até aqui, essa esquerda vem marcada por um estilo profundamente religioso. Temos um sistema de crenças que nada pode abalar — nem a realidade. Há gente de esquerda que duvida do mais óbvio, com o que revela um medo/pânico de enfrentar o real. No mesmo sentido, há textos sagrados e santos. A retórica faz pendant à religião. De fato, como que se impôs a ideia nefasta de que o discurso político é de ordem retórica, e de que, portanto, não é necessário ter maiores preocupações com a verdade ao falar de política. O importante seria combater o adversário, como se fosse possível levar adiante esse combate sem respeito pela verdade.

Apesar de todas as reservas que sempre tive diante da inflação do valor atribuído ao pensador italiano Antonio Gramsci nos meios de esquerda do Brasil — creio que ele não nos ajuda a compreender o que foi o totalitarismo de esquerda, nem a criticá-lo —, há que reconhecer que, apesar de tudo, a ideia de hegemonia é muito atual — e útil. Eu a tomo despojada das implicações políticas e filosóficas que tinha em Gramsci: tomo-a simplesmente como significando a exigência de ganhar para a nossa perspectiva, por meios que seriam essencialmente racionais, o apoio de amplas camadas da população. Dir-se-á que a política não se resolve pela razão, mas pelas paixões. Claro que sem os afetos não pode haver ação política nem mobilização. Entretanto, é essencial que o afeto surja sobre o pano de fundo de um discurso tão objetivo e comprometido com a verdade quanto possível. É evidente que a fala política não pode ser 100% racional. Mas que se tivesse 80% ou 90% de racionalidade, e 10% de retórica, já seria muito bom. Hoje eu diria que, em muitos casos, tem-se a relação inversa.

No plano propriamente substantivo, ou programático, a esquerda deve, em primeiro lugar, ter um projeto clara e explicitamente antitotalitário e também antiautoritário — isto é, propor um programa intransigentemente democrático. Frequentemente nos meios de esquerda, e mais ainda de extrema esquerda, fala-se mal da "democracia representativa". Quando se procede assim, a democracia é quase sempre associada ao capitalismo. Em forma bastante clássica, vê-se nela uma "expressão política" possível do capitalismo. Capitalismo e "democracia representativa" andariam juntos. Na realidade, quaisquer que sejam as insuficiências das formas democráticas vigentes, não há por que abandonar o projeto democrático e mesmo "democrático-representativo". Formas de democracia direta ou participativa podem ser introduzidas — quando bem planejadas, elas podem significar um progresso. Ainda assim, e por várias razões — inclusive práticas —, é difícil supor que essas formas de participação direta possam substituir satisfatoriamente toda representação.

A democracia, como ideologia e como prática, pode, é bem verdade, servir ao capitalismo. Mas ela é sempre, ao mesmo tempo, uma arma muito perigosa para os poderes dominantes. Pela simples razão de que, no fundo, menos do que exprimir o sistema econômico ou possibilitar a dominação de classes ou grupos de privilegiados, a democracia tem um impulso próprio e, nesse sentido, representa um vetor de oposição virtual a uma forma social em que predomina a desigualdade. Mesmo se deformada, a democracia tem como princípio a igualdade, e nesse sentido ela é virtualmente — e, sob certas condições, efetivamente — uma força de oposição ao capitalismo, já que o princípio deste é a desigualdade.

A rigor, as formas sociais ditas "capitalistas" são, de fato, "democrático-capitalistas", denominação que deve ser lida como uma expressão contraditória. Essa designação rejeita tanto a caracterização liberal, que prefere dizer "democracia" simplesmente, como a alternativa marxista ou marxista ortodoxa, que prefere falar apenas em "capitalismo". Ao contrário do que se poderia supor, desde que não se perca de vista a oposição que ele exprime, o nome que proponho não faz nenhuma concessão ao sistema. Ele diz melhor o objeto, precisamente porque enuncia a contradição que este encerra.

O projeto da esquerda deve ser, em segundo lugar, estranho a todo adesismo em relação ao sistema, a saber, deve se empenhar efetivamente numa política de caráter anticapitalista.

Que significa ser "anticapitalista"? Aqui o peso da tradição é grande, e cumpre ir além da versão hegemônica do marxismo no pensamento de esquerda no último século. Em primeiro lugar, ser anticapitalista não deve querer dizer ser contra o Estado, ainda que todo projeto legítimo de esquerda passe por uma crítica do Estado em sua forma atual. Também não se trata de visar à liquidação de toda propriedade privada. Pode-se dizer, inclusive, que não se pretende eliminar toda propriedade privada dos meios de produção, o que implica validar a existência de alguma forma de capital. No meu entender, o objetivo da esquerda deve ser a neutralização do capital. Nesse sentido, é o grande capital que se tem em mira. Mas não se pense que esse projeto é simplesmente "reformista".

Por que é necessário insistir na ideia de "neutralizar o grande capital"? Por que insistir em submetê-lo ao controle de regras estritas, em limitar o poder dos grandes acionistas e mesmo a propriedade privada das grandes empresas? Simplesmente porque o acúmulo de capital em poucas mãos não tem justificativa. É injusto. E aqui enveredamos pelo caminho dos fundamentos, inevitável. Todo mundo ouviu falar na teoria da mais-valia de Marx, a ideia de que há uma diferença entre o que é pago ao trabalhador e aquilo que ele produz em termos de valor. Os economistas de direita caem em cima dessa teoria, denunciando-a como sendo pouco científica, quando não pura metafísica. Há muita confusão nessa crítica. Mas a verdade é que essa teoria encerra problemas reais. Marx a apresentou há mais ou menos 150 anos, e praticamente não se avançou nisso. A esquerda deveria jogar fora a teoria da mais-valia? Não digo isso. Mas precisaríamos modificá-la radicalmente, o que significaria, no limite, produzir uma nova crítica da economia política. Crítica que aproveitaria muita coisa do *Capital* de Marx, mas que também mudaria outras, mesmo no plano do núcleo da teoria. Não quero encher a cabeça do leitor com esse ponto, decerto muito técnico. Mas acho importante indicar pelo menos o caminho das pesquisas que venho fazendo. Há em Marx, junto com a teoria da mais-valia, um outro tema crítico, conexo, mas a meu ver separável, que é a ideia da impossibilidade de legitimar a posse do capital pelo trabalho do capitalista. Isto é, trata-se de mostrar que a posse do capital, e também da riqueza que vem do capital, não provém do trabalho do capitalista. E isso por uma dupla razão. Em primeiro lugar, porque o capital inicial de que dispõe o capitalista pode vir de muitas fontes: da herança, por exemplo; de resto, como se sabe, o mercado é um verdadeiro cassino, e a partir dele se pode adquirir muita coisa sem trabalho. Em segundo lugar, porque, mesmo supondo que o capital inicial do capitalista tenha vindo do seu trabalho, a riqueza que advém desse capital inicial como que se autonomiza do seu trabalho, e de certo modo de todo trabalho. Em última análise, essa riqueza nasce, na realidade, do próprio capital. Ou seja, a aquisição da riqueza por meio do capital não tem nenhum tipo de justificação ou legitimação (pelo trabalho do capitalista ou por outra via): o capitalista adquire mais capital porque já tem capital, ponto. Se a formulação precisa dos fundamentos dessa crítica está por ser feita, a desigualdade brutal que produz o capitalismo salta aos olhos, e não oferece dúvidas. Essa desigualdade é razão mais do que suficiente para que a crítica de seus fundamentos seja retomada em termos rigorosos.

Ao mesmo tempo, admita-se desde logo que não seria razoável esperar atingir esse objetivo a curto prazo. De imediato, o que devemos buscar é a sobrevivência ou a reimplantação de um Estado de bem-estar social — modelo de ação estatal que está ameaçado em toda parte, quando já não foi desmontado —, luta que já se faz no quadro de um enfrentamento com o capital. Que medidas poderiam nos levar na direção dos nossos objetivos? Em primeiro lugar, uma reforma tributária. A mídia repete de modo quase uníssono que o Brasil é recordista em termos de arrecadação de impostos. Diz-se que "se" paga demais ao governo. O problema é saber o que há por trás desse "se". A boa pergunta não é a que pretende descobrir se no Brasil os impostos são altos ou não. A pergunta correta é a que diz: quem paga impostos demais no Brasil? Os ricos ou os "menos ricos"? Na realidade, as nossas alíquotas de imposto de renda são um verdadeiro escândalo. Uma modesta funcionária paga a mesma porcentagem que um banqueiro, isso quando o banqueiro paga. Do mesmo modo, o imposto sobre herança e transmissão de bens é também muito baixo. A acrescentar o grande problema da sonegação fiscal. No Brasil, embora tenha havido algum progresso, a sonegação continua sendo enorme. No plano internacional, deram-se alguns passos, mas os paraísos fiscais seguem funcionando.

A verdade é que o atual sistema tributário é uma máquina de transferência de renda para as classes favorecidas. A imprensa que se queixa dos laxismos no uso de dinheiro público não fala nada sobre esse mecanismo de desvio de recursos e acumulação de riqueza nas mãos dos mais ricos. É verdade que essa transferência se dá em observância da lei — tanto quanto é óbvio que há leis muito injustas e mesmo abusivas.

Um dos efeitos mais notáveis do avanço ideológico recente da direita foi a imposição da ideia, amplamente aceita, de que a privatização é sempre a melhor solução — de que, enfim, o demônio é o chamado "estatismo", obstáculo ao desenvolvimento do chamado mercado "livre e sem entraves", que se supõe sempre profícuo. Já não se trata nem de um dogma, mas de um verdadeiro mito. Mas quem disse que empresas cujo capital majoritário é estatal simplesmente não podem funcionar bem? Houve e há muitos exemplos disso, no Brasil e fora dele. Se não se trata de liquidar o setor privado, no programa que aqui se propõe, é de todo modo preferível que as grandes empresas tenham como acionista majoritário o Estado. A alternativa não é "monopólio × empresa privada livre", mas sim, quase sempre, "monopólio público × monopólio ou oligopólio privado". Critica-se a intervenção do Estado e a corrupção dos seus agentes. Mas a corrupção pode estar de um lado como do outro. E sobre o dinheiro e as decisões do Estado ao menos se pode ter algum poder: os agentes do Estado dependem direta ou indiretamente do voto popular. Quanto aos acionistas das empresas privadas, quem pode com eles?

* * *

Em terceiro lugar, no seu programa e na sua prática, a esquerda deve ser infensa a toda facilidade na administração dos bens públicos e na vida pública em geral. Em nome de que princípio se propõe essa recusa? Tal exigência vem do próprio caráter democrático do projeto. Sem dúvida, os melhores defensores da linhagem comunista, também eles, condenavam qualquer abuso dessa ordem. Isso porque supunham, com razão, que o uso de tais meios acabava comprometendo os fins visados. No contexto de um projeto democrático, o raciocínio vale a fortiori. O uso daqueles meios — a apropriação de renda e riquezas públicas — não apenas compromete a realização dos fins a que a esquerda se propõe, mas aqueles meios são imediatamente incompatíveis com os fins. Não pode haver democracia efetiva se o governo for corrupto. Uma coisa é incompatível com a outra. Um ideal republicano e democrático invalida imediatamente toda justificativa de práticas políticas lenientes ou desonestas.

Há pelo menos mais um princípio que ainda se deve acrescentar à exigência democrática, ao anticapitalismo e ao princípio de uma "governança sem corrupção". Trata-se, evidentemente, de um programa ecológico. A ecologia não foi, durante muito tempo, propriamente uma bandeira da esquerda. A ideia difundida em certos meios de que Marx era um ecologista avant la lettre é, pelo menos, muito exagerada. Os temas ecológicos foram se impondo na segunda metade do século passado, à medida que as condições ambientais se deterioravam como resultado da atividade humana. Hoje, só uma minoria de fanáticos duvida da gravidade do problema ecológico. Bem entendido, não foi apenas o capitalismo que levou o mundo a essa situação — o chamado "comunismo" não ficou atrás em matéria de progressismo suicida. Porém, hoje, mesmo se o totalitarismo de esquerda não desapareceu — mas lá onde as suas marcas são mais visíveis, ele, precisamente, coexiste com um capitalismo selvagem —, é o capitalismo que comanda a corrida.

Assim, os fatos vão mostrando o quanto é difícil lutar pela preservação do meio ambiente enquanto não abandonarmos o universo da economia capitalista. E não se trata apenas de uma constatação. É muito difícil impor uma limitação da corrida produtivista no interior de um sistema cujo princípio é a busca ilimitada do lucro. Assim, se a democracia se revela incompatível com o capitalismo, também a ecologia não vai muito bem com ele. Nesse sentido, a incorporação dos problemas ambientais às lutas tradicionais da esquerda não deveria representar um problema.

Ocorre que as coisas não são tão simples. Mesmo se as energias renováveis parecem oferecer grandes possibilidades em termos de emprego e de "desenvolvimento sustentável", há resistências contra a adoção de novas fontes energéticas. Sem dúvida, isso não se deve apenas à incompreensão do problema por parte das direções sindicais e partidárias. Se não se assegurar a reconversão dos postos de trabalho ligados às fontes de energia tradicionais — algo que deve ser feito —, a adoção de novas fontes energéticas pode de fato representar uma ameaça ao emprego. Mas tomadas essas precauções, que aliás não oferecem dificuldades intransponíveis, a médio e longo prazo o efeito dessa "conversão energética" deve ser precisamente o oposto. Cada vez mais fica evidente que a mudança da matriz energética é uma importante alavanca na luta contra o desemprego, e uma saída para a crise.

No Brasil, como em geral no Terceiro Mundo, a indiferença em relação às ameaças ao meio ambiente, assim como a desconfiança para com as lutas ecológicas, é muito forte em muitos meios de esquerda. Na realidade, os problemas são principalmente dois: o acúmulo de CO_2 na atmosfera, que cria perturbações no clima, na fauna, nos oceanos etc. E o nuclear, que significa acúmulo de lixo atômico por milhares de anos, e a certeza de novas catástrofes. Esse último problema é também brasileiro, no sentido de que as usinas de Angra são obsoletas e perigosas, além do fato de que, mais do que ninguém, não precisamos disso, já que temos muitas fontes de energia limpa. Só muito lentamente essas questões vão sendo assimiladas. Também no que se refere à política posta em prática por partidos de esquerda no poder, não se pode dizer que até agora se tenha dado prova de uma consciência ecológica muito aguda. O governo Dilma Rousseff foi particularmente surdo a esse tipo de exigência, para não dizer mais. Basta falar no projeto da usina de Belo Monte, projeto ecologicamente desastroso e economicamente duvidoso. Também não houve uma verdadeira resistência à pressão do agronegócio e dos grandes interesses rurais que visavam desmontar a legislação de proteção à floresta. Enfim, o balanço dos anos Dilma Rousseff em termos de ecologia — como também a sua política indigenista — foi muito ruim, embora ela tenha tentado tomar algumas medidas corretivas no último momento — e apenas quando já era tarde demais.

O discurso tradicional da esquerda — em particular o discurso marxista — se fundava numa concepção excessivamente otimista do homem, algo aliás que os arautos da nova direita não cansam de repetir. Os rasgos negativos da espécie adviriam quase que pura e simplesmente do peso de maus sistemas sociais. Hoje, depois de Freud e de muitos outros — e também depois de muita experiência histórica —, é impossível comungar com o antigo otimismo, que poderia ser chamado de "humanista". É ilusória a ideia de uma sociedade em que os homens apareceriam como que despojados de quase toda agressividade e violência. Mas isso não significa que a tese contrária, a dos chamados anti-humanistas, seja verdadeira. O homem não se define pelo egoísmo e pela violência. Mesmo se a fórmula parece banal, é preciso reafirmar que os humanos são capazes tanto do pior como do melhor. Seja como for, é preciso admitir, como já sugeria Kant, que há limites ao tipo de vida coletiva a que se pode aspirar.

O esboço programático que tracei, como talvez já se tenha notado, inverte a perspectiva marxista para o longo prazo. Para Marx, o objetivo era o comunismo, o que implicava o ideal de uma sociedade transparente, com a abolição do Estado e da propriedade privada. Tal objetivo, para o pensador alemão, não seria utópico. Ao contrário, a longo prazo nada seria mais realista. Utópico, diante da marcha da história, seria querer conservar alguma forma de mercado ou o Estado, mesmo se modificado, ou ainda a propriedade privada de bens de valor relativamente considerável — como a casa própria, por exemplo.

Na perspectiva pela qual optei, e que parece se impor à luz da experiência dos últimos 150 anos, tem-se o contrário. O comunismo e a sociedade transparente, sem Estado, é que passam a ser utópicos. E, pior do que utópicos, perigosos, porque o projeto contém germes totalitários. Inversamente, propõe-se, e não se vê utopia nisso, conservar o dinheiro e alguma forma de mercado, mais o Estado e a propriedade privada, ainda que não de todo tipo de bens. Não me parece absurdo crer na possibilidade histórica de um projeto como esse. De fato, se a ideia de uma sociedade transparente foi fazendo água do século XIX para cá, esse fracasso não significa que se deva aceitar a inevitabilidade da atual forma social dominante. É verdade que uma sociedade organizada nos termos que indiquei não se apresenta, de forma alguma, como uma necessidade histórica. Mas nada nos leva a supor que ela seja impossível.

A sociedade que temos em vista será bem menos transparente e sem dúvida menos solidária do que aquela com que

Marx sonhava. Mas nada impede que seja bastante solidária; bem mais solidária, democrática e justa, de toda forma, do que a que temos hoje.[1]

2. A armadilha em que a esquerda se meteu

Se o objetivo é reduzir a pobreza e a desigualdade, não há alternativa ao projeto social-democrata de FHC

*Samuel Pessôa**

Cresci numa família paulistana de classe média alta em que o nome do Departamento de Filosofia da Universidade de São Paulo, quando pronunciado, gerava reações de reverência do tipo que no passado provavelmente era reservado a santos ou cardeais. Tínhamos a impressão, na década de 1980, de que as teorias e interpretações que saíam da Faculdade de Filosofia, Letras e Ciências Humanas ainda eram capazes de deixar os franceses de queixo caído. Anos antes, aquela havia sido a escola do "seminário Marx" — quando professores da casa se dedicaram a ler em detalhe e interpretar de maneira inovadora a complexa obra do pensador alemão. Era também, como sabíamos, a escola de Marilena Chaui, uma das maiores especialistas em Spinoza; de José Arthur Giannotti e Ruy Fausto, os grandes conhecedores de Marx; de Paulo Arantes, autoridade em Hegel. Ainda hoje não sei dizer se a imagem de excelência que associávamos àquele departamento, na minha juventude, correspondia à verdade. Com o passar dos

* Publicado originalmente em *piauí*, edição 123, dez. 2016.

anos ficou-me a impressão de certo provincianismo paulista nos festejos. Seja como for, a importância do departamento para a profissionalização da filosofia no Brasil é inegável.

Assim, quando comecei a ler o artigo de Ruy Fausto na *piauí* de outubro — "Reconstruir a esquerda" —, imaginei que dificilmente alguém teria melhores credenciais intelectuais para fazer a reflexão a que ele se propunha: analisar a crise da esquerda brasileira. A reflexão é oportuna e, pelo que indicam os resultados eleitorais recentes, inevitável. O problema é que o professor emérito da USP recai em seu texto na mesma dificuldade em que, voluntariamente, a maior parte da esquerda brasileira tem se lançado nos últimos vinte anos: a demonização do governo de Fernando Henrique Cardoso e, consequentemente, a incapacidade de avaliar corretamente a experiência social-democrata de seus dois mandatos.

Aparentemente, para grande parte do eleitorado de esquerda, a demonização é sincera. Não se trata de simples disputa política. O problema para a esquerda — e para o país, porque esta é a esquerda que nós temos — está no fato de que, ao insistir em se opor radicalmente àquela experiência de governo, ela se obriga a abraçar projetos irrealizáveis, ao mesmo tempo em que não chega nunca a compreender a natureza das restrições que afetam as escolhas de um governo numa economia de mercado como a nossa. Com todos os seus erros e os seus acertos, o governo FHC deixou um legado importante, que não à toa teve continuidade no primeiro mandato do ex-presidente Luiz Inácio Lula da Silva. Foi também a social-democracia possível ao Brasil naquele momento, dadas as circunstâncias internacionais vigentes à época e considerada, também, a herança de hiperinflação e profunda desorganização do Estado que o tucano teve que assumir.

No período em que Antonio Palocci era ministro da Fazenda de Lula, parecia que a demonização — pelo menos para uma parte dos principais quadros do governo — era somente astúcia e tática política, provavelmente acertada. Seria uma maneira de o PT ocupar o campo da social-democracia e jogar o PSDB para a direita — ou para sócio minoritário do condomínio social-democrata. Tal tática contribuiu, contudo, para alimentar a incapacidade da própria esquerda de ler corretamente a experiência histórica do governo FHC. A astúcia virou desastre quando a crise financeira de 2008 e a euforia com a descoberta do pré-sal criaram a oportunidade para que a política econômica seguisse o discurso ideológico do PT. Mais tarde, já sob a presidente Dilma Rousseff, ela acabaria por se degenerar numa versão mal-ajambrada de nacional-desenvolvimentismo ou, numa caracterização que talvez seja a mais correta, de intervencionismo desastrado.

A esquerda brasileira não soube observar o ensinamento de Ulysses Guimarães, que advertia ser útil, em política, "nunca ficar tão perto que não se possa afastar, nem tão longe que não se possa aproximar". Uma crítica à história recente da esquerda precisa, creio eu, dar conta da relação passional de muitos dos seus líderes e de quase toda a sua militância com o governo FHC — uma relação de rejeição que, paradoxalmente, por algum tempo esteve associada à adoção pelo governo petista das mais importantes políticas econômicas e sociais do presidente tucano. Ruy Fausto não dá esse passo. Assim, infelizmente, sua crítica em pouco auxilia a esquerda a se libertar da amarra autoimposta. Mas não é só aí que ele erra.

Em seu artigo Ruy Fausto se ocupa sobretudo das "três patologias da esquerda", que a teriam desviado do bom caminho. A primeira delas é o totalitarismo, diz o professor de filosofia. A crítica é relevante, pois diversos partidos políticos no Brasil — "PSTU, PCdoB, PCO, entre outros" — continuam a reivindicar, como enumera o filósofo da USP, "o leninismo, o trotskismo, o castrismo — e, em pelo menos um caso, o stalinismo". Impossível discordar de Fausto: a esquerda brasileira tem sérias dificuldades para fazer a necessária crítica ao totalitarismo.

A segunda patologia da esquerda é o "reformismo" — ou "adesismo", como prefere Fausto. Seus principais representantes no Brasil, ele diz, são o ex-presidente Fernando Henrique Cardoso e seu grupo político, muitos dentre eles oriundos da esquerda. O "cardosismo", diz Fausto, foi responsável por colocar em prática, no governo, os princípios do liberalismo econômico. Pondo de lado por um momento o caso brasileiro, é razoável constatar que a estratégia reformista gerou em boa parte do mundo a social-democracia — enquanto a estratégia revolucionária deu origem a governos totalitários. Fausto rejeita a experiência social-democrata?

A terceira patologia, nos diz o professor emérito da USP, seria o populismo. Suas três características principais são a "existência de liderança carismática autoritária", "uma política que una, ao menos na aparência, interesses de classe mais ou menos antagônicos" e "certo laxismo na administração da riqueza pública".

É aí que ele encaixa, bem ou mal, o governo Lula. Fausto reconhece méritos na administração petista, em particular a política de transferência de renda — principalmente o Programa Bolsa Família — e a política de valorização do salário mínimo. Mas não deixa de criticar a gestão do PT por seu "uso abusivo da máquina do Estado em benefício do partido e de particulares ligados a ele". "É esse o lado intolerável" dos mandatos de Lula, diz Fausto, que tampouco poupa os intelectuais petistas que se recusaram a reconhecer as práticas corruptas do partido. O professor da USP chama atenção, em particular, para a agressiva estratégia de avestruz adotada por sua colega Marilena Chaui.

Com relação a Chaui, o que me impressiona é o grau de

ódio e de intolerância que ela nutre por quem não pensa como ela. Se a revolução leninista dos anos 1960 tivesse sido vitoriosa no Brasil, não seria difícil imaginar a filósofa na linha de frente dos responsáveis por selecionar quem deveria ser mandado para algum gulag nacional — um campo que, em vez da Sibéria, teria lugar em qualquer ponto longínquo da floresta amazônica. De uniforme cáqui, ao estilo castrista, Marilena Chaui comandaria um grande centro de triagem na Estação da Luz. Com sua enorme capacidade de reconhecer, pelo olhar, desvios pequeno-burgueses, ela separaria na fila as pessoas que deveriam ser levadas de trem para nosso gulag equatorial.

No campo ideológico oposto ao de Chaui encontram-se pensadores e figuras midiáticas da direita — Olavo de Carvalho, Reinaldo Azevedo e Luiz Felipe Pondé —, de que Fausto também se ocupa. A ascensão dessas figuras, ele diz, foi em grande medida propiciada pelas patologias da esquerda. O professor da USP especula, de todo modo, sobre as razões para muitos dos atuais críticos da esquerda terem pertencido, no passado, a suas fileiras. Fausto chega mesmo a sugerir uma motivação psicológica profunda, um mecanismo afetivo que ajudaria a explicar a mudança de lado. Ser de esquerda, quando se nasce em família com boas condições econômicas, representa um "pacto de solidariedade com os explorados e oprimidos", ele diz. "Aquela gente, cuja trajetória agora leva à direita, aceitou um dia esse pacto, e depois rompeu com ele. Creio que parte de seu ódio atual [*à esquerda*] vem do fato de terem dado esse passo. É que, em geral, o passo exige generosidade, e muitos descobrem que nunca a tiveram."

Surpreende que Fausto em nenhum momento cogite que essas pessoas, que fizeram a transição ideológica da esquerda para a direita, possam simplesmente ter pensado melhor e chegado à conclusão — como resultado de suas experiências de vida, de sua leitura da história e da história econômica e, possivelmente, de sua compreensão do funcionamento das sociedades — de que a posição mais razoável é a que hoje defendem. E que, além disso, é ela também a melhor e a mais benéfica para o conjunto da sociedade. Ao que tudo indica, Fausto, como Marilena Chaui, não considera a possibilidade de que alguém com boas intenções possa pensar diferente dele.

Que fazer? É a pergunta que o filósofo se coloca depois de sua longa análise sobre os erros passados da esquerda. Diz-se então convencido da necessidade de que o novo projeto seja "antitotalitário e também antiautoritário". Garante que não há razão para a esquerda abandonar "o projeto democrático e mesmo 'democrático-representativo'". Nada mais claro.

O programa da esquerda deve também, por ser democrático, ter como princípio o combate à corrupção e à apropriação do Estado por grupos de interesse particulares, ele diz. Além disso, é imperativo que seu projeto de desenvolvimento econômico seja ecologicamente correto. Impossível discordar. Parece-me que as exigências de se ter um governo ilibado e de buscar um desenvolvimento tão sustentável quanto possível valem para qualquer governo — de esquerda, de direita ou de centro. Gilberto Kassab não discordaria desses dois pontos, creio eu.

As coisas se complicam um pouco mais quando Ruy Fausto afirma que o projeto da esquerda "deve ser estranho a todo adesismo em relação ao sistema, a saber, deve se empenhar efetivamente numa política de caráter anticapitalista". O que isso quer dizer? O projeto de esquerda não adesista, diz Fausto, não necessariamente será contra o Estado ou contra toda e qualquer forma de propriedade privada. No artigo, ele abre espaço para a possibilidade, em sua sociedade idealizada, de haver propriedade privada até mesmo "de bens de valor relativamente considerável

— como a casa própria". Mas continua a ser uma tarefa para a esquerda, ele diz, procurar "neutralizar o capital".

A defesa da neutralização do capital, se entendi corretamente, é de natureza moral. "A posse do capital, e também da riqueza que vem do capital, não provém do trabalho do capitalista", declara o filósofo. Dois motivos sustentam essa afirmação. Em primeiro lugar, a posse do capital muitas vezes não é moralmente legítima, pois origina-se de herança ou sorte. Segundo, mesmo que a fonte do capital seja legítima, isto é, mesmo que o capital inicial tenha vindo do trabalho de seu proprietário, "a riqueza que advém deste capital inicial como que se autonomiza do seu trabalho, e de certo modo de todo trabalho".

Como, no fim das contas, "neutralizar o capital" não é uma tarefa que se cumpra em curto prazo, Fausto conclama seus leitores de esquerda a começar essa "luta" por um objetivo mais imediato: "A sobrevivência ou a reimplantação de um Estado de bem-estar social — modelo de ação estatal que está ameaçado em toda parte, quando já não foi desmontado". Embora enfática, a afirmação é vaga. Qual é a evidência de que o Estado de bem-estar social foi desmontado? Esse fato está quantificado? Houve forte queda de carga tributária nos países que, ao longo do século XX, o implementaram?

Não há evidência de queda de carga tributária — de onde se retiram os recursos para manter o Estado de bem-estar — entre os países da OCDE, a Organização para a Cooperação e Desenvolvimento Econômico, em anos recentes. De meados dos anos 1960 até meados dos anos 1970, a carga tributária média para os países da OCDE, que reúne as nações mais ricas do planeta, era equivalente a 27% do Produto Interno Bruto de cada país. Desde então continuou a subir, sem grandes saltos, e hoje se situa em 33% do PIB, aproximadamente.

Os padrões variam quando se analisam os casos específicos

de cada país, mas no essencial os números contam quase sempre a mesma história. A carga tributária das economias asiáticas é relativamente baixa, mas teve tendência de alta entre os anos 1960 e final do século XX, atingindo o equivalente a 30% do PIB, no Japão, e 25% de tudo que é produzido anualmente pelo país, na Coreia do Sul. No caso de Bélgica, França e Itália, houve forte crescimento entre meados dos anos 1960, quando a carga tributária correspondia a 30% do PIB, e o início dos anos 1990, quando alcançou, em média, 42% do PIB. O tamanho da arrecadação desses governos europeus tem se mantido relativamente estável desde então. Espanha, Portugal e Grécia apresentam o mesmo padrão, mas a partir de um patamar bem mais baixo, de 17%, em 1965, com estabilização, desde os anos 1990, em pouco mais de 30% do PIB em impostos. Houve queda de arrecadação na Suécia desde os anos 1990, é verdade: depois de crescer vigorosamente no pós-guerra e alcançar o equivalente a mais de 50% do PIB, a carga tributária do país recuou nas últimas décadas, e hoje equivale a 42% do PIB.

O mesmo tipo de tendência se constata quando se observa a evolução do gasto social, financiado pelos impostos crescentemente arrecadados. Para a média da OCDE, o gasto social per capita — somando o dispêndio público e o gasto privado obrigatório — cresceu bastante nas últimas décadas. Na verdade, mais que dobrou, passando do equivalente a 3452 dólares anuais, em 1980, para 8839 dólares, em 2013 (ambos a preços de 2010). Difícil, diante desses números, dizer que o Estado de bem-estar social está sendo desmontado no mundo rico.

Os dados da OCDE são claríssimos: não há queda do gasto social sob responsabilidade do setor público. Pelo contrário, houve contínua elevação, com estabilização na última década. Para os países que estavam mais adiantados na construção de seus Estados de bem-estar, a estabilidade vigora desde os anos 1980. Vale lembrar que, evidentemente, a estabilidade como proporção do PIB de qualquer rubrica do gasto público é uma necessidade aritmética no longo prazo.

Um dos problemas da esquerda brasileira é exatamente a dificuldade com a aritmética. Essa dificuldade quase que se trai numa espécie de orgulho em recente afirmação de Marcelo Freixo, num artigo que escreveu para o caderno Ilustríssima da *Folha de S.Paulo*, no dia 20 de novembro: "Carlito Maia, publicitário e um dos fundadores do PT, dizia que, quando a esquerda começa a contar dinheiro, converte-se em direita". A frase expressa com precisão a dificuldade que a esquerda brasileira tem com a realidade e com a aritmética. Que venha de alguém que pouco tempo antes era candidato a prefeito do Rio de Janeiro é mais um indicador do grau de autismo de nossa esquerda.

É também esse o caso da tese do desmonte do Estado de bem-estar social. Ainda que políticas específicas de proteção possam ter retrocedido em alguns países — em particular nos Estados Unidos e no Reino Unido —, não faz sentido dizer, feitas as contas, que o Estado de bem-estar esteja "ameaçado".

O que houve, de fato, dos anos 1980 para cá, foi a elevação da desigualdade econômica dentro da maioria dos países da OCDE. Elevou-se a parcela da renda apropriada pelos 10% mais ricos. O aumento da concentração de renda é particularmente acentuado no caso dos países asiáticos, dos Estados Unidos, do Reino Unido e da Alemanha. Alguns países — como Suécia, Holanda, França e Espanha — não experimentaram elevações acentuadas da participação dos 10% mais ricos na renda total. O motivo dessas divergências dentro do mundo rico é um tema ainda em debate. Possivelmente devem estar associadas a políticas de redução da carga tributária para os mais ricos, em alguns países. Adicionalmente, no caso dos Estados Unidos e do Reino Unido, houve medidas que podem de fato ser descritas como um passo atrás na abrangência do Estado de bem-estar, como a redução do valor real do salário mínimo e do benefício do seguro-desemprego. Quanto à Alemanha, é provável que a incorporação da antiga Alemanha Oriental, onde a renda era mais baixa, explique parcela significativa do fenômeno.

É preciso notar, de toda forma, que qualquer crítica aos resultados globais do período neoliberal — grosso modo, dos anos 1980 até hoje — precisa ser qualificada pela enorme queda da pobreza que ocorreu na economia mundial nas últimas décadas. Faz parte da era neoliberal — está umbilicalmente ligada a ela — a maior queda de pobreza da história da humanidade. De 1970 até 2000, o número de pessoas vivendo com dois dólares por dia (a preços de 2005) reduziu-se impressionantemente, passando de 1,070 bilhão de pessoas, ou 31% da população mundial, para 670 milhões, ou 13% da população. Uma queda de 400 milhões de pessoas no total, equivalente a dezoito pontos percentuais na taxa de pobreza global. Um trabalho recente sugere que a velocidade de redução da pobreza no mundo aumentou na última década e meia.[1]

A desigualdade econômica mundial, por sua vez, estabilizou-se entre os anos de 1975 e 2000, após mais de um século de crescimento.[2] O motivo para isso está no fato de que, apesar da desigualdade ter se elevado no interior de vários países, a desigualdade econômica entre os países, uns em relação aos outros, caiu muito. Assim, após mais de cem anos de elevação contínua da desigualdade entre os indivíduos no mundo, a época neoliberal observou o primeiro período em que esse processo se estabilizou.

Por fim é preciso notar que a piora da desigualdade de renda dentro dos países do Atlântico Norte é o outro lado da moeda da elevadíssima e rapidíssima queda da pobreza na Ásia, liderada inicialmente pela China e, agora, pela Índia. Ignorar esse fato somente denota a incapacidade que a esquerda tem de olhar a economia como um sistema global. Em grande medida, foi a maior integração internacional das economias — a tão demonizada globalização — a responsável pela melhoria de vida dos mais pobres. Há evidências de que boa parcela da redução da participação dos salários na renda norte-americana, dos anos 1990 para cá, se deve à terceirização de diversas atividades manufatureiras, muitas delas transferidas para países asiáticos. Perdem os trabalhadores americanos, ganham os chineses e indianos, entre outros.

Outra proposta de Ruy Fausto é tributária. É preciso cobrar mais dos mais ricos, ele diz, aumentando a progressividade dos impostos — quem ganha mais, paga uma fração maior de tributos em relação a sua renda. Difícil não concordar com essa proposição, que de resto é factível. Há caminhos para elevar a progressividade de nosso sistema tributário. Um imposto sobre heranças é totalmente defensável do ponto de vista da justiça distributiva. Mas nem esse tributo, nem o imposto sobre grandes fortunas são os instrumentos mais eficazes para aumentar a arrecadação. O melhor caminho é aprimorar a capacidade de cobrança de impostos das pessoas jurídicas.

Parece consensual, na esquerda, a impressão de que as empresas pagam pouco imposto de renda, no Brasil — e, mais especificamente, de que os proprietários dessas empresas pagam muito pouco imposto, uma vez que os dividendos que recebem de suas companhias estão isentos do imposto de renda que eles devem, como pessoas físicas.

As coisas não são tão simples assim, contudo. Há três regimes de pagamentos de impostos pelas pessoas jurídicas no país. Em um deles — chamado "lucro real" — paga-se bastante imposto, auferido sobre o que de fato a empresa lucrou num determinado período de tempo. Nesse caso, a alíquota do Imposto sobre a Renda das Pessoas Jurídicas, o IRPJ, somada à da Contribuição Social sobre o Lucro Líquido, a CSLL, é de 34%. No caso específico dos bancos, que sempre operam no regime de lucro real, a alíquota somada do IRPJ com a CSLL é ainda maior, correspondente a 40% do total. Uma vez que a alíquota cobrada da empresa já é alta, faz todo sentido que os dividendos dessas companhias, depois de distribuídos para os acionistas, sejam isentos do imposto de renda da pessoa física — a tributação já ocorreu na pessoa jurídica e com alíquota bem superior a qualquer fração da renda que se poderia cobrar da pessoa física.

Nos dois outros regimes de cobrança de imposto sobre a pessoa jurídica — o "lucro presumido" e o "simples" —, a esquerda e Fausto têm razão. Nesses casos, o lucro é estipulado de maneira arbitrária, pela legislação, como certa fração do faturamento. Em geral essa fração acaba sendo bem menor do que o lucro efetivamente realizado pelas empresas. Assim, o imposto é calculado sobre uma base relativamente baixa. Mais tarde, quando os dividendos são distribuídos entre os sócios, a isenção a que eles têm direito no Imposto de Renda da Pessoa Física termina por se constituir uma forma de elisão fiscal.

A agenda de aumento da progressividade do sistema tributário brasileiro deve ser a de alterar esses regimes tributários especiais para as pessoas jurídicas. Faria sentido — e atenderia ao critério de justiça distributiva — que a distribuição de dividendos das empresas que operam nesses regimes especiais, quando os dividendos excedessem a presunção de lucro declarada ao governo, também integrasse a base de cálculo do IRPF.

É possível, além disso, criar novas alíquotas no Imposto de Renda da Pessoa Física, cobrando ainda mais de quem ganha mais. Será preciso, contudo, realizar as mudanças na cobrança de impostos das pessoas jurídicas antes. Do contrário, a criação de novas faixas, com alíquotas mais altas — sem que tenha sido alterada a tributação da distribuição de dividendos dos regimes especiais —, servirá apenas para estimular que os salários mais elevados migrem ainda mais para os regimes especiais, hoje uma prática recorrente de elisão fiscal.

A um ou outro leitor poderá espantar que um professor de economia liberal concorde com a esquerda quanto à possibilidade de se cobrar mais impostos dos mais ricos. Mas o que é realmente espantoso é o fato de que o governo petista, por mais de treze anos no poder, tenha se dedicado tão pouco a essa agenda. Eis aí algo que valeria estudar: os motivos para o principal partido de esquerda do Brasil nunca ter apresentado, como carro-chefe de uma disputa eleitoral presidencial, o tema da maior progressividade dos impostos.

De tudo isso se percebe também que Fausto confunde um pouco as coisas, ao tratar do tema tributário. Quando afirma que uma modesta secretária paga de imposto o mesmo que um banqueiro, o professor da USP comete um erro. O imposto de renda da pessoa jurídica sobre o lucro dos bancos é, como vimos, de 40%, alíquota nada desprezível. Adicionalmente, na renda que aufere como executivo do banco, o banqueiro paga os 27,5% do imposto de renda da pessoa física, além da contribuição para a previdência de 11% do seu salário (os executivos dos grandes bancos trabalham no regime CLT). Pode-se argumentar, e faz todo sentido, que a escala poderia ser mais ascendente, com alíquotas ainda maiores. Mas é indubitável que, mesmo sem essa reforma, o banqueiro já paga mais imposto, tanto do ponto de vista absoluto quanto proporcionalmente à sua renda, do que a secretária.

Também é difícil concordar com Fausto quando ele afirma que "no Brasil, embora tenha havido algum progresso, a sonegação continua sendo enorme". Não sei qual é a fonte que o professor da USP utiliza, mas parece-me improvável, num país emergente em que se constata uma arrecadação de quase 35% do PIB, haver muita sonegação. Se a sonegação fosse tão elevada, como ele diz, a arrecadação como proporção do produto simplesmente não seria tão alta. Parece que Fausto confunde sonegação, que é ilegal, com elisão fiscal, como é o caso dos regimes tributários especiais, que é legal.

Talvez seja possível dizer que a proposta mais claramente "anticapitalista" de Ruy Fausto esteja na defesa de uma grande onda de estatização do "grande capital" no país. Segundo o filósofo, "se não se trata de liquidar o setor privado, no programa que aqui se propõe, é de todo modo preferível que as grandes empresas tenham como acionista majoritário o Estado". "A alternativa não é 'monopólio × empresa privada livre', mas sim, quase sempre, 'monopólio público × monopólio ou oligopólio privado'."

Se entendo bem o que ele diz, um candidato que vencesse uma eleição presidencial e quisesse colocar em prática o programa de Fausto teria, como uma de suas primeiras medidas, que estatizar Itaú, Bradesco e Santander, além da Vale. Talvez também as montadoras de automóveis, a Embraer, as grandes redes varejistas, e sabe-se lá quantas mais.

É factível? Há experiências históricas bem-sucedidas? Há sociedades de mercado em que a presença do Estado tenha tal vulto? Parece que são detalhes de que nosso marxista não tem tempo para tratar. Na América Latina, o mais próximo que se chegou desse tipo de intervencionismo estatal, sob regime formalmente democrático, foi na Venezuela chavista. Os resultados são conhecidos — e nada bons. Não ajuda muito alegar que a direção do país, sob o bolivarianismo, estaria correta, e que os resultados não teriam sido satisfatórios por culpa da resistência política e econômica das elites: faz parte do cálculo político sério num regime democrático — defendido por Fausto — lidar com ambas as restrições, as econômicas e as políticas. Ou estamos tratando aqui, como disse o sociólogo Celso de Barros em excelente artigo na *Folha de S.Paulo* ("A esquerda e a economia"), de eleição para centro acadêmico?

Mesmo a França, conhecida por ter uma das melhores burocracias estatais do mundo, logo após promover uma onda de estatização no início do governo Mitterrand, nos anos 1980, acabou por abandonar a experiência e revertê-la: embarcou num longo processo de desestatização política que não foi mais revista.

De todo modo surpreende que Fausto não considere outra possibilidade, essa, sim, amplamente adotada nas economias de mercado desenvolvidas: preservar o capital privado e deixar para o Estado a função de regulação e controle. Em que medida a estatização é superior? A experiência concreta internacional tem sancionado a forma, mesmo para monopólios e oligopólios, de operação privada no mercado, submetida à regulação estatal.

A maior falha do argumento de Fausto, no entanto, é sua avaliação apressada do governo FHC. Se consideramos o que deveria interessar acima de tudo à esquerda — os ganhos de bem-estar e de autonomia para os mais pobres —, é possível perguntar: existe qualquer outro programa viável que seja superior ao que foi implantado nos dois mandatos de Fernando Henrique Cardoso e que foi mantido nos primeiros anos do governo Lula? Há modelo alternativo — e superior, segundo o critério de melhorar a vida dos mais pobres — à política econômica e social do período em que Pedro Malan e, em seguida, Antonio Palocci estiveram à frente do Ministério da Fazenda?

Creio que a experiência da América Latina nos últimos vinte anos responde com um sonoro "não" à pergunta. Basta ver como evoluía a economia brasileira e os indicadores sociais do país sob o receituário do período "Malocci" e comparar com o que ocorreu a partir de 2012 — alguns anos depois da mudança de rota —, com a queda de desempenho macroeconômico que sempre antecede a piora dos indicadores sociais. Deixamos de melhorar para em seguida iniciarmos uma trajetória de piora econômica e social. O mesmo ocorre se compararmos o desempenho econômico e social da Venezuela com o da Colômbia, ou ainda o da Argentina com o do Chile. Se lembrarmos que Chile e Colômbia são fiéis cumpridores do modelo defendido pelo Consenso de Washington, ficam ainda mais claras as limitações das iniciativas intervencionistas na América Latina.

É curioso que Fausto elogie Lula por políticas que o ex-presidente herdou do liberalismo de FHC, que ele critica. Aparentemente o professor da USP não notou que no primeiro mandato petista a política macroeconômica foi ainda mais conservadora do que a do governo de Fernando Henrique Cardoso. Também na área social se aperfeiçoou, sob Lula, o que já vinha do mandatário anterior. Os projetos sociais originais do PT, no início do primeiro mandato, foram os programas Primeiro Emprego e Fome Zero — e ambos se revelaram fracassos retumbantes. O Programa Bolsa Família foi projetado pelos quadros neoliberais que colaboraram com o primeiro mandato de Lula. A rigor, o então novo projeto unificava e aumentava o orçamento de diversos programas herdados do governo FHC, que buscavam concentrar o gasto social nos mais pobres. Vários economistas petistas expressaram-se publicamente — e energicamente — contra o Programa Bolsa Família, assim que ele foi lançado. Um dos argumentos era o de que políticas sociais "focalizadas", que concentravam o gasto entre os mais pobres, atendiam à agenda do Consenso de Washington. Atendiam mesmo, e com razão.

A verdade é que não é possível encontrar ruptura na evolução dos programas sociais — e no crescimento constante do gasto com esses programas — entre os governos FHC e Lula.

A política de valorização do salário mínimo também esteve presente em ambos os governos. O crescimento com Lula foi maior, é verdade, mas isso somente foi possível por causa da estabilidade econômica e do ótimo desempenho da receita de impostos, ambos tributários do conservadorismo "liberal" dos dois mandatos de FHC e dos primeiros quatro anos de Lula.

A verdadeira ruptura aconteceu já na metade do segundo mandato do petista, com a inflexão da política econômica, e depois com a radicalização do intervencionismo estatal sob Dilma. A "nova matriz econômica", ou o ensaio desenvolvimentista, como prefere o cientista político André Singer, teve, entre as suas características, a alteração no regime de câmbio — de flutuante para fortemente administrado —; a adoção de artifícios para atingir a meta de superávit fiscal — reduzindo o próprio superávit e a transparência da condução da política econômica —; o controle da taxa de juros e a maior tolerância com a inflação; a distribuição de créditos subsidiados para estimular o investimento das empresas, escolhidas por critérios pouco transparentes; o controle do preço da gasolina e de serviços de utilidade pública; o aumento da intervenção estatal em companhias como a Petrobras e a Eletrobras, e em setores inteiros da economia, como o elétrico; e o relativo fechamento da economia para o comércio, entre tantas outras medidas desastradas.

Nada há de essencialmente social-democrata nessas medidas. Pelo contrário, o comprometimento dos recursos públicos com o intervencionismo estatal contribuiu para a grave crise fiscal atual e atrapalhou a continuidade da construção do Estado de bem-estar social no Brasil. A "nova matriz" e as políticas sociais, na realidade, competem pelos recursos do Orçamento. É um conflito que não deveria surpreender. Nas cinco décadas de nacional-desenvolvimentismo na história brasileira, de 1930 a 1980, o gasto público nas rubricas sociais foi quase inexistente. Nos anos 1950, por exemplo, o poder público gastava com educação, somando os níveis municipal, estadual e federal, apenas 1,5% do PIB. A prioridade era o desenvolvimento econômico, que se julgava poder prescindir de políticas sociais e da educação. Desenvolver primeiro, e partilhar depois.

De tudo isso, a conclusão é inescapável: a experiência das últimas décadas na América Latina, e em particular no Brasil, sugere com muita clareza que não há modelo muito diferente para o progresso econômico e social do que o adotado no longo período dos ministros Malan e Palocci. Quando tentamos nos desviar dessa rota, o resultado foi a maior perda de PIB per capita dos últimos 120 anos.

Mas, para Fausto — como para o restante da esquerda brasileira —, o problema é Fernando Henrique. O filósofo descreve da seguinte forma a conversão do grupo político de FHC "à direita": "Houve uma espécie de aceitação da ideia de que 'não haveria alternativa' ao liberalismo econômico". Fausto nos diz que essa conclusão foi apressada. Ora, apressada é a conclusão de Fausto de que a conclusão de FHC é apressada.

Creio que seria esclarecedor se a esquerda se dispusesse a responder duas questões. Primeiro, se houve realmente ruptura, clara inflexão, tanto no gasto quanto na política social do governo FHC para o governo Lula. E se o aumento de gastos sociais sob Lula esteve associado à alteração das prioridades de políticas públicas do Estado brasileiro ou, simplesmente, à melhora econômica do país e às condições internacionais mais favoráveis.

Segunda questão: há espaço, condições viáveis, para um programa mais à esquerda que, a longo prazo, produza um ganho maior aos mais pobres do que o programa econômico e social implementado sob Malan e Palocci?

Minha resposta à primeira pergunta é que grande parte do

aumento no gasto social e nas políticas públicas em geral, sob Lula, foi o resultado de um processo evolutivo natural das próprias políticas públicas, bem como do maior espaço fiscal, da maior quantidade de recursos nas mãos do governo, que a estabilização e o conservadorismo macroeconômico propiciaram, em associação com o boom de commodities.

Digamos, para não argumentar de forma inflexível, que Lula deu um ímpeto político importante à expansão do Bolsa Família, à política de aumento do salário mínimo real e à criação de outras iniciativas sociais. Tais ênfases de governo provavelmente fizeram as políticas públicas herdadas do governo anterior evoluírem de maneira mais rápida do que teria acontecido numa trajetória "natural" — que já era de aumento, de toda forma. Ainda assim, nunca se tratou de uma mudança de rota. Por outro lado, é possível encontrar nesse mesmo ímpeto de gastar, alimentado pela húbris no momento de apogeu de popularidade de Lula, o germe do voluntarismo fiscal que mais tarde levaria, associado ao intervencionismo estatal desastrado, à ruína atual — da qual ainda não saímos.

Seja como for, para que o leitor se convença de que não houve nenhuma ruptura positiva de caminhos quanto aos programas sociais com a chegada de Lula ao poder, basta imaginar que tipo de programas Lula teria realizado caso tivesse vencido a eleição presidencial anos antes, em 1994. Lembremos que o PT havia se manifestado, então, de maneira contrária ao Plano Real e à Lei de Responsabilidade Fiscal — de maneira análoga ao modo como agora é contra a PEC dos gastos. Com exceção de dois programas que estavam fora do radar dos governos tucanos e que deram bons resultados, as cotas raciais e o Programa Universidade para Todos (ProUni), não há nada nos governos petistas que não tenha sido ou não seria implementado pelos governos tucanos — no tempo correto, quando as condições permitissem e sem colocar em risco a responsabilidade fiscal e a estabilidade econômica.

Por outro lado, a experiência bem-sucedida do governo Lula liberal, período que coincide com Antonio Palocci na Fazenda, sugere um cenário político que o PT deixou escapar das mãos. O partido tinha então todas as condições de liderar a social-democracia brasileira, em vez de mais tarde se perder no intervencionismo mofado que acabou cavando a sua sepultura. Afirmo que é difícil imaginar um projeto mais à esquerda do que o que foi posto em prática sob Fernando Henrique e Lula, no primeiro mandato: quando tentamos nos desviar dele, acabamos por produzir muito mais problemas e prejuízos para os mais pobres do que seria o caso, se não nos desviássemos.

Eis portanto que o melhor governo de esquerda que o Brasil poderia ter tido já aconteceu: foi o de Fernando Henrique Cardoso. Há espaço para avançar mais? Vejo dois caminhos. O primeiro é óbvio, e nesse ponto eu e Ruy Fausto concordamos: políticas que elevem a progressividade de nosso sistema tributário. Em segundo lugar, houve, sim, algumas medidas petistas, como que atalhos que visaram acelerar o processo de combate às nossas desigualdades e injustiças seculares, que parecem ter funcionado. As iniciativas mais relevantes, a meu ver, foram o programa ProUni, que concede bolsas de estudos em instituições privadas de ensino superior, e as cotas raciais adotadas em universidades federais. É sempre importante que os benefícios dos atalhos sejam cotejados cuidadosamente com seus custos. Deve-se evitar excessos que acabam por sobrecarregar o Tesouro Nacional, e terminam por gerar o contrário do que se desejava: o país quebra e a crise profunda que se segue produz regressão social.

O fato de ter passado anos demonizando o governo FHC torna muito difícil, agora, que a esquerda defenda um programa como o implantado sob Malan e Palocci. Como a esquerda fica amarrada à necessidade de demonizar o governo FHC, vê-se obrigada a procurar uma alternativa que, a rigor, não existe.

As consequências desse impasse puderam ser constatadas recentemente, numa das crises do partido de Marina Silva. Em que pese a enorme carga simbólica de sua liderança, da mesma intensidade que a de Lula, Marina tem tido enorme dificuldade para fazer deslanchar o seu projeto. O desempenho ruim nas recentes eleições municipais e o abandono do projeto por um grupo de intelectuais no início de outubro são sinais dessa dificuldade. Lendo a carta dos intelectuais fica claro que um dos principais motivos para a sua debandada foi a posição de Marina favorável a uma política fiscal conservadora, bem como o apoio da Rede, em Porto Alegre, ao candidato do PMDB — em vez de compor com Luciana Genro, do PSOL. Está nas mãos do governo Temer tentar arrumar a bagunça que a "nova matriz econômica" produziu na economia, e fica impossível para qualquer pessoa minimamente razoável no debate sobre gestão econômica compor com Luciana Genro: a candidata derrotada à prefeitura de Porto Alegre considera que nossos problemas se resumem aos juros pagos "aos banqueiros" pelo Tesouro Nacional pela rolagem da dívida pública. Um projeto como o seu levaria o Brasil, rapidamente, a uma situação política e econômica semelhante à da Venezuela. Marina Silva, comprometida com valores de esquerda, parece saber disso — e sofre as consequências dessa sua lucidez.

Parece não haver espaço para uma esquerda responsável hoje, no Brasil, porque a esquerda responsável no país seria algo muito parecido com o que foi feito no governo FHC. A vida é assim. Parecia que tínhamos aprendido isso no primeiro mandato do governo Lula. O PT tinha emparedado os tucanos e roubado o projeto social-democrata para si. Chegou a se movimentar para tornar o PSDB sócio minoritário do seu condomínio político (algo que teve chances de ocorrer em 2004, quando Palocci quase conseguiu costurar um apoio formal dos tucanos ao governo Lula). Não há nenhum problema nesse roubo. É da política, e certamente o PT era então o partido mais talhado para liderar a social-democracia brasileira. Por que motivo os petistas foram procurar sarna para se coçar — com o intervencionismo desastrado na economia, e a polarização excessiva e desnecessária, na política —, produzindo um giro de 180 graus num projeto que funcionava, é uma das questões mais interessantes, hoje, para a ciência social brasileira.

O fato é que a esquerda armou para si uma armadilha. E Ruy Fausto, infelizmente, também está preso nela.

3. Ainda a esquerda

Resposta ao economista Samuel Pessôa

*Ruy Fausto**

Li com interesse o artigo que o economista Samuel Pessôa publicou no número 123 da *piauí*, em dezembro de 2016, intitulado "A armadilha em que a esquerda se meteu". No texto, o pesquisador da Fundação Getulio Vargas reage ao meu artigo "Reconstruir a esquerda", publicado no número 121 da revista. Apesar do tamanho já considerável do meu escrito, mesmo para os padrões da *piauí*, é preciso dizer que o meu artigo de outubro de 2016 a rigor representava uma versão reduzida de um outro, maior, que publicarei em breve em forma de livro pela Companhia das Letras — e que também contará com uma tréplica mais detalhada às questões de ordem teórica e política levantadas por Samuel Pessôa no artigo sobre a "armadilha" que a esquerda teria armado para si.

Achei, de toda forma, que devia discutir nas páginas desta revista, mesmo que de maneira mais ou menos esquemática, os argumentos principais do artigo de Pessôa. Começo pelo mais

* Publicado originalmente em *piauí*, edição 125, fev. 2017.

geral, pela defesa franca que ele faz das políticas neoliberais, para definir um pouco as posições em confronto e as razões que as sustentam.

POLÍTICA NEOLIBERAL E ORTODOXIA TEÓRICA

Em sua crítica ao meu artigo, como de resto nos textos que vem publicando pela imprensa, Samuel Pessôa se situa claramente no campo do neoliberalismo. O argumento principal em favor deste, segundo o autor, é o de que graças à globalização neoliberal se teria obtido, na escala do planeta, uma grande redução da pobreza. A esquerda, e eu com ela, seria incapaz de tomar consciência do fenômeno, bem como de reconhecer sua importância. "É preciso notar [...] que qualquer crítica aos resultados globais do período neoliberal — grosso modo, dos anos 1980 até hoje — precisa ser qualificada pela enorme queda da pobreza que ocorreu na economia mundial nas últimas décadas", escreve Pessôa. "Faz parte da era neoliberal — está umbilicalmente ligada a ela — a maior queda de pobreza da história da humanidade", ele diz.

O economista associa a esse elogio da mundialização liberal uma avaliação muito favorável das políticas do Fundo Monetário Internacional e das medidas defendidas pelo chamado "Consenso de Washington" — entre elas a liberdade de movimento dos capitais, a liberalização do comércio pelos países mais pobres, as privatizações e a disciplina fiscal, em contraposição aos modelos "intervencionistas" defendidos por economistas heterodoxos. Pessôa propõe que o leitor compare "o desempenho econômico e social da Venezuela com o da Colômbia, ou ainda o da Argentina com o do Chile", e escreve: "Se lembrarmos que Chile e Colômbia são fiéis cumpridores do modelo defendido pelo Consenso de

Washington, ficam ainda mais claras as limitações das iniciativas intervencionistas na América Latina".

O que dizer dessa "defesa e ilustração" do neoliberalismo? É preciso, creio eu, não confundir de maneira simplista, sem mais, globalização com neoliberalismo, e evitar generalizações do tipo "a era neoliberal". Isto porque os críticos do neoliberalismo não são todos críticos da globalização, enquanto tal. Não por acaso muitos deles se autodenominam "altermundialistas", isto é, não são contra toda "mundialização", mas contra a forma que assumiu esta a que assistimos desde o final do século passado até os nossos dias. A distinção pode parecer sutil, mas creio que ela se impõe. Mas não só isso: houve de fato, é preciso reconhecer, momentos positivos na globalização realmente existente. Já que o economista fala da China, creio que se pode incluir no processo, como um dos seus pontos de partida, a grande reforma agrária chinesa, que liquidou as comunas e deu aos camponeses a possibilidade de uma exploração privada das terras. Houve aí uma passagem à economia de mercado que foi certamente positiva, a despeito da opinião que se tenha sobre o poder chinês. E é, aliás, por aí mesmo que a globalização representa um progresso — isto é, na medida em que ela significou a incorporação de amplas massas da população, até então marginalizadas, ao mercado. Isso implicou em escala mundial uma redução muito grande da pobreza.

Ocorre que a forma que a globalização acabou assumindo — uma forma que não era, em si mesma, necessária, mas que derivou pelo menos em parte de decisões políticas — instaurou uma grande desigualdade, entre outros males. É por isso que há violência teórica quando se faz o elogio do neoliberalismo a partir da globalização. Esta ampliou o mercado mundial e estreitou relações econômicas, com as consequências, melhores ou piores, que conhecemos. Mas, dentro dela, o FMI e outras agências mundiais, além do governo americano, puseram em prática um certo tipo de política econômica que se costuma chamar de neoliberal, e cujos resultados foram muito negativos.

O autor cita o exemplo do Chile — que o FMI sempre exibe como uma espécie de "título de honra" — e o confronta com o da Argentina. Ora, no Chile o índice de desigualdade é alto, a desregulamentação dos bancos criou problemas sérios e a economia é demasiadamente dependente do preço internacional do cobre — não faz muito tempo, aliás, essa commodity sofreu um baque, não sem consequências para o país. Inversamente, ainda que a história tenha sido complexa, não creio que o FMI tenha sido inocente no desastre argentino. A política econômica adotada pelo país nos anos 1990 — sempre elogiada pela direção do FMI — certamente contribuiu para o desastre.

Mas não precisamos ficar apenas nesse exemplo. Será possível que Pessôa acredite realmente que o receituário do FMI e do chamado "Consenso de Washington" foi favorável às economias nacionais? Consideremos, por exemplo, os casos da Indonésia, do Paquistão, da Tailândia, da Grécia. Acho incrível que alguém ainda suponha que essas receitas possam ter ajudado os povos. Houve, de resto, a tradicional hipocrisia do governo norte-americano, que impunha aos demais países normas a que eles próprios nem cogitavam se submeter, uma vez que continuaram a praticar protecionismo comercial e, mais tarde, se viram obrigados a intervir nos bancos. Hoje são os próprios organismos responsáveis por aquelas políticas que, cada vez mais, fazem a autocrítica de seu antigo receituário.

Há um outro argumento, contudo, mais importante do que todos os demais, a destacar: Samuel Pessôa chama atenção para o papel da China nessa redução da pobreza global. Ora, a China, além da Malásia e da Islândia (num determinado momento), foi precisamente um dos países *que não seguiram as instruções* do FMI. Qualquer que seja a apreciação que se possa fazer do governo chinês — de minha parte, tenho horror a essa mistura de capitalismo e de neocomunismo —, é inegável que a política econômica chinesa seguiu um caminho próprio, que não tem nada a ver com o que diz o Consenso de Washington. Aí se tem um caso privilegiado, a partir do qual se vê o quanto da argumentação de nosso economista liberal é sofística. Ela desliza da "globalização" para a "política neoliberal", e o leitor pouco precavido engole o bocado.

De um modo mais geral, deveríamos dizer o seguinte. Para entender o mundo dos últimos cinquenta anos, no seu aspecto político-econômico, é preciso trabalhar com pelo menos três conceitos: globalização, neoliberalismo e capitalismo burocrático. Há um processo geral de globalização. A ele se acrescentou, no Ocidente, uma política econômica ortodoxa que propugnava livre movimentação dos capitais, privatizações, austeridade orçamentária. No caso da China, tivemos uma forma de capitalismo burocrático, filho monstruoso das bodas do capitalismo e do stalinismo-maoismo, um modelo que patrocina um desenvolvimento a toque de caixa, num quadro de extrema opressão e exploração dos trabalhadores. Só se pode obter um quadro objetivo da situação atual, e assim avaliar com lucidez e justiça o que está ocorrendo no mundo, quando se faz a distinção correta desses três termos, estudando as relações complexas entre eles. Pessôa não faz isso. A *particularidade* do capitalismo chinês, até onde pude ler, está pouco presente nos seus textos — e de todo modo ele não atenta para ela no artigo em que critica as minhas propostas para a esquerda. Quanto aos outros dois termos — globalização e neoliberalismo —, eles são mais ou menos unificados no artigo do economista. O resultado é uma confusão de conceitos e uma visão do mundo que faz lembrar um pouco, invertendo os sinais, aquela em que incorre o esquerdismo vulgar.

Por trás do supostamente maravilhoso movimento global capaz de reduzir a pobreza, tal como descrito por Pessôa, assiste-se a uma formidável concentração de riqueza no Ocidente, acompanhada de altíssimas taxas de desemprego, bem como, no Oriente, ao funcionamento de um capitalismo selvagem que funciona a todo vapor sacrificando os trabalhadores e poluindo o meio ambiente. Para justificar a sua tese, o pesquisador da FGV se refere não apenas à redução da pobreza, mas também a uma redução mundial da desigualdade. A questão, segundo ele, é a seguinte. Mesmo se a desigualdade aumenta *internamente*, na grande maioria dos países, do ponto de vista global registra-se uma parada no crescimento da desigualdade, por causa da redução da distância entre os mais atrasados e os mais desenvolvidos. O nosso economista grita vitória.

Mas de onde vem isto — essa redução da desigualdade entre os países com efeitos para a desigualdade global — e o que isso significa concretamente? Isto não vem das medidas liberais adotadas na maioria dos países. Ao contrário, vem precisamente do crescimento chinês, isto é, do empuxe do capitalismo burocrático. Então, de novo, não há que entoar loas ao FMI e aos neoliberais, que têm pouco a ver com os benefícios que se colhem do crescimento daquela que hoje é a segunda maior economia do mundo. De resto, esse dado sobre a queda da desigualdade global não significa muito — além da redução da miséria, que de fato aconteceu, sobretudo na Ásia —, porque o fenômeno vem associado a um aumento da desigualdade nacional, e é essa última que pesa mais no que diz respeito à vida dos agentes, isto é, ao sofrimento deles. O ritmo desses processos é aparentemente um dado quantitativo, global, mas tem, na realidade, sentidos qualitativos, locais. Pessôa passa por cima de todas essas distinções — além de, para tentar fundamentar suas teses, escolher seus exemplos de maneira muito parcial. Temos aí uma boa ilustração de como um discurso recoberto de dados numéricos pode ser, no fim das contas, um discurso pouco rigoroso. Se os conceitos que organizam os dados não servem, não são apropriados, o discurso não tem rigor, o que não significa que possamos desprezar os dados. Eles são condições necessárias, mas não suficientes — e, em certos casos, são mesmo muito insuficientes — para que se chegue a uma análise objetiva dos processos político-econômicos que se desenrolam no mundo atual.

Por trás da argumentação de Pessôa e de seus pares há sempre a ideia de uma dualidade: ou se aceitam as recomendações do FMI e do Consenso de Washington ou, então, adotamos o modelo da Coreia do Norte ou de alguma ditadura totalitária equivalente — quem sabe, no melhor dos casos, o da Venezuela de Chávez. Monta-se uma armadilha dualista: ou aceitamos as leis do sistema — e aí entra de tudo, da taxa "natural" de desemprego aos inúmeros ingredientes tóxicos de um receituário laissez-faire — ou então optamos por um regime comunista de liquidação da economia de mercado. Ora, existe um tertius, e este não tem nada a ver com a chamada "terceira via" de Tony Blair, que de terceira não tem nada. Economia de mercado não é a mesma coisa que capitalismo, e menos ainda se identifica com um capitalismo "financeirista".

A crítica ao intervencionismo, mantra dos nossos liberais, tem entre nós alguma coisa de particularmente aberrante. A partir do fato de que Lula e, principalmente, Dilma intervieram *mal* — com a fixação arbitrária de preços; clientelismo nas nomeações, que levaram a operações ruinosas das estatais; a concessão de facilidades fiscais a empresários, que esvaziaram os cofres do Estado —, os economistas ortodoxos concluem que as políticas keynesianas não servem, nunca serviram, e que o modelo neoliberal é a panaceia para todos os males. Por causa dos desacertos de Dilma, aliás denunciados desde cedo por alguns keynesianos brasileiros, oblitera-se o New Deal de Roosevelt, a política econômica do

Partido Trabalhista inglês no pós-guerra e, apesar de todas as suas insuficiências, também as medidas intervencionistas de Obama em relação aos bancos, para dar apenas alguns exemplos. A verdade é que, abandonado a si mesmo, o sistema produz crise sobre crise. Foi assim que se passaram as coisas nos últimos cem anos, excetuado precisamente o período 1946-70, em que, nas palavras célebres de um não heterodoxo, todos se tornaram keynesianos. A humanidade deve à política econômica liberal esses dois ricos presentes que foram a Grande Depressão de 1929 e a Grande Recessão de 2008. Passadas as crises, os liberais sempre se lembram de alguma coisa e extraem algumas lições do que se passou. Mas é efeito passageiro, e não demora muito até que se esqueçam delas.

NEUTRALIZAR O CAPITAL

Samuel Pessôa também invoca com o meu projeto a longo prazo, que é o de "neutralização do capital". Entendo por essa expressão a limitação do campo de ação do capital, bem como da intensidade da pressão social que ele é capaz de exercer. Pessôa escreve: "A defesa da neutralização do capital, se entendi corretamente, é de natureza moral. 'A posse do capital, e também da riqueza que vem do capital, não provém do trabalho do capitalista', declara o filósofo. [...] A posse do capital muitas vezes não é moralmente legítima, pois se origina de herança ou sorte, [...] mesmo que a fonte do capital seja legítima, isto é, mesmo que o capital inicial tenha vindo do trabalho de seu proprietário, 'a riqueza que advém deste capital inicial como que se autonomiza do seu trabalho, e de certo modo de todo trabalho'".

Afinal, por que criticar o capital e, de forma geral, o capitalismo? Nos limites deste texto, eu faria as seguintes observações. Evidentemente houve muito progresso sob o capitalismo. Muitas coisas úteis foram inventadas e produzidas sob o impulso do lucro — ainda que esse impulso não tenha sido a única causa a mover a criatividade e o avanço humanos. Ao mesmo tempo, o capitalismo produziu e produz desigualdade, produziu e produz sofrimento. Nem de longe se pode isentá-lo completamente de responsabilidade quanto a essas grandes catástrofes humanas que foram as duas Guerras Mundiais. De resto, no que diz respeito ao argumento salientado por Pessôa, acho que de fato o sistema capitalista padece de um problema de legitimação. Seria preciso, de algum modo, justificar a monstruosa acumulação de riqueza nas mãos de alguns, que, além disso, não são necessariamente os que trabalham mais.

Será essa exigência "moral", como quer o meu crítico? A resposta é complexa. Diria que ela é mais "crítica" do que propriamente moral, embora não tenha alergia ao adjetivo. E, se ela é moral, não o é mais do que o são as referências de Pessôa à "justiça distributiva". Contudo é preciso dizer mais do que isso. Hoje não vivemos simplesmente sob o capitalismo. Vivemos sob uma forma particular de capitalismo. O capitalismo "financeirizado" ou "acionarista" — escolha-se a denominação que parecer melhor. O que caracteriza essa forma é o predomínio do capital financeiro no quadro de uma economia globalizada. É característica sua a formação de conglomerados mundiais "que ultrapassam tudo aquilo com que poderiam sonhar os barões do século XIX", como disse o economista Joseph Stiglitz. O faturamento desses conglomerados é superior ao Produto Interno Bruto de muitos países. O aumento da desigualdade nas economias do Ocidente, pelo menos, é um dos seus traços, e sob o seu domínio tem se registrado uma alta taxa de desemprego, a rigor um fenômeno quase universal. Por outro lado, vive-se uma crise ambiental de efeitos potencialmente catastróficos. Há sem dúvida, dentro do sistema, forças que tentam dar uma resposta a esse desafio ecológico, mas é duvidoso que consigam chegar a uma solução satisfatória.

Nessas condições, creio que o chamado realismo é utópico; e o impulso utópico, realista. Esse suposto realismo, que a rigor é utópico, está presente mesmo nos keynesianos, que tentam pensar as reformas no interior do sistema. De minha parte, creio que não é fantasia de intelectual introduzir no horizonte a imagem de um mundo pós-capitalista. Como insisto no artigo, ele não implica pôr em xeque a democracia, muito pelo contrário, nem liquidar o Estado, e muito menos toda propriedade privada. Trata-se, repito, de *neutralizar* o capital, o que significa frear o seu poder intensivo e extensivo. Há domínios em que ele não deve entrar. E há que criar as condições para que a sua pressão não ameace a Cidade.

Hoje, a ameaça é real. Estamos caminhando para um abismo ecológico, político e econômico. No plano ecológico, vivemos entre a peste e o cólera: ou o acúmulo de CO_2 na atmosfera ou o depósito funesto de lixo atômico. Catástrofes como as de Chernobyl e Fukushima não deixarão de se reproduzir no futuro. No plano econômico, já sabemos: em cada país, pelo menos no Ocidente, o desemprego e a desigualdade não recuam. No plano político, o fenômeno mais geral é *um progresso sensível de uma extrema direita populista*. Ora, é inútil negar a relação entre esses dois últimos fenômenos. Se o progresso da extrema direita se assenta também em outros fatores (racismo, chauvinismo), o peso do desemprego e da desigualdade é determinante. E esses dois flagelos são produzidos — no mínimo como um efeito colateral, mas sem dúvida mais do que isso — pelo sistema vigente.

Muitos dos defensores do capitalismo atual lamentam a vitória de Donald Trump nas eleições presidenciais americanas. Espanta que eles não se deem conta da contradição que existe nessa atitude, uma vez que há uma relação direta entre os efeitos do capitalismo financeirizado e o evento terrível que constituiu a vitória eleitoral de um aventureiro irresponsável no país mais poderoso do mundo. Qual a alternativa que oferecem hoje as direitas mundiais? A única alternativa parece ser, por todo lado, a austeridade. Se o nosso economista liberal lesse com alguma regularidade a imprensa europeia, ele não diria que não tem fundamento a minha afirmação de que o Estado de bem-estar social está ameaçado. Que Pessôa se informe um pouco sobre o programa com que François Fillon ganhou as prévias da direita francesa: defende-se ali um verdadeiro desmonte da *Securité Sociale* e a eliminação de centenas de milhares de empregos públicos. (Depois dessa vitória, a reação da opinião pública foi tamanha que, com medo de perder num pleito em que não votará apenas a direita, o candidato pôs um pouco de água no seu vinho. Mas não se sabe o quanto Fillon será fiel ao seu programa primitivo, se eleito presidente. Ele diz, em geral, que não cede.)

No momento em que Obama acaba de entregar os códigos atômicos a Trump, a situação europeia faz pensar cada vez mais nos anos 1930. O desemprego — e não a inflação — faz crescer a extrema direita (nos anos 1930, tratava-se da direita fascista; hoje, da populista extremista). O *Front National* francês estará quase certamente no segundo turno das próximas eleições presidenciais francesas, e o partido de Marine Le Pen se entende bem com o presidente russo, Vladimir Putin, que aliás em parte o financia. Essa coalizão de extremas direitas populistas, que emerge progressivamente, incorpora também Viktor Orbán, na Hungria, e partidos irmãos da Áustria, da Alemanha, da Holanda e de outros países. A ortodoxia econômica, com os seus limites orçamentários europeus que asfixiam o investimento, tem pelo menos alguma responsabilidade nisso.

Assim também o FMI e o governo de Bill Clinton tiveram

responsabilidade no desastre que representou a transição russa, nos anos 1990. Eis aí um outro exemplo — talvez o melhor deles — de como, em lugar de operar a passagem do totalitarismo burocrático para uma "economia de mercado", o que se fez, por meio da liquidação política e econômica da classe média russa, foi trocar o totalitarismo burocrático por um capitalismo selvagem. O resultado foi a emergência de Putin, entronizado por Boris Yeltsin, que recebera a unção da finança internacional — mais tarde, é verdade, o governo hiperautocrático de Putin tomaria distância em relação ao FMI, enveredando por um caminho que tem alguma coisa em comum com o da China. Não há dúvida de que se tratou de um resultado desastroso para o mundo, que de resto também se revelou danoso para os próprios Estados Unidos.

LIBERALISMO, ESTADO E ECONOMIA SOLIDÁRIA

Há, no artigo de Samuel Pessôa, uma espécie de desconfiança, ou mal-estar, relativamente ao meu projeto político. Numa passagem do artigo que escrevi para a *piauí*, e que chamou a atenção do pesquisador da FGV, afirmo que, "se não se trata de liquidar o setor privado, no programa que aqui se propõe, é de todo modo preferível que as grandes empresas tenham como acionista majoritário o Estado", pois "a alternativa não é 'monopólio × empresa privada livre', mas sim, quase sempre, 'monopólio público × monopólio ou oligopólio privado'". Pessôa comenta: "Se entendo bem o que ele diz, um candidato que vencesse uma eleição presidencial e quisesse colocar em prática o programa de Fausto teria, como uma de suas primeiras medidas, que estatizar Itaú, Bradesco e Santander, além da Vale. Talvez também as montadoras de automóveis, a Embraer, as grandes redes varejistas, e sabe-se lá quantas mais".

Antes de dizer qualquer outra coisa, é preciso esclarecer que a passagem do meu texto destacada pelo economista exprime um juízo de ordem geral, que deveria valer a longo prazo. Mas, na realidade, nem mesmo isso. Digo "preferir" a propriedade do Estado à propriedade privada quando se trata de grandes empresas (sem estipular, de resto, em que limites se define uma "grande empresa"). Porém, ao dizer isso, eu não afirmo que a propriedade estatal das empresas seja sempre, ou mesmo em geral, a melhor solução. Porque na realidade as alternativas não são duas, mas três: propriedade privada, propriedade do Estado e propriedade cooperativa. Há cooperativas de produção, de consumo e de crédito, e, se em alguns casos o Estado não está inteiramente ausente, trata-se de um Estado que poderia evoluir na direção de uma maior participação popular. É esse último modelo que me parece ser o que oferece maiores vantagens e menores inconvenientes. Ainda que a sua implantação também exija prazos e condições, e que em princípio esse modelo deva coexistir com as outras formas, não hegemônicas, de propriedade.

A grande propriedade do Estado é, em geral, uma solução melhor do que a grande propriedade privada. Mas uma grande concentração do poder econômico nas mãos do Estado tem seus inconvenientes, e não é a solução. Se o comunismo está morto, e os inconvenientes do estatismo são visíveis, um socialismo democrático e ecológico que promova uma economia solidária e cooperativista parece ser a única alternativa ao capitalismo selvagem que se espraia e que ameaça destruir o nosso mundo.

SOBRE FHC

No centro do texto de Pessôa está a defesa do governo de Fernando Henrique Cardoso e da figura do ex-presidente. Tanto assim que o subtítulo do artigo o nomeia expressamente. O economista me acusa de "demonizar" FHC e de avaliar apressadamente o seu governo. Abrindo o foco da sua atenção, deixando um pouco de lado o meu caso particular, o articulista então se refere "à relação passional de muitos dos seus líderes [*da esquerda*] e de quase toda a sua militância com o governo FHC". Devo dizer desde logo que não demonizo Fernando Henrique e que não tenho nenhum tipo de preconceito contra ele. Eu o conheci há muito tempo, assim como conheci Ruth Cardoso. Os nossos contatos foram sempre irregulares e indiretos, mas nunca houve hostilidade.

Resta avaliar a trajetória de Fernando Henrique Cardoso do ponto de vista de alguém que se considera de esquerda, de certa esquerda. A trajetória de FHC foi dupla: uma, digamos, propriamente política, e outra político-econômica. Sociólogo de esquerda, autor de livros que se tornaram clássicos, no início da redemocratização Fernando Henrique foi um dos fundadores de um partido, o PSDB, que na origem e no nome se apresentava como social-democrata.[1] Ocorre que desde cedo os tucanos, como vieram a ser conhecidos, se dispuseram a fazer alianças com diferentes siglas partidárias, em particular o PFL, claramente de direita, mas também, formal ou informalmente, com o PMDB e outros partidos. Ora, se é correto criticar o PT por ter enveredado, por seu jogo de alianças, pelo caminho da realpolitik, eu não vejo por que razão não faríamos a mesma crítica ao PSDB e a Fernando Henrique. FHC fez o que fez o PT, porém em versão mais grave, na medida em que se aliou em termos estratégicos — muitas vezes também em termos programáticos — com partidos de direita. O PT também fez esse tipo de aliança, é verdade, mas de modo mais circunstancial. Fazer alianças com o PFL e com o PMDB — isso para não falar das práticas de integrantes do próprio PSDB — significou se comprometer com o sistema nacional de corrupção. A tutela da Polícia Federal e do Ministério Público caracterizou os governos de Fernando Henrique, mas não os de Lula nem os de Dilma; eis aí uma diferença importante. E não se sabe quanto custou em propinas o financiamento da reforma constitucional que permitiu a reeleição de FHC.

Ao tratar dos dois mandatos presidenciais de Fernando Henrique Cardoso, Pessôa se pergunta: "Há modelo alternativo — e superior, segundo o critério de melhorar a vida dos mais pobres — à política econômica e social do período em que Pedro Malan e, em seguida, Antonio Palocci estiveram à frente do Ministério da Fazenda?". Sua resposta à pergunta, ele nos diz, é um "sonoro 'não'".

Que pensar, de fato, dos dois mandatos de Fernando Henrique? Eleito em 1994, na esteira da aprovação do Plano Real, Fernando Henrique fez uma manifestação pública de adesão ao liberalismo econômico no seu famoso discurso no Senado. O documento dá testemunho de uma verdadeira iluminação na estrada de Damasco. A Era Vargas, caracterizada pelo intervencionismo, teria terminado. Com ela, caía o modelo que "sufocava a concorrência necessária à eficiência econômica e distanciaria cada vez mais o Brasil do fluxo das inovações tecnológicas e gerenciais que revolucionavam a economia mundial". No lugar desse modelo, FHC propunha "um novo modo de inserção do país na economia internacional". Há aí, como se percebe, uma verdadeira conversão, que deve ser entendida a partir do que ele escreve num de seus livros autobiográficos. A queda do Muro de Berlim, explica-nos FHC, o convencera a aceitar o sistema.

Pessôa comenta a minha maneira de encarar essa virada: "Para Fausto — como para o restante da esquerda brasileira —, o problema é Fernando Henrique. O filósofo descreve da seguinte forma a conversão do grupo político de FHC 'à direita': 'Houve uma espécie de aceitação da ideia de que não haveria alternativa ao liberalismo econômico'. Fausto nos diz que essa conclusão foi apressada. Ora, apressada é a conclusão de Fausto de que a conclusão de FHC é apressada". Será?

Estamos diante de um problema importante, que ultrapassa a questão da trajetória de Fernando Henrique. Por que fiz aquelas afirmações? É que a conclusão que muitos tiraram da queda do Muro — conclusão apressada, eu insisto — é a de que ela implicou a vitória definitiva do capitalismo, com o seu corolário prático: a necessidade da adesão, sem muitos escrúpulos, ao capitalismo. Não penso assim. O fim da União Soviética e do seu bloco de países "aliados" implicou, em primeiro lugar, o fim do leninismo-stalinismo. Este caiu, chegou ao fim, e quanto a isso já não havia dúvidas. Se já não o era, ficava então evidente, com a queda do Muro, tudo aquilo que tinha havido de errado, política e moralmente, no leninismo-stalinismo — tudo aquilo que não apenas era errado, mas também, em muitos casos, inviável. Porém houve mais do que isto: caiu também o "comunismo" como projeto de nacionalização do conjunto da economia e de supressão, a longo prazo, de toda propriedade privada. Parece-me, de toda forma, que não caiu, com o Muro, aquilo que no século XIX e em boa parte do século XX se chamava de "socialismo": um projeto que não implica um Estado onipotente nem propõe o fim da propriedade privada. Ou, em outros termos, o que resultou da morte do comunismo não foi a legitimação do capitalismo, mas, algo um pouco diferente — e a nuance é essencial —, a legitimação da *economia de mercado*, o que é bem outra coisa.

Ora, em diversas ocasiões, por bons ou por maus motivos, tomou-se a morte do comunismo como prova de que o capitalismo é o melhor regime. FHC incorreu nesse erro, e isso selou todo o resto da sua carreira política. Já no primeiro mandato, ele se propôs um projeto de privatizações que tinha, a meu ver, um caráter claramente ideológico. Privatizar, esse seria o melhor caminho para o avanço da economia brasileira. (Já deve ter ficado claro ao leitor que essa não teria sido a minha escolha; menos por amor ao Estado do que por alergia ao grande capital privado.) Foi esse o caminho pelo qual Fernando Henrique enveredou, num processo cujos detalhes importa conhecer. Um processo duvidoso pela evidente promiscuidade entre o público e o privado com que se realizou.

Com as privatizações, vieram outros ingredientes do liberalismo econômico: liberdade de capitais, câmbio valorizado. Acho que o projeto funcionou mal, com falências e desemprego. Houve mesmo grande oposição interna. No segundo mandato, em consequência sobretudo da crise internacional, optou-se pelo câmbio flutuante. Mas a taxa de desemprego permaneceu altíssima. É esse o governo que deveria servir de modelo para a esquerda brasileira?

Pessôa insiste em que houve continuidade entre esse segundo mandato de FHC e o primeiro mandato de Lula, pelo menos. Deve ter havido, sim, certas linhas de continuidade. A diferença é que Lula pôs em prática uma política redistributiva muito mais ampla: a grande implementação do Programa Bolsa Família, a consequente expansão de uma economia de mercado popular, a diminuição não só da pobreza e da miséria, mas também da desigualdade dos rendimentos, além da criação de uma Secretaria Nacional de Economia Solidária, que poderia ser o germe de uma eventual economia cooperativista em maior escala. O economista insiste em que uma parte desse projeto data do mandato de FHC, que o Bolsa Família foi projetado por quadros "neoliberais", que o PT custou aliás a aceitá-lo, e que a ampliação do programa de distribuição de renda se tornou possível porque a situação econômica do país avançara. Havia que discutir melhor isso tudo, em outro lugar. A verdade é que, por uma razão ou por outra, o grande plano redistributivo ocorreu sob Lula, e não sob Fernando Henrique, o que não quer dizer que o governo petista tenha sido formidável.

Se Lula não fez, como deveria ter feito — é Pessôa que o diz —, uma reforma tributária, Fernando Henrique também não a fez. Já por isso, pelo que fez e pelo que não fez enquanto estava no poder, não vejo razão para idealizar o governo de FHC, nem em geral a sua figura política — mesmo se é verdade que o governo tucano promoveu programas sociais e obteve alguns bons resultados no plano da saúde, em particular com a implantação dos medicamentos genéricos. Mas creio também que a trajetória posterior de Fernando Henrique torna ainda mais difícil a tentativa de fazer dele um herói social-democrata, como parece querer Samuel Pessôa.

Originário da centro-esquerda, Fernando Henrique é a meu ver de centro-direita, mas os seus compromissos políticos o levaram a conviver num partido em que há gente de direita-direita, como por exemplo Geraldo Alckmin — ainda que os dois não se amem —, e a compartilhar do destino desse partido. Assim, FHC participou da campanha do impeachment (algo no meu entender inaceitável, quaisquer que tenham sido os erros, graves, de Dilma), campanha que teve como resultado a ascensão de Michel Temer à Presidência, num clima em que não só a direita, mas também a extrema direita, levantou a cabeça. Derrubada a presidente, Fernando Henrique apoiou Temer. O que mais seria preciso para deixar claro que a esquerda não pode se entender politicamente com FHC, embora não seja o caso de demonizá-lo?

Pessôa nos lembra do acerto do Plano Real e aponta o erro da esquerda ao não apoiá-lo. Ainda que o plano tenha sido feito no governo anterior, não há nenhuma dúvida sobre o papel central de Fernando Henrique na sua implementação, feita em boa medida quando o sociólogo era ministro da Fazenda. Ali se tratava — observo — de um ajuste técnico necessário para impedir não apenas um simples incremento da inflação, mas sim um aumento colossal do nível dos preços, que ameaçava todas as classes sociais. Medidas desse tipo são na realidade excepcionais. Em geral, as medidas econômicas servem a algumas classes e desservem a outras — o Brasil, ou qualquer outro país, *não* é uma grande família. Mas de fato, no caso do Plano Real, não se tratava exatamente disto, de um problema de contraposição de classes. E digo sem rodeios que a esquerda errou ao se opor ao plano — opinião que é compartilhada por mais de um economista de esquerda.

Isto não significa que se possa confundir o significado do Plano Real com o da Proposta de Emenda da Constituição (PEC) do teto dos gastos federais, confusão em que, deliberadamente, incorre Pessôa. A PEC que institui o teto dos gastos significa, de uma forma ou de outra, direta ou indiretamente, uma política de austeridade.[2] Querer aprovar um plano de austeridade que afetará a Previdência, os serviços de saúde e a educação, na situação em que se encontra o povo brasileiro, é, e digo isso sem demagogia, uma violência contra os mais fracos.

Se é preciso economizar, que se faça depois de uma reforma tributária ou junto com ela: o famoso bolo que seria dividido no futuro é na realidade repartido todos os anos, mas em forma leonina, em desfavor dos mais pobres. Se é preciso economizar, que se indique precisamente *em que se economiza*. E se uma reforma da Previdência provavelmente se impõe, que não seja uma contrarreforma. O poder atual, apoiado pelo conjunto da direita, não se limitou a votar uma simples lei de austeridade. Contra a opinião, segundo o Datafolha, de 60% da população brasileira, e não por acaso, o grupo que está no poder fez questão de colocar tudo isso na Constituição, e por vinte anos. Estamos diante de uma promessa irresponsável de sofrimento e de caos.

Constato com prazer que o economista liberal Samuel Pessôa concorda comigo sobre o caráter essencialmente injusto do sistema tributário brasileiro. Mas por que a ortodoxia econômica não fala disso? Até onde sei, ele mesmo pouco falou, até aqui. Há que reconhecer que, infelizmente, a esquerda oficial também quase não disse nada a respeito. Mas o erro de alguns não justifica o dos outros. Por que continuar insistindo que se paga imposto demais no Brasil, sem precisar quem paga de mais e quem paga de menos?

A porcentagem da arrecadação global em relação ao PIB é, de fato, muito alta no Brasil, mas os responsáveis por essa situação não são os impostos progressivos e diretos, mas sim os impostos não progressivos e indiretos, aqueles que são os mais injustos em relação às classes populares e à classe média. Sob esse aspecto, há uma verdadeira intoxicação da opinião pública; um raide opinativo dos economistas ortodoxos que cria condições para as piores jogadas no plano da elaboração da política econômica.

Não é possível tratar aqui, em detalhes, do problema tributário brasileiro. Apenas gostaria de lembrar um ponto a propósito da questão da isenção da pessoa física no pagamento de tributos relativos aos lucros obtidos na participação acionária das empresas. Samuel Pessôa discute longamente as condições em que isso se dá: justifica-a em certos casos, mas não em outros. Por ora, lembraria apenas um detalhe. Entre os 35 países da OCDE, que reúne economias desenvolvidas e algumas em desenvolvimento, só uma delas, a Estônia, pratica esse tipo de isenção. No Brasil essa isenção também existe. É muito dinheiro. E, não por acaso, trata-se de um imposto progressivo, que taxa mais os ricos do que a classe média.[3]

Pessôa me acusa de intolerância (ou de dogmatismo) porque, polemizando com a direita, e em particular com gente que veio da esquerda, eu me ponho a estudar as razões pelas quais se deu esse deslocamento: "Surpreende que Fausto em nenhum momento cogite que essas pessoas, que fizeram a transição ideológica da esquerda para a direita, possam simplesmente ter pensado melhor e chegado à conclusão — como resultado de suas experiências de vida, de sua leitura da história e da história econômica e, possivelmente, de sua compreensão do funcionamento das sociedades — de que a posição mais razoável é a que hoje defendem. E que, além disso, é ela também a melhor e a mais benéfica para o conjunto da sociedade. Ao que tudo indica, Fausto [...] não considera a possibilidade de que alguém com boas intenções possa pensar diferente dele".

Observo o seguinte. Não critiquei gente que é, simplesmente, de direita, nem mesmo quem veio a ser de direita depois de ter sido de esquerda. Tratei de alguns casos específicos entre os muitos jornalistas de direita — alguns originários da esquerda — que escrevem na imprensa brasileira. O que caracteriza pelo menos dois dos escolhidos é a violência do tom, o radicalismo e a intolerância. Um deles, como expliquei, costumava criticar mais a pessoa dos seus desafetos do que os artigos que estes produziam. E, às vezes, mais a família do desafeto do que a própria pessoa deste. Outro defende deputados que andam armados e militares torturadores, utilizando um argumento que recusou em outras circunstâncias, o de que o torturador não teria posto a mão na massa. Ocupei-me de uma terceira figura, cuja prosa me é insuportável, como o é a de todo autor, de direita ou de esquerda, que gosta de *épater* os leitores e o público. Trata-se a meu ver de um vício desagradável, principalmente se praticado por alguém que tem certa formação teórica.

Há jornalistas de direita, é verdade — alguns originários da esquerda —, que não têm nenhuma dessas características. Eventualmente, esses também poderiam ser objeto da minha crítica, é bom discutir com todo mundo. Estou certo, entretanto, de que nesse caso não me poria a reconstituir a gênese da sua posição.

PERSPECTIVAS PARA A ESQUERDA BRASILEIRA

Para Pessôa, a esquerda caiu numa armadilha — a recusa da social-democracia à maneira de FHC — e por isso hoje está num impasse. Tanto no meu artigo, como nesta tréplica, tentei mostrar que, se a crise existe, ela não é, nem na sua origem, nem na substância, da ordem daquela que descreve o economista. Nos dois textos, desenhei um outro quadro das origens e do significado dos problemas que hoje ela enfrenta, e apontei algumas soluções, em geral para o médio e o longo prazos.

Quanto às saídas práticas imediatas que se lhe oferecem, duas palavras, para terminar. Diante da ofensiva da direita, parte da esquerda está empenhada principalmente na defesa de Lula e — muitas vezes sem a necessária autocrítica — na sobrevivência do PT. Se uma defesa relativa de Lula e do PT é compreensível e possível — pelo menos na medida em que os desmandos do PMDB só foram condenados pela metade, enquanto a denúncia dos do PSDB parece que nunca começa —, daí não decorre que o futuro da esquerda brasileira esteja nas mãos de Lula ou do PT. Não nos esqueçamos de que Temer compunha a chapa com Dilma: foi o PT que elegeu Temer.

A nostalgia do PT só pode prolongar a crise e preparar novas derrotas. Infelizmente, a esquerda que critica o PT se deixa seduzir muitas vezes, ainda que nem sempre, pelo canto das sereias castristas ou chavistas. Este é o impasse em que está a esquerda brasileira e — substituindo o populismo pelo reformismo-adesista — também a esquerda europeia. Foi o argumento de base do meu artigo. Impõe-se, isso sim, uma frente de esquerda que, a meu ver, deveria acolher tanto pessoas filiadas a partidos como também, e principalmente, o numeroso contingente que forma a esquerda independente do país. Tudo somado, vê-se bem, como escreveu um colunista de uma revista francesa, que sob os gritos de júbilo da direita triunfante "o cadáver da esquerda ainda se mexe".[4]

4. Utopia e pragmatismo

Uma resposta a Ruy Fausto

*Samuel Pessôa**

O leitor da *piauí* que tiver nos acompanhado até aqui — a mim e ao professor Ruy Fausto, em nosso debate sobre os dilemas da esquerda brasileira — talvez tenha notado a diferença fundamental que nos separa. Eu e Fausto falamos de dois lugares muito diferentes. Seria ligeiro dizer que ele, o filósofo, é de esquerda, enquanto eu, o analista econômico, represento a direita.

A divergência a que me refiro é mais específica, embora provavelmente se relacione também com nossa oposição ideológica. Em seus artigos, Fausto propõe reorganizar a produção e a distribuição da riqueza de uma forma radicalmente diferente de tudo o que já se viu até hoje no mundo, em qualquer época ou sociedade. Defende a preservação da propriedade privada e, ao mesmo tempo, a "neutralização do capital". É partidário da democracia representativa, mas é também anticapitalista. Sugere estatizar o "grande capital" e apoiar cooperativas e experiências de economia solidária.

* Publicado originalmente em *piauí*, edição 126, mar. 2017.

Essa liberdade permite a Fausto desconsiderar restrições que para mim são incontornáveis. Sua posição idealista ou utópica o deixa livre para imaginar mundos radicalmente distintos do que a evidência empírica indica ser possível. Mundos que são, evidentemente, muito melhores do que este em que nos coube viver.

Diferentemente de Fausto, eu pretendo falar a partir das experiências reais — passadas e atuais — das sociedades. Penso e escrevo levando em conta as práticas sociais, políticas e econômicas que tivemos até agora. É inevitável que esse tipo de perspectiva termine por impor limites ao que se pode esperar e planejar para o futuro. Meu olhar é pragmático e cético. Enquanto analiso o que é possível, dadas as evidências disponíveis, Fausto propõe um desejo de mundo.

Assim, quase todas as nossas discordâncias resultam dos diferentes pontos de vista que empregamos para compreender e avaliar as experiências de desenvolvimento econômico e social de qualquer tipo de sociedade. Não poderia ser diferente no caso brasileiro e, mais especificamente, na avaliação distinta que fazemos dos dilemas que se apresentam à esquerda no país.

Na minha perspectiva mais cética e pragmática, é difícil não comparar Fausto e a maior parte da esquerda brasileira ao marido frustrado da anedota. Aquele que ama a mulher, mas gostaria que ela perdesse todos os seus defeitos, mantendo apenas as qualidades — sem perceber que muitas vezes, quase sempre, as características positivas e negativas de uma pessoa são como as duas faces de uma mesma moeda.

Como o marido da anedota, Fausto aprecia a queda da pobreza em escala planetária observada nas últimas décadas, mas critica a concomitante elevação da desigualdade nos países da OCDE, organização que reúne sobretudo nações ricas. Meu argumento é o de que não é possível ter uma sem a outra. Desde os anos 1980 a economia mundial absorveu, nos mercados globais de produção e comércio, uma massa de gente equivalente a pouco mais de um terço da força de trabalho da humanidade — trabalhadores asiáticos, sobretudo, que deixaram de ser miseráveis e passaram a ter melhores condições de existência. Como seria possível que isso acontecesse sem que a renda dos trabalhadores dos países centrais fosse afetada? Não vejo como. Se a oferta de trabalho para a indústria aumenta, é razoável esperar que o salário médio diminua, o que significa ganhos para quem entra no setor — os novos operários na Ásia, que recebiam ainda menos no mundo rural —, mas significa também perdas para a antiga força de trabalho fabril, nos países ricos.

É possível conceber políticas que amenizem e acomodem esse efeito colateral ruim da globalização. Diferentes países da OCDE tentaram implementar políticas desse tipo, com diferentes graus de eficácia. O que me parece impossível é eliminar completamente esse efeito colateral da maior interação econômica entre os países, em que os ganhos dos mais pobres sobre os mais ricos se traduzem em queda da pobreza global e em aumento da desigualdade dentro das nações mais ricas.

Noutro exemplo, Fausto critica as elevadas taxas de desemprego na Europa, algo que parece traduzir, para ele, certa perversidade do capitalismo ou do neoliberalismo. Deixa de notar, contudo, que as taxas de desemprego nos Estados Unidos e no Japão são baixas. Não por coincidência, Japão e Estados Unidos têm cargas tributárias e Estados de bem-estar social bastante reduzidos, quando comparados com o que de modo geral se pratica na Europa.

Mesmo dentro do Velho Continente há diferentes combinações de carga tributária, amparo social e regulação do mercado de trabalho. Os países nórdicos, por exemplo, apresentam elevado gasto com o Estado de bem-estar social, mas conseguem manter, simultaneamente, um mercado de trabalho desregulado: na Escandinávia, o seguro-desemprego é generoso, mas demitir um trabalhador é relativamente simples. Seja onde for — na Noruega, no Japão ou na França —, as taxas de desemprego, que com razão incomodam o filósofo, resultam em grande medida dessas escolhas institucionais. O problema é que não se pode ter tudo na vida: se um Estado-nação opta por uma combinação de carga tributária elevada, seguros públicos abrangentes e elevada regulação do mercado de trabalho, ele não poderá esperar observar, simultaneamente, baixas taxas de desemprego. Só no mundo ideal de Fausto parece existir alternativa capaz de eliminar qualquer necessidade de escolha, bem como todos os tipos de contrapartida entre custos e benefícios que elas encerram.

É por ter essas escolhas em mente que considero injustificado o tipo de crítica que a esquerda brasileira costuma fazer à experiência do governo de Fernando Henrique Cardoso. Um tipo de crítica que, como argumentei aqui na *piauí*, em meu artigo "A armadilha em que a esquerda se meteu", terminou por se revelar contraproducente ao próprio projeto de combate à pobreza e de diminuição da desigualdade no país.

Fausto, como quase toda a esquerda, parece incapaz de perceber que o governo FHC foi a social-democracia possível ao Brasil, em seu momento histórico específico e sob as circunstâncias políticas e econômicas com as quais teve que lidar. Qualquer governo de esquerda no Brasil, se quiser reduzir a pobreza e a desigualdade e, ao mesmo tempo, gerar algum grau de desenvolvimento econômico, acabará por se tornar algo muito próximo do que foram os dois mandatos de Fernando Henrique Cardoso.

O que eu tenho defendido é a avaliação de que, se nos mantivermos restritos ao universo de nossa experiência histórica, não houve, nem me parece que possa haver, alternativa mais eficaz para reduzir a pobreza e a desigualdade do que as políticas sociais e econômicas praticadas enquanto Pedro Malan e Antonio Palocci comandaram o Ministério da Fazenda. Ora, a alternativa que Ruy Fausto apresenta é utópica. Assim, sinto-me à vontade para afirmar que, no fim das contas, ele contribui para demonstrar minha tese.

Pela mesma razão — o idealismo de Fausto —, não me parece fazer sentido a conclusão do filósofo de que FHC e seu grupo político foram apressados ao concluírem, nos anos 1990, que não haveria alternativa ao "adesismo" às políticas econômicas liberais. Um presidente trabalha com prazos mais curtos do que aqueles exigidos para a execução da utopia proposta pelo professor emérito da USP. Talvez em algumas décadas, digamos, fosse (ou venha a ser) possível tornar exequível algo do programa lançado por Fausto. FHC não dispunha do tempo, mas sobretudo não dispunha das alternativas supostas pelo filósofo — como aliás tampouco dispunha Lula, algo que ele pareceu compreender com clareza em seu primeiro mandato. Foi quando passou a se distanciar de FHC e a supor que era possível governar sem fazer as necessárias escolhas de custos e benefícios que o líder petista começou a cavar o buraco em que nos encontramos.

Segundo Fausto, "FHC fez o que o PT fez": alianças com diferentes siglas partidárias de direita ou centro-direita, como o PFL e o PMDB. Porém, adverte o filósofo, Fernando Henrique o fez "em versão mais grave, na medida em que se aliou em termos estratégicos — muitas vezes em termos programáticos — com partidos de direita". Isso que Fausto apresenta como um grave defeito é para mim, ao contrário, uma das maiores virtudes do governo FHC.

Dadas as regras eleitorais brasileiras, dificilmente o partido do presidente é capaz de conseguir representação superior a 20%

do total de cadeiras no Congresso Nacional. Adicionalmente, se é verdade que cabe sobretudo ao Executivo estabelecer a agenda do governo na Câmara e no Senado, bem como conduzir a sua tramitação, é o Poder Legislativo que a aprova. As políticas públicas e/ou uma política econômica que se distanciem muito da ideologia mediana do Congresso dificilmente conseguem ser aprovadas. Para que um governo seja funcional, a ideologia mediana da coalizão de governo não pode ser muito distante da ideologia mediana do Congresso.

A necessidade de uma ampla base legislativa se torna ainda mais evidente quando nos damos conta da necessidade — sentida por todos os governos desde 1988 — de lidar com uma Constituição muito extensa e detalhada, que precisa ser reformada com frequência. Desde sua promulgação já foram realizadas mais de cem emendas ao texto original — mais de três e meia por ano. É virtualmente impossível, portanto, um presidente governar o Brasil sem que tenha apoio suficiente para aprovar emendas constitucionais, ou seja, três quintos do total de congressistas.

A menos que mudemos radicalmente nossas instituições políticas, qualquer presidente eleito terá que construir uma coalizão que incorpore o centro e, possivelmente, dada a composição ideológica do Congresso, a centro-direita. Ora, essa realidade torna muito mais eficiente um governo que busca negociar com os aliados uma agenda comum do que aquele que tenta se impor unilateralmente às preferências dos congressistas, fiando-se excessivamente em negociações de varejo, caso a caso. A evidência quantitativa indica que o petismo liberou mais recursos para emendas individuais de parlamentares no Orçamento do que FHC — e isso apesar de ter aprovado um número menor de emendas constitucionais.[1]

É provável, inclusive, que as escolhas de gestão do petismo, com uso mais intenso do "varejão" na negociação legislativa e o menor compartilhamento de poder, estejam na raiz dos escândalos do mensalão e, agora, da operação Lava Jato. Evidentemente, é sempre possível argumentar, como faz Fausto, que a diferença quantitativa de escândalos que vêm a público entre as duas administrações deva-se à assimetria na forma como os órgãos de Estado tratam o petismo. Somente o tempo dirá qual das duas interpretações é a correta.

Seja como for, no mundo ideal de Fausto é possível imaginar a vontade do partido do presidente da República, minoritária no Congresso Nacional, se sobrepor sem maiores custos políticos à representação ideológica da sociedade brasileira no Legislativo. De um ponto de vista pragmático, esse tipo de imposição se mostra obviamente inviável. Mas, nesse caso, o problema não é simplesmente de pragmatismo político. Ignorar o Congresso não apenas é impossível, dadas as regras do jogo atuais, mas indesejável, mesmo num mundo ideal: isso significaria agir de maneira pouco democrática, abrindo mão de um dos mais importantes mecanismos de freio e contrapeso ao exercício autoritário do poder.

O "freio" congressual ajuda a explicar algo que Fausto lamenta: o fato de que tanto Fernando Henrique quanto Lula pouco tenham feito para elevar a progressividade do sistema tributário, cobrando mais dos mais ricos. Não deve ter sido por falta de vontade de ambos os ex-presidentes. Ocorre que provavelmente essa agenda não era prioritária, ou mesmo desejada, pela mediana do Congresso Nacional. Aqui é necessário ter paciência e fazer política: lento processo de convencimento dos eleitores para que elejam um Congresso favorável a essa medida.

A crítica de Fausto ao governo de Fernando Henrique não se limita, obviamente, às suas alianças políticas. Ao responder à minha tese de que é difícil imaginar uma gestão melhor para o país, se o objetivo for diminuir a pobreza e a desigualdade, o filósofo da USP procurou criticar uma série de medidas do governo tucano — em particular as privatizações e a abertura da economia aos fluxos de capital e às trocas comerciais —, além de lembrar que a taxa de desemprego permaneceu altíssima durante os anos FHC. Tudo somado, Fausto pergunta: "É esse o governo que deveria servir de modelo para a esquerda brasileira?".

O professor emérito da USP também estendeu sua crítica à atuação de FHC e do PSDB no período em que o ex-presidente e os tucanos passaram a fazer oposição ao governo federal, quando o partido teria se posicionado ainda mais à direita no espectro ideológico, sob a liderança de figuras como a do governador de São Paulo, Geraldo Alckmin.

Devo dizer que em momento algum afirmei que o PSDB seria hoje o partido mais bem aparelhado para implantar uma agenda social-democrata nos trópicos. Certamente esse papel coube, no passado recente, ao PT — e até o primeiro mandato de Lula, apesar de alguns tropeços, o partido caminhava na direção correta. Vale lembrar que nos primeiros anos do governo petista, quando o programa que estava sendo executado ainda tinha muita semelhança com o do governo FHC, o PSDB apoiou todas as principais iniciativas legislativas do governo.

Quem carregará daqui por diante a bandeira da social-democracia no Brasil é uma questão em aberto. Os textos preliminares de preparação do próximo congresso do PT sugerem que o Partido dos Trabalhadores desistiu da social-democracia e disputará a extrema esquerda com o PSOL.

Fausto tem razão, de todo modo, ao dizer que o desemprego era elevado no governo FHC — e que caiu no de Lula. Mas a análise da evidência pede um pouco mais de cuidado técnico. Um governo pode ser responsabilizado pela taxa de desemprego vigente no seu mandato? Para a maioria dos eleitores, provavelmente sim. Esse é um conhecido problema das democracias. Os eleitores costumam ter dificuldade para fazer o exercício contrafatual: outro político, nas mesmas circunstâncias, faria melhor? A taxa de desemprego norte-americana durante o governo de Barack Obama, por exemplo, foi em média maior do que a constatada sob George W. Bush. Obama saiu-se pior, do ponto de vista econômico, do que Bush? Sabe-se que não. Dadas a herança da crise e as circunstâncias que o governo norte-americano teve que enfrentar depois de 2008, o mercado de trabalho sob Obama teve na verdade um ótimo desempenho. Lula, se eleito em 1994, teria feito melhor do que FHC nos oito anos seguintes?

A numerologia típica que prevaleceu enquanto os petistas estiveram no poder — comparar a média de algum índice econômico ou social sob o petismo com a média obtida no período FHC — pode servir para a propaganda eleitoral, mas não é um bom guia para a análise dos fenômenos sociais e econômicos. Se quisermos ser rigorosos na comparação, é preciso responder a algumas questões prévias. A melhora que se celebra resultou das políticas implantadas pelo governo que queremos analisar ou representa a colheita de medidas tomadas no passado por outros mandatários? Ou seria a evolução desse índice o resultado de fenômenos de mais longo prazo, alheios à política pública desse ou daquele governo, como é o caso, por exemplo, da transição demográfica? Entendo perfeitamente que o petismo, por razões políticas pragmáticas, não coloque a discussão nesses termos. Mas o professor Ruy Fausto tem a obrigação de fazer um debate mais aprofundado sobre o tema. Comparar valores médios para estatísticas nos dois períodos e afirmar que Lula foi melhor — touché! — não ilumina os fenômenos nem faz a discussão avançar.

Vejamos o caso do desemprego. Ao que tudo indica, a queda do desemprego na era petista foi muito menor do que até recentemente se imaginava.

Durante os governos de Lula e de Dilma, um levantamento em particular indicou uma forte queda na fração de pessoas que não conseguiam encontrar postos de trabalho: a Pesquisa Mensal de Emprego (PME), elaborada pelo Instituto Brasileiro de Geografia e Estatística (IBGE). A PME se restringia, contudo, às seis principais regiões metropolitanas do país, abarcando cerca de um quinto do mercado brasileiro de trabalho. Há um ano, essa pesquisa deixou de ser realizada. Desde 2012 passamos a dispor, em contrapartida, da Pesquisa Nacional por Amostra de Domicílios Contínua, a PNAD Contínua, que cobre todo o território nacional.

Num esforço para harmonizar as diversas estatísticas, o economista Bruno Ottoni Vaz, do Instituto Brasileiro de Economia da Fundação Getulio Vargas (Ibre-FGV), construiu uma série mensal para a taxa de desemprego do país desde 1992, cruzando os dados da PNAD, da PNAD Contínua e da PME. A média da taxa de desemprego no governo FHC, segundo os cálculos de Vaz, foi de 8,9%, com um pico em fevereiro de 2000, quando alcançou 10,7%. No governo Lula, por sua vez, o índice médio de desemprego foi de 9,2%. No primeiro mandato da presidente Dilma, de 7,2%. Sabemos que o desemprego subiu muito no primeiro mandato do governo FHC e, quando desceu mais, no final do primeiro mandato de Dilma, o fez em função de uma política econômica insustentável. A evidência sugere haver na economia brasileira uma incompatibilidade entre baixos níveis de desemprego e baixa inflação por muitos anos.

Esse cenário de relativa continuidade entre FHC e Lula também se aplica, em alguma medida, aos programas sociais e ao Bolsa Família. Fernando Henrique deixou para o seu sucessor um programa em construção, que consumia a cada ano o equivalente a 0,15% do Produto Interno Bruto. Lula expandiu o projeto, fazendo-o alcançar 0,45% do PIB. Ou seja, triplicou o seu tamanho. O Programa Bolsa Família é, a rigor, mais um item dentro de um conjunto imenso de ações — a criação da aposentadoria rural, os benefícios da Lei Orgânica da Assistência Social, o Sistema Único de Saúde, os repasses crescentes de verbas federais para as escolas primárias, entre outras — implantadas após a redemocratização. Essas medidas expressam a vontade da sociedade brasileira de enfrentar os seus históricos problemas de desigualdade e de exclusão social. Não está claro, assim, em que medida houve de fato descontinuidade com Lula. As estatísticas não acusam nenhuma grande mudança na tendência da evolução do gasto social de uma administração para a outra. E é nesse sentido que o governo FHC foi social-democrata: a carga tributária elevou-se em seus dois mandatos e, com ela, o gasto social. Nada mais social-democrata. A ênfase na escolha de políticas públicas que têm dado centralidade à inclusão social é fruto da redemocratização do país, e não do petismo. Basta olhar os números.

Novamente é necessário fazer-se aqui a correta mediação entre ações e consequências. Em que medida a aceleração da queda da desigualdade que ocorreu sob o petismo foi o resultado de políticas implementadas ao longo dos governos Lula e Dilma? Ou, alternativamente, em que medida essa queda na desigualdade significou a colheita de medidas tomadas em governos anteriores — como, por exemplo, a universalização da educação fundamental na década de 1990? Há ainda uma terceira fonte possível para a queda da desigualdade, independentemente dos governos petistas, tucanos ou de outros partidos: dinâmicas de muito longo prazo, como por exemplo a transição demográfica, ou fenômenos contingentes, alheios às decisões de governo, como o boom de commodities. Vale lembrar que a queda da desigualdade de consumo foi muito acelerada no período FHC.[2]

A social-democracia possível para o Brasil, que de certa forma vem sendo construída desde a redemocratização, é aquela capaz de criar as condições para que o Estado consiga financiar gastos de bem-estar social abrangentes. Nossa experiência histórica indica que um menor intervencionismo estatal na economia é precondição para o maior crescimento e para que o setor público, por sua vez, consiga arrecadar os recursos necessários para financiar os programas sociais típicos de um modelo social-democrata.

Esse modelo é muito parecido com a "terceira via" defendida, nos anos 1990, pelo então primeiro-ministro trabalhista britânico Tony Blair — algo que Fausto recusa como uma experiência social-democrata válida. Também nesse caso fica claro que nossa diferença, entre mim e Fausto, resulta do fato de que ele descarta como insatisfatório quase todo exemplo histórico objetivo, ao mesmo tempo que propõe opções que não existem ou que pelo menos nunca existiram, até hoje, em nenhuma experiência concreta de sociedade.

No meu texto para a *piauí*, procurei mostrar como um dos momentos históricos mais demonizados pela esquerda, o que chamei de "período neoliberal" — a rigor, dos anos 1980 para cá, desde que Ronald Reagan, Margaret Thatcher e Deng Xiaoping chegaram ao poder —, coincidiu com a maior redução nos níveis de pobreza da história da humanidade. Nesse mesmo período, o processo de elevação da desigualdade de renda entre os indivíduos no mundo todo, que crescia ininterruptamente desde a Revolução Industrial, estancou. Sabemos que tanto a queda da pobreza quanto o estancamento do processo de elevação da desigualdade de renda estão associados à incorporação da Ásia, em particular da China e da Índia, às cadeias globais de valor. Fausto procura invalidar minha defesa da era neoliberal dizendo que a China não seguiu as prescrições de política econômica do Fundo Monetário Internacional. Além disso, ele argumenta que eu confundo dois conceitos distintos: neoliberalismo e globalização.

De fato, neoliberalismo é uma coisa, globalização é outra. Suponho que Fausto tenha em mente a seguinte distinção: o neoliberalismo envolve, entre outros temas, políticas deliberadas de redução do Estado de bem-estar social; a globalização, por sua vez, diz respeito a uma maior ligação econômica entre as economias. É importante notar, contudo, que algumas medidas neoliberais, como a abertura à competição e ao comércio internacional, bem como a permissão de alguma mobilidade de capital, são essenciais para explicar a integração da China às trocas globais e o crescimento chinês das últimas décadas. Ou seja, alguns elementos neoliberais são essenciais para promover a globalização.

Mas isso não é tudo. Há ampla evidência de que a aceleração do crescimento econômico na China e na Índia está associada a políticas de liberalização também dos seus mercados internos, implantadas a partir do final dos anos 1970. Enquanto prevaleceu o fortíssimo planejamento estatal — não só na China comunista, mas também na Índia —, essas sociedades colheram estagnação econômica.

Fausto nos diz, ao contrário, que a China não seguiu as políticas do Consenso de Washington. Ora, o economista John Williamson foi o responsável por criar, no final dos anos 1980, uma lista de medidas — recomendadas para países latino-americanos — que ele considerava capazes de ser o mínimo denominador comum de diferentes órgãos sediados na capital dos Estados Unidos, entre eles o FMI e o Banco Mundial. Ele as enumerava assim:

1. Disciplina fiscal;
2. Reordenar as prioridades públicas em direção aos mais pobres;
3. Reforma tributária para elevar a base de tributação;
4. Liberalizar a taxa de juros;
5. Praticar taxa de câmbio competitiva;

6. Liberalização comercial (abertura das economias ao comércio exterior);
7. Liberalização da conta de capital aos investimentos estrangeiros diretos;
8. Privatização;
9. Desregulação dos mercados, reduzindo as barreiras à entrada e à saída de empresas;
10. Melhora da definição dos direitos de propriedade.

Nos últimos quarenta anos, a política econômica da China tem consistido em se aproximar desses princípios. É também interessante notar que o país não teve graves problemas macroeconômicos em todo esse período — inflação crônica ou crise de balanço de pagamentos. Logo, nunca precisou pedir ajuda ao FMI para arrumar suas contas externas e, portanto, não precisou negociar com o Fundo contrapartidas pelos empréstimos. Assim, a China tem sido nas últimas décadas, deliberadamente, sem nenhum tipo de exigência ou imposição externa, uma fiel cumpridora de boa parte dos princípios do Consenso de Washington.

É verdade que o gigante asiático continua a exercer forte controle sobre o mercado doméstico de capitais, supervisionando as taxas de juros praticadas pelos bancos, algo que contraria o item 4 do Consenso de Washington. A China também controla a saída e a entrada de capitais do país. Tanto num caso como no outro, o país tem empreendido um lento processo de liberalização. São medidas que muitos economistas heterodoxos gostariam de ver reproduzidas no Brasil. Vale lembrar que são as elevadíssimas taxas de poupança da sociedade chinesa que permitem aos seus dirigentes fazer tais escolhas. Quem muito poupa não precisa de capitais internacionais e pode, além disso, manter baixas taxas de juros. Em países como o nosso, em que há baixíssima taxa de poupança, a tentativa de manter uma conta de capital fechada e praticar repressão financeira dificilmente redundaria em algo diferente de inflação e fuga de capitais.

É possível que Fausto, quando afirma que a política econômica chinesa seguiu caminho próprio, não esteja se referindo a essas pontuais exceções ao Consenso de Washington. É possível que ele queira dizer que o forte crescimento econômico na China, e, em geral, na Ásia, não seja fruto das políticas econômicas liberais, mas sim de fortíssimo intervencionismo estatal, não muito diferente daquele que o governo brasileiro tentou realizar sob o petismo. Há aqui um debate especificamente brasileiro, entre economistas heterodoxos e ortodoxos. Minha impressão é a de que Ruy Fausto se alia aos heterodoxos, para quem o elevado crescimento chinês é consequência do intervencionismo estatal. Para os economistas ortodoxos, em contrapartida, o impressionante crescimento chinês resulta das elevadíssimas taxas de poupança do país, da baixa regulação do mercado de trabalho, da impressionante qualidade da educação e da capacidade que o Estado chinês teve — e ainda tem — de prover a necessária infraestrutura física a custos baixos e em curto prazo. Para nós, ortodoxos, o intervencionismo teve na China um papel muito subsidiário no crescimento do país nas últimas décadas, isso quando simplesmente não atrapalhou o processo.

Embora as dez medidas do Consenso de Washington tenham sido originalmente pensadas por John Williamson para a América Latina, o continente, em contraste com a Ásia, observou de modo geral taxas medíocres de crescimento econômico nas últimas décadas. Mas as experiências não foram uniformes. Tentei por isso comparar casos de melhor e pior desempenhos, entre os países latino-americanos, em meu artigo “A armadilha em que a esquerda se meteu”.

Em resposta, Fausto me acusou de "escolher meus exemplos de maneira muito parcial". A acusação não procede. Ilustrei o caso latino-americano com os contrastes entre as duplas Chile (mais próximo do Consenso de Washington) e Argentina (mais distante), e Colômbia (mais próxima) e Venezuela (mais distante). Poderia ter adicionado México e Peru. Nenhuma das experiências que considero positivas é livre de críticas. Assim, Fausto nos lembra de que a desigualdade é elevada no Chile. De fato. Em nenhum momento pretendi que o Chile fosse um país perfeito. Afirmei — e insisto nisso — que, observadas as experiências reais do continente, o Chile é provavelmente o maior caso de sucesso em termos de desenvolvimento econômico e social na América Latina nos últimos 35 anos.

A desigualdade de renda é um problema e precisa ser remediada, mas certamente não há outro país da região que tenha melhorado tanto a qualidade de vida de sua população quanto o Chile. Mas não é disso que Fausto se ocupa: ele prefere criticar a elevada dependência que a economia chilena tem em relação ao cobre. A crítica é surpreendente: ao lado da Noruega, o Chile é um dos casos mais bem-sucedidos no mundo no manejo da riqueza mineral de maneira sustentável e benéfica para o conjunto da população. A única forma imaginável para o cobre não ser importante para a economia chilena estaria numa decisão coletiva de abdicar de sua exploração.

Eu comparei o Chile à Argentina. Fausto, por sua vez, alegou que o FMI teria responsabilidade no desastre econômico argentino. O FMI é uma instituição supranacional. As escolhas da Argentina são de responsabilidade daquele país. Vale lembrar que o Brasil, na mesma época e em circunstâncias bem parecidas, escolheu outro regime cambial. Esse regime, diverso do argentino, também contou com o apoio do FMI. Mais tarde, em 2002, quando Eduardo Duhalde era presidente interino, logo antes de Néstor Kirchner assumir, a Argentina decidiu abandonar a paridade de sua moeda com o dólar. Logo a seguir o país teve a sorte de se deparar com um boom de commodities, capaz de lhe propiciar o tempo e os recursos necessários para que a economia se reorganizasse. Culpar o FMI pela atual situação da Argentina é como querer colocar nas costas de Fernando Henrique Cardoso a responsabilidade pelos problemas que a Petrobras enfrenta hoje. Não faz sentido. De resto, sabe-se que o Equador tem convivido relativamente bem com a dolarização plena, regime cambial ainda mais rígido do que a conversibilidade adotada na Argentina nos anos 1990 até 2002.

É talvez nesse ponto que a resposta de Fausto mais se pareça com certos vícios retóricos — pouco rigorosos e pouco refletidos — da esquerda em matéria econômica. O FMI aparece no artigo de Fausto como uma espécie de bicho-papão, um grande agente do mal. Ora, o Fundo Monetário é chamado para ajudar economias que apresentam problemas de balanço de pagamento, que não conseguem mais, por algum problema macroeconômico, fechar suas contas — e que precisam tomar dinheiro emprestado. Para conceder o empréstimo em condições favoráveis, o FMI exige certas contrapartidas dos países recebedores. Nada mais natural.

Fausto cita a Grécia como exemplo de que as políticas do Consenso de Washington — outro bicho-papão — são danosas às economias nacionais. A Grécia escolheu participar da União Monetária Europeia, aceitando usar o euro como moeda. É possível dizer que tomou essa decisão com entusiasmo, até. Sabe-se que nesse caso foi dado um passo maior do que a perna — e quem deu o passo não foi apenas a Grécia, mas toda a Europa.

Há uma enorme heterogeneidade entre as diferentes economias nacionais ou regionais europeias. Num mesmo momento, a Alemanha pode estar tendo um ótimo desempenho, com inflação controlada e exportações de vento em popa, enquanto Grécia, Portugal e Irlanda sofrem graves crises, por exemplo. Se a mobilidade de trabalhadores entre essas diferentes regiões da Europa fosse maior, as distorções não seriam tão grandes — bastaria que um número muito maior de gregos, por exemplo, fosse trabalhar na Alemanha. É o que ocorreu, por muito tempo, no Brasil, com a transferência de trabalhadores do Nordeste para São Paulo. As enormes barreiras culturais no Velho Continente, contudo, reduzem muito a mobilidade do trabalho. Os países que formam o euro não constituem aquilo que os economistas chamam de "zona monetária ótima". Assim, medidas do Banco Central Europeu não são tão eficazes para o conjunto do continente como são as medidas monetárias do Fed, por exemplo, o Banco Central americano, para o conjunto da economia dos Estados Unidos. Fica mais difícil tomar providências que ajudem a resgatar a economia grega porque essas mesmas medidas poderiam gerar inflação e distorções nas partes do continente em que a economia vai bem.

A Grécia, de todo modo, beneficiou-se muito nos primeiros anos da integração. Pouco a pouco acabou perdendo competitividade em relação às demais nações europeias, pois o crescimento econômico resultante da criação da moeda única, do crédito fácil e do aumento dos investimentos provocou também uma forte elevação dos salários gregos. Uma solução possível para a situação atual da Grécia seria sair da União Monetária Europeia, e assim ganhar um pouco mais de competitividade econômica. Um governo de esquerda ganhou uma eleição, não faz muito tempo, com um programa que na prática significava isso: o abandono do euro. Mal o novo primeiro-ministro tomou posse do gabinete, contudo, voltou atrás e decidiu manter a política de ajuste que o país já vinha seguindo. A Grécia é responsável por suas escolhas. Sua dívida é muito elevada, e inevitavelmente deverá passar por um novo processo de redução, negociado com a União Europeia. Mas os problemas da complicada União Monetária Europeia se devem a arranjos institucionais insatisfatórios e a escolhas políticas das lideranças locais. Globalização ou neoliberalismo não têm nada a ver com a difícil situação em que os europeus se encontram.

Observações desse mesmo tipo podem ser estendidas aos demais exemplos de Fausto. Sempre é possível responsabilizar algum agente externo pelas escolhas que fazemos — sobretudo quando queremos acreditar que não há necessidade de fazer escolhas, que podemos ter todo tipo de benefício sem a necessidade de qualquer tipo de custo ou de concessão. A verdade é que, no mais das vezes, o inferno somos nós mesmos. Culpar os outros, além de injusto, não tem dado bons resultados. Experimentamos à larga no Brasil, não faz muito tempo — e ainda hoje —, a compulsão da esquerda para culpar os outros pelos próprios erros.

O filósofo da USP, ao que parece, acaba por compartilhar dessa leitura enviesada da história, infelizmente bastante comum no pensamento de esquerda: tudo de mau que ocorreu no mundo, da Revolução Industrial até hoje, é responsabilidade do liberalismo ou do neoliberalismo econômico. O que houve — ou pode haver — de bom fica na conta dos movimentos sociais e da esquerda em geral, sempre bem-intencionada. Até mesmo a esperança de uma sociedade ecologicamente correta parece pertencer naturalmente, para Fausto, ao seu próprio campo ideológico. Recomenda-se cautela. Basta lembrarmos que os países socialistas foram campeões de destruição do meio ambiente.

Minha leitura da história econômica nos últimos dois séculos e meio é bem mais complexa do que essa narrativa em que Fausto às vezes recai.

Um fato central dessa história, a que o professor da USP se refere, foi a queda do Muro de Berlim. Segundo Fausto, a falência do bloco soviético não legitimou o capitalismo, mas sim — e apenas — a economia de mercado. Não entendo a diferença. Para mim um e outro, capitalismo e economia de mercado, são a mesmíssima coisa. Para Fausto, não.

Ele está preparando um volume sobre o tema, pelo que entendi. Aguardo com interesse os novos argumentos de meu interlocutor. Por enquanto, insisto que a história nos ensina que o melhor que podemos ter no Brasil, em matéria econômica e social, é a receita de "adesismo" promovida com sucesso sob Fernando Henrique Cardoso e também sob Lula, em seu primeiro mandato. O que veio depois produziu uma grave crise econômica e, talvez, a maior queda de renda per capita de nossa história. O resultado foi o retrocesso de parte dos avanços sociais que haviam sido obtidos nos governos "adesistas" — ou, melhor dizendo, social-democratas.

NOTA DA REDAÇÃO: Com a resposta de Samuel Pessôa à tréplica de Ruy Fausto, *piauí* encerra o debate entre os dois intelectuais.

5. Segunda resposta ao economista liberal

*Ruy Fausto**

O número 126 da revista *piauí* traz mais um texto do economista Samuel Pessôa, "Utopia e pragmatismo", o quarto da polêmica que se instaurou entre nós, e cujo ponto de partida havia sido o meu artigo "Reconstruir a esquerda", publicado no número 121 da mesma revista. Uma nota da redação inserida no final do texto indica que, com ele, a discussão — que, convenhamos, já se estendera muito — estava encerrada. Mas os problemas que esse último escrito levanta, explícita ou implicitamente, são fundamentais, e por isso decidi fazer mais um comentário crítico.

1. A primeira coisa a dizer sobre essa nova intervenção do economista liberal é que ele se insere de um modo exemplar no universo do *senso comum*.

Para o economista, de um lado estaria um espírito realista (ele

* Publicado originalmente como apêndice de *Caminhos da esquerda: Elementos para uma reconstrução*. São Paulo: Companhia das Letras, 2017.

mesmo), cultor da "evidência empírica" e das "experiências reais", cujo olhar é "pragmático e cético" e a leitura mais "complexa" do que a do seu adversário; de outro (o autor destas linhas), alguém cuja posição é "idealista ou utópica", que pratica um "desejo de mundo", que navega num "mundo ideal" e descarta "quase todo exemplo histórico objetivo", que sugere, enfim, "opções que não existem ou que pelo menos nunca existiram, até hoje, em nenhuma experiência concreta de sociedade".

Em resumo, teríamos, de um lado, um realista bem assentado, que se move nos limites do possível, e, de outro, um utopista que não tem os pés na terra, cuja alternativa é a de "mundos" que, se são, "evidentemente, muito melhores do que este em que nos coube viver", têm o inconveniente de se revelarem impossíveis à luz da evidência empírica.

Vale a sabedoria do senso comum: "Não se pode ter tudo na vida"! Há quem queira pleno emprego sem inflação. Alta taxa de investimento estatal sem déficit. Garantia de emprego e competitividade. Não dá. E vivam as ilustrações que remetem ao cotidiano. O interlocutor do economista, que vive no mundo das ideias, se parece muito banalmente com "o marido frustrado da anedota. Aquele que ama a mulher, mas gostaria que ela perdesse todos os seus defeitos, mantendo apenas as qualidades — sem perceber que muitas vezes, quase sempre, as características positivas e negativas de uma pessoa são como as duas faces de uma mesma moeda". Sábia inteligência popular.

O leitor comum só pode dar razão a Pessôa. Nada pior do que essa gente que quer o impossível quando o mundo — como se sabe há milhares de anos — põe limites aos nossos desejos e exige pragmatismo de nossa parte, se não quisermos continuar voando, ou pior, batendo a cabeça contra as paredes do real.

Insisti tanto nessa contraposição não só porque o meu interlocutor faz dela o seu leitmotiv, mas porque o *senso comum* é uma peça de importância considerável no arsenal linguístico e conceitual da *ideologia econômica* contemporânea. Percorram os escritos dos nossos campeões da ortodoxia. Entre duas equações, um cálculo de maximização e alguns dados estatísticos, vem um jorro de lugares-comuns, como se a realidade econômica só habitasse duas regiões: ou a dos dados quantitativos e das equações matemáticas (como se verá, não tenho nada contra nenhuma das duas coisas), ou o universo da economia familiar, das trocas simples e dos contratos. Quando não habitam o mundo dos dados quantitativos ou das equações, os nossos campeões da ortodoxia vivem naquele universo em que é preciso economizar no açougue porque já se gastou muito, ou no armazém porque se fez gastos inúteis, ou, melhor ainda, vivem no mundo dos amores e desamores intrafamiliares.

O problema dessa visão é que, na realidade social e econômica do mundo (e, como se sabe, nele se inclui o Brasil), as coisas giram de um modo muito diferente do universo do cotidiano. Não quero dizer que este não seja atingido pelo macrocosmo, mas, precisamente, só se entenderá de que forma ele é atingido se a especificidade desse macrocosmo for compreendida, um objeto difícil de decifrar se não operarmos uma verdadeira mudança de registro. Com isso, também não quero dizer que a experiência das contas do armazém e do açougue seja inteiramente estranha aos problemas macroeconômicos. Há ocasiões em que, de fato, um país necessita fazer economias. O que digo é que essa perspectiva, quando hipostasiada, como é o caso não só na literatura de vulgarização da ortodoxia, mas, em boa medida, no próprio discurso neoclássico, introduz uma distorção fatal.

De fato, o mundo da economia tem muito de um universo encantado, de um mundo de cabeça para baixo. Um mundo em que o dinheiro, que parece neutro, simples intermediário entre as trocas, tem um peso específico, às vezes "irracional". Um mundo em que, às vezes, se corrige o déficit gastando mais. E assim por diante. (Claro que a ortodoxia sabe, *de algum modo*, disso tudo, mas muitas vezes esquece.) Quanto ao jogo de fatores, é verdade que cada ato de política econômica, se oferece vantagens, tem frequentemente a sua contrapartida. Ao se tocar em um elemento, quase sempre os outros são afetados. Entretanto, a discussão sobre a economia não deve redundar nessa banalidade. É preciso pôr isso tudo num contexto mais profundo para entender o que significa. Senão, por mais números que sejam aduzidos, ficamos num nível superficial e, o que é pior, enganoso.

2. Publicados no total quatro artigos, dois meus e dois do pesquisador da FGV, valeria a pena tentar um balanço da discussão (foi o que ele tentou no seu último texto, mas eu gostaria de fazer outro da minha perspectiva).

A narrativa de Pessôa tem raízes profundas em certa perspectiva teórica e em determinada epistemologia. Se no curso da discussão eu não fui muito longe na crítica dos fundamentos do seu discurso, foi, em parte, pelos limites de espaço e de tempo dessas controvérsias, e, também, por escrúpulos de rigor. Acontece que não sou economista de profissão. Como é meu hábito afirmar só o que me parece suficientemente evidente, e tenho horror aos "blefes" teóricos, inclusive e principalmente quando vêm da esquerda, evitei me aventurar demais em certos argumentos.

Entretanto, a verdade é que, bem ou mal, os meus longos anos de leitura e reflexão sobre esse objeto rigoroso e notável, apesar das aparências em contrário — a chamada lógica dialética —, me levaram a refletir um pouco sobre os modelos conservadores de saber nas ciências humanas. E, como andei estudando certo número de economistas dissidentes, me ocorreram algumas ideias sobre o discurso dominante nesse terreno, o dos chamados neoclássicos.

Há convergências interessantes entre os argumentos dos melhores autores heterodoxos e a crítica dialética bem interpretada (ainda que os primeiros nada tenham a ver com a última, pelo menos no plano do saber consciente). Há aí, creio eu, coisas importantes a considerar. Assim sendo, e porque se trata de uma nota final à discussão (a menos que o meu ilustre interlocutor queira continuar a querela, que vai se tornando infinita...), me permitirei, neste ponto, ainda que em forma não totalmente assertórica, dar alguns passos para além dos limites do universo em que me movi até agora nesse confronto.

Assinando só em seu nome, ou escrevendo em parceria, Samuel Pessôa mantém uma postura bastante arrogante em relação às suas referências teóricas. A teoria neoclássica que subscreve aparece (é a minha impressão, pelo menos) como um corpo muito sólido de verdades cuja cientificidade estaria bem assegurada. Os críticos dessa teoria não mereceriam muito respeito. Sem dúvida, ele distingue os heterodoxos nacionais dos estrangeiros, mas isso não basta nem é muito justo. No fundo, para ele, se o entendo bem, só no Brasil existem verdadeiras divergências de ordem *não* prática. "Lá fora", há um corpo de verdades reconhecido mais ou menos universalmente: as divergências advêm de opções distintas no plano da política econômica (ou, pelo menos, as divergências se fazem no interior de um amplo campo de verdades universalmente aceitas). Acho que tudo isso é, pelo menos, excessivo. Mesmo considerando o keynesianismo mais moderado e mais respeitoso da tradição, não parece ser verdade. De resto, há aí, a meu ver, uma crença positivista ilusória na imparcialidade de certa teoria. Se for dito, por exemplo, que os elevadíssimos salários dos dirigentes das grandes empresas refletem uma produtividade marginal superior da sua atividade (dou apenas um exemplo, não sei se Pessôa subscreve essa tese), *a opção prática já vem decidida pela teoria*. Uma vez aceita, só um espírito irracional condenaria o nível do salário, por mais alto que fosse. Vê-se por aí que não se trata apenas de "opções", mas também de teoria, do teor que ela tem. Isso já deve ser válido para os keynesianos mais preocupados em inserir seus resultados no corpo teórico da ortodoxia, e vale a fortiori para os autores teoricamente mais radicais. Porque eles existem sim, alguns com um discurso de muito rigor.

Os cultores da ortodoxia insistem na variedade que apresenta a teoria ortodoxa na pluralidade das suas versões; mas, aparentemente, apesar das diferenças, fica um paradigma comum. Como caracterizá-lo?[1] Da minha perspectiva de "estudante" de certos textos, e em primeiro lugar dos do próprio Pessôa, minha impressão é de que o que falta na ortodoxia é a plena consciência (insisto: não se trata de uma ausência absoluta, mas de uma consideração insuficiente) dessa espécie de inversão do espaço econômico que se encontra em muitos autores, a começar por Adam Smith. De fato, se excetuarmos a tradição neoclássica, são muitos os autores — nem todos, necessariamente, heterodoxos — que identificam uma espécie de ruptura (ruptura objetiva, mas que a boa teoria acompanha) no momento em que se começa a descrever uma economia em que predomina o *capital*. É assim em Smith, sob uma forma, aliás, "histórica", será assim, de uma forma mais propriamente analítica, nos críticos pré-marxistas da economia política (Thomas Hodgskin e outros), e será assim, bem entendido, em Marx. Quanto a Keynes, até onde sei, ele está plenamente consciente (e esse é o seu mérito) de que é preciso tratar da economia das sociedades contemporâneas como dominada pela busca do lucro e pela acumulação do capital. Dir-se-ia que todos os economistas sabem disso, inclusive os neoclássicos. Sim e não.

Porque, salvo erro, creio que os ortodoxos professam um ideal mais ou menos *linear* de teoria. Há uma fundamentação, frequentemente microeconômica, e sobre ela, sem verdadeira ruptura, se constroem os teoremas macroeconômicos.[2] Esse tipo de construção corresponde bem ao que o senso comum (e com ele o que se chama comumente de "positivismo") considera a construção "normal" e obrigatória da teoria. Mas, na realidade, *porque o objeto revela rupturas*, a teoria que se constrói a partir do modelo fundamento/fundado, por mais rigorosa que pareça, não dá conta do seu objeto, e, finalmente, contra as aparências, é muito pouco rigorosa.

Existe uma longa e muito rica tradição de crítica à economia ortodoxa que reúne, de resto, figuras de orientação teórica e prática bastante diversas. A figura central desse movimento é provavelmente Keynes, mas antes dele há, bem entendido, Marx e, antes, a crítica de orientação neosmithiana e neorricardiana; no século XX, contemporâneos a Keynes ou posteriores a ele, grandes figuras como Kalecki, Joan Robinson, Kaldor, Sraffa; e ainda outros como Minsky. Há também críticos "no limite do sistema", como os dois keynesianos americanos mais conhecidos, Krugman e Stiglitz.

Um texto se destaca — pelo menos me impressionou muito — no interior do universo crítico mais recente. É o livro do economista australiano Steve Keen, *Debunking Economics: The Naked Emperor Dethroned?* [Desacreditando a economia: O rei nu deposto?]. Uma obra muito técnica, considerada de leitura difícil, mesmo por economistas. Segundo as informações de que disponho, o autor tem uma formação matemática sólida. O livro de Keen é uma tentativa de refutação do discurso neoclássico, com base numa análise matemática aparentemente muito séria. O argumento geral é o de que as coisas mudam quando se passa dos pequenos números para os grandes. De fato, ele acredita que os neoclássicos são mais ou menos como alguém que, medindo distâncias de dezenas de metros, depois de centenas e, talvez, de alguns milhares de metros, concluísse que as linhas na superfície terrestre são sempre retas.[3] Não seria possível encontrar curvas ao efetuar medições dessas distâncias. Sabe-se, entretanto, que, passado certo limite, aparecem os efeitos da curvatura da Terra. Do mesmo modo, a partir de certo nível quantitativo — em termos extensivos e intensivos —, os princípios do sistema se alteram[4] e, por isso, quem quiser ter uma visão objetiva deve abandonar não só a ideia de uma fundamentação no plano micrológico, mas em geral se desfazer de uma visada homogeneizadora, que não reconhece a mudança de qualidade por trás do aumento quantitativo.[5]

Devo mencionar também, na nova literatura heterodoxa — embora se trate de uma contribuição mais importante no plano da pesquisa do que no da teoria [Pessôa assinala, em conversa, que, do ponto de vista teórico, Piketty não é exatamente um heterodoxo. Parece que não é mesmo. Mas se trata de um crítico do sistema] —, os trabalhos de Thomas Piketty sobre o crescimento da desigualdade nos últimos 150 anos, trabalhos que parecem ter quebrado a "gaiola de vidro" das publicações oficiais. É uma boa notícia que se discutam muito e por toda parte os livros de Piketty. Há outras coisas interessantes no campo da heterodoxia, como os textos do ex-ministro da Economia da Grécia Yanis Varoufakis.

Se do lado crítico temos, pelo menos, algumas obras de grande fôlego, do lado ortodoxo constato uma reação que, francamente, me perturba. Sem dúvida, tanto de um lado como do outro pode haver trabalhos sem rigor e gente medíocre participando da discussão. Isso é uma regra geral em qualquer embate teórico. Mas observo com espanto o surgimento — sem dúvida, ao lado de uma produção, à sua maneira, séria — de uma bibliografia ortodoxa violentamente polêmica, que tenta neutralizar com um instrumental ideológico de muito baixo nível o esforço crítico dos heterodoxos. O pior é que esses textos grosseiramente ideológicos são às vezes assinados por gente de certa importância e com títulos e cargos respeitáveis no interior do mundo oficial. Assim, um livro recente de dois economistas do establishment, Pierre Cahuc e André Zylberberg, *Le Négationnisme économique et comment s'en débarrasser* [O negacionismo econômico e como escapar dele],[6] tenta desmoralizar os seus adversários tachando-os de inimigos da ciência (!) e os comparando com aqueles que negam a existência dos campos de concentração e a liquidação em massa dos judeus... Ou, ainda, pondo-os na situação de certos impostores como Lisenko, o pseudobiólogo protegido por Stálin que tanto mal fez à ciência dita "soviética". Assim, quem não acreditar na taxa natural de desemprego é tão irracional e inimigo da ciência como quem não acredita na existência de Auschwitz e Birkenau... Claro que não se pode responsabilizar todo o grupo pelo que disseram alguns. Mas há algo de estranho e de sintomático em tudo isso.

Voltando ao nosso autor, a perspectiva dele fica evidente, e de algum modo se resume, nas considerações que faz a propósito de "economia de mercado" e "capitalismo". Eu insisti na necessidade de distinguir esses termos. Contra essa exigência, escreve o economista: "Segundo Fausto, a falência do bloco soviético não legitimou o capitalismo, mas sim — e apenas — a economia de mercado. Não entendo a diferença. Para mim um e outro, capitalismo e economia de mercado, são a mesmíssima coisa. Para Fausto, não". Mas creio que conviria interromper aqui, provisoriamente, essa discussão, para retomá-la mais adiante. No intervalo, examino mais de perto o que me parecem ser as características principais da maneira pela qual Pessôa pensa o social, e a economia em particular.

3. Há várias coisas estranhas no discurso de Samuel Pessôa. Para começar — isso pode parecer banal e induzir à ideia errada de que subestimo a análise econômica em proveito da política, mas explicarei o argumento —, *ele quase só fala de economia.* A política está quase ausente dos seus textos. Ele nos diz que determinado

governo pôs em prática tais ou tais medidas econômicas, outro, tais e tais outras. Comparam-se as vantagens e desvantagens de umas e de outras. Mas não se diz nada ou quase nada sobre o que representam esses governos em termos de modelos políticos. O político não interessa ou interessa pouco? Na realidade, sem introduzir esse elemento, a análise se torna incolor; ela nos remete a um mundo politicamente homogêneo em que não se põem *explicitamente* as diferenças de regime nem as grandes mudanças históricas no plano do regime político. O que não quer dizer que a complexidade da análise diminuiria com essa adjunção; ela aumentaria. Sem maldade, em certas passagens, aparece mais o físico, que Pessôa também é, do que o cientista social.

Essa ausência da política tem como corolário uma simplificação no plano dos modelos econômicos. Como já disse, Samuel Pessôa opera com duas ordens: de um lado, a economia liberal ou neoliberal; de outro, as economias burocrático-intervencionistas. Não se pensa na possibilidade de outros modelos. Isso é característico da ortodoxia. Não há terceira via, escreveu um "convertido", János Kornai.[7] Por ora, no quadro deste apêndice, limito-me a assinalar a insuficiência dessa leitura "bilateral".

Na esteira dessas características, vai um tipo de visada em que o possível quase cola no real. Tal partido não fez mais? É porque provavelmente não foi possível. Outro não fez melhor? É porque não foi possível fazer melhor. O mundo dos possíveis de Samuel Pessôa mal se distingue do mundo real. É quase idêntico.

O universo do nosso interlocutor é um mundo de escolhas mais ou menos livres e de contratos. Um mundo em que os agentes são essencialmente livres para tomar as suas decisões. Nele, não há muito lugar para o jogo de interesses e para as pressões que certos agentes exercem por causa deles ou pelo peso de ideologias, em particular da ortodoxia. Em geral, é um mundo liso, de simetrias, onde não há lugar para as assimetrias fundamentais que os heterodoxos reconhecem. Sob esse aspecto, os ortodoxos se queixam de que os heterodoxos *demonizam* instituições e figuras.

Quanto à história global, quando ela aparece, não se revela dramática nem muito aberta às catástrofes; é uma história em que as operações dos agentes individuais ou coletivos, oferecendo mutuamente serviços e prestações, levariam, às vezes, a boas soluções e, outras vezes, não. Mas tudo iria, grosso modo, no mesmo ritmo, ora um pouco melhor, ora um pouco pior, mas sem lugar, aparentemente, para grandes rupturas ou catástrofes.

Enfim, Pessôa pretende não incorrer no erro dos heterodoxos, que introduzem *narrativas* (isto é, um quadro histórico apontando para o futuro) em vez de cotejar os dados (ou, no máximo, montar um quadro geral que abrande o presente, e algo de sua gênese no passado). Eles praticariam um conhecimento *sem narrativa* e, por isso, científico por excelência. A esse respeito, objeto desde já: Pessôa e os seus têm sim uma narrativa própria. *A sua narrativa é o statu quo.*

Mas vejamos tudo isso mais de perto.

4. Assim, o pesquisador da FGV me acusa de *demonizar* entidades, em particular o FMI. "O FMI aparece no artigo de Fausto como uma espécie de bicho-papão, um grande agente do mal." Ele se refere em particular ao caso da Grécia. "Fausto cita a Grécia como exemplo de que as políticas do Consenso de Washington — outro bicho-papão — são danosas às economias nacionais." Ora, o economista liberal observa que "a Grécia escolheu participar da União Monetária Europeia, aceitando usar o euro como moeda". Nesse caso, acrescenta, "foi dado um passo maior do que a perna", não só por parte da Grécia, "mas [de] toda a Europa". E acrescenta: "A Grécia é responsável por suas escolhas".

Tudo isso parece muito sensato, mas vejamos o que de

fato ocorreu. O ponto de chegada é uma situação terrível para o *povo grego*. Há desemprego, miséria, a seguridade social foi parcialmente desmontada, e outras mazelas. Entre elas, a *perda da independência nacional*. Há que partir desse resultado. Quem é o responsável por isso? Sem dúvida, em parte os responsáveis estão na Grécia. Mas, atenção! Já aqui é preciso observar o que há de ilusório em fazer da *Grécia* a responsável. "Grécia" parece um termo muito concreto, mas, *nesse contexto*, é na realidade uma *má* abstração. Quem tomou medidas erradas foram governantes gregos (dos partidos tradicionais) eleitos em pleitos mais ou menos honestos, suponho; mas todo mundo sabe que há algo de aleatório nessas escolhas, que há, de qualquer modo, uma diferença entre os governantes e o *povo grego*. Se se afirmar que, com essa última expressão, também se abstrai, eu diria que essa última abstração é aceitável porque não introduz opacidade. Ela remete aos indivíduos, homens e mulheres, que habitam a Grécia, em particular as camadas pobres e médias. Mas o erro não foi só dos governantes. O projeto europeu, por razões que não vou discutir aqui, estava errado. Moeda comum, sem políticas econômicas comuns ou suficiente integração política. De qualquer modo, que não se ponham esses furos na conta do povo grego.

Então, os *governantes gregos* tomaram decisões em parte, pelo menos, infelizes. Mas foi só isso? Quem estava do lado de lá? A Europa? Sim, porém, particularmente, as grandes instituições financeiras, entre elas o FMI (embora, *no caso grego*, é verdade, o FMI não tenha sido a que teve a pior atitude). De qualquer modo, Pessôa nos assegura que o FMI (eu diria, as grandes instituições financeiras internacionais, a chamada Troika) não é nenhum bicho-papão, mas uma instituição chamada "para ajudar economias que apresentam problemas de balanço de pagamento", economias "que não conseguem mais, por algum problema macroeconômico, fechar suas contas — e que precisam tomar dinheiro emprestado". Com isso, Pessôa pretende nos dar uma descrição objetiva do Fundo Monetário Internacional e, em geral, das instituições financeiras internacionais.

Ocorre que essa descrição, pelo modo em que é enunciada, nos remete a uma instituição neutra, que se moveria nos termos de contratos "razoáveis" aceitos pelas duas partes. Ora, se esse objeto não é um bicho-papão (porque não existe bicho-papão), ele está longe de ser tão inocente e útil como o pesquisador da FGV, implícita ou explicitamente, sugere. Sabemos que o FMI (insisto em que, para o caso grego, o exemplo não é o melhor) é capaz de exercer muita pressão, especialmente sobre países pequenos, e que, pelo menos nos últimos anos, suas decisões são iluminadas por algo que não há como não chamar de *ideologia* econômica, precisamente aquela que está consubstanciada no Consenso de Washington. Pessôa enumera os vários pontos desse dito "consenso", mas nele se reconhecem, "escondidinhas" sob a reivindicação de "reordenar as prioridades públicas em direção aos mais pobres", as exigências de liberalização do capital, a desregulação do mercado e a privatização. Sabemos com que força — eu diria violência — o FMI se empenhou em realizar esse programa. No caso do Brasil, sabe-se que a ideia era chegar até a privatização do Banco do Brasil e da Petrobras. Isso seria bom para o país? Duvido muito.[8] Aliás, quando Pessôa nos explica que o FMI é mais ou menos como deveria ser uma entidade como a que, em princípio, representa, ele põe na sombra que houve uma grande discussão em torno do caráter dessas instituições no momento em que foram fundadas, no pós-guerra. Segundo Jacques Sapir,[9] Keynes tinha um projeto para essas instituições muito mais favorável às economias em desenvolvimento do que aquele que foi aprovado.

Por todas essas razões, vemos o que há de ilusório em frases de senso comum, do tipo: "Para conceder o empréstimo em condições favoráveis, o FMI exige certas contrapartidas dos países recebedores. Nada mais natural". Ou, de forma mais douta e erudita: "Sempre é possível responsabilizar algum agente externo pelas escolhas que fazemos [...]. A verdade é que, no mais das vezes, o inferno somos nós mesmos". Resumindo a prosa de Pessôa (que é sempre a da sabedoria popular): aquele que empresta pode estabelecer condições, aquele que pede emprestado tem de se submeter a elas. A Grécia pediu emprestado sem calcular as consequências; a culpa é dela e, como diz o outro, o inferno somos nós mesmos. Isso tudo é muito bonito: uma axiomática digna de Monsieur de La Palisse (aquele da tautologia).[10] Só que está tudo errado. A verdadeira narrativa é: *um certo governo grego*, corrupto e incompetente, contraiu empréstimos com *instituições internacionais cuja filosofia é claramente distorcida na direção da ideologia ortodoxa dominante*. Sem entrar em maiores detalhes, o fato é que esses empréstimos — concedidos, como observa Piketty, na base de taxas de fato menores do que as dominantes no mercado internacional, mas muito mais altas do que a que pagam os governos nacionais[11] — levaram a consequências terríveis para o povo grego, como *a miséria e o desemprego*, até o limite da alienação da independência nacional (com o quê, todos os gregos perderam). Qual a diferença entre as duas narrativas (evidentemente, isso vale de maneira muito mais geral, para além do caso grego)? É que Pessôa raciocina em termos de *agentes livres* e de *contratos sem violência*. Ou, se preferirmos: ele supõe sempre *relações simétricas, pactos em que a violência* (*sob a forma de pressões, por exemplo*) *está ausente e, de um modo geral, uma realidade econômica que, em última análise, é essencialmente harmônica*.

Isto é: seus fundamentos são a *simetria*, a *não violência*, a *harmonia*. Os meus — acho que construídos a partir da experiência dos últimos cem anos, pelo menos — são a assimetria, a violência nas relações e a não harmonia no conjunto. Talvez o senso comum aprecie menos essa perspectiva. Sem dúvida, a de Pessôa permite um sono mais tranquilo, só que corremos o risco de acordar sobressaltados à noite porque o ideal é diferente da realidade. De fato, como afirmei, o realismo não está bem do lado que se supõe às vezes que esteja.

5. Talvez fosse o caso de lembrar outro episódio triste, a que já fiz alusão antes — forneço agora mais alguns detalhes —, em que ficou bem claro o desastroso papel do FMI, papel um pouco diferente de "a agência que se destina a ajudar países em dificuldade": a transição russa. Como vimos, o FMI, junto com o governo americano de Clinton, provocou um empobrecimento brutal da classe média e seu desarmamento político. A questão não era comunismo × economia de mercado. Todo mundo estava de acordo (menos alguns velhos burocratas) em que tinha de haver uma transição desse tipo. Um sistema cooperativo nascente ou herdado teve pouco apoio do Estado, e o problema veio a ser, de fato, para além da economia de mercado, saber para que tipo de economia capitalista o país transitava. Foi em busca de uma alternativa assim que o processo se deu. O certo — se o caminho fosse mesmo o da desnacionalização — teria sido primeiro desnacionalizar as firmas e colocá-las à venda sob a forma de ações, para em seguida liberar os preços. O FMI e o governo americano decidiram proteger o grande capital em formação, prejudicando a classe média. Primeiro se liberaram os preços, em seguida se desnacionalizou. A classe média perdeu toda a possibilidade de adquirir ações. Constitui-se uma classe de novos capitalistas (ex-burocratas). E, politicamente, o apoio dado a Iéltsin — em nome da democracia! — acabou alçando ao poder o autocrata Putin, com os resultados que conhecemos.

Como caracterizar a política do FMI num caso como esse? Ela foi *demoníaca*, ou algo próximo disso. Ela operou, de um modo mais ou menos voluntário, a passagem forçada de uma forma de exploração e opressão a outra. Diante de processos desse tipo, o perigo não é demonizar, mas *desdemonizar*, isto é, idealizar a partir da forma contratual um conteúdo que na realidade contém violência.

6. Voltando ao texto de Samuel Pessôa. Como salientei, o economista tende sempre a estabelecer uma dualidade, a que opõe o neoliberalismo ao burocrático-intervencionismo, mesmo se, dentro de cada um desses paradigmas, pode reconhecer diferenças. Os seus modelos são dois. Ora, pelo menos como possibilidade, as posições não são duas, mas três. E isso tanto do ponto de vista do projeto econômico como no plano político mais geral.

Sem dúvida, Pessôa reivindica certa originalidade: ele quer um pouco mais de "justiça distributiva". Assim, na nossa discussão, reconhece a injustiça do sistema tributário brasileiro e a necessidade de mudar para um regime mais igualitário. Mas, se na nossa troca de argumentos, esse posicionamento apareceu, não me parece que ele seja muito visível no que o economista escreve em geral. A "justiça distributiva" acaba sendo engolida pelas verdades intangíveis da ciência ortodoxa. Não o vi tomar posição contra o que há de notoriamente injusto na proposta de reforma da Previdência, por exemplo, a desvinculação do BPC (Benefício de Prestação Continuada, para idosos e deficientes) do valor do salário mínimo — proposta que o governo, sob pressão, parece disposto a retirar — ou a obrigação universal de 25 anos de contribuição, o que prejudicaria principalmente os trabalhadores das áreas rurais.[12]

A perspectiva dualista faz com que toda resistência à economia burocrático-totalitária apareça incorporada ao rolo compressor neoliberal, e que o autor não distinga bem o modelo keynesiano do burocrático semitotalitário, ou mesmo totalitário. Isso vem em boa parte do fato de a política estar ausente da análise.

Na realidade, não existe apenas um "papão" (como supõe o dualismo), mas dois: de um lado, está o capitalismo, que se revela hoje mais selvagem do que nunca, e, de outro, as economias burocráticas que atualmente ou "compõem" — sem se diluir — com o modelo capitalista ou se apresentam sob a forma de economias populistas do tipo chavista. Ora, nenhuma das duas grandes opções (com as suas subdivisões) representa uma boa alternativa.

O tertius, projeto de uma economia não burocrática e de mercado porém estranha aos princípios neoliberais, existiu sob diversas formas e em diferentes ocasiões, como no processo de liquidação do chamado "socialismo de caserna". Há aí um ponto cego do discurso de Pessôa.

Nas origens da chamada mundialização está a liquidação das economias burocrático-totalitárias, processo que ele remete à saga do neoliberalismo. Mas uma análise crítica reconhece nesse processo pelo menos a luta entre tendências democráticas favoráveis a um capitalismo mais ou menos controlado e não excessivamente desigual, e as forças que fizeram o jogo do grande capital em constituição. Essa diferença estava tanto no plano subjetivo (isto é, na ideologia dos responsáveis pelas mudanças) como no processo objetivo. De forma diversa, isso vale para a China e para a Rússia. Já me referi ao rolo compressor que o FMI representou na transição russa e aos seus acólitos nacionais. Houve uma oposição a eles por parte de economistas e homens políticos, que acabou neutralizada. Na China — também já falei disso, volto ao tema, de novo, para alguns detalhes —, a dissolução das comunas, medida perfeitamente defensável e, mais, exigível para qualquer democrata, não teve o caráter de um encaminhamento de ordem neoliberal. Os camponeses ganharam o direito de explorar individualmente as terras. A aquisição desse direito nada tinha a ver com eventuais conquistas do grande capital. No plano dos agentes intelectuais desse processo, a mesma coisa se deu. Entre os teóricos e agentes da transição chinesa, estão algumas figuras dissidentes, que, até onde sei, nada tinham a ver com a filosofia neoliberal. Eles eram adversários da economia burocrático-totalitária e queriam introduzir uma "economia de mercado" (havia, a esse respeito, várias posições em disputa). Mas, também nesse caso, o problema passou a ser saber que tipo de capitalismo se instauraria. E o modelo selvagem venceu.

Porém, devemos retomar o problema mais fundamental, que é, precisamente, o da relação entre "economia de mercado" e capitalismo. Para Pessôa, se trata da mesma coisa. Economia de mercado = capitalismo. No entanto, seria exatamente assim? Sem dúvida, fora eventuais exceções menores, na generalidade das economias de mercado contemporâneas o capitalismo é hegemônico. Mas isso não permite identificar as duas noções nem os dois objetos. Isso porque, se praticamente não há hoje economias de mercado que não sejam globalmente capitalistas, há instituições e práticas que, apesar de se inserirem numa trama dominada por esse sistema, não são, elas próprias, de ordem capitalista. O que significa que elas não visam o lucro pelo lucro ou, mais precisamente, a acumulação de capital — assim como também, eventualmente, as relações salariais ali não são dominantes —, embora se insiram de uma forma ou de outra na teia de relações econômicas onde o capitalismo se impõe como força hegemônica.[13]

No capítulo das práticas, há operações que de certa forma não pertencem propriamente ao circuito capitalista, mas ao da chamada "circulação simples". Em geral, deve-se distinguir no interior de uma formação capitalista a produção de valores de uso da produção e da acumulação de valor (qualquer que seja a concepção que se tenha do valor, não precisa necessariamente ser a marxista — a minha acho que não é). Os dois processos estão, sem dúvida, imbricados, mas é necessário distinguir esses dois aspectos, que não são idênticos. A redução do capitalismo à economia de mercado, ou vice-versa — a identificação da "economia de mercado" e do capitalismo —, é um bom sintoma do tipo de confusão deliberada em que incorrem os ideólogos neoclássicos. Ainda que eles reconheçam certas diferenças, todos os agentes no interior da formação são mais ou menos identificados, aparecem como agentes de um mesmo tipo, de uma mesma ordem.[14] Claro que os economistas sabem que há diferenças entre eles, mas no fundo, enquanto agentes econômicos, eles não veem aí senão diferenças de quantidade. Ora, se há mesmo diferenças de quantidade (intensiva e extensiva) entre eles, elas implicam uma diferença qualitativa fundamental. O pequeno agricultor que vende seu produto e, com o montante obtido, compra outro para consumo próprio, mesmo que tenha lucro, é um agente econômico de um tipo diverso do que representa uma grande empresa. Aqui a diferença pode ser menos entre capitalismo e a simples economia monetária, como no caso de uma fundação, do que a que separa o pequeno capital do grande; mas também essa última diferença é muito mais importante do que supõe a teoria dominante. Essa ambiguidade entre a circulação capitalista e a circulação simples, ou entre o grande e o pequeno capital, que se reconhece frequentemente nos discursos da ortodoxia, é acompanhada por certo privilégio (um "privilégio de fundação") da microeconomia em face da macro. Também esse primado parece essencial à ideologia econômica contemporânea.

Ao estabelecer a equação economia de mercado = capitalismo, Samuel Pessôa fecha as possibilidades de todo discurso crítico. Nessas condições, só restaria a alternativa comunista, que está evidentemente queimada. Na realidade, o capitalismo se insere na trama da economia de mercado, mas não se identifica com ela. Os dois termos não são idênticos. Impõe-se, já por razões estritamente científicas, a contraditória da equação de Pessôa: a inequação "economia de mercado $\neq$ capitalismo". O que isso significa? Que vamos encontrar *de fato* economias de mercado que não sejam capitalistas? Não necessariamente, e, *hoje*,[15] de fato, isso não acontece. Mas essa ausência, do ponto de vista das exigências de uma teoria *rigorosa*, não é condição suficiente para que se possa formular uma relação de identidade entre as duas noções, nem entre os dois objetos a que elas apontam. Embora a disjunção entre eles apareça apenas *regionalmente*, e no que se refere à totalização (à hegemonia), apenas como uma *possibilidade*. Ao obliterar essa inequação, perfeitamente rigorosa, e que exprime o projeto de uma crítica *não comunista* do capitalismo, Samuel Pessôa transforma uma realidade *histórica* — *a efetivação de uma possibilidade histórica* — em uma realidade, digamos, natural (embora os objetos naturais também mudem), ou, se preferir, numa realidade *cristalizada* ou fetichizada. Esse o segredo do discurso de senso comum *aparentemente* hiper-rigoroso da ortodoxia que o economista liberal pratica.

7. Sou obrigado a comentar um pouco a estratégia argumentativa de Pessôa. Se o seu discurso tem momentos mais felizes, frequentemente ele derrapa em jogos sofísticos. Assim, Samuel Pessôa gosta de refutar longamente argumentos que o seu adversário não utilizou... Por exemplo, a ideia de que critiquei o governo FHC apenas porque a taxa de desemprego durante a sua gestão foi maior do que durante o governo Lula. Eu não disse isso, em lugar nenhum. Pelo contrário, critiquei e critico FHC, como posso criticar outros governos, por uma série de características (política econômica hiperliberal, insuficiência de programas sociais, base de apoio, possibilidade de mobilizar os mais pobres visando a melhorar a sua condição etc.). Pessôa passa por cima de tudo isso. E se

esbalda ao longo de uma coluna para explicar que houve mais desemprego sob Obama do que sob Bush, e, entretanto, preferimos o primeiro ao segundo. Acontece que não caí nesse unilateralismo, ele é introduzido pelo economista apenas para lhe dar ensejo a um exercício retórico em que, naturalmente, se sai como herói. Na realidade, é ele quem simplifica as coisas. Por exemplo, quer nos mostrar que a condição difícil em que se encontra o trabalhador europeu resulta do desenvolvimento da China. Quem quiser que a China se desenvolva que aceite as consequências. Só que, sem negar o efeito positivo ou negativo que as mudanças na economia chinesa podem ter sobre a economia mundial, Pessôa não fala sobre as regras que regem as economias europeias (como a limitação excessiva do déficit ou o investimento insuficiente), regras que podem e devem ser modificadas. Mais uma vez, o seu esquema é um presente para o senso comum. E não basta dizer que uma nova política econômica para a Europa "atenuaria" os efeitos do crescimento chinês. Ela mudaria as regras do jogo. Nesse tópico sobre o estilo retórico do meu interlocutor, eu acrescentaria que ele não se preocupa muito em responder a cada argumento do adversário (como eu tento fazer). Ele passa por cima do que não lhe serve e, no lugar das respostas, abre uma torneira de dados numéricos, da qual jorram números que acabam inundando o palco da discussão.[16]

O tópico da insistência em que toda medida econômica implica vantagens e desvantagens também mereceria mais uma palavra. É uma banalidade, quase uma tautologia. Que toda medida de política econômica tenha, ou possa ter, efeitos positivos ou negativos todo mundo sabe. Porém, essa verdade banal não exclui o fato de que aquelas medidas podem ser muito diferentes e ter efeitos radicalmente distintos uns dos outros. (Dirão que eu também banalizo, mas é preciso partir daí.) Se toda política implica vantagens e desvantagens, há algumas que trazem um saldo negativo esmagador para o país. Por exemplo: a política de Thatcher na Inglaterra foi responsável pelo agravamento funesto da situação das classes menos favorecidas naquele país. A esse respeito, indico as páginas luminosas que um autor de esquerda — mas que não é de forma nenhuma um fanático —, Alec Nove, consagra ao governo Thatcher e às consequências da sua política (ver Alec Nove, *The Economics of Feasible Socialism*, p. 158). Mas, a julgar por um artigo bem recente,[17] Samuel Pessôa não parece muito preocupado com as causas profundas da atual "miséria inglesa". Ele prefere se debruçar sobre a responsabilidade dos "fraudadores". Curiosa atitude. Bastante "neoliberal", em todo caso. Porém, é preciso ir mais longe na crítica. Se a insistência banal na ideia de que toda medida de política econômica tem vantagens e desvantagens pode nos fazer perder de vista que há as que são muito melhores e as que são muito piores, ela também tem o inconveniente de ocultar que por trás do leque de possibilidades que o economista ortodoxo oferece está implícita, no seu discurso, a aceitação de um modelo econômico comum, o capitalismo financeiro, hoje dominante. *O lugar-comum de que não há vantagens sem desvantagens desloca a discussão para fora do seu ponto crítico.* A discussão sobre o modelo de sociedade que desejamos se perde. Implicitamente, já se supõe um modelo. E é no interior dele que se exibem várias possibilidades, com as suas respectivas combinações de prós e contras. O modelo fica a salvo. Moral da história: *numa discussão teórica, as banalidades nunca são inocentes.*

8. Concluirei abordando o problema político, já que, até aqui, só o tratei de maneira muito sumária e indireta.

Claro que há divergências de posição, e poder-se-ia pensar que com isso a discussão se encerra. Contudo, é preciso penetrar nos meandros do discurso de Pessôa para entender como ele se situa politicamente (inclusive no sentido mais formal) e quais são as dificuldades dessa posição. Por esse caminho serei levado a avançar um pouco mais na exposição das minhas razões no plano propriamente político.

No corpo de *Caminhos da esquerda* dei alguns exemplos-limite das consequências de um sistema dominado pela busca do lucro e pela acumulação, mas que ao mesmo tempo caracterizam bastante bem o espírito do sistema. Referi-me principalmente às pressões e às jogadas da indústria farmacêutica, e, mais ainda, à história terrível da indústria do tabaco. No que se refere a esta última, a quantidade de mortos pelos quais é possível considerá-la responsável sobe a algumas dezenas de milhões, segundo o cálculo de especialistas. Mortes ocasionadas pelo obscurecimento da opinião pública através da compra sistemática de quadros de alto nível, inclusive professores de grandes universidades. Isso significa que um grande ramo da indústria capitalista foi responsável por um número de mortes que supera de longe os do gulag ou, até mesmo, os da grande fome camponesa provocada por Stálin nos anos 1930. (Não sei se Pessôa retrucaria dizendo que as vítimas fumaram porque quiseram... Espero que a sua visão "voluntarista" das sociedades capitalistas não chegue até aí.[18])

Embora se trate, certo, de um caso-limite, é a partir desses fenômenos, e não dos percalços da economia doméstica, que se pode entender o significado do capitalismo. Samuel Pessôa perde completamente essa dimensão dramática, como esquece também o progresso fulminante do populismo de extrema direita, que se alimenta da crise provocada pelo sistema atual como o nazifascismo se alimentava da crise dos anos 1920-30. Outro "detalhe" dramático que pertence obrigatoriamente à nossa discussão é a enormidade das diferenças de salário. Nos Estados Unidos, no tempo dos "trinta anos gloriosos", a remuneração dos dirigentes era da ordem de um a quarenta em relação à do trabalhador médio. Essa diferença passa a ser — o autor considera aqui, sem dúvida, a situação em diversas firmas — "de centenas ou de milhares de vezes".[19] No plano mundial, as oito pessoas mais ricas do mundo detêm o equivalente à riqueza reunida de metade da humanidade. Se se acrescentar a esse estado de coisas a elevada taxa de desemprego ou de subemprego registrada tanto na grande maioria dos países da Europa como nos Estados Unidos,[20] explica-se o "mal-estar" no trabalho, que gerou uma verdadeira epidemia de suicídios ligados a isso. Não voltarei a insistir no caráter de "cassino" do mercado financeiro (a expressão não vem de nenhum gauchista, mas de Keynes), nem no quanto a situação atual facilita o enriquecimento dos ociosos.

O economista liberal se embriaga com o seu realismo de senso comum. Afinal, insiste ele, seria preciso se ajustar às circunstâncias e não pedir o impossível. Entretanto, a despeito dos *riscos* de que a história, lida num plano macrológico, se revele "cíclica", isto é, repetitiva, pode-se dizer, creio eu, que, num plano mais imediato e efetivo, a história se caracteriza por uma grande "mutabilidade", o que significa, no nosso contexto, por um grande "irrealismo". Muitas coisas que se julgavam impossíveis, e que não existiam — como diz Pessôa — em nenhum lugar no mundo, se tornaram efetivas. Por exemplo, a jornada de oito horas, as férias remuneradas, as indenizações de desemprego, a seguridade social, o imposto de renda progressivo. Fora do campo da economia, a democracia num grande país (os pais fundadores da democracia americana, utópicos sem o pé no chão, se empenharam na luta por um regime que naquelas circunstâncias era absolutamente inédito no mundo), o sufrágio universal masculino, o voto feminino, o casamento entre pessoas do mesmo sexo. Quase tudo isso foi obtido na base da luta. ("Luta" — já vimos — não é o mesmo que "violência".) E a busca pela hegemonia (em lugar de consensos “moles”), ao contrário do que podem sugerir certas passagens do artigo de Pessôa, não enfraquece a democracia, mas a reforça.

Se Samuel Pessôa vivesse no século XIX e tivesse a mesma filosofia que tem no XXI, aceitaria a jornada de doze horas e o voto censitário. Não creio que ao dizer isso abuso do argumento: é a conclusão que se tira da maneira pela qual ele pensa as possibilidades históricas. Ele me acusa de utopista, porque sonho com um projeto que, em sua forma global, não existe e nunca existiu em lugar nenhum. Mas que se pense na perspectiva dos socialistas do século XIX. A sociedade com que sonhavam, até aqui pelo menos, não se realizou. E, entretanto, se o programa máximo não se efetivou, grande parte do programa mínimo (como o programa jacobino; o jacobinismo não foi só o Terror) se tornou, sim, realidade. Isso exigiu tempo, é verdade, mas sem o trabalho prévio em condições desfavoráveis que faziam aparecer os objetivos como miragens inconsistentes dificilmente se teria chegado aonde se chegou. E é esse tipo de realismo que reclamo para o meu discurso, e o dos (muitos) que pensam como eu. Pensar os limites do possível, nos termos da política de Cardoso (que certamente apoiará um candidato muito conservador para presidente)[21] ou de Blair (fã da desastrosa Thatcher e partidário da não menos desastrosa invasão americana do Iraque), é muito pouco. É praticamente reduzir o possível ao real. Se o PT e o PSDB não o fizeram, teria sido porque não puderam fazer? Difícil defender uma posição logicamente mais conservadora do que essa. É bem melhor propor um programa de reformas, mesmo sabendo que o programa máximo só é realizável a longo prazo (e, claro, não temos nenhuma garantia de que, um dia, ele virá a ser realizado, como não temos essa garantia para nenhum projeto histórico).

Entre o capitalismo selvagem e o burocratismo totalitário ou populista-autoritário (sem falar nas formas que fazem a síntese dos dois), os caminhos de uma política justa são estreitos e se tornam invisíveis no interior da malha dos "realistas". Pessôa vê o efetivo. O potencial, o virtual, mesmo o minoritário não têm lugar na narrativa dele. Não subestimo as dificuldades, o caminho é longo. Se me referi às cooperativas é porque essa forma representa uma alternativa importante às relações atuais. Temos de pensar numa alternativa, porque não só a injustiça e o sofrimento são grandes, mas caminhamos todos para um abismo ecológico,[22] social e econômico. É nesse sentido que é preciso refletir sobre um *au-delà* do capitalismo. Nesse registro, as formas cooperativas são um elemento não desprezível, sem representar a única alternativa (e supondo sempre, por outro lado, que elas coexistirão com outras). Lembrando um esquema famoso, talvez venha a existir, de fato, em grandes linhas históricas, uma sucessão que vai da escravidão à servidão, da servidão ao salariato, e do salariato ao trabalho cooperativo. Ou seria o cooperativismo uma simples exceção sem futuro no interior das economias capitalistas? O salariato sanciona o que se poderia chamar, parafraseando o "despotismo de indústria" de Marx, de "despotismo de empresa". Ao contrário do que ocorre em princípio na sociedade global, o sistema político da empresa em que domina o salariato é a heteronomia. Questão sobre a qual há que meditar.

Insisto, assim, no caráter não utópico da ideia de uma economia de mercado não capitalista. Para realizá-la, seria preciso que as formas não capitalistas, existentes em grau maior ou menor em muitos países, se tornassem *formas hegemônicas*. Isso significa é claro uma grande mudança, mas ela não é impensável nem do ponto de vista antropológico geral (não supõe nenhuma idealização do bicho-homem), nem do ponto de vista econômico. É um projeto que na sua forma perfeita — que, repito, não implica expulsar as outras modalidades, mas tirar-lhes a hegemonia — representa, na realidade (na sua forma plena, não na sua realização parcial), um horizonte. Uma ideia reguladora.

Além disso, também é verdade que é preciso estudar de perto esse modelo (e modelos análogos), as condições de sua integração e eficácia, e as suas dificuldades. Há que reconhecer que até aqui o resultado, se não é decepcionante, não é, sem dúvida, exultante. Há (ou houve), por exemplo, modalidades visivelmente destinadas ao fracasso, como os kibutzim israelenses, que, em geral, coletivizam (ou coletivizavam) mais do que é necessário e razoável. Outras formas — as cooperativas europeias — deram melhores resultados. De qualquer modo, é difícil supor que o salariato — modelo que serve aos dominantes (os grandes assalariados) e é, ao mesmo tempo, fonte de trabalho frequentemente alienado para os dominados — seja, pelo menos como modo hegemônico, uma instituição eterna.

9. Quanto aos caminhos que poderão nos conduzir a uma grande mutação social, já insisti o suficiente na recusa das soluções autoritárias e violentas, embora a democracia tenha de dar muitos passos para além da sua forma atual, muito imperfeita. Mais precisamente — retomo aqui, para concluir, um tema que foi um dos leitmotiv do meu livro —, creio numa mobilização que envolva não só os mais pobres e mais explorados, mas também a intelligentsia. Sem dúvida, a inclusão desses últimos sempre foi de alguma forma admitida na tradição da esquerda. Mas de um modo que, em geral, me parece torto. Dava-se ao mesmo tempo muito pouco e demasiado aos chamados intelectuais. Na versão mais extrema, eram convocados para injetar convicções comunistas na cabeça dos proletários. Mesmo fazendo abstração do conteúdo do produto que era injetado, vemos o que isso tem ao mesmo tempo de insuficiente e de excessivo. Excessivo, porque é da cabeça dos intelectuais que sairia "a verdade". Insuficiente, porque a sua função seria a de simples repositório e "funil", mesmo

se para um líquido que se supunha precioso. O intelectual, por si mesmo, não teria nenhuma função autônoma.

Mesmo saindo desse esquema extremo, passando para o que pensa em média o simpatizante de esquerda — mais influenciado pelo marxismo do que, às vezes, supõe —, acho que continua se entendendo mal o papel da intelligentsia. Afinal, por que, no interior das lutas pela emancipação, um intelectual valeria menos do que um "proletário"? Porque não é explorado ou é menos "explorado"? (é a suposição que implicitamente se faz). A diferença existe, sem dúvida, mas as consequências que se tiram disso, na esteira da tradição marxista, são pelo menos excessivas.

De minha parte, prefiro a posição do Partido Socialista Revolucionário Russo, que teve uma ala direita que, à sua maneira, andou (simetricamente) tão mal quanto os bolcheviques, mas teve também uma ala esquerda que viu longe. Esse partido, que acabou sendo reprimido violentamente pelos vencedores de Outubro, propunha uma aliança das seguintes classes (com ou sem aspas): a intelligentsia, os operários e os camponeses. Mesmo correndo o risco de escandalizar muita gente, diria que, com poucas modificações, é o que penso para a esquerda mundial no presente. A intelligentsia deve contar como uma classe (sempre com ou sem aspas, não importa: um grupo social), que deve ter um papel substantivo, junto com outras, provavelmente com duas outras: as camadas pobres urbanas e os camponeses.[23]

Mobilizar as classes médias intelectuais e lutar para que elas façam progressos em termos de lucidez política é uma tarefa maior, que de resto terá efeito para o trabalho sobre as demais classes, mas cuja importância não se reduz a esse esforço, por mais importante e decisivo que ele seja. Os intelectuais votam, vão às ruas, enfrentam a polícia, escrevem e se manifestam por outras formas: é impossível continuar supondo que tudo isso é, no fundo, pouco relevante. O importante estaria na periferia.

Ou no campo. Ou nos bairros mais pobres. Tudo o que se faz lá, mesmo o pior — inclusive aquilo que é claramente regressivo —, é supervalorizado. A "tarefa" seria mobilizar as "massas". E — deve-se precisar — valorizam-se os pobres, mas frequentemente como massa de manobra a serviço de quem "entende" o processo, os dirigentes do partido — em parte, intelectuais. Eu diria que, se é verdade que sem a mobilização das camadas populares será muito difícil vencer — pelo menos nas condições atuais —, não é menos urgente a mobilização (e, como também no outro caso, mais do que a "mobilização", o esclarecimento) da intelligentsia. Dirão, talvez, que tudo isso tem um ar de século XIX. Mas a verdade é que, muitas vezes, só através desses atalhos e circunvoluções de aparência paradoxal ou retrógrada somos capazes de nos livrar dos preconceitos mais arraigados. Viva o século XIX, se for esse o preço a pagar.

Nesse contexto, gostaria de dizer também, concluindo, que não só no Brasil, como em muitos outros países de organização política democrática, como os Estados Unidos, por exemplo, há um problema grave de *educação* do povo. Claro que os preconceitos e o racismo não são privilégio dos ignorantes. Os totalitarismos do século XX, em especial o alemão, dão prova disso. É possível ser muito instruído e pouco lúcido — e também fanático. Inversamente, há gente muito pouco instruída e lúcida. Mas o fator *ignorância* tem certo peso. Sem algum preparo e informação, a lucidez pode existir, mas ela brota num meio desfavorável e é, por isso mesmo, frequentemente instável.

Marx podia esnobar esse elemento, dizendo que "o próprio educador precisa ser educado" (parafraseando um dito romano, o que ele queria dizer era: "quem educará os educadores?"). Porém, nesse ponto ele pensava mais na "educação política". Por outro lado, subestimava, sem dúvida, a educação em geral. É impossível pôr muitas fichas num projeto político democrático e radicalmente progressista sem contar com um avanço importante no nível de educação do povo.

Reconheço, porém, que mais importante é o elemento propriamente político: a "lucidez". Mas aí se põe o problema: como saber o que significa ser politicamente lúcido? Para dar um exemplo sintomático da dificuldade ou dos erros a evitar nesse julgamento, se as pesquisas empíricas revelarem, como parece que revelam, que não só a classe média mas também as mais pobres têm uma atitude de repulsa em relação às práticas desonestas dos partidos — inclusive os de esquerda —, alguns falarão em "moralismo" e "atraso" das massas. Eu diria que, pelo contrário, se elas em muitas coisas são certamente influenciadas pela mensagem conservadora da mídia, o "moralismo" popular é um avanço, porque é uma recusa do "rouba, mas faz", mantra que caracterizou a política populista dos anos 1950 e que ainda está presente, implícita ou explicitamente, por exemplo, na fala neopopulista de autojustificativa de muitos dirigentes do PT. O fenômeno indicaria uma decadência em termos de recepção popular — decadência certamente auspiciosa — das ideologias populistas e quase populistas. Aí, de novo, o educador precisa ser educado.

6. Texto para o lançamento do livro de Ruy Fausto *Caminhos da esquerda*

Samuel Pessôa[*]

Inicio agradecendo a Ruy Fausto pela gentileza de se dispor a debater comigo bem como aos organizadores do evento por terem me convidado e permitido mais essa rodada de conversa.

Organizo meus comentários em dois tópicos:

1. A interpretação de Ruy de que minha visão, que segundo ele é do senso comum, e que eu prefiro chamar de pragmática ou cética, supõe "relações simétricas, ou pactos sem violência, ou uma realidade econômica que em última análise é essencialmente harmoniosa";
2. A existência de uma terceira possibilidade entre o adesismo de FHC — que eu considero adesismo de FHC e do primeiro Lula — e o populismo de Lula.

Não é verdade que a hipótese de minha análise é que as relações sejam simétricas ou sem pressões e, portanto, harmoniosas.

* Lido em evento realizado na Livraria Cultura, 3 jul. 2017.

Nunca pensei isso. Simplesmente, aponto que os Estados nacionais ao operarem na economia globalizada têm que considerar as restrições existentes.

A Grécia poderia sair da União Monetária. O Syriza ganhou uma eleição defendendo um programa que na prática significava a saída da Grécia da zona monetária do euro. Ganhou a eleição e após a vitória reavaliou que era melhor pagar o preço do programa de ajustes, ou seja, pagar o preço da austeridade fiscal, do que sair da UM. Se o governo grego decidiu pelo estelionato eleitoral e recuou deve ter tido seus motivos.

O ingresso da Grécia na UM gerou fortíssima queda dos juros ao longo de muito tempo. Os vultosos recursos foram gastos por uma elite corrupta? É possível. Talvez parte tenha sido gasta com uma estrutura excessivamente generosa de benefícios previdenciários. O ponto importante é que os juros cobrados para a rolagem da dívida grega somente subiram quando ficou clara a possibilidade de insolvência.

A Grécia tinha a possibilidade de não entrar na UM. Em troca teria que viver com custo de capital bem maior e com inflações mais altas. Uma vez que tenha entrado poderia ter empregado com mais sabedoria os enormes recursos a custos muito mais baratos que ficaram disponíveis àquela sociedade em função do ingresso na UM. Aparentemente esses recursos foram muito mal empregados. Geraram somente aumento de consumo e não resultaram em ganho de eficiência e na elevação da produtividade daquela economia. Após a crise apareceu o problema fiscal. O fato de a Grécia ter desistido de ter a sua política cambial contribuiu muito para agravar a crise. Nesse momento a Grécia poderia se movimentar para recriar a dracma e sair da UM. Parecia que ia buscar esse caminho. Desistiu.

Se é verdade que o FMI errou quando da transição da Rússia em direção a uma economia de mercado e na construção da democracia, os mesmos erros foram cometidos na Polônia, apesar de o resultado ter sido muito distinto. Em particular parece-me que a autocracia que se instalou no Kremlin é consistente com a tradição política russa e não me parece justo culpar o FMI por esse destino político.

Analogamente, se o FMI errou na Argentina no estímulo a um regime cambial que não é indicado para economias emergentes dependentes de commodities, o mesmo ocorreu no Equador. No entanto, o desempenho do regime cambial no Equador foi muito melhor do que na Argentina. Culpar o FMI não parece ser muito produtivo.

É essencial ter uma visão desapaixonada e realista das restrições internacionais. E é necessário reconhecer que a autonomia de cada sociedade está diretamente associada à capacidade de poupar. Ou seja, quanto maior for a taxa de poupança de uma sociedade, mais ela consegue impor que as relações internacionais ocorram segundo seus termos.

A China, por exemplo, com sua poupança gigantesca de 50% do PIB, consegue manter a conta de capital fechada, controlar fortemente a natureza do ingresso de investimento estrangeiro direto, controlar o mercado doméstico de capitais etc. O fato de a China ter condições ou poder de barganha para perseguir um modelo de desenvolvimento com intervenção no funcionamento dos mercados de capitais não nega que o desenvolvimento chinês é fruto da introdução em uma economia que era de planejamento central de uma estrutura de incentivos liberal. Charles Dickens, se revivido na China, se sentiria em casa com as instituições chinesas do mercado de trabalho e com a carência de serviços públicos e seguro social em geral.

Já a Austrália, com seu déficit externo recorrente da ordem de 4,5% do PIB há mais de trinta anos, pratica conta de capital aberta.

Poderia fechá-la. Se o fizesse, teria que arcar com maiores custos de capital.

As nações, evidentemente, se possível podem e devem tentar alterar as instituições internacionais a seu favor. A criação dos bancos dos Brics caminha nessa direção. Se será bem-sucedida ou não somente o tempo dirá.

Assim, de um ponto de vista pragmático — ou do senso comum, como prefere Ruy Fausto —, não é possível ter tudo na vida. E acredito que a resposta de Fausto a essa minha crítica a ele — de que eu penso que as relações são harmoniosas — não é satisfatória. A observação de que não é possível ter tudo na vida não é de natureza moral, mas sim de natureza positiva. Trata-se de uma observação quanto à natureza do fenômeno.

É possível ter uma taxa de poupança doméstica muito elevada e, portanto, fechar a conta de capital e praticar a repressão financeira. É possível ter uma taxa de poupança baixa e ainda assim ter custo de capital internacional se a sociedade aceitar as regras dos mercados internacionais de capital. Não é possível ter poupança baixa, fechar a conta de capital, ou abrir a conta de capital e não aceitar as regras dos mercados internacionais de capital, e ainda desejar ter custo de capital igual ao internacional.

A impressão que se tem é que a esquerda sempre procura resultados inviáveis. Isso é muito diferente da agenda de jornada de trabalho ou de salário mínimo do movimento dos trabalhadores do século XIX. Penso que se tivesse vivido na segunda metade do século XIX seria um leitor de Stuart Mill.

Aparentemente a maior regulação do mercado de trabalho na Europa explica as maiores taxas de desemprego por lá. Diferentemente, o mercado de trabalho muito desregulado dos Estados Unidos parece ser responsável pelas baixas taxas de desemprego que lá vigoram. É evidente que a associação entre regras e desempenho é sempre muito complexa de ser avaliada quantitativamente e não parece haver consenso nesse tema. De qualquer forma, parece haver um *trade off* entre rigidez do mercado de trabalho e nível de desemprego. Principalmente quando o mercado de trabalho sofre um choque externo importante, como foi o caso da emergência da China.

Não alego que haja simetria ou harmonia. Longe de mim. A distribuição de poder de barganha entre os indivíduos e as sociedades está longe de ser igualitária. Somente considero que as sociedades, ao fazerem suas escolhas, precisam estar cientes dessas assimetrias e restrições e levá-las em consideração.

Evidentemente as restrições e limitações serão tão mais intensas em função do entendimento que o analista tiver do funcionamento da economia. Por exemplo, para uma leitura radical da obra de Keynes, muito popular entre os economistas heterodoxos no Brasil, o estado normal das economias de mercado é operar com ociosidade de fatores. Se esse for o caso, o ativismo fiscal é muito eficaz em gerar crescimento econômico.

Essa crença desprovida de dados resultou no ativismo fiscal do governo Dilma, apesar de as taxas de desemprego indicarem que a economia se encontrava a pleno emprego. O resultado foi o agravamento do problema fiscal e a desaceleração progressiva da atividade, que resultou na recessão iniciada em 2014.

Parece-me que Fausto considera que a leitura da heterodoxia do funcionamento das economias de mercado é a mais adequada. Evidentemente, Fausto, como é o caso dos economistas heterodoxos, terá dificuldade em explicar a persistência do fenômeno inflacionário e os elevados juros reais para além de teorias conspiratórias sem evidência empírica. Essas duas evidências são contrárias à visão de mundo heterodoxa de ociosidade como um fenômeno permanente. Pelo contrário.

Em 2011, por acreditar que os juros reais eram apenas o resultado de uma conspiração do sistema financeiro, o governo iniciou uma agressiva redução das taxas de juros, tanto a Selic, determinada pelo Banco Central, quanto a cobrada pelos bancos públicos, como a Caixa e o Banco do Brasil. O resultado foram crescentes perdas para os bancos públicos e o aumento da taxa de inflação. Segundo contas que fizemos na Reliance, a taxa de inadimplência hoje dos bancos públicos nos créditos livres está próxima de 10%, mais do que o dobro da dos bancos privados.

Ao longo de todo esse debate com Fausto, sinto dificuldade de entender a análise que ele faz dos processos históricos. Por exemplo, a impressão que se tem ao ler os textos dele é que a adoção da agenda liberal com Reagan e Thatcher é coisa de gente ruim que deseja fazer mal à humanidade.

Temos que lembrar que a agenda de liberalização dos mercados foi instituída no perfeito funcionamento das democracias. Adicionalmente havia claros sinais de esgotamento do modelo vigente na época de ouro do capitalismo: elevados níveis inflacionários com baixo crescimento. Independentemente de Fausto gostar ou não das soluções que aquelas sociedades buscaram, é necessário olhar as escolhas em contexto histórico.

Passo agora ao meu segundo ponto. É possível haver uma terceira via melhor do que nossa experiência social democrática com os governos FHC e o primeiro mandato de Lula, do ponto de vista da redução da pobreza e da desigualdade?

Antes, vale apresentar os motivos que me fazem acreditar que esse período tem que ser olhado como um único período da perspectiva da agenda de formulação da política econômica.

EVOLUÇÃO DO SALÁRIO MÍNIMO REAL

Período	Reajuste SM	INPC	Ganho real
1995-8	86%	55%	20%
1999-2002	54%	28%	21%
2003-6	75%	40%	25%
2007-10	46%	19%	23%

FONTE: Tabela preparada por Manoel Pires para debate no Ibre-FGV, em 26 de junho de 2017.

A tabela apresenta a evolução do salário mínimo real para os quatro mandatos — dois de FHC e dois de Lula. Não há grande alteração na taxa de crescimento ao longo desses governos. É possível afirmar que a taxa subir no período posterior, quando a base já é maior, é mais difícil do que no período anterior. Mas também podemos dizer que a herança mais leve com que Lula teve que lidar em associação a um cenário internacional muito favorável iguala os termos. Não é possível, a partir da evolução do salário mínimo, enxergar alguma mudança de rota entre os governos Lula e FHC.

Esta outra tabela, construída por Mansueto Almeida, documenta o que chamei de contrato social de redemocratização: o desejo expresso na Carta Constitucional de 1988, e renovado em todos os pleitos eleitorais desde então, de construir no Brasil um Estado de bem-estar social padrão europeu continental. Não é possível encontrar descontinuidade na série de gasto social. Houve o forte crescimento do Programa Bolsa Família, de 0,2% do PIB — a herança de FHC — para 0,5% do PIB no final do governo Lula. É importante, mas está longe de ser uma quebra estrutural na série. O total do gasto social cresceu no período FHC, de 1,3 ponto percentual do PIB para 1,9 ponto no período Lula. Minha avaliação é que, frente às circunstâncias, à herança e à própria dinâmica da

EVOLUÇÃO DA DESPESA PRIMÁRIA EXCLUSIVE TRANSFERÊNCIAS PARA ESTADOS E MUNICÍPIOS (PONTOS PERCENTUAIS DO PIB)

	Pessoal	INSS	Custeio adminis-trativo	Subsídios	Loass/ BPC	Seguro-Desem-prego e Abono Salarial	Bolsa Escola, Vale Gás, Bolsa Família	Custeio Saúde e Educa-ção	Investi-mento	Total gasto social e INSS	TOTAL
1991	3,8	3,4	0,7	0,3	0,0	0,5	0,0	1,5	0,7	5,5	11,0
1994	5,1	4,9	0,6	0,3	0,0	0,5	0,0	1,9	0,5	7,4	13,9
1998	4,6	5,5	1,0	0,3	0,1	0,5	0,0	2,2	0,8	8,3	15,0
2002	4,8	6,0	1,1	0,2	0,2	0,5	0,2	1,8	1,8	8,7	15,7
2006	4,5	7,0	1,1	0,4	0,4	0,7	0,5	1,7	0,7	10,2	17,0
2010	4,4	6,8	1,1	0,3	0,5	0,8	0,5	2,0	1,1	10,6	17,4
2014	4,3	7,7	1,3	1,0	0,8	1,0	0,6	2,2	1,2	12,3	20,1
Variação	0,48	4,28	0,58	0,74	0,75	0,54	0,59	0,67	0,46	6,82	9,08
Por ano	0,02	0,19	0,03	0,03	0,03	0,02	0,03	0,03	0,02	0,30	0,39

FONTE: Tesouro Nacional. Elaboração de Mansueto Almeida Jr. A abertura entre custeio administrativo e subsídios para os anos de 1991 e 1994 não foi diretamente observada. Imputamos 0,3% do PIB para subsídios em função do comportamento médio dessa rubrica para os anos de 1997 até 2010, quando apresentou grande estabilidade. Com a nova série do PIB, divulgada recentemente pelo IBGE, o crescimento ao ano do gasto público é de 0,3% do PIB.

construção do Estado de bem-estar, 1,3 ponto percentual do PIB de 1994 até 2002 não é pior do que 1,9 ponto percentual do PIB de 2002 até 2010. Pode-se pensar o contrário. Para estes pergunto: Quanto seria possível para um governo petista, caso eleito no período FHC, elevar o gasto social? Lula, se enfrentasse as mesmas circunstâncias, teria feito mais?

Penso que a grande distinção entre os governos petistas e a experiência social democrática de FHC se encontra não na área social, mas sim no intervencionismo do Estado no funcionamento dos mercados ou na tentativa, crescente a partir de 2006, de se reviver o nacional-desenvolvimentismo. Um conjunto de medidas foi adotado — conteúdo nacional, mudança do marco regulatório do petróleo, destino de 400 bilhões de reais do BNDES, o programa Inovar-Auto, desonerações, entre tantas outras medidas — com vistas a estimular o desenvolvimento. Essas medidas tinham como fundamento a particular interpretação que intelectuais e economistas petistas e economistas heterodoxos fazem da experiência de desenvolvimento recente dos países do Leste da Ásia. Elas são muito próximas do modelo de desenvolvimento do governo militar, em particular do governo Geisel. Desnecessário lembrar que todas essas medidas não funcionaram, apesar de custarem caro aos cofres do Tesouro Nacional.

Argumentar que sob o petismo se fez mais pela área social pois a desigualdade caiu não parece ser correto. A queda da desigualdade é um resultado que depende de diversas políticas, e ocorreu em praticamente todos os países da América Latina. No Brasil, começou antes de 2003 e esteve muito associada à melhora da escolaridade da força de trabalho e, não pode, portanto, ser atribuída exclusivamente nem prioritariamente às políticas instituídas no período petista.

Se por um lado considero que os oito anos de FHC e o primeiro mandato de Lula constituem nossa experiência social-democrática por excelência, por outro não consigo enxergar um projeto possível que seja mais eficaz em reduzir a pobreza e a desigualdade e gerar crescimento econômico de forma sustentável e por um longo período de tempo do que esses doze anos.

Fausto discorda de mim. Entre esses doze anos de adesismo e o resto da experiência petista, que seria de populismo, Fausto enxerga uma terceira possibilidade. Um tertius. Fausto não consegue citar um país que tenha adotado esse programa, esse modelo ou mesmo esse conjunto de medidas. O que exatamente seria esse tertius? Não sabemos. Parece que tem algo de cooperativismo e estatização de diversos setores da economia e uma política tributária muito mais progressiva do que a atual.

O desempenho recente das estatais foi muito ruim. Em particular, elas estiveram no centro de boa parte dos escândalos de corrupção que ocorreram num governo de esquerda. Fausto acha que é possível manter a propriedade estatal e simultaneamente evitar os erros e malfeitos. Deveria ter um pouco mais de cautela. Também seria interessante haver estudos que explicassem os motivos de diversos países mundo afora, mesmo na Europa continental, terem avaliado que a propriedade privada com regulação estatal seja um modelo superior. De novo, parece que Fausto não considera muito relevante a experiência histórica.

Com relação ao tema tributário, penso que temos muito mais concordâncias do que discordâncias. Meu medo é que a visão da esquerda (e, portanto, de Fausto) recaia no problema tradicional que no Brasil acomete a esquerda (nos Estados Unidos acomete mais a direita) de achar que há solução simples para problemas complexos. Quase sempre essa solução simples não funciona.

Em 2014, a então candidata a presidente pelo PSOL fez toda uma campanha eleitoral tendo como única proposta a redução do pagamento com juros da dívida pública. Evidentemente não se sabe como essa proposta seria levada adiante. Não havia por parte da candidata um diagnóstico dos motivos de os juros reais serem elevados nem qual é, de fato, o gasto público com juros. A contabilidade da candidata sempre inflava os números, fosse por considerar amortização de dívida um gasto, fosse por esquecer que a correção monetária da dívida pública não constitui um gasto público.

A esquerda agora — em função dos bons trabalhos da dupla Sérgio Gobetti e Rodrigo Orair — descobriu a agenda dos impostos sobre a distribuição de lucros e dividendos. Eu mesmo já me aventurei nessa agenda (ver minha coluna Ponto de Vista intitulada "Chegou a hora de os ricos darem a sua contribuição ao ajuste", publicada na revista *Conjuntura Econômica*, nov. 2015, pp. 12-3).

O risco é a esquerda tocar essa agenda desconhecendo o fenômeno. Como sempre, o diabo está nos detalhes, e houve um processo histórico para que a tributação de lucros e dividendos fosse desenhada no Brasil da forma como temos hoje: elevada tributação na cabeça, isto é, na pessoa jurídica, com o instituto da distribuição de dividendos por meio de juros sobre o capital próprio, e isenção da cobrança na pessoa física. Além disso, há o risco de não se reconhecer que as maiores distorções se encontram nos regimes especiais do lucro presumido e do simples.

Nesse tema não há saída para a esquerda. Se ela deseja tocar essa agenda, ela precisa estudar muito mais o tema. Não pode achar que as coisas são do jeito que são pois algum anjo maligno resolveu ferrar os pobres e defender os privilegiados e, portanto, desenhou nossa estrutura tributária com esse objetivo.

Talvez seja possível aumentar a progressividade dos impostos no Brasil e elevar a participação deles sobre a renda e o patrimônio na carga tributária do país. Mas não iremos muito longe se acharmos que nosso problema fiscal tem origem na baixa tributação sobre os ricos e esquecer, por exemplo, que é obviamente insustentável uma estrutura de gasto que resulta por mais de duas décadas no crescimento do gasto público primário em velocidade superior ao crescimento da economia.

Nesse sentido, a esquerda precisa trabalhar muito mais. Uma das características do governo petista foi a péssima qualidade da implantação dos programas. Não somente o diagnóstico que desaguou no intervencionismo desastrado do segundo governo Lula e do governo Dilma estava errado, como a implantação dessas medidas foi desastrosa.

Penso que essa falta de cuidado da esquerda, tanto com o diagnóstico quanto com a implantação de suas medidas, é consequência da tradição crítica. Como reduz muito o espaço da economia positiva na determinação dos resultados e joga uma quantidade muito maior para a política (ou para a correlação de forças), a parte técnica dos diagnósticos e das ações é sempre de péssima qualidade.

Recentemente participei de longo debate — um total de quatro horas — sobre o tema da tributação de lucros e dividendos. Quando se conversa com quem domina e dedicou mais de uma década de sua vida ao tema, nota-se que o assunto é bem mais complexo do que se imagina. Essa falta de curiosidade e de gosto pelo detalhe e pelos processos que construíram o statu quo é particularmente grave na esquerda brasileira, que, de resto, quase sempre tem uma leitura conspiratória e maniqueísta sobre os fenômenos.

Então segue outro ponto em que me parece que a esquerda brasileira tem enorme dificuldade de avançar. O presidencialismo brasileiro é altamente consensual. Não é possível um presidente tocar uma agenda legislativa cujo teor seja desaprovado pela maioria do Congresso Nacional. O tema da elevação da progressividade da estrutura de impostos demandará a conquista dos corações e mentes da sociedade para a questão. Será necessário que a esquerda não somente domine tecnicamente o tema como esteja disposta a convencer a sociedade e a maioria do Congresso Nacional. Terá que discuti-lo abertamente com toda a sociedade, bem como terá que fugir das simplificações típicas da esquerda, como feito pela campanha do PSOL em 2014 em relação aos juros da dívida pública. Tradicionalmente, a esquerda enxerga o presidencialismo brasileiro como uma forma de esticar a corda do conflito distributivo e aprovar medidas, mesmo que contrárias à preferência mediana do Congresso. Não tem sido bem-sucedida.

7. Será que governo Fernando Henrique foi tão de esquerda quanto o de Lula?

*Marcelo Coelho**

Participei como mediador de um debate sobre o novo livro do filósofo Ruy Fausto, *Caminhos da esquerda*.

Não tenho nenhuma prática nesse tipo de coisa e cometi algumas gafes com os colunistas da *Folha* participantes do evento, o sociólogo Celso Rocha de Barros e o economista Samuel Pessôa. Além disso, interrompi meio sem-cerimônia o próprio Ruy Fausto quando já estava passando da hora de terminar o evento.

Aproveito este artigo para pedir desculpas aos três e adianto outras pelas divergências que, engasgadas na hora, apresento por aqui.

Autoridade indisputada em matéria de Karl Marx — sobre quem escreveu *Sentido da dialética* (Vozes) —, Fausto tece, em seu novo livro, uma crítica ao que chama de "patologias da esquerda".

A primeira seria uma tolerância persistente aos modelos totalitários surgidos com as Revoluções Russa, Chinesa ou Cubana.

* MARCELO COELHO é jornalista, mestre em sociologia pela USP e membro do Conselho Editorial da Folha.

Publicado originalmente na *Folha de S.Paulo*, Ilustríssima, 7 jul. 2017.

A segunda seria o apoio a soluções populistas, seja em sua versão forte, a de Hugo Chávez, seja em sua versão fraca, a de Lula (PT).

A terceira seria o abandono de qualquer perspectiva anticapitalista, expressa em alguns partidos socialistas europeus e, aqui, no que ele classifica como adesismo de Fernando Henrique Cardoso (PSDB) ao sistema da economia globalizada.

Os debatedores não tinham reparos a fazer quanto aos dois primeiros focos da antipatia manifestada por Fausto; a discussão se deu em torno de Fernando Henrique e da social-democracia.

Celso Rocha de Barros expressou sua desconfiança quanto a uma proposta que se queira anticapitalista, vendo nisso o risco de se estimularem aventuras econômicas irresponsáveis — veja-se o que escreveu nesta *Folha* em coluna na última segunda-feira (3 jul. 2017).[1]

Samuel Pessôa já tinha desenvolvido fortes argumentos contra as teses de Fausto desde que o filósofo publicou, na revista *piauí*, o artigo que daria origem ao livro lançado agora.

Resumindo ao máximo, Pessôa considera que não houve ruptura significativa entre os dois governos Fernando Henrique e o primeiro mandato de Lula: ambos foram social-democratas, podendo ostentar números equivalentes no que tange aos gastos sociais, ao poder de compra do salário mínimo e à redução das desigualdades econômicas.

Passo a alguns comentários sobre essa discussão.

SOCIAL-DEMOCRACIA

Concordo fundamentalmente com Celso Rocha de Barros e Samuel Pessôa. Não vejo no horizonte da esquerda nenhuma proposta que me faça desejar algo além da social-democracia. Não se trata, aliás, de um sistema estático, que se considere perfeito.

Novos passos no sentido da igualdade e da humanização das relações entre as pessoas são sempre possíveis e, normalmente, ocorrem pelo próprio processo das lutas sociais. Não obedecem a planos concebidos a priori.

Para acreditar em algo mais que isso, seria necessário ter um diagnóstico preciso a respeito da inviabilidade do sistema capitalista a médio prazo, coisa que volta e meia os teóricos marxistas tentam, com grande acúmulo de insucessos.

Em seu livro, Fausto critica o adesismo social-democrata ao capitalismo porque faltaria legitimidade ao sistema: seguindo Marx, para quem tudo se baseia na apropriação indevida dos frutos do trabalho assalariado, Fausto considera que uma proposta de esquerda teria de buscar formas de produção diversa; cita experiências cooperativistas como exemplo.

Falar na ilegitimidade do capitalismo, contudo, não garante que nos afastemos do campo social-democrata, que se define pela adoção de métodos gradualistas e pela recusa em formular modelos prontos de anticapitalismo.

A meu ver, algum reconhecimento da ilegitimidade do capitalismo está presente em qualquer social-democracia — quando se empenha, por exemplo, em taxar fortemente as fontes de riqueza que não têm origem no trabalho.

Nossos direitistas poderiam se inspirar, aliás, nas furibundas críticas suscitadas pela adoção do Imposto de Renda como forma de tributo permanente, não faz tanto tempo assim.

Um imposto sobre a renda "fortemente progressivo" (assim como a educação pública gratuita e a abolição do trabalho infantil) constava entre os poucos pontos programáticos do radicalíssimo (na época) *Manifesto comunista* de Marx e Engels, de 1848.

O problema está em outro lugar. Uma das grandes seduções do marxismo revolucionário estava no fato de que, além de criticar a legitimidade do capitalismo, também punha em xeque a questão de sua funcionalidade, se posso dizer assim.

Não só era impossível justificar a apropriação privada do trabalho de muitos como também o sistema estava condenado a não funcionar. As crises do capitalismo iriam agravar-se a ponto de paralisar toda a produção; à ideia de que o sistema era ilegítimo somava-se a de que era irracional e autodestrutivo.

DIVERGÊNCIAS

Nasce daí minha estranheza com relação ao livro de Ruy Fausto. Seria de esperar alguma análise (ainda que sumária) das condições reais da economia, da sociedade e da política antes de uma apresentação daquilo que a esquerda há de ser.

Do jeito que está, *Caminhos da esquerda* se aproxima da mera expressão de preferências pessoais. Neototalitarismo? Não quero. Populismo? Nem pensar. Social-democracia? É pouco.

Seria preciso partir, entretanto, das contradições e das promessas de uma realidade determinada. Nenhuma proposta política nasce do vazio — nem da simples constatação de fracassos anteriores.

Concordando, até aqui, com Celso Rocha de Barros e Samuel Pessôa nas suas reservas ao anticapitalismo de Ruy Fausto, eu próprio me assustei, no lançamento do livro, quando me vi envolvido numa brusca divergência com o segundo — e temível — debatedor.

Fortíssimo nos números, e dando razão a seu comentário de que os esquerdistas precisam aprender matemática, Pessôa prova que o governo Fernando Henrique Cardoso agiu como autêntico social-democrata (tanto quanto Lula) no que se refere a políticas de redistribuição de renda. Dentro das circunstâncias, é claro — como todo bom social-democrata.

Dessa ótica, o governo de Fernando Henrique terá sido tão de esquerda, ou tão moderadamente de esquerda, quanto o de Lula.

Pareceu-me a opinião de alguém cujo gosto pela matemática se arrisca a ser excessivo. A dimensão simbólica, a atitude, o horizonte em que se insere uma ou outra medida de governo também contam.

Discutir o que é "ser de esquerda" e "ser de direita" exigiria outro artigo, é claro. Envolve atitudes e visões de mundo, para além de medidas concretas em políticas públicas.

Concentro-me aqui numa questão mais modesta, e não menos real. Por que um governo como o de Fernando Henrique, apesar de suas semelhanças com o de Lula, não "pareceu" tão de esquerda?

Os petistas também correram para a direita (e como!) para garantir a eleição de 2002. O processo não foi diverso daquele adotado pelo próprio Fernando Henrique em sua biografia política. Salta aos olhos, entretanto, quem se sentiu mais à vontade no papel.

DIREITA E ESQUERDA

A mensagem de FHC não estava na redenção dos excluídos, mas na superação da herança varguista. Foi o presidente da estabilidade econômica e das privatizações. Não digo, volto a lembrar, que isso seja necessariamente "de direita", nem que inflação e estatização sejam "de esquerda" — a meu ver, não.

Cito o que o próprio Fernando Henrique dizia, numa entrevista à *Folha* em 13 de outubro de 1996.[2] Perguntavam-lhe: "De quem é o regime?".

Resposta: "Indiscutivelmente, o regime está rearticulando o sistema produtivo do Brasil. Portanto ele está dando possibilidade a que os setores mais avançados do capitalismo tenham prevalência. Seguramente ele não é um regime a serviço do capitalismo monopolista nem do capitalismo burocrático, mas daquele que é competitivo nas novas condições de produção".

Fernando Henrique continuava: "Mas ele não é só isso. Ele incorpora massas ao consumo. E, nesse sentido, ele é socialmente progressista — progressivo, progressista, como queira. [...] Mas também não vou dizer que ele seja dos excluídos, porque não tem condição de ser. Aspiraria a poder incorporar mais, mas não posso dizer que seja. [...] Temos que aumentar a dinâmica para incorporar o máximo".

O então presidente tinha, como sabemos, horror à demagogia e ao populismo. De Lula não se pode dizer o mesmo.

Gostando ou não dessa atitude, seu efeito político e simbólico foi outro. FHC se dirigia a um público diferente do de Lula e, acredito, via seu papel histórico de forma diversa. Fora do que dizem as estatísticas, o Bolsa Família e outras iniciativas de Lula surgiram não como uma "progressiva incorporação das massas ao consumo" (o Plano Real fez isso), mas como uma elevação de muitos ninguéns a um status mínimo de cidadania.

Fernando Henrique poderia ter dado o dobro do que Lula deu, mas os beneficiários de seus programas não se reconheceriam em alguém que se diz, em primeiro lugar, representante de quem "é competitivo nas novas condições de produção".

Competitividade e modernização conflitam, em alguma medida, com a extensão dos direitos trabalhistas e o atendimento a demandas de sindicatos. São dois lados da moeda; nenhum pode existir isoladamente. Mas também não me parece correto dizer que se trate tudo de um lado só.

Os moderados sempre se confundem perto do centro; a vida política, entretanto, os afasta e os legitima conforme valores diferentes. E valores são uma coisa, números são outra.

8. Esquerda precisa desapegar de crenças e fazer avaliação honesta de anos FHC

*Samuel Pessôa**

Na segunda-feira, 3 de julho, eu e Celso Rocha de Barros participamos de debate com Ruy Fausto, que lançava o livro *Caminhos da esquerda*. Marcelo Coelho foi o mediador do encontro.

Minha tese, desde meu debate com Fausto nas páginas da revista *piauí*, nos meses de outubro, dezembro, fevereiro e março, é a seguinte: o governo de Fernando Henrique Cardoso (1995-2002) foi social-democrata — em qualquer lugar do mundo, quem aumenta a carga tributária e o gasto social será caracterizado dessa forma — e não há, no desenho das políticas públicas, diferença entre FHC e Lula 1 (2003-6), período que chamei de "Malocci" (combinação de Pedro Malan e Antonio Palocci, ministros da Fazenda dessa fase).

Coelho apresentou resumo de nosso debate na Ilustríssima de 9 de julho. Concordando com meus números, ele indaga: "Por que um governo como o de Fernando Henrique, apesar de suas semelhanças com Lula, não 'pareceu' tão de esquerda?".

* Publicado originalmente na *Folha de S.Paulo*, Ilustríssima, 14 jul. 2017.

Um governo é mais do que somente números; há que olhar os valores. Assim Coelho responde à pergunta que ele mesmo fez.

Eu, com os números, as estatísticas e a matemática, não teria me apercebido dos valores. Coelho conclui: "Os moderados sempre se confundem perto do centro; a vida política, entretanto, os afasta e os legitima conforme valores diferentes. E valores são uma coisa, números são outra".

Para documentar o ponto de vista de que valores contam, Coelho lembra entrevista de Fernando Henrique em outubro de 1996. Há duas partes no texto citado. Na primeira, o tucano expõe o desejo de superar a herança varguista. Na segunda, ele reconhece as limitações práticas e orçamentárias de incluir rapidamente toda a população brasileira no mercado de consumo.

É interessante notar que, nesses trechos, aparecem duas patologias do petismo que ajudaram a nos trazer ao quadro atual, com a pior perda de PIB per capita dos últimos 120 anos no Brasil e mais de 14 milhões de desempregados.

A primeira dessas patologias foi reviver o intervencionismo, clara herança varguista, e a segunda, tratar o Orçamento como fonte ilimitada de recursos, atitude que produziu um desequilíbrio profundo nas contas públicas.

De acordo com Coelho, FHC, embora tenha feito um governo social-democrata stricto sensu, foi percebido como de direita ou neoliberal por causa de seu discurso ou da forma como os próprios tucanos se enxergavam ou se apresentavam para a sociedade.

Não está claro o que Coelho entende por valores. Parece-me sugerir que, para o grupo político petista, o tema da redistribuição de renda tem maior prioridade (maior valor) do que para o grupo político tucano. De alguma forma, essa característica teria sido transmitida à população ou por ela percebida, mesmo que inconscientemente.

Discordo totalmente dessa resposta. Ela é elegante e sofisticada, mas equivocada; foi elaborada com frases bem construídas, mas não há evidência que a sustente. Muito pelo contrário. A constatação de que não há diferença na formulação das políticas públicas entre os governos sugere o oposto. Ambos os grupos eram igualmente avessos à desigualdade. Diante das mesmas circunstâncias de FHC, Lula não faria melhor.

Há, no entanto, diversas respostas à interessante questão de Coelho: por que FHC é visto como um governante de direita, quando de fato foi social-democrata?

Um primeiro motivo encontra-se na própria citação de Coelho. Como ele nota, Fernando Henrique não era populista e compartilhava com a população as limitações e as possibilidades do Estado.

Essa franqueza deve ter cobrado um preço de popularidade, especialmente num país em que é tão forte a atuação de uma esquerda populista, sempre disposta a demonizar plataformas mais centristas quando isso lhe convém.

O segundo motivo é natural e absolutamente esperado. O PT era — e, se não tivesse se perdido no desastrado experimento nacional-desenvolvimentista, ainda seria — o verdadeiro partido social-democrata brasileiro. Trata-se de agremiação com sólidas raízes nos movimentos sociais e sindicais. Nada mais normal que seja vista como uma legenda disposta a batalhar por políticas de esquerda.

Além disso, a esquerda e o Partido dos Trabalhadores demonizaram o governo FHC. Essa campanha ajudou a colar na administração tucana o signo da direita, quando de fato era social-democrata.

Mas, perguntaria Coelho para mim, por que motivo a demonização foi eficaz? Por que colou?

Duas razões explicam por que a pecha de governo de direita colou.

Primeiro, as circunstâncias históricas concretas com que cada uma das administrações se defrontou. Lula pôde colher os frutos de anos de arrumação de casa — inclusive da política econômica estritamente ortodoxa que praticou no primeiro mandato — e teve a fortuna do boom de commodities. Foi o governo social-democrata da época das vacas gordas.

Segundo, a capacidade ou não da sociedade de aprender com as experiências do passado.

DECEPÇÕES

O longo processo de redemocratização brasileira desde os anos 1980 nos frustrou repetidamente.

As frustrações estavam associadas a expectativas excessivamente otimistas quanto à capacidade de o novo governo solucionar problemas que estavam pendentes havia muito tempo.

O otimismo se justificava pela interpretação de que o governo (ou o regime) anterior era incompetente e pela noção, comum na América Latina e no Brasil, de que a solução da maior parte dos problemas depende de vontade política.

De acordo com essa visão, o espaço para que a política interfira nas restrições econômicas é amplo. A troca dos agentes geraria ganho significativo de renda, fruto da maior competência e da melhora na alocação da renda, que viria como consequência da mudança política.

As esperanças eram grandes no início dos anos Fernando Henrique Cardoso. Logo nos frustramos. A percepção que todos tínhamos era a de que o governo fazia menos do que o possível e concedia ao atraso mais do que o necessário.

Essa percepção era compartilhada por todos, até por operadores de dentro do governo. Quem não se lembra de Sérgio Motta dizendo para FHC não se apequenar?

A frustração e as críticas ao governo FHC resultavam não só das grandes expectativas que não poderia satisfazer mas também do desconhecimento da sociedade quanto às restrições políticas e econômicas de um país com a nossa complexidade.

Nesse sentido, é óbvio que a experiência posterior, empregando expressão popular entre psicanalistas, ressignifica o governo FHC — ou deveria ressignificá-lo.

A constatação de que o melhor período de Lula ocorreu quando ele essencialmente reproduziu as políticas da administração anterior, tanto no plano econômico quanto nos contornos gerais da gestão política, implica — ou deveria implicar — a reavaliação do período de Fernando Henrique, bem como o reconhecimento da necessidade de lidar com as restrições.

Aprender com a experiência é exercício ainda mais natural e necessário em uma democracia muito recente. Tal criança, estamos tateando e aprendendo com a vivência.

Sociedades incapazes de processar suas experiências ficam amarradas ao passado e não avançam. Repetem compulsivamente os mesmos erros. Tome-se a Argentina como maior exemplo disso.

ARMADILHA

Essa reavaliação, no entanto, demanda elevada honestidade intelectual e, muitas vezes, é emocionalmente custosa. Precisamos nos desapegar de nossas crenças e visões de mundo e ter abertura para repensar. A esquerda tradicional não se mostra muito afeita a tais esforços. Insistir na cantilena que associa o governo FHC ao neoliberalismo impõe custos muito menores.

Daí vem a armadilha que a esquerda brasileira armou para si. Como demonizou a administração de Fernando Henrique e não consegue ressignificar esse período, não tem opção senão tentar construir novos modelos.

A experiência, entretanto, tem demonstrado que esses novos modelos são irrealizáveis e, a médio prazo, resultam, do ponto de vista do desenvolvimento social, no contrário de seu intento. Vimos isso com Dilma Rousseff (PT), com Cristina Kirchner e com o chavismo.

Essa dificuldade de ressignificação é muito bem documentada em inúmeros intelectuais e artistas que não conseguem se desapegar de seus heróis e mitos de juventude, como Fidel Castro e a ditadura cubana, e no surpreendente apoio ao chavismo por parte expressiva da dita esquerda brasileira.

Os jovens dos anos 1960 são os idosos da segunda década do século XXI sequestrados por um patético complexo de Peter Pan.

Não me parece, portanto, que esteja nos valores o ponto de distinção entre os dois grupos políticos. Apesar da maior proximidade cultural e afetiva do petismo com boa parcela da população, e a despeito da carga simbólica da biografia de Lula, a sua prática, nos bons momentos, em nada diferiu da de FHC: ambos garantiram a estabilidade econômica em meio a políticas eficazes de transferência de renda e cuidado com os mais pobres.

A diferença relevante ocorreu nos momentos de dificuldade. Fernando Henrique Cardoso reconheceu os erros e os limites da gestão pública e optou pelo ajuste. Lula e o petismo, quando da crise externa, optaram pelo populismo e pela expansão dos gastos — e a grave crise econômica que atravessamos decorre dessa escolha.

O populismo pode seduzir alguns nos momentos de bonança, quando se resume ao discurso falastrão: promete muito e se diz responsável por tudo de bom que acontece. O risco do populismo está nos períodos de dificuldade.

O falastrão não aceita a existência de restrições, não aceita que ajustes têm de ser feitos e, embriagado pelo sucesso anterior, apela ao voluntarismo para superar os problemas.

A América Latina de Perón-Kirchner, Chávez e Lula 2-Dilma conhece bem as suas lastimáveis consequências.

9. A retórica importa; a técnica também

Marcos Lisboa[*]

Em que medida a retórica importa?

Há muito tempo, Samuel Pessôa e eu temos argumentado que as gestões de Fernando Henrique Cardoso e do primeiro governo Lula, apesar da aparente divergência ideológica, compartilharam uma surpreendente agenda de política econômica, como o equilíbrio das contas públicas e o controle da inflação. O mesmo ocorreu na política social, com os aumentos do salário mínimo e a expansão das políticas de transferência de renda.

O governo Fernando Henrique teve o inegável mérito de iniciar uma agenda social-democrata, estimulando a concorrência, o fortalecimento das agências de Estado e a expansão das políticas sociais. Posteriormente, o primeiro governo Lula continuou essa agenda com diversas medidas, como a reforma da Previdência dos servidores públicos e a criação do Bolsa Família, apesar de alguns retrocessos, como nas agências regulatórias.

* Publicado originalmente em coluna na *Folha de S.Paulo*, 13 ago. 2017.

A divergência ocorreu muito mais na retórica do que na política pública.

O governo Fernando Henrique enfatizou os meios necessários para garantir a baixa inflação, a retomada do crescimento e a queda da desigualdade. Tornaram-se frequentes termos como superávit primário e metas de inflação, em meio a diversos eufemismos típicos de um país com dificuldade em enfrentar a mudança de rumo, como desestatização em vez de privatização. Essa ênfase pareceu sugerir que as escolhas de política econômica seriam resultado unicamente da análise técnica, o que não é verdade.

O primeiro governo Lula alterou essa retórica e passou a enfatizar os objetivos da política pública, como a inclusão social e o combate à discriminação.

A diferença na retórica pode ter sido relevante. A começar pela compreensão da agenda pelo setor privado e pelo andar de baixo da estrutura de Estado. A maior clareza dos objetivos da política pública, como a redução da miséria, ajudou na disseminação de ações inclusivas.

Além disso, o predomínio dos fins na retórica do governo Lula relegou a técnica ao seu papel adequado, ao menos no começo: apontar as restrições e os possíveis impactos das opções disponíveis. Cabe apenas à política determinar as escolhas a serem realizadas frente aos dilemas existentes.

Infelizmente, no segundo governo Lula a técnica foi abandonada e restaram apenas os imensos desejos, como se não existissem restrições. O resultado foi o governo Dilma e a grave crise que atravessamos.

Desconsiderar a política ou a técnica é igualmente desastroso. O engenheiro não deve ignorar as prioridades dos seus clientes nem a sua máquina de calcular. Um risco é o autoritarismo tecnocrático, real ou percebido; o outro, a catástrofe do populismo.

PARTE II

Os governos PT: em diálogo com Fernando Haddad

10. Vivi na pele o que aprendi nos livros

Um encontro com o patrimonialismo brasileiro

Fernando Haddad[*]

Eu já havia trabalhado com Dilma Rousseff por um ano, ao longo da transição do Ministério da Educação para Aloizio Mercadante. Conhecia seu estilo tanto como ministra-chefe da Casa Civil quanto como presidenta da República. E, ao contrário do que se diz dela, que é "democrática" no tratamento duro que dedica aos subordinados, eu diria até que sempre me tratou com consideração. Em dezembro de 2012, ainda antes de minha posse no Edifício Matarazzo, fui a Brasília para aquela que seria a nossa primeira audiência de trabalho após minha eleição como prefeito de São Paulo.

Em um contato rápido que havíamos tido na manhã seguinte ao segundo turno, eu já havia insinuado à presidenta que entendia que o governo federal deveria tratar São Paulo de maneira singular, em função de sua importância. Ela então me olhou com um sorriso irônico, como quem diz: "Não me venha querer levar

* FERNANDO HADDAD é doutor em filosofia pela USP, ex-prefeito de São Paulo e ex-ministro da Educação dos governos Luiz Inácio Lula da Silva e Dilma Rousseff. Publicado originalmente em *piauí*, edição 129, jun. 2017.

vantagem". Pensando em retrospecto, creio que a relação de Dilma com São Paulo nunca se resolveu completamente.

Dilma me recebeu em seu gabinete no terceiro andar do Palácio do Planalto, ao lado dos ministros Guido Mantega, da Fazenda, e Miriam Belchior, do Planejamento, Orçamento e Gestão. Comigo estava o secretário de Finanças Marcos Cruz, que o empresário Jorge Gerdau havia me apresentado e que deixara a consultoria McKinsey para organizar as contas da prefeitura.

As reuniões com Dilma têm sempre uma carga elétrica no ar. O ambiente nunca é relaxado, e aquele dia foi se tornando mais tenso à medida que o debate transcorria. Minha expectativa era realizar um primeiro encontro com ministérios estratégicos para definir o que Brasília poderia fazer para mudar a cara de São Paulo. Mas o que ouvi foi a demanda exatamente oposta: o que São Paulo faria para ajudar o governo federal? Sem muitos preâmbulos, a audiência passou direto a uma questão bastante específica: o reajuste da tarifa de ônibus no município. Percebi na hora que o clima de celebração pela minha vitória tinha passado e que aquilo era um balde de água fria.

A questão da tarifa havia se tornado um problema para a equipe econômica, que lutava contra o repique da inflação. Eu sabia que me seria demandado algo muito difícil: a manutenção do preço depois de um congelamento que já durava dois anos, já que o último reajuste da tarifa em São Paulo ocorrera em janeiro de 2011. Assim, cheguei à reunião com uma proposta alternativa.

Ainda durante a campanha, eu havia encomendado a alguns pesquisadores da Fundação Getulio Vargas, encabeçados pelo professor Samuel Pessôa, um estudo sobre a eventual municipalização da Cide como fonte de financiamento do transporte público. A Cide, Contribuição de Intervenção no Domínio Econômico, é um tributo de arrecadação vinculada, de competência da União, que incide sobre a importação e a comercialização de gasolina, diesel e derivados. A ideia seria a municipalização desses recursos a fim de que o transporte individual motorizado em nossas grandes cidades respondesse pelo subsídio ao transporte público.

Argumentei que o represamento do preço da tarifa não seria um bom expediente para combater a inflação. Mesmo que o Rio de Janeiro também o adotasse, como era o plano, estávamos falando de um único "preço", em apenas duas cidades. Imaginar que tal congelamento pudesse colaborar significativamente para combater a inflação em âmbito nacional não me parecia razoável. Fiz, por fim, um apelo: "O tamanho do esforço que terei de fazer no plano local, com um impacto de 600 milhões a 700 milhões de reais por ano, é desproporcional ao benefício que vocês terão. É um sacrifício enorme para um primeiro ano de mandato e não vai ter o efeito que vocês imaginam". O governo, porém, mantinha-se inflexível.

Apresentamos, então, os números do estudo da FGV, provando inclusive que o resultado que se teria optando por aumentar a gasolina em vez da tarifa dos transportes coletivos seria deflacionário. O que oferecíamos ao governo federal, portanto, era uma alternativa que ia ao encontro daquilo que eles pretendiam, com um ganho de política pública indiscutível. Criava-se uma espécie de "pedágio urbano", desestimulando o uso do carro e estimulando o do transporte coletivo, mais barato.

A equipe econômica levantou dúvidas sobre o caráter deflacionário da medida. Com o estudo à mão, eu dizia que, no frigir dos ovos, seria melhor optar pelo financiamento via Cide, pois o aumento da gasolina impacta menos na cesta de produtos que compõe o índice de inflação do que o aumento da tarifa. Além de ser uma solução estrutural e definitiva, em que a tarifa deixa de ser um problema que se repete a cada dois ou três anos em nossas cidades. A proposta de municipalização da Cide foi liminarmente descartada e o debate morreu, com a assertiva final de que não era "hora de mexer com o preço da gasolina".

Estranhei a insensibilidade diante de uma oportunidade única: havíamos ganhado a cidade de São Paulo, derrotando no segundo turno o principal presidenciável tucano, José Serra. Na época em que fui ministro da Educação, eu sempre disse ao ex-presidente Luiz Inácio Lula da Silva que, desde 1932, o Brasil nunca havia se reconciliado de fato com São Paulo, nem São Paulo com o país. E quando Lula me encomendou o maior plano de expansão da rede federal de educação superior e profissional, com universidades e escolas técnicas que interiorizamos pelo país, fiz questão de lembrá-lo da pouca presença federal no principal estado da federação. Ele então questionou: "Mas São Paulo precisa? Já tem a USP, a Unicamp, a Unesp, a Fundação Paula Souza...". Insisti: "Mas não tem rede federal". Assim, criamos a Universidade Federal do ABC, a Unifesp foi expandida pela região metropolitana e a UFSCar, pelo interior de São Paulo. Além do Instituto Federal de Educação, Ciência e Tecnologia, que ocupou o lugar do Cefet [Centro Federal de Educação Tecnológica] de São Paulo, que até então tinha apenas duas escolas e hoje tem mais de trinta.

Quando ganhei a eleição para a Prefeitura de São Paulo, pensei: "Quem sabe podemos começar nosso acerto de contas com 1932?".

Meu primeiro encontro de trabalho com Dilma mostrava que eu havia me equivocado. Ela encerrou a conversa, me acompanhou até a porta e disse uma frase de que não me esqueço: "Espero que o nosso próximo encontro seja mais produtivo".

Sou filho do casamento de um comerciante libanês com uma normalista. Aprendi em casa a negociar e conversar, e tenho um temperamento em geral tranquilo, mesmo nas situações mais adversas. As pessoas confundem isso com frieza, mas não é. Choro até com propaganda de tevê. Mas costumo ser focado e dificilmente perco a cabeça. Meu corpo, no entanto, às vezes reage. É uma coisa neuromuscular, incontrolável.

Na saída daquela audiência, quando entrei no carro com o secretário Marcos Cruz, essa reação corporal foi muito forte. Ele estranhou, achou que o contratempo na reunião não era para tanto. O que eu sentia ali era algo que já havia experimentado algumas outras vezes na vida: mais do que um mal-estar ou uma simples angústia, era uma espécie de intuição, a sensação nítida de que algo muito sério estava se passando, de que havia um risco real e iminente.

Alguma coisa estava muito errada: não se pensa em controlar a inflação de um país continental pelo represamento de uma tarifa municipal sem atravessar estágios intermediários e sucessivos de uma compreensão equivocada. Não se chega a um erro deste tamanho sem ter feito um percurso todo ele equivocado. Não se produz estabilidade macroeconômica por intervencionismo microeconômico. Foi essa sensação que me tirou do sério naquela manhã em Brasília.

Sensação semelhante, de percepção dos próprios limites diante de uma situação que indica maus presságios, eu tive em 2011, no Ministério da Educação, durante a crise do chamado "kit gay". A história toda, a começar pela expressão preconceituosa, é um exemplo de como uma informação falsa pode ser criada (e deliberadamente mantida) com intenções políticas nefastas — e consequências sociais que reverberam até hoje.

A Comissão de Direitos Humanos da Câmara, acertadamente, aprovou uma emenda de bancada ao Orçamento, designando recursos para um programa de combate à homofobia nas escolas. O Ministério Público questionou o MEC sobre a liberação da emenda. Só então o MEC entrou na história, solicitando a produção do material a uma ONG especializada. No exato momento em que o material foi entregue para avaliação, eclodiu a crise do "kit gay".

Desde o início, quem lia as notícias imaginava que aquela era uma iniciativa do Executivo, quando na verdade a demanda havia sido do MP e do Legislativo. Também se sugeriu que o material estivesse pronto e já distribuído, quando sequer havia sido examinado. Expliquei tudo à imprensa e às bancadas evangélica e católica do Congresso, e o mal-entendido parecia desfeito. Despreocupado, viajei no dia 25 de maio a Fortaleza para receber o título de Cidadão Cearense. Então, durante a minha ausência de Brasília, um material de outro ministério, o da Saúde, foi apresentado como sendo o tal "kit gay" do MEC para as escolas. Esse outro material se destinava à prevenção de DST/aids e tinha como público-alvo caminhoneiros e profissionais do sexo nas estradas de rodagem — com uma linguagem, portanto, direta e escancarada.

O deputado Anthony Garotinho (PR-RJ) exibiu em plenário a campanha do Ministério da Saúde dizendo que eu havia mentido no dia anterior e que as escolas de Campos dos Goytacazes, onde a mulher dele, Rosinha Garotinho, era prefeita, já dispunham de exemplares para distribuir aos estudantes. Aquilo virou um caldeirão. Gilberto Carvalho, então chefe de gabinete da Presidência, me telefonou alarmado. Eu disse: "Gilberto, pare dois segundos para pensar e se acalme. Isso *não* existe. O material para as escolas ainda está na minha mesa, não há chance de ele ter sido distribuído".

Era, evidentemente, uma armação, explicada inúmeras vezes para a imprensa, mas a confusão já estava feita. E a polêmica do "kit gay" — que foi sem nunca ter sido — estendeu-se por meses. Em junho, às vésperas da Marcha pela Família, convocada por grupos religiosos em Brasília, recebi em meu gabinete o senador Magno Malta (PR-ES) para conversar sobre o assunto. Em determinado momento, ele elevou o tom e começou a me ameaçar. Disse que a Marcha ia parar na frente do MEC, que eles iriam me constranger. Mantive o tom calmo que sempre adoto: "Mas, senador, o senhor conhece a história, sabe que não é verdade". Não adiantou.

Percebi, então, que aquilo não era uma questão de argumentos, mas um jogo de forças. E eu disse, também com o tom de voz mais alto: "Então venham. Hoje à noite eu vou rezar um pai-nosso e amanhã nós vamos ver qual Deus vai prevalecer, o da mentira ou o da verdade".

O senador parou, abriu um sorriso e pegou na minha mão: "Você é um homem de Deus. Se acredita n'Ele, eu acredito em você".

Voltei a esse episódio já relativamente antigo porque ele me parece exprimir muito bem um fenômeno que o ultrapassa. Em um artigo recente para a revista nova-iorquina *Dissent*, a filósofa norte-americana Nancy Fraser discutiu a eleição de Donald Trump e o que chamou de "derrota do neoliberalismo progressista". No texto, Fraser mostra como se constituiu nos Estados Unidos a disputa entre duas modalidades de direita: o neoliberalismo progressista dos governos Clinton e Obama e o protofascismo de Trump, com seu discurso protecionista na economia e seu conservadorismo regressivo em relação aos costumes e direitos civis. Pode-se discutir se é correto enquadrar Obama no campo neoliberal, mas o que importa preservar do argumento da autora, nesse embate, é que a grande vantagem do neoliberalismo americano, que era o diálogo com as minorias — LGBT, mulheres, negros e imigrantes —, se perdeu.

O que vimos no Brasil dos últimos anos foi algo um pouco diferente: essas duas modalidades de direita em boa medida se fundiram, de modo que mesmo nossa direita neoliberal passou a cultivar a intolerância. A vitória socioeconômica do projeto do PT até 2013 foi tão acachapante — crescimento com distribuição de renda e ampliação de serviços públicos — que sobrou muito pouco para a versão civilizada da direita tucana. Ela não podia mais se dar ao luxo de ser neoliberal e progressista. Para enfrentarem a nova realidade, os tucanos passaram a incorporar a seu discurso elementos do pior conservadorismo.

Temas regressivos foram insuflados no debate nacional. A campanha de José Serra à Presidência em 2010 foi um momento importante dessa inflexão tucana. Embora talvez fosse o desejo íntimo de alguém como o ex-presidente Fernando Henrique Cardoso, o PSDB não conseguiu se transformar na versão brasileira da agenda democrata norte-americana. Pelo contrário, ao radicalizar o discurso conservador, o partido revolveu o campo político de onde floresceu a extrema direita no Brasil. Quem abriu a caixa de Pandora de onde saiu o presidenciável Jair Bolsonaro foi o tucanato. Embora essa agenda pudesse vir à tona em algum momento, foram os tucanos que a legitimaram. Um equívoco histórico. Quando, pela mudança de conjuntura, se tenta abdicar desse ideário, isso já não é mais possível, pois logo aparece alguém para ocupar o espaço criado. Foi exatamente o que aconteceu: a extrema direita desgarrou e agora quer tudo — a agenda tucana e muito mais.

Um movimento semelhante ocorreu com a imprensa. Curiosamente, o veículo que mais respaldou essa pauta foi aquele de quem menos se esperava uma aproximação com o obscurantismo: o jornal *Folha de S.Paulo*. Sob o manto moderno do pluralismo, uma pretensa marca do jornal, a *Folha* legitimou, tornou palatável e deu ares de seriedade a uma agenda para lá de regressiva. Adotando inclusive a expressão "kit gay", criada pela bancada evangélica do Congresso, o jornal deu dignidade a uma abordagem que contribuiu para que o debate sobre direitos civis atrasasse cinquenta anos no país.

Embora tenha desandado na cobertura noticiosa, a *Folha* continua utilizando o espaço dos editoriais para se apresentar como uma espécie de vanguarda da modernidade. O expediente tornou-se tão incongruente com as opções do noticiário que em determinado momento a *Folha* precisou alardear em peças publicitárias, no próprio jornal e na tevê, aquilo que seria seu posicionamento oficial sobre temas mais delicados. Vejo isso como um caso singular de cinismo que maquiava o embarque do jornal numa espécie de "neoliberalismo regressivo".

Um dos problemas do jornalismo no Brasil é a falta de regulação do mercado. Os meios de comunicação por aqui funcionam, do ponto de vista econômico, como oligopólio; e funcionam como monopólio do ponto de vista político. Chegaram a ponto de tentar tirar do ar, por via judicial, os portais de informação estrangeiros em língua portuguesa — como BBC Brasil, El País Brasil ou The Intercept Brasil —, invocando o artigo 222 da Constituição, que reserva aos brasileiros natos a propriedade de empresas jornalísticas.

Os grandes grupos de comunicação são geridos por famílias que pensam da mesma forma e têm a mesma agenda para o país, com variações mínimas. Em momentos cruciais de nossa história, como em 1964 e 2016, atuam em bloco.

Talvez a prova mais consistente de que esse oligopólio econômico funciona como monopólio político-ideológico seja o fato de que, à propriedade cruzada dos meios de comunicação, corresponde uma espécie de emprego cruzado no mundo do trabalho. Ou seja, os principais jornalistas do país, sobretudo aqueles que cumprem o papel de alter ego dos empregadores, podem estar — e rigorosamente estão — em qualquer lugar a qualquer tempo. Não se pode escapar da sua voz, imagem e comentários onipresentes, baseados ou não nos saberes dos "especialistas" de sempre, a não ser à custa de desesperado alheamento. Eles não só estão na emissora de tevê, na rádio e no jornal da mesma organização, como podem assinar uma coluna de jornal de um grupo de comunicação e, simultaneamente, comentar notícias na rádio ou na tevê de outro. Em outras palavras, ocupam posições que só são plenamente intercambiáveis pelo caráter próprio do modelo. Algo que seria impensável em um país liberal como os Estados Unidos ou a Inglaterra, por exemplo. É bastante surreal que críticas ao modelo brasileiro de comunicação sejam apresentadas como um atentado à liberdade de imprensa, quando na verdade o modelo brasileiro é o que limita a atividade jornalística.

Claro que há limites para o poder desse monopólio político-ideológico. Num ambiente de relativa liberdade, os indivíduos trocam impressões, questionam, firmam contrapontos. Até as Organizações Globo, com todo o seu poderio, têm dificuldades em derrotar uma boa ideia. O Programa Bolsa Família, por exemplo, existe, apesar da Globo. Tentou-se por todos os caminhos deslegitimá-lo, desconstruí-lo, mas essa iniciativa de caráter eminentemente liberal é hoje recomendada a outros países do mundo pelo Banco Mundial. A promoção da igualdade racial é outro exemplo de ação que resistiu bravamente à tese "global", bastante extravagante, da inexistência de racismo entre nós — tese que contraria absolutamente todas as evidências empíricas, em especial no que se refere à situação da mulher negra no país.

Por mais severo que fosse meu diagnóstico sobre a mídia brasileira, sempre procurei respeitar os profissionais da imprensa. O jornalismo, com todas as suas limitações, se bem exercido, é bastante útil à sociedade. Numa democracia, até uma imprensa ruim pode ajudar. O jornalismo crítico, mesmo quando desprovido de boas intenções, pode fazer bem ao poder público, fiscalizando a atividade política e trazendo pontos de vista novos que o administrador nem sempre observa, de modo a permitir aperfeiçoamentos e correção de rota.

Como prefeito, eu não nutria grandes expectativas sobre o tratamento que receberia da imprensa. Sabia que seria difícil.

Vencer o *would-be president* José Serra na capital do assim chamado "Tucanistão" não ficaria impune. Mas confesso que, mesmo consciente das circunstâncias adversas que enfrentaríamos, os acontecimentos me surpreenderam.

Em dezesseis anos de vida pública, sempre mantive com as principais famílias proprietárias dos meios de comunicação uma relação cordial e respeitosa, em que pesem nossas diferentes visões de mundo. Não dispensava interlocução com os Marinho, os Frias e os Civita.

A abordagem destes três grupos de comunicação — Globo, Folha e Abril — em relação à minha administração oscilou da indiferença à tentativa de desconstrução das políticas públicas em curso. Era o melhor que se podia esperar: as críticas não eram pessoais; eram, em geral, políticas. À exceção do *Bom Dia SP*, da Globo, e sua destoante cobertura em comparação ao *Bom Dia* de qualquer outra capital do país, no que diz respeito a esses três grupos de comunicação as coisas andavam dentro do previsto, com uma ou outra exceção.

Houve casos insólitos, no entanto. A CBN certa vez publicou em seu portal reportagem cuja manchete anunciava: "Irmão de secretário de Haddad é denunciado por envolvimento na máfia do ISS". Informada de que o denunciado era na verdade irmão de Rodrigo Garcia, secretário de Geraldo Alckmin, a emissora retificou a reportagem por meio de um duplo carpado hermenêutico para não mencionar o nome do governador.

A revista *Veja São Paulo*, por sua vez, alardeou, em matéria de 6 de fevereiro de 2015, que as ciclovias da prefeitura eram as mais caras na comparação com outras nove cidades estrangeiras. Misturaram alhos com bugalhos, desconsiderando projetos especiais que implicavam enterramento de fiação, readequação urbanística de canteiros etc. Mais de um ano de trabalho para desmentir o fato.

Em agosto de 2016, o Tribunal de Contas do Estado divulgou estudo denunciando que uma ciclovia provisória do metrô de São Paulo havia custado "seis vezes mais que as ciclovias da prefeitura", teoricamente uma das mais caras do mundo. A informação foi publicada na *Exame*. A gravidade das denúncias era inversamente proporcional à tiragem das revistas em que foram veiculadas.

Eu poderia citar dezenas de casos semelhantes. Mas problemas desse tipo não me incomodavam. O que de fato me deixava contrariado era a matéria jornalística que, para além de afetar a minha imagem ou a imagem do governo, afetava negativamente a vida dos beneficiários de políticas públicas. Mais ainda quando isso fazia crescer o preconceito e a intolerância em relação aos mais vulneráveis.

Não exagero em afirmar que o fim do programa De Braços Abertos é, em grande parte, resultado do tipo de cobertura da *Folha*. Até então, nenhum prefeito havia ousado atuar na Cracolândia, ao longo de vinte anos. O governo do estado, por sua vez, pouco êxito obteve na solução do problema ao longo dos mesmos vinte anos. Em apenas um ano o De Braços Abertos foi criado e o fluxo de moradores em situação de rua na Luz se reduziu em dois terços, de 1500 para cerca de quinhentas pessoas. A situação dos acolhidos pelo programa foi atestada por uma pesquisa independente da Open Society Foundations, que reconheceu os méritos da política de redução de danos.

A publicação dos dados dessa avaliação externa só ocorreu na *Folha* após semanas de negociação — e foi seguida por reportagens que, na prática, isentavam completamente o governo do estado de responsabilidade pela ausência da polícia e consequente intensificação do tráfico na região. Do Recomeço, programa de internação do governo do estado, não eram exigidos resultados e muito menos avaliação externa. A cada eleição presidencial, o governo federal era cobrado pela vigilância de 17 mil quilômetros de fronteira seca, sem que o governo de São Paulo conseguisse vigiar um quarteirão da principal cidade do país.

Outros artifícios frequentes dos meios de comunicação são a omissão da autoria, o desvirtuamento da motivação ou a desigualdade de tratamento das políticas públicas. Existe uma diferença tênue entre capricho pessoal e construção de reputação. O primeiro caso atende pelo nome de vaidade; o segundo é uma exigência da democracia. O tratamento dado à informação pode impedir a construção da reputação de uns, enquanto alimenta a vaidade de outros. A inauguração do Hospital Vila Santa Catarina, na minha gestão, teve menos destaque que a recente reforma dos banheiros do parque Ibirapuera pela gestão de Doria.

O *Fantástico* chegou a fazer uma série de matérias sobre um programa municipal chamado FabLab — laboratórios de impressoras 3D que se espalham pelo mundo fomentando o empreendedorismo. Não me lembro de que tenham feito menção à Prefeitura de São Paulo. O programa Transcidadania, de assistência socioeducacional a travestis, foi, segundo a revista *Veja*, motivado pelos menos nobres sentimentos decorrentes da disputa entre mim e a senadora Marta Suplicy, quando a verdadeira motivação era a vontade de retomar a agenda contra a homofobia.

O que se percebe muito rapidamente é que a esfera pública está contida na mídia em vez de envolvê-la. O Brasil tem pouco mais de cinquenta cidades com mais de 400 mil habitantes, número que corresponde, na média, ao de moradores de cada uma das 32 subprefeituras da cidade. Numa escala tão grande como essa, um político não consegue ser avaliado pela forma como se apresenta, mas pela forma como é apresentado. Isso confere à mídia um poder enorme: ela tanto pode impedir que boas iniciativas se colem à imagem de um gestor, condenando-o à invisibilidade, como obrigá-lo a compartilhar responsabilidades que recaem sobre outra esfera de governo, superexpondo-o indevidamente.

* * *

Não bastassem os problemas estruturais de relacionamento da grande imprensa com qualquer governante de centro-esquerda, eu ainda tive problemas conjunturais com a segunda divisão dos meios de comunicação. Na minha percepção, foram muito mais danosos à imagem do governo do que os episódios até aqui narrados, porque impactaram diretamente a periferia da cidade. Nesses casos, a política transbordou para o pessoal.

Refiro-me, para ficar nos casos mais conhecidos, à atitude de desrespeito e escárnio do *Estadão*, da Record e da Bandeirantes perante a minha administração.

O *Estadão* recebeu bem minha indicação para o Ministério da Educação, chegando a fazer referências elogiosas à minha trajetória acadêmica interdisciplinar na Universidade de São Paulo. Quando meu nome começou a ser ventilado para concorrer a cargos majoritários, o comportamento do jornal mudou radicalmente. Contei 413 editoriais do *Estadão* — eu os coleciono — contra minha gestão à frente do MEC e da Prefeitura de São Paulo. Um par deles é particularmente significativo. No início de 2016, o jornal apostou que, sendo eu um "demagogo", jamais reajustaria a tarifa de ônibus em ano eleitoral, mesmo que isso fragilizasse as finanças municipais num momento de crise econômica. Eu jamais me renderia à demagogia, mesmo sabendo que o último reajuste em ano eleitoral acontecera vinte anos antes, em 1996. Após o inevitável aumento, o *Estadão* critica a decisão num duro editorial intitulado "Cada vez mais caro e ruim".

Com a Record, o contencioso envolvia a construção do Templo de Salomão. Quem licenciou a obra na gestão Kassab foi Hussain Aref Saab — então diretor do departamento de aprovação de edificações da prefeitura, acusado em 2012 de liberar obras irregulares em troca de propina. Entre outras coisas, a edificação invadia parte de uma zona especial de interesse social, destinada à moradia popular. A lei mandava demolir e esse argumento foi usado pela minha gestão para propor uma modalidade de acordo de leniência, aprovado por lei. A forma encontrada para indenizar a cidade previa a doação de um terreno com as mesmas dimensões e na mesma região, o que exigiria um dispêndio por parte da Igreja Universal do Reino de Deus de cerca de 40 milhões de reais. Essas negociações, que duraram anos, gerariam muito estresse em qualquer circunstância, mas o fato de a Record ter dentro de casa um candidato a prefeito, Celso Russomanno, agravava o quadro ainda mais.

Situação, aliás, muito semelhante à do Grupo Bandeirantes. Eu achava estranho o apresentador José Luiz Datena se recusar a conversar comigo. Dois almoços cancelados e uma animosidade incomum. Não imaginava que ele tivesse pretensões políticas, como mais tarde se revelou. O acesso à tela altera completamente as condições do jogo, e os programas de tevê, nessas circunstâncias, se transformavam, um a um, em programas eleitorais. Foi difícil ter como potenciais adversários apresentadores de programas populares que dialogavam com a periferia diariamente.

O entrevero com a Band na verdade começou com o fim da Fórmula Indy. Cada edição custava 35 milhões de reais aos cofres paulistanos, piorava as condições do trânsito na Marginal Tietê e não trazia um centavo de retorno turístico para a cidade. Decidimos cancelar o evento. Plantamos vento e colhemos tempestade. A emissora promoveu uma campanha sistemática contra a atualização da planta de valores do IPTU e contra o plano municipal de mobilidade urbana. Premiado internacionalmente, o plano recebeu das emissoras de rádio do grupo o tratamento mais desqualificado que se poderia imaginar. Grande proprietário de terras na cidade, Johnny Saad chegou a me dar um telefonema dizendo: “Vamos para cima de você”.

Deixo a Jovem Pan para o final porque o comportamento da emissora em relação ao meu governo talvez seja a expressão mais transparente do déficit de republicanismo que há no Brasil.

Meus anos de universidade foram marcados pelo convívio com a nata da intelectualidade uspiana. Discutia filosofia com Paulo Arantes e Ruy Fausto, crítica literária com Roberto Schwarz, economia política com José Luís Fiori, história com Luiz Felipe de Alencastro, sociologia com Gabriel Cohn, direito com Dalmo Dallari e Fabio Comparato — e assim por diante. Estamos falando de grandes intelectuais a quem os jovens professores submetiam nossa produção acadêmica. Ver, de repente, e por imposição da atividade política, a minha produção acadêmica avaliada por comentaristas como Marco Antonio Villa e Reinaldo Azevedo foi um dos ossos mais duros de meu novo ofício. Em 1989, escrevi um livro intitulado *O sistema soviético*, uma crítica muito mais ácida àquele modelo do que, por exemplo, a elaborada por Bresser-Pereira no seu *A sociedade estatal e a tecnoburocracia*, de 1981. Na verdade, minha tese antecipava o diagnóstico feito pelo pensador alemão Robert Kurz em *O colapso da modernização*. Não obstante, nossos dois comentaristas leram e não entenderam, considerando o livro, para meu espanto, uma defesa do comunismo.

Em relação a mim, a Jovem Pan não fazia propriamente jornalismo, mas algo como uma campanha persecutória. Basta ir aos arquivos da emissora para constatar. Villa resolveu utilizar seu tempo para me difamar diariamente a partir de uma análise pedestre da agenda institucional do prefeito. Diante da recusa da JP em considerar os dados oficiais sobre minha jornada de trabalho, adotamos um procedimento didático que desmoralizou nosso acusador. Por poucas horas mantivemos no portal da prefeitura uma agenda no padrão da cumprida por políticos que esse pseudointelectual gosta de bajular. Ele mordeu a isca e fez os comentários raivosos de praxe para me desqualificar. Então informei o trote pelo Facebook. Até aí, só bom humor. Inconformado, entretanto, o comentarista cobrou no ar, ensandecido, providências do Ministério Público. E elas chegaram na forma de uma ação de improbidade, da qual já fui absolvido, e de um inquérito criminal, em curso.

Li praticamente todos os clássicos sobre a formação do Brasil. Conhecia teoricamente o nosso país. Mas a experiência prática é insubstituível. Vivi na pele o que li nos livros.

O Brasil conheceu períodos democráticos em sua história, mas nunca um período republicano, ou essencialmente republicano, em que as instituições não se envolvem no mérito das disputas partidárias. A discussão sobre as contradições entre república e democracia foi exposta com perspicácia pelos federalistas norte-americanos, há mais de duzentos anos. Os Pais Fundadores observavam que a democracia podia facilmente degradar-se em tirania da maioria. Pensaram então numa série de contrapesos, em instituições que pudessem impedir a tirania sobre minorias e preservar o país da ação de facções.

O Brasil deixaria Madison, Jay e Hamilton de cabelos em pé. Quando se olha para as instituições do país, vê-se logo que são tomadas por uma espécie de luta interna entre seus propósitos mais nobres e uma encarniçada disputa político-partidária, que obedece à lógica das facções. As instituições que deveriam apenas "garantir o jogo" democrático têm apetite por "jogar o jogo", o que o torna menos democrático.

Costuma-se dizer que é complicado administrar uma cidade como São Paulo, mas a mim isso sempre foi extremamente estimulante. O problema é que instituições que deveriam funcionar para, na forma da lei, dar respaldo a quem ganha as eleições para executar seu plano de governo agem, muitas vezes, de forma facciosa. Hoje a bandeira a empunhar talvez fosse a da "justiça sem partido".

No primeiro ano de mandato, além do impacto do represamento da tarifa de ônibus no orçamento municipal, outro evento — na verdade, uma decisão do presidente do Supremo Tribunal Federal (STF) — fez com que, em dezembro, eu rebaixasse ainda mais as expectativas sobre minhas possibilidades de êxito.

A decisão judicial inexplicável, que trouxe graves prejuízos à administração, foi a que barrou a atualização da chamada Planta Genérica de Valores do IPTU, o Imposto Predial e Territorial Urbano, em dezembro de 2013, a partir de uma liminar pedida pelo PSDB e pela Fiesp, a Federação das Indústrias do Estado de São Paulo. Não havia na jurisprudência precedente de um tribunal suspender a revisão da base de cálculo de um tributo. Mas aconteceu. Um erro que a Justiça só reconheceu um ano mais tarde, depois de termos perdido o equivalente na época a 850 milhões de reais de arrecadação, valor suficiente para a construção de vinte CEUs, o Centro Educacional Unificado. Além de estar prevista em lei municipal e na venerada Lei de Responsabilidade Fiscal, a revisão implicava uma redução significativa do imposto nas periferias e seu aumento no centro expandido, onde os imóveis experimentaram uma brutal valorização. Era, portanto, uma medida que promovia justiça social.

Tenho gravada na memória a audiência que tivemos com o ministro Joaquim Barbosa no dia 19 de dezembro de 2013 para tentar revogar a liminar. Primeiro ele atendeu o presidente da Fiesp, Paulo Skaf, e seu advogado Ives Gandra Martins. Só depois a mim e ao procurador do município. Era nítida a diferença de tratamento, de postura, de tom, a nosso desfavor. Na audiência discutimos a situação política do país, a elevada carga tributária, e até o valor do IPTU do imóvel do ministro no Rio de Janeiro, na opinião dele muito alto. Questões eminentemente jurídicas não receberam nenhuma atenção. O pedido de cassação da liminar nos foi negado, fato só revertido no âmbito do Tribunal de Justiça de São Paulo, com larga margem de votos a nosso favor, um ano depois — leite já derramado. Infelizmente, na política, quando a Justiça tarda, ela falha.

Se o primeiro ano de governo foi marcado pelo dissabor dessa decisão, no quarto ano vivi um episódio lastimável envolvendo um membro do Ministério Público Estadual. O caso gira em torno da Arena Corinthians, construída pela Odebrecht. Como se sabe, quando prefeito, Kassab aprovou uma lei que permitia ao Executivo emitir 420 milhões de reais em títulos, em nome do clube, que poderiam ser usados para pagamentos de tributos municipais. Com isso, viabilizava-se a construção do estádio para a abertura da Copa do Mundo. Um promotor de Justiça entrou com uma ação contra essa lei. E os títulos viraram um mico nas mãos do clube e da empreiteira. Alegando que haviam sido prejudicados pela ação, Corinthians e Odebrecht reivindicaram que a prefeitura, diante do imbróglio, recomprasse os papéis, invendáveis dada a insegurança jurídica provocada pela atuação do Ministério Público.

Obviamente recusei a proposta, que seria lesiva ao município. Foi quando fiquei sabendo de um suposto incidente gravíssimo envolvendo o promotor de Justiça Marcelo Milani. Fui informado de que, para não ingressar com a ação judicial, o promotor teria pedido propina de 1 milhão de reais. Eu respondi que essa informação não mudava o teor da minha decisão, contra a recompra, e que não me restava alternativa como agente público senão levar o fato relatado ao conhecimento da Corregedoria-Geral do Ministério Público, para que fosse devidamente apurado.

Por recomendação do meu secretário de Segurança Urbana,

Roberto Porto, ele mesmo membro do Ministério Público, chamei em meu gabinete um assessor do corregedor do órgão, Nelson Gonzaga de Oliveira, e repassamos a informação do suposto pedido de propina. Fizemos isso com a maior discrição. Sem uma ampla investigação, não haveria como atestar a veracidade da informação contra o promotor, que eu sequer conhecia. Minha denúncia, contudo, chegou aos ouvidos do próprio Marcelo Milani. E desde então ele adotou uma atitude persecutória contra mim.

Dou exemplos. A Controladoria-Geral do Município, que criamos, foi responsável por flagrar atos de corrupção no Theatro Municipal. Assim que a irregularidade foi detectada, nomeamos um interventor e estabelecemos uma parceria com o Ministério Público, bloqueando os bens comprados com o dinheiro da corrupção pelos envolvidos, que confessaram o crime. Uma CPI, de maioria oposicionista, criada pela Câmara Municipal decidiu excluir por unanimidade qualquer menção ao meu nome do relatório final, por entender que nada havia contra o prefeito neste caso. O promotor Marcelo Milani, ainda assim, encontrou uma maneira de propor uma ação de improbidade contra mim.

Mas talvez seja em outra ação de improbidade, relativa ao destino dos recursos de multas de trânsito, que o comportamento impróprio do promotor tenha ficado mais patente. Milani moveu duas ações semelhantes com o mesmo fundamento, uma contra a prefeitura, outra contra o estado. No primeiro caso, convocou-se uma coletiva de imprensa e o chefe do Executivo, o prefeito, figurava como réu por improbidade; no segundo, uma breve nota substituiu a coletiva de imprensa, o governador não figurava como réu e o processo acabou arquivado por perda de prazo pelo promotor. A isso eu chamo de comportamento faccioso. Fatos como esse são muito mais corriqueiros no Brasil do que se imagina.

Volto a 2013, de onde parti, para enfrentar a pergunta fundamental se quisermos entender os últimos anos e a situação atual do país: como explicar a explosão de descontentamento ocorrida em junho daquele ano, expressa na maior onda de protestos desde a redemocratização? O desemprego estava num patamar ainda baixo; a inflação, embora pressionada, encontrava-se em nível suportável e corria abaixo dos reajustes salariais; os serviços públicos continuavam em expansão, e os direitos previstos na Constituição seguiam se ampliando.

Cabem, ao menos, três reflexões a respeito de 2013: sobre as classes médias, sobre a polícia e sobre as redes sociais.

O Marx da maturidade foi obrigado a ceder a um argumento que só seria apresentado formalmente décadas depois pelo economista Joseph Schumpeter. Foi quando a tese marxista da pauperização da classe trabalhadora deu lugar a um raciocínio mais sofisticado. Como decorrência do incrível progresso tecnológico próprio do capitalismo, os salários poderiam, segundo seus textos mais tardios, aumentar continuamente — o que significava dizer que a situação da classe operária poderia melhorar *em termos absolutos*.

Ainda assim, o velho Marx não se viu obrigado a rever, por força dessa inflexão, seus prognósticos sobre a evolução da luta de classes. Isso porque ele avaliou que o relevante para a dinâmica de classe era a posição relativa das classes, e não sua posição absoluta. Importava mais a distância que separa as classes entre si, num dado momento, do que a comparação de uma classe com ela mesma ao longo do tempo.

O advento da social-democracia representou para o marxismo um desafio adicional. Nos chamados anos dourados do capitalismo, que se seguiram à Segunda Guerra Mundial, não só a posição absoluta dos trabalhadores nos países desenvolvidos — o núcleo duro do sistema — melhorou continuamente, como a classe trabalhadora desses países viu sua posição relativa se alterar favoravelmente. O fenômeno, expresso nos indicadores de desigualdade social, é reconhecido pela economia política em geral — seja ele consequência das guerras mundiais, do desafio soviético ou da lei de ferro que estratifica as economias nacionais, concentrando riqueza oligárquica no núcleo duro do sistema.

O Brasil, por sua vez, é um país fortemente estratificado: a desigualdade sempre foi a marca da nossa sociedade. Somos um misto de sociedade de "castas" com meritocracia. O indivíduo pode, por esforço e talento próprios, mudar de casta sem reencarnar — mas a posição relativa das "castas" há de ser mantida.

Durante o governo Lula essa estrutura começou a se alterar e, aparentemente, gerou grande mal-estar: os ricos estavam se tornando mais ricos e os pobres, menos pobres. Por seu turno, as camadas médias tradicionais olhavam para a frente e viam os ricos se distanciarem; olhavam para trás e viam os pobres se aproximarem. Sua posição relativa se alterou desfavoravelmente. Se os rendimentos dessas camadas médias não perderam poder de compra medido em bens materiais, perderam-no quando medido em serviços.

O verdadeiro shopping center das camadas médias brasileiras sempre foi o mercado de trabalho. A abundância de mão de obra barata lhes garantia privilégios inexistentes no núcleo duro do sistema. A empregada barata, a babá barata, o motorista barato. Serviços domésticos em quantidade eram a grande compensação pela falta de serviços públicos de qualidade.

A princípio, o desconforto não tinha como se expressar politicamente, pelo menos não da forma tradicional. Num dos países mais desiguais do mundo, defender a desigualdade não traria à oposição a projeção necessária nos embates no plano socioeconômico. Esse desconforto encontrou sua expressão possível pelo discurso da intolerância — contra pobres (Bolsa Família), pretos (cotas), mulheres (aborto), gays (kit) ou jovens (maioridade penal) —, que flertou com o fundamentalismo, violento ou religioso.

A panela de pressão estava ali, acumulando energia, e só não explodia porque o palpável sucesso econômico do governo a impedia. E, ao contrário do que já vinha acontecendo no restante da América Latina, na Venezuela, na Argentina, no Peru, no Equador e na Bolívia, a direita no Brasil ainda não tinha saído às ruas. A partir de 2006, em particular com a reeleição de Lula, apesar do aumento contínuo da aprovação ao governo, já se podia perceber um sentimento crescente de desalento por parte de setores mais tradicionais.

E veio a fagulha, acesa num protesto organizado pelo MPL, o Movimento Passe Livre, contra o aumento da tarifa de ônibus — um reajuste, é bom lembrar, de apenas 6% diante de uma inflação acumulada de 17%. Eu sabia que a situação exigia cuidado, que teria repercussão, ainda mais sendo eu o prefeito, mas imaginava que conseguiria estabelecer um diálogo com os manifestantes que, a princípio, recusaram o aceno.

Eis que entra em cena o "comando da polícia", uma entidade desde sempre mais preocupada com a ordem pública do que com a segurança pública, mais preocupada com os deveres do cidadão do que com seus direitos.

Na ocasião, a administração municipal se desgastava com a cúpula da Polícia Militar em função da readequação das regras de remuneração da chamada operação Delegada, programa criado por Kassab mediante o qual o município repassava mais de 100 milhões de reais para a corporação por serviços de combate aos ambulantes ilegais. Atrito, aliás, que já havia se manifestado na primeira Virada Cultural sob nossa administração, quando arrastões aconteceram diante de olhos displicentes de alguns policiais, segundo diversos relatos da época. E se agravaria com o boicote explícito ao programa De Braços Abertos, com a transferência dos excelentes policiais militares que inibiam a ação do tráfico na região da Cracolândia.

Em 13 de junho de 2013, a foto de um policial com o rosto coberto de sangue estampou a capa dos jornais. Ele havia sido agredido pelos manifestantes. Naquele dia eu voltava de uma viagem de trabalho com o governador Geraldo Alckmin e, até aquele momento, a situação nem de longe parecia fora de controle. Aquela foto, entretanto, me impeliu a dar um telefonema ao secretário de Segurança Pública do estado: era imprescindível um esforço para que não houvesse um revide da polícia. Mas ele veio. E então o país explodiu.

Para os padrões da classe média, a violência foi grande. Ainda tentando manter a situação sob controle, fiz uma crítica à atuação policial abaixo do tom, na esperança de criar algum espaço para a interlocução. Em vão. O MPL passou a me corresponsabilizar pela truculência da polícia, e a polícia, por seu turno, reprimia o movimento — a não ser quando os alvos da fúria eram prédios municipais, como o Edifício Matarazzo ou o Theatro Municipal. Nesses casos, a Polícia Militar simplesmente cruzava os braços. Apesar de um pedido que na ocasião fiz em audiência, Alckmin só viria a substituir o comandante-geral da PM ao final do seu mandato, em dezembro de 2014.

Alguém dirá, com razão, que nem o MPL nem a PM explicam a eclosão da crise. Aqui, é necessário introduzir um elemento sem o qual os eventos de 2013 não encontram explicação: a *forma* assumida pelas manifestações.

Tradicionalmente, todas as modernas organizações contestatórias no Brasil, do Movimento dos Trabalhadores Rurais Sem Terra (MST) ao Movimento dos Trabalhadores Sem Teto (MTST), passando pela Central Única dos Trabalhadores (CUT), pela União

Nacional dos Estudantes (UNE) e demais movimentos sociais, sempre foram adeptas de alguma mediação político-institucional. Mesmo durante a fase mais aguda do neoliberalismo, essas organizações faziam atos, exerciam seu direito de protesto, mas buscavam a negociação com as instituições. Diante de governos de centro-esquerda, essa tendência se acentuava e trazia ganhos efetivos para os grupos representados.

Nos países do núcleo orgânico do sistema, onde essa mediação era menos provável, ganhou corpo desde os eventos de Seattle, em 1999, uma certa esquerda antiestatal, neoanarquista charmosa, que mantém distância dos governos e das instâncias de representação política em geral. Os protestos nessas circunstâncias ocorrem de forma inteiramente nova. Sem vínculos partidários nem pretensões eleitorais, a partir de uma agenda bastante específica e de difícil contestação, esses movimentos começaram a fazer sucesso mundo afora. E eles foram bastante críticos em relação à política e às formas tradicionais de negociação, que viriam inspirar os movimentos mais contemporâneos que se desenvolveram no Brasil, dentre os quais o MPL.

Traduzida para as condições locais, porém, a novidade provocou um curto-circuito. A forma dos protestos, muito mais do que o conteúdo de suas reivindicações, oferecia uma chave de contestação que se prestava à defesa de tantas outras bandeiras. Logo ficou claro que ela, a forma, poderia ser sequestrada e servir de embalagem para uma miríade de novas demandas. E a panela de pressão de que falávamos pareceu ter encontrado a válvula para dar vazão à energia que havia se acumulado por anos.

No intervalo de uma semana as ruas estavam cheias, com uma pluralidade de reivindicações desconexas e às vezes contraditórias entre si. Quando o sequestro da forma se consumou, o MPL se retirou das ruas, bem como a esquerda tradicional caudatária do movimento. E grupos de direita, apartidários, se organizaram para emparedar o governo federal, apropriando-se sintomaticamente da própria linguagem dos protestos originais, que ganhavam simpatia popular: MBL (Movimento Brasil Livre) é uma corruptela de MPL; Vem Pra Rua era um dos gritos mais ouvidos nos protestos; Revoltados On-Line evoca diretamente a natureza daqueles eventos convocados via rede social.

Sem tratar das redes sociais não se entende 2013 em sua totalidade. Criou-se uma ilusão nas esquerdas em relação ao potencial emancipatório da internet. Acho que as redes sociais estão mais para Luhmann do que para Habermas. Quero dizer com isso que a ênfase dada pelo filósofo alemão Jürgen Habermas às possibilidades de participação política proporcionadas pela modernidade talvez tenha sido exagerada. E que a visão mais pessimista de seu conterrâneo, o sociólogo Niklas Luhmann, seja mais adequada ao mundo de hoje.

De acordo com Luhmann, o advento da rede social representa uma ruptura radical entre a emissão e a recepção da mensagem. É uma ideia contraintuitiva numa época em que tudo se tornou instantâneo e tudo parece interligado. O ponto, segundo ele, é que hoje a reputação do emissor, a origem da informação, perdeu relevância. A técnica, diz Luhmann, "anula a autoridade da fonte e a substitui pelo irreconhecível da fonte".

Imaginou-se inicialmente, sobretudo em ambientes de esquerda, que essa ruptura e o enfraquecimento da autoridade de quem fala reduziriam o poder de manipulação da indústria cultural. Entretanto, o que ocupou seu lugar parece tão ou mais perigoso que a força da tradição, com a difusão deliberada e em grande escala de informações com viés, sem o anteparo das instâncias costumeiras de validação. É nesse ambiente que prospera a chamada "pós-verdade".

Há que se considerar ainda a dimensão econômica, o modelo de negócio da internet. Na verdade, as redes digitais são menos sociais do que se pensa. Por trás do *black mirror* há menos o desejo de promover a interação do que, por meio da interação, conhecer o feixe de relações do usuário para compor tanto quanto possível a "identidade" desse sujeito.

Somos decodificados a partir das nossas manifestações digitais e convertidos numa sequência binária de curtidas/não curtidas que revela nossas preferências e gostos, com um grau acurado de precisão. São essas preciosas informações que garantem o patrocínio às megacorporações como o Facebook e o Google. E, se essas informações podem ser usadas não somente para promover a venda de mercadorias, mas também a "venda" de ideias e ideais, estamos diante de um desafio considerável para a democracia.

A decorrência lógica desse processo é a formação de múltiplos nichos que exacerbam o individualismo e reforçam as "identidades digitais". O indivíduo, nesse universo paralelo caracterizado pelo feixe de relações virtuais que estabelece, tende a adotar uma atitude francamente reativa e reacionária em relação ao contraditório.

Durante os protestos de 2013 no Brasil, a percepção de alguns estudiosos da rede social já era de que as ações virtuais poderiam estar sendo patrocinadas. Não se falava ainda da Cambridge Analytica, empresa que, segundo relatos, atuou na eleição de Donald Trump, na votação do Brexit, entre outras, usando sofisticados modelos de *data mining* e *data analysis*. Mas já naquela ocasião vi um estudo gráfico mostrando uma série de nós na teia de comunicação virtual, representativos de centros nervosos emissores de convocações para os atos. O que se percebia era uma movimentação na rede social com um padrão e um alcance que por geração espontânea dificilmente teria tido o êxito obtido. Bem mais tarde, eu soube que Putin e Erdogan haviam telefonado pessoalmente para Dilma e Lula com o propósito de alertá-los sobre essa possibilidade.

Eu estava decidido a manter posição diante dos protestos, apesar das pressões. Eis que recebo um telefonema do Eduardo Paes, a quem o Planalto também tinha pedido o adiamento do reajuste da tarifa, dizendo que era melhor ceder. "Não vou segurar, você vai ficar sozinho", me disse o prefeito do Rio. A pressão interna sobre nós já atingia patamares insuportáveis e o telefonema era a gota d'água. Foi então que resolvi ir ao Palácio dos Bandeirantes e propor ao governador Alckmin que fizéssemos juntos o anúncio da revogação do aumento. Contrariado, certo de que aquilo nada tinha a ver com tarifa de ônibus, tentei com o gesto despartidarizar a questão e iniciar um processo de construção de uma política tarifária metropolitana.

Na chegada, quando apertamos as mãos, pouco antes da coletiva em que faríamos o anúncio, eu disse ao governador o que pressentia: "Podemos estar às vésperas de uma crise institucional".

Tenho para mim que o impeachment de Dilma não ocorreria não fossem as Jornadas de Junho.

A crise internacional do neoliberalismo se desenrola desde 2008. Já no final dos anos 1990, muitos economistas, dentre os quais me incluo, previam que a desregulamentação financeira provocaria uma crise de proporções consideráveis, cuja debelação não poderia contar com as clássicas políticas keynesianas que pressupõem, justamente, governança financeira global. Agregava-se a isso a chamada acumulação flexível, que, pelo incrível barateamento dos custos de transporte, comunicação e tecnologia da informação, desnacionalizou a produção, minando a base territorial dos sindicatos e demais organizações de trabalhadores, sobretudo no núcleo do sistema.

Os países periféricos, em particular os que se acoplaram como fornecedores de matéria-prima à locomotiva chinesa, beneficiaram-se do processo, impulsionados inclusive pelo *overshooting* do preço das commodities. Foi o caso do Brasil. Há muitas diferenças na forma como o país é visto por FHC e Lula, mas há um ponto em comum entre eles: ambos imaginaram, cada um à sua maneira, que o país poderia ter um lugar diferenciado no concerto das nações. Pressentiam que as especificidades brasileiras — o tamanho de sua população, a extensão do território, seus amplos recursos naturais, a terra agricultável e uma ciência ainda incipiente mas líder na América Latina — configuravam potencial suficiente para uma melhor inserção no mercado internacional. Para eles, o Brasil estava aquém da posição que poderia ocupar.

A diferença é que FHC e Lula definiram estratégias distintas para alcançar esse objetivo. O tucano dava mais ênfase ao capital estrangeiro e ao mercado externo. O petista priorizou o capital nacional e o mercado interno. Esses pontos de vista distintos determinaram políticas públicas muito discrepantes. Distribuir renda, por exemplo, pode representar uma ameaça, num caso, ou uma necessidade, no outro. Desnacionalizar as empresas pode ser uma exigência para o primeiro e um atentado ao desenvolvimento nacional para o segundo. E assim por diante.

Essas opções se refletem, às vezes, no alcance das políticas públicas. Um caso paradigmático é o Plano Nacional de Educação (PNE) de 2001. Aprovado pelo Congresso Nacional, o plano previa a universalização, em seis anos, do primeiro programa federal de transferência de renda. FHC vetou o dispositivo, alegando falta de fonte orçamentária. Lula percebeu que com ação semelhante poderia acabar com a fome na mesma medida em que dinamizava o mercado interno. Outros aspectos do PNE foram observados por Lula, que expandiu como nunca o acesso à educação superior, profissional e infantil das famílias de baixa renda. Transformou-se no "barão da ralé".

No plano externo, Lula concebia a internacionalização da economia a partir do capital nacional. Toda a política externa de seu governo teve essa premissa: abrir mercados para as empresas brasileiras, agronegócio e construção pesada à frente, como vetores de um movimento mais amplo. As visitas que o ex-presidente fez a quase todos os países da África e do Oriente Médio, o desejo de fortalecer o Mercosul e a Unasul, o papel desempenhado pelo G20, a articulação dos Brics, todo o esforço da diplomacia Lula caminhava nessa direção. Ele realmente desejava que as empresas brasileiras crescessem e se internacionalizassem, imaginando que o Brasil também poderia engendrar, ainda que em escala menor, seus *keiretsus* e *chaebols*, os grandes conglomerados empresariais de Japão e Coreia, países de desenvolvimento tardio.

O mundo acompanhava tudo com atenção.

Fernando Henrique fazia uma outra leitura do papel que o Brasil poderia reivindicar no cenário internacional. Usando terminologia dos anos 1960, eu diria que ele considerava que o país não tinha pernas para exercer uma posição de tipo subimperialista. O destino nos reservava um papel de tipo subcapitalista. O "príncipe da sociologia" nunca confiou na capacidade da burguesia nacional de empreender em escala internacional. Ao contrário, sempre a considerou limitada e condenada à submissão, cabendo ao país — mais com a ajuda do capital estrangeiro do que com a do capital nacional, estatal ou privado — promover o mero acoplamento à ordem internacional, deixando às nossas geográficas vantagens comparativas a função de nos situar numa posição mais favorável. O "entreguismo" de que foi acusado era apenas a tradução de sua visão sobre a baixa pretensão das nossas classes dirigentes.

No contexto brasileiro, a estratégia de Lula, por seu turno, se deparava com um enorme risco: o patrimonialismo brasileiro ou a versão beta do *crony capitalism*, o capitalismo clientelista ou de compadrio.

O patrimonialismo é, antes de mais nada, uma antítese da república. O despotismo é outra antítese da república. Entre nós, brasileiros, nenhuma obra do pensamento social e político descreve melhor o patrimonialismo, hoje com suas entranhas expostas no noticiário do país, do que *Os donos do poder*, de Raymundo Faoro. O texto, publicado em 1958, deveria ser relido, cum grano salis, como veremos.

"Na peculiaridade histórica brasileira", escreve Faoro, "a camada dirigente atua em nome próprio, servida dos instrumentos políticos derivados de sua posse do aparelhamento estatal." Não há sutileza aqui: ele afirma que o Estado no Brasil é objeto de *posse*, tomado pela camada dirigente como *seu*. E prossegue: a comunidade política comanda e supervisiona todos os negócios relevantes, "concentrando no corpo estatal os mecanismos de intermediação, com suas manipulações financeiras, monopolistas, de concessão pública de atividade, de controle de crédito, de consumo, de produção privilegiada, numa gama que vai da gestão direta à regulamentação material da economia". E conclui: "A comunidade política *conduz*, comanda, supervisiona os negócios como negócios privados seus, na origem como negócios públicos, depois em linhas que se demarcam gradualmente".

A essa forma acabada de poder, institucionalizada num certo tipo de domínio, Faoro chama de patrimonialismo. E nota que, ao contrário do mundo feudal, que é "fechado por essência, não resiste ao impacto com o capitalismo, quebrando-se internamente", o patrimonialismo se amolda "às transições, às mudanças, em caráter flexivelmente estabilizador do mundo externo". Ou seja, Faoro já percebia que o patrimonialismo brasileiro — que segundo sua tese remonta à dinastia portuguesa de Avis (1385-1580) durante a expansão comercial lusitana para África, Índia e Brasil — adaptou-se à chegada do capitalismo. Ou seja, ele o concebia como um modelo arcaico que sobreviveu à modernização.

Em um artigo publicado na revista *Reportagem* em janeiro de 2003, logo após a primeira eleição de Lula, eu alertava que o PT ainda não havia feito o diagnóstico adequado sobre a natureza do que chamei de "patrimonialismo moderno".

Argumentei que, dada a natureza patrimonialista do Estado brasileiro, "a mera chegada ao poder de um partido de esquerda, por si só, ainda que prometesse respeitar todos os direitos constituídos e os contratos celebrados, seria percebida como um ato em si mesmo expropriatório". E, portanto, passível de forte reação contrária. Mas que o nó da questão era, como o próprio Faoro apontava em sua obra, a possibilidade histórica de um patrimonialismo social-democrata, que empreendesse "uma política de bem-estar para assegurar a adesão das massas".

Obviamente, quando escreveu essas linhas Raymundo Faoro pensava em Getúlio Vargas. Mas o PT, que em certa medida retomava o projeto trabalhista tantas vezes abortado, não poderia ter desconsiderado esse risco. Hoje, se eu pudesse apontar um grande equívoco do PT, seria este: o de subestimar o caráter patrimonialista do Estado brasileiro.

O PT que chegou ao poder naquele ano de 2003 podia ser dividido em três grupos internos: uma esquerda socialista, uma direita republicana e um centro social-desenvolvimentista, hegemônico no partido. No artigo, eu sugeria que poderíamos cometer um erro histórico se o centro social-desenvolvimentista, ignorando as percepções das duas outras alas, entendesse que nosso projeto era realizável sem reformar profundamente as estruturas do Estado patrimonialista.

A minha esperança, à época, era a inserção social do PT.

Que, de fora para dentro do governo, o partido e sua militância poderiam oxigenar a máquina pública. O que de fato ocorreu, mas só até determinado ponto. Prova disso é que na administração direta, nas autarquias e fundações, o governo avançou muitíssimo, por exemplo, pela criação da Controladoria-Geral da União, pelo fortalecimento da Polícia Federal, pelo grau de autonomia do Ministério Público Federal etc. As práticas patrimonialistas se fixaram justamente onde esses órgãos tinham um espaço muito menor de atuação, o local privilegiado em que o poder político encontra o poder econômico: as estatais, federais e estaduais, as agências reguladoras, o Banco Central etc. E na Petrobras, que ocupa o imaginário brasileiro desde Getúlio Vargas e administra, de fato, um ativo estratégico para o desenvolvimento nacional.

Aliás, há um equívoco ao se falar de corrupção sistêmica ou de lobby no Brasil. A corrupção no país é mais do que sistêmica, ela é o corolário de nosso patrimonialismo. Afirmar que a corrupção, aqui, é sistêmica pode passar a impressão de que seria possível um patrimonialismo incorrupto. Da mesma forma com o lobby. Não há lobby no patrimonialismo. Na verdade, o lobby devidamente regulamentado seria até um avanço diante do que temos. O lobby pressupõe pelo menos dois lados, se não uma mesa quadrada, pelo menos um balcão. No patrimonialismo, o poder político e o poder econômico — "os donos do poder", na definição de Faoro — sentam-se a uma mesa redonda. Não se distinguem os lados. Em um contexto como esse, não há vítimas, a não ser os que não estão à mesa; há negócios.

A pergunta que se coloca nesses tempos em que a operação Lava Jato expõe parte do funcionamento de nosso patrimonialismo é: pode uma revolução ser conduzida pelo Poder Judiciário?

Não é preciso consultar Montesquieu para saber que não. O Poder Judiciário não tem a faculdade de criar um mundo novo. Nas condições locais, entretanto, ele pode concorrer para destruir o antigo, criando ou não as condições de que algo novo surja no horizonte, ou simular a destruição do velho para que tudo permaneça exatamente como é.

O debate sobre corrupção no Brasil sempre foi um faz de conta, um tema de conveniência e oportunidade, não de princípios. As instituições que deveriam garantir a imparcialidade das apurações são, regra geral, arrastadas para dentro da arena da disputa política e contaminadas pelo espírito de facção. Terminada a batalha, as condições anteriores são repostas e os negócios voltam à normalidade. *Business as usual.*

O interesse que a operação Lava Jato desperta deriva do fato de que ela, contra todos os prognósticos iniciais, parece fugir a esse roteiro. Quando se olha mais de perto, na verdade, é impossível não identificar a tensão no interior da operação entre uma ala facciosa tradicional, com claros interesses políticos, e uma ala republicana que quer passar o país a limpo sem aparentemente se dar conta da escala dos seus propósitos.

A Lava Jato tem o mérito inquestionável de abrir a caixa-preta das relações público-privadas no Brasil — algo que Faoro intuía, mas que não havia sido exposto tão escancaradamente. Mas, se o desfecho for aquele pretendido pela ala facciosa da operação, o que teremos é uma simples troca de comando do patrimonialismo. Corremos o risco de aniquilar o velho apenas para que ele ressurja.

O que complica ainda mais a situação é a relação entre o Judiciário e a mídia. O caráter contramajoritário do Poder Judiciário é pedra angular da República. Num certo sentido ele é ademocrático, pois resiste à maioria em nome da Justiça. A espetaculosidade dos processos em andamento deixa pouca margem para o desfecho desejável de saneamento de todos os partidos políticos e gradação das penas imputadas proporcionalmente ao delito.

Vivi os bastidores de um episódio que merece relato. No dia 10 de março de 2016, participei de uma reunião com o ministro da Fazenda, Nelson Barbosa, à qual estavam presentes diversas lideranças sindicais, alguns economistas, assessores e o ex-presidente Lula. O tema era economia, mas o debate enveredou pela política. Muitos de nós acreditávamos que o governo Dilma agonizava e não resistiria por muito tempo. Por semanas, tentávamos convencer Lula a assumir o governo na condição de ministro-chefe da Casa Civil e ouvíamos sempre a mesma resposta dele próprio: "Não cabem dois presidentes num só palácio". Outro argumento contrário era de que a mídia tentaria caracterizar o gesto como busca de foro privilegiado, mesmo que àquela altura Lula não fosse réu. A relutância do ex-presidente à ideia foi enorme. Apenas depois de insistentes apelos, Lula concordou em conversar com Dilma sobre as condições da uma eventual ida para o governo — aceitas apenas depois de longa negociação. Anúncio feito, história conhecida: grampo ilegal de um telefonema impróprio, vazamento ilegal de uma conversa surreal e uma liminar que impede a posse. A Justiça fazendo política.

Se junho de 2013 foi o estopim do impeachment, em março de 2016 viria a pá de cal.

Bem antes que se sonhasse com a Lava Jato, tão logo assumi a prefeitura tomei medidas que feriram interesses das grandes empreiteiras. Não renovamos o contrato de inspeção veicular, o que deixou a empresa responsável pelo serviço — a Controlar, do grupo CCR, formado por Camargo Corrêa e Andrade Gutierrez — bastante contrariada. Vetei também artigos de lei do Plano Diretor que facilitavam a implantação de um aeroporto em Parelheiros, de interesse da Camargo Corrêa, além de desagradar à Odebrecht no caso da Arena Corinthians, já mencionado.

Nenhum desses casos, no entanto, supera a polêmica em torno do túnel Roberto Marinho. Ele é representativo de quanto o interesse público pode ser desconsiderado na relação da prefeitura com as empreiteiras. A obra foi suspensa logo no início da minha administração. Odebrecht, OAS, Camargo Corrêa, UTC, Andrade Gutierrez, Queiroz Galvão, Galvão Engenharia — o clube VIP das empreiteiras — compunham, duas a duas, os consórcios vencedores da licitação, dividida em quatro lotes. Tal divisão só havia se tornado possível graças a uma mudança na extensão do túnel promovida pela gestão Kassab. Dos quatrocentos metros do projeto original, elaborado ainda na gestão de Marta Suplicy, chegou-se a longos 2,3 quilômetros na inflacionada versão final. Esse episódio, inclusive, põe em xeque a versão, contada por Mônica Moura em sua delação, de que a Odebrecht, sem meu conhecimento, teria pago parte da dívida da minha campanha assumida pelo PT.

Tendo sido eleito durante o julgamento do mensalão, sempre tive a clareza de que minha conduta tinha que ser exemplar. E minha passagem limpa pelo Ministério da Educação me dava confiança de que disporia de algum capital político para iniciar uma gestão inovadora na cidade. Afinal, o orçamento do MEC é o dobro do da cidade de São Paulo e no tempo em que estive à sua frente jamais se levantou qualquer suspeita sobre desvios de conduta.

Então, quando irrompe a crise da tarifa, imaginei que esse histórico pudesse ajudar. Pura ilusão. Apenas um mês depois da revogação do aumento da tarifa, pesquisas indicavam que eu havia perdido metade do apoio que tinha e já se questionava se seria capaz de me reeleger. Num final de tarde melancólico, sozinho na sala do meu apartamento no Paraíso, anoiteceu sem que eu me desse conta. "Pai, o que você está fazendo aí no escuro?", perguntou meu filho Frederico ao chegar da rua. Disse a ele que estava pensando naquela situação toda e na dor de ver doze anos de dedicação à vida pública serem liquidados em seis meses de gestão à frente da prefeitura. Ele disse: "Mas, pai, ainda faltam três anos e meio de governo". Respondi: "Eu sei, filho, mas aconteceu uma coisa muito séria e não há como não viver o luto".

Minha intenção de ficar oito anos à frente da prefeitura provavelmente não se viabilizaria. Se a reeleição da Dilma não estava mais assegurada mesmo depois de dez anos de prosperidade, a minha reeleição parecia ainda mais distante. Agarrei-me àquilo que se mostrava a única vantagem. Tinha esses três anos e meio de mandato e poderia governar como se não houvesse outro. Pela experiência no MEC, sabia das vantagens do ciclo de oito anos na gestão pública: muitas políticas só se estabilizam com o tempo. Mas a história dificilmente me permitiria repetir a dose. Então tive que achar graça no curto prazo.

Para minha surpresa, 2014 foi um ano extraordinário para a Prefeitura de São Paulo. As coisas efetivamente aconteceram. Ocorreram mudanças estruturais que vão beneficiar a cidade por muitos anos. A primeira delas, a obtenção do grau de investimento, a partir sobretudo da exitosa renegociação da dívida com a União. A segunda foi a aprovação do PDE, o novo Plano Diretor Estratégico, que definiu as diretrizes do desenvolvimento urbano e possibilitou que os planos setoriais fossem deflagrados nas áreas de habitação, mobilidade, saúde, educação e cultura. Registraram-se ainda recordes na criação de vagas destinadas à educação infantil, na criação de faixas e corredores de ônibus e ciclovias, na construção de hospitais-dia, na extensão da coleta seletiva e na instalação de lâmpadas LED, entre outros. A cidade começou a responder favoravelmente. Atingimos em quatro anos, apesar da brutal recessão que assolou o país, o maior montante histórico de investimentos em valores absolutos. Em 2014, era possível sentir certo frescor nas ruas, sobretudo durante a campanha presidencial. Perto do fim do ano, nosso governo tinha recuperado parte da avaliação positiva. Começamos a sentir que tínhamos alguma chance. Depois da execução sumária de 2013, era quase uma ressurreição. Fizemos uma reunião de secretariado em que as pessoas manifestaram otimismo.

Entretanto, a crise que se instalou depois da reeleição de Dilma faria o pesadelo de 2013 parecer um sonho erótico.

No final de 2013, num encontro com o presidente Lula, com a discrição que o caso requeria, perguntei se ele, passados três anos desde que tinha deixado a Presidência, conseguiria projetar a situação do país dali a cinco anos. Ele me perguntou por que cinco anos. E eu lhe disse que esse era o tempo que ainda restaria a Dilma para governar o país no caso, que me parecia muito provável, de sua reeleição. Ele me respondeu com o corpo: cotovelos colados à cintura, palmas viradas para cima e uma expressão facial que indicava "Não sei" ou, talvez, "Quem é que sabe?".

Poucos meses depois, cruzei com João Roberto Marinho descendo as escadas do Instituto Lula. Cumprimentei-o e segui para o encontro com o presidente. Perguntei a ele o motivo daquela visita. Era uma sondagem para que Lula fosse o candidato à Presidência em 2014, no lugar de Dilma.

Mais explícito foi o movimento feito por Marta Suplicy, que chegou a organizar um jantar de "Volta, Lula".

O ex-presidente nunca mexeu um dedo, muito pelo contrário, nem por um terceiro mandato, nem pelo "Volta, Lula". Dilma quis ser e foi candidata à reeleição e venceu o pleito como previsto. E, a não ser pelos dois ou três dias que antecederam a eleição, quando mídia e redes sociais ferviam com denúncias e boatos de toda ordem, e fac-símiles de uma capa da revista *Veja* distribuídos por toda a periferia da cidade, não imaginei que a vitória pudesse estar em risco.

O que me surpreendeu foi a pós-eleição. As principais lideranças do PSDB se dividiram: Aécio começou a trabalhar por novas eleições; Serra, pelo impeachment; e Alckmin, grande vencedor do pleito de 2014, pela normalidade institucional até 2018, cenário que mais o favorecia.

O movimento mais visível foi o de Aécio. Pediu recontagem dos votos, ação pela cassação da chapa Dilma-Temer por abuso de poder econômico, mobilizou todos os argumentos para que o resultado das urnas não fosse aceito. A tensão aumentava a cada dia.

Convidei FHC para um almoço na prefeitura. Dias depois, fomos juntos ao Theatro Municipal. Queria entender melhor o que ele pensava. Concordamos sobre a gravidade da crise. Mas meu diagnóstico sobre seu desenrolar se mostrou totalmente errado. A certa altura do almoço, arrisquei: "Ela não governa, mas vocês não a derrubam".

A unidade do PSDB a favor do impeachment foi construída com a participação de FHC. Alckmin, o último que resistia à ideia, finalmente foi enquadrado e a tese de Serra saiu vitoriosa.

Ao longo do ano de 2015, Serra trabalhou intensamente pela causa. Seu papel no impeachment foi subestimado. O ex-governador tucano aproximou-se muito de Michel Temer e lhe garantiu apoio. Era Serra quem telefonava para os governadores, sobretudo do Nordeste, e depois de uma conversa política passava a ligação a Temer, que a concluía com a senha "Precisamos unir o Brasil". A articulação de Miguel Reale Jr. e Janaina Paschoal com Hélio Bicudo, autores do pedido de impeachment contra Dilma, teve participação direta de Serra. E, no final de 2015, a ida de Marta para o PMDB foi acertada no Senado com a participação de Serra. A estratégia servia a dois propósitos: garantia o voto da senadora pelo impeachment e criava uma candidatura competitiva alternativa à minha na periferia. (A candidatura de Erundina pelo PSOL complicaria ainda mais o quadro já fragmentado e abriria uma avenida para João Doria.)

Após as eleições de 2014, diante das investidas do PSDB contra o resultado das urnas, me parecia evidente que Dilma não se sustentaria sem o PMDB. E, de fato, até certo momento, todas as declarações do PMDB eram no sentido de dar suporte ao governo Dilma, tanto por parte de Temer quanto de Eduardo Cunha. Procurei o então vice-presidente. Tinha com ele boa relação. Propus, então, em nome de uma aliança PT/PMDB para 2016, a vinda de Gabriel Chalita para a Secretaria Municipal de Educação. Conhecia Chalita havia muitos anos e reconhecia seu enorme talento para o diálogo com o magistério. Chalita, é bom lembrar, não concorreu à reeleição para deputado federal em 2014. Desde 2012, seu interesse pela política diminuiu. Entre o primeiro e o segundo turnos da eleição, a campanha de Serra, sabendo do apoio que ele me daria, forjou um dossiê com uma dezena de acusações ridículas e as encaminhou ao Ministério Público. Foram meses de transtorno até que os inquéritos fossem arquivados. Mas, diante das perspectivas que se abriram, Chalita animou-se com o acordo — celebrado na presença de Temer e de Lula.

Enquanto fazíamos esse gesto de aproximação com o PMDB no âmbito municipal, o governo federal movimentava-se na direção oposta. Com a intenção de tentar diminuir o espaço de atuação do PMDB no governo, o Planalto fortaleceu meu principal adversário em São Paulo, Gilberto Kassab, nomeando-o ministro das Cidades. Kassab depois daria o tiro de misericórdia em Dilma, pelas costas.

Como se não bastasse essa malfadada intervenção na base aliada, o governo deu uma guinada na política econômica, com a nomeação de Joaquim Levy. Era evidente que ajustes tinham que ser feitos porque, entre outras coisas, o governo tinha comprado uma agenda equivocada, elaborada em parte pela Fiesp:

desonerações, redução da tarifa de energia elétrica, *swap* cambial, administração de preços públicos etc. Em vez do ajuste, entretanto, veio um giro de 180 graus. Ainda assim, é certo que a retração econômica jamais teria sido a maior da história não fossem os efeitos multiplicadores da crise política e sua pauta-bomba fiscal, potencializados pela Lava Jato.

Crise econômica, crise política, crise ética: as maiores do gênero. Crises sobrepostas que se retroalimentavam. O impeachment foi construído por engenharia jurídica reversa. Quem se importava se havia ou não crime de responsabilidade? Sem crime de responsabilidade e, portanto, sem cassação dos seus direitos políticos, Dilma foi afastada definitivamente da Presidência pelo Senado, em 31 de agosto de 2016, numa afronta ao texto constitucional. Pouco antes, em 29 de julho, Lula se tornava réu pela primeira vez. Nas semanas seguintes ao impeachment, um de seus ex-ministros, Antonio Palocci, teve prisão decretada em 26 de setembro. Outro ex-ministro, Guido Mantega, teve a prisão decretada e relaxada no mesmo 22 de setembro. Tsunami sincrônico ao período eleitoral.

Quando jornalistas me perguntam a que atribuo minha derrota em 2 de outubro de 2016, contenho o riso e asseguro: "Faltou comunicação".

Por trás do golpe parlamentar, o possível fim da Nova República. O que está em jogo é o pacto de 1988, expresso na Constituição. Por ironia, o partido que não assinou a carta constitucional, por considerá-la tímida demais, foi o único que lhe deu consequência. O governo Temer exerce um poder desconstituinte, com agenda política que jamais passaria pelo crivo do voto popular. Até a eclosão da nova crise patrocinada pela delação da JBS, o governo federal vinha promovendo contrarreformas em ritmo revolucionário. Em função do calendário, parecia editar a cada semana um Ato Institucional diante de um Congresso de joelhos, que não revela a quem presta contas.

O atual emparedamento de Temer coloca o país diante de um impasse, cujo desfecho ainda não é claro no momento em que concluo este texto. Só em 2018, se tudo der certo, saberemos se o Brasil do século XXI cabe no figurino da República Velha. Saberemos se o trabalhador que sentiu pela primeira vez a brisa ainda tênue da igualdade e da tolerância saberá prezá-la e cultivá-la.

Lula terá no próximo pleito papel central. A política brasileira organiza-se em torno dele há quatro décadas. Desde o final dos anos 1970, é o personagem mais importante da história brasileira. Tudo o mais é circunstancial. A própria eleição de FHC foi obra do acaso — como o próprio reconhece. Lula participará da sua oitava eleição presidencial, seu nome estando ou não na urna eletrônica. Independentemente disso, as eleições do ano que vem podem se dar na arena da grande política ou num programa de auditório. A escolha está sendo feita agora.

NOTA DA REDAÇÃO: O artigo tem como base uma série de depoimentos do autor concedidos ao jornalista Ivan Marsiglia.

11. Outra história

Uma resposta a Fernando Haddad

*Marcos Lisboa**

Fernando Haddad publicou nesta *piauí* um longo e abrangente relato sobre sua gestão à frente da Prefeitura de São Paulo, no qual falava também sobre os governos de Fernando Henrique Cardoso e Luiz Inácio Lula da Silva, comparando o significado dos mandatos do tucano e do petista, além de deixar marcadas suas diferenças com as escolhas da política econômica de Dilma Rousseff e de reservar palavras bastante críticas à imprensa.

Minhas divergências com Haddad são muitas. Para quem, no entanto, espera guerra civil nas linhas que seguem, advirto que tenho respeito por ele. Em vários momentos, colaborei com os técnicos da prefeitura durante a sua gestão. Em outros, discordei publicamente das suas escolhas como prefeito. Como é sabido, tenho sido um crítico severo da análise de política econômica da esquerda brasileira, que o apoiou na campanha eleitoral de 2012. Discordamos em muitos aspectos sobre os diagnósticos dos problemas econômicos do país e os instrumentos a serem adotados

* Publicado originalmente em *piauí*, edição 131, ago. 2017.

para tentar resolvê-los. Mas sem a demonização da divergência que tem caracterizado o debate no Brasil nos últimos anos.

Feitas as mesuras, desnecessárias fossem tempos de paz, vamos às diferenças.

Haddad defende em seu texto uma espécie de excepcionalidade do governo Lula, que se distinguiria de maneira decisiva da gestão de Fernando Henrique. As políticas públicas de um e outro presidente seriam "muito discrepantes", e a retomada do crescimento com inclusão social, sob Lula, resultaria de uma ruptura com a política econômica praticada até 2002.

Ora, tratar a política econômica do primeiro governo Lula como heterodoxa ou de esquerda afronta os fatos. Não houve ruptura com o que vinha sendo feito por Fernando Henrique Cardoso, muito menos se procurou seguir o receituário usual dos economistas de esquerda vinculados ao PT.

Até 2002, o discurso econômico do PT era profundamente crítico às escolhas feitas pela administração tucana, como as medidas para equilibrar as contas públicas e estabilizar a economia. O PT foi contra a Lei de Responsabilidade Fiscal e criticava o governo quando o Banco Central aumentava a taxa de juros para reduzir a inflação.

Durante a campanha eleitoral, muitos economistas — "neoliberais", de acordo com o discurso petista — argumentaram que o problema imediato a ser enfrentado pelo país eram o desequilíbrio fiscal e o aumento da dívida pública, que ultrapassou 60% do PIB naquele ano. A crescente probabilidade de vitória de Lula nas eleições agravava a dificuldade do governo federal para obter novos empréstimos. O temor dos possíveis credores, que passaram a cobrar mais caro pelo dinheiro tomado pelo Brasil, era compreensível — afinal, muitos economistas vinculados ao PT questionavam o pagamento da dívida pública e, em breve, ao que tudo indicava, eles chegariam ao poder.

Ocorre que, uma vez eleito, Lula não seguiu a agenda tradicionalmente proposta pelos economistas de seu partido. Ao contrário: o primeiro governo Lula aumentou o superávit primário e defendeu um ajuste fiscal de longo prazo capaz de reduzir a dívida pública para perto de 30% em dez anos, o que acabou acontecendo. Seguindo o receituário do governo anterior, a taxa de juros foi elevada para conter a inflação. Além disso, aprovou-se a reforma da Previdência dos servidores, uma agenda dificilmente identificada com o que defendiam os economistas associados ao PT.

Se houve alguma mudança na condução da política econômica sob Lula, no primeiro mandato, foi na direção de ser ainda mais liberal do que a adotada no segundo governo Fernando Henrique Cardoso.

Aliás, essa foi a crítica feita na época por economistas de esquerda, alguns próximos de Fernando Haddad. Leda Paulani, por exemplo, afirmou em artigo no final do primeiro ano de gestão petista: "Desde que assumiu, em janeiro de 2003, o governo Lula vem praticando uma política econômica de inclinação inequivocamente liberal".

Paulani tinha razão. A política econômica do primeiro Lula talvez tenha sido a mais conservadora da República desde pelo menos 1950: afinal ela foi fiscalmente restritiva, monetariamente ortodoxa, e acompanhada de reformas para melhorar o ambiente de negócios, aperfeiçoar os instrumentos de crédito sem comprometer os recursos públicos, e reduzir restrições à concorrência no setor privado.

A economia brasileira, que terminara o ano de 2002 com inflação perto de 2% ao mês e às portas da recessão, começou a se recuperar no segundo semestre de 2003. Foi esse primeiro governo Lula, liberal na economia, que ajudou a criar as bases para a retomada do crescimento e a redução da extrema pobreza, nos anos seguintes.

Também me surpreende a afirmação de Fernando Haddad de que o Bolsa Família foi criticado principalmente pela direita e pelos meios de comunicação, em particular as Organizações Globo. Mais uma vez, não é assim que me recordo dos fatos. Os primeiros a atacar — duramente — o programa de transferência de renda focalizado nos mais pobres foram economistas e intelectuais do próprio PT.

Ainda em abril de 2003, o Ministério da Fazenda publicou um documento que continha propostas de política econômica e social para o país. Eu era secretário de Política Econômica do governo, e havia coordenado a elaboração daquele conjunto de diretrizes. O texto procurava fazer um diagnóstico da economia brasileira, apresentando as evidências disponíveis e a pesquisa acadêmica internacional que justificavam as nossas ideias.

Fazíamos uma análise detalhada das contas públicas e da necessidade de empreender um ajuste fiscal de longo prazo. O documento discutia temas controversos, como a concessão de autonomia para o Banco Central e a necessidade de reforma da Previdência, em decorrência do envelhecimento da população. Estava lá também, por fim, a proposta de concentrar os programas de transferência de renda nas famílias extremamente pobres — a ideia mestra do Bolsa Família, que ainda não havia sido criado.

Em 20 de abril, dias depois de tornarmos público o documento, veio a reação. A *Folha de S.Paulo* dedicou várias páginas de sua edição dominical às críticas que a bancada do PT no Congresso fazia às propostas econômicas e sociais formuladas pelo Ministério da Fazenda. Numa das matérias, quatro ministros de Estado, todos identificados com a esquerda, criticavam a ideia de focalizar os programas de transferência de renda nas famílias extremamente pobres.

No dia seguinte, em uma entrevista de página inteira na mesma *Folha*, a economista Maria da Conceição Tavares me desancava: "Débil mental" e "garoto semianalfabeto" que "adorava fazer modelos matemáticos" e estava "encarregado de fazer política econômica, coisa que jamais fez na vida". A entrevista incluía termos divertidos como "papalvo".

O documento da Fazenda, insistia Conceição, desmentia "o diagnóstico de todos os economistas bons desse país, que colocaram no estrangulamento externo, no aumento dos passivos externos que o dr. Fernando Henrique nos deixou, os problemas da economia. Diz que não é nada disso e que o problema na verdade é que o governo passado não fez o ajuste fiscal, que tal? Um garoto falando contra o ponto de vista de todos os grandes empresários e economistas, como Delfim Netto, Mendonça de Barros, do José Serra, do Luiz Carlos Bresser-Pereira, do Yoshiaki Nakano, de Campinas inteira... Se há unanimidade no diagnóstico econômico é que temos um problema de estrangulamento externo".

Em junho, veio à luz um manifesto de cerca de duzentos economistas de esquerda, muitos vinculados ao PT, denominado Agenda Interditada, pedindo a redução do superávit primário "enquanto perdurar o alto desemprego, [...] a fim de ampliar a demanda efetiva agregada induzindo a retomada do desenvolvimento e do emprego".

Segundo Ricardo Carneiro, um dos colaboradores do programa econômico do candidato Lula, existia então "uma preocupação grande com a condução da política econômica"; um temor, ele dizia, "de que o país tome um rumo irreversível". Luiz Gonzaga Belluzzo e Theotonio dos Santos assinaram o manifesto, conforme consta em reportagem da *Folha*. Maria da Conceição Tavares não o assinou.

Pois bem, nos anos que se seguiram não houve estrangulamento externo, ao contrário do diagnóstico de "todos os economistas bons do país". Nem o Brasil foi levado a um "beco sem saída", como afirmava o manifesto. O ajuste fiscal foi realizado e a economia voltou a crescer, reduzindo o desemprego.

Mas fiquemos mais um pouco em 2003. Nas semanas que se seguiram à entrevista de Conceição, as críticas passaram a se concentrar na proposta de focalizar as políticas de transferência de renda nos mais pobres, que constava da Agenda Perdida, documento elaborado por mim e José Alexandre Scheinkman, com a colaboração de vários economistas, meses antes da eleição de 2002. A polêmica resultou em inúmeros artigos e chegou a render uma edição inteira da *Revista Econômica*, publicada pela Universidade Federal Fluminense.

As críticas eram acompanhadas por supostas denúncias. Eu faria parte de uma rede de economistas financiada pelo Banco Mundial e teria "recebido por participação em pesquisas". Segundo outra reportagem, haveria um acordo com o Fundo Monetário Internacional que previa a proposta de focalização da política social. Uma terceira garantia que o ministro Guido Mantega, do Planejamento, teria descrito a Agenda Perdida como um documento fajuto. O repórter afirmava que o nome do documento decorria do fato de ter sido recusado por todos os candidatos à Presidência.

A imensa lista de informações distorcidas ou simplesmente falsas serve como exemplo de que o jornalismo incompetente não tem ideologia. Ele difama à esquerda e à direita, sem nem mesmo verificar informações facilmente disponíveis. O jornalismo também pode contribuir para esclarecer os fatos, como fez Luis Nassif em sua coluna na *Folha* de 29 de abril daquele ano, ao apontar equívocos nas supostas denúncias.

Em novembro de 2003, a Secretaria de Política Econômica do Ministério da Fazenda tornou público o estudo "Gasto social do governo central: 2001 e 2002", que analisava os gastos sociais dos últimos anos do governo Fernando Henrique Cardoso.

No mesmo mês, a Secretaria do Desenvolvimento, Trabalho e Solidariedade da Prefeitura de São Paulo, então liderada por Marcio Pochmann, divulgou um texto criticando o documento da Fazenda. Pochmann defendia que o gasto social no Brasil era pequeno e não tão mal focalizado. Um dado chamava a atenção. Enquanto o documento do governo federal relatava que os gastos com aposentadoria representariam o equivalente a 9,3% do PIB, a Prefeitura de São Paulo afirmava que seriam de apenas 2,4%.

O trabalho da prefeitura citava dados da Organização Internacional do Trabalho, mas não fazia referência precisa sobre a fonte, sobre o documento onde os números haviam sido obtidos. Na época, o economista Francisco Ferreira encontrou uma tabela da OIT com dados idênticos aos citados pela Prefeitura de São Paulo — só que de... 1994. Era essa a qualidade do debate. O pouco cuidado técnico com os dados utilizados ornava a crítica ligeira, que não queria discutir as evidências e a robustez das propostas, mas apenas desqualificar a divergência.

A ideia que defendíamos, de transferir renda para aliviar a extrema pobreza, não era exatamente uma novidade no pensamento econômico. Uma de suas versões mais conhecidas foi formulada por Milton Friedman em meados do século XX: o imposto de renda negativo. As famílias mais pobres receberiam um auxílio do governo, que deveria diminuir à medida que a renda aumentasse. No Brasil, Eduardo Suplicy defendeu uma versão mais simples dessa proposta: a renda mínima para todos os cidadãos.

Em 1994, o economista José Márcio Camargo, na época

próximo do PT, fez uma sugestão original ao então prefeito de Campinas: um programa de transferência de renda para as famílias pobres que mantivessem seus filhos na escola. A proposta se justificava. Naquela época já se sabia que a maior incidência de pobreza ocorria nas famílias jovens com filhos pequenos. Além disso, seguidas tentativas de retirar essas famílias da extrema pobreza haviam sistematicamente fracassado. Por outro lado, a análise dos dados mostrava que aumentar a escolaridade das novas gerações tinha um impacto significativo sobre a sua renda quando chegavam ao mercado de trabalho.

A conclusão de muitos economistas era a de que a política social no Brasil, um país de renda média, poderia ser muito mais eficaz caso as políticas de transferência de renda fossem direcionadas para essas famílias extremamente pobres com filhos pequenos. O Bolsa Escola, como o programa proposto por Camargo veio a ser chamado, funcionava simultaneamente como uma política compensatória — garantindo uma renda mínima aos extremamente pobres — e como uma intervenção estrutural na dinâmica da pobreza — ao educar as novas gerações para que não mais precisassem de auxílio.

O sucesso dessa iniciativa teve como uma de suas consequências a profusão de programas de transferência de renda durante o governo de Fernando Henrique Cardoso, quando foram criados o Auxílio Gás e o Bolsa Alimentação. Ricardo Paes de Barros, pesquisador do Instituto de Pesquisa Econômica Aplicada (Ipea) que há muito tempo analisava o impacto dos programas sociais, apontou, no fim dos anos 1990, que esses programas eram com frequência mal focalizados, e que não necessariamente beneficiavam os mais pobres.

José Márcio Camargo e Francisco Ferreira fizeram então a proposta de unificar todos os programas de transferência de renda e distribuir os recursos para as famílias mais pobres com filhos na escola. No lugar de variados programas que subsidiavam o consumo de bens específicos, seria preferível transferir renda, dinheiro, diretamente às famílias extremamente pobres. Caberia a elas, então, decidir como melhor utilizar esses recursos para atender às suas necessidades.

Foi esse o caminho afinal tomado pelo governo — o da unificação e focalização dos programas de transferência de renda —, apesar da oposição feita por muitos economistas e intelectuais ligados ao PT.

O mérito por essa guinada é do presidente Lula, com o apoio decisivo do ministro Antonio Palocci. Eles souberam reformular a política social — e abraçar a agenda liberal — quando ficou claro o fracasso das propostas originalmente defendidas pelo PT, como Fome Zero e Primeiro Emprego. Nascia assim o Bolsa Família.

Haddad fala em seu texto em "vitória socioeconômica do projeto do PT" e defende que foi apenas no governo Lula que a desigualdade característica da sociedade brasileira "começou a se alterar". Esse é mais um ponto de divergência. A queda da desigualdade de renda na década de 2000 não foi resultado de uma suposta política econômica heterodoxa empreendida pelo governo Lula.

Em primeiro lugar, porque a política não foi heterodoxa. Em segundo, porque a desigualdade de renda começou a cair já na transição entre os governos de Fernando Henrique e Lula. Em terceiro lugar, a redução da desigualdade de renda foi um fenômeno comum à maioria dos países emergentes naquele período. A queda no Brasil foi apenas marginalmente maior. Essa queda global da desigualdade e da pobreza nos países emergentes parece ter sido o resultado da expansão do comércio mundial nas décadas de 1990 e 2000.

É preciso ainda registrar que o Bolsa Família, bastante eficaz na tarefa de reduzir a extrema pobreza, foi pouco relevante para a queda da desigualdade. O principal responsável pela queda da desigualdade de renda foi o excepcional desempenho do mercado de trabalho na década passada, decorrente de um longo período de crescimento, beneficiado pelas condições favoráveis da economia mundial, pela política macroeconômica adotada no Brasil e por diversas políticas iniciadas muito antes.

As novas gerações que chegavam ao mercado de trabalho nos anos 2000 apresentavam maior escolaridade, e recebiam maiores salários, do que as anteriores — resultado da Constituição de 1988 e da maior eficiência do gasto público, depois da introdução do Fundo de Manutenção e Desenvolvimento do Ensino Fundamental e de Valorização do Magistério (Fundef), nos anos 1990. Esse fundo, criado pelo ministro Paulo Renato Souza, vinculava repasses de recursos aos municípios ao número de matrículas de alunos no ensino fundamental.

Nada disso reflete uma ruptura com a política econômica ou social adotada até 2002, como parece crer Haddad. Em ambos os governos, de Fernando Henrique e de Lula, houve aumento expressivo do salário mínimo, acima da inflação. No governo tucano, de 46%, e no governo Lula, de 59%.

Deve-se ressaltar que, na década de 2000, os aumentos salariais foram sancionados por ganhos de produtividade e pelo bom momento da economia mundial. Não à toa, reajustes similares foram adotados por muitos países emergentes. Havia, porém, o receio de que, quando a maré econômica mudasse, a regra de reajuste adotada no Brasil, que impunha aumentos recorrentes para o salário mínimo, pudesse resultar em maior desemprego. Hoje, infelizmente, o país registra os maiores índices de desemprego das últimas quatro décadas. E o grupo dos 40% mais pobres tem renda menor do que o salário mínimo.

* * *

Fernando Haddad erra, portanto, quando afirma que o governo Lula representou uma ruptura em relação ao governo Fernando Henrique Cardoso. Mas não só. Erra também ao procurar marcar uma diferença profunda entre Lula e Dilma Rousseff. O primeiro sinal de inflexão da política econômica em direção a uma gestão mais heterodoxa — inflexão que seria radicalizada sob Dilma — surgiu ainda no governo Lula. A desatenção com o crescimento dos gastos públicos, por exemplo, tem como marco inicial uma decisão tomada por Dilma quando era ministra-chefe da Casa Civil.

O ajuste fiscal de 2003, algumas reformas, como a da Previdência do setor público, e o aumento da carga tributária contribuíram para a queda da dívida pública sob Lula. A trajetória de alta dos gastos públicos, no entanto, era claramente insustentável, e não seria possível aumentar indefinidamente a carga tributária para cobrir aquela escalada. Por essa razão, começamos a discutir no Ministério da Fazenda, no fim de 2004, uma proposta para limitar o crescimento da despesa primária do governo federal. A ideia era garantir um ajuste fiscal de longo prazo.

Em 2005, porém, poucos meses depois da minha saída do governo, a imprensa noticiou que a nova ministra da Casa Civil, Dilma Rousseff, vetara a proposta, chamando-a de "rudimentar" e argumentando que "despesa é vida".

Nos cinco anos seguintes, o forte crescimento dos gastos continuou, mas por algum tempo seu impacto sobre as contas públicas foi mitigado pelo aumento da carga tributária. Havia limites para o quanto poderiam crescer tanto os preços das commodities quanto a formalização do mercado de trabalho, que ajudavam a impulsionar a arrecadação. Sem novos e recorrentes aumentos da carga tributária, em algum momento o superávit primário começaria a cair e se transformaria em déficit. Foi o que aconteceu, já sob a presidência de Dilma Rousseff.

Outra ruptura da política econômica ocorreu em meados do segundo governo Lula. Logo no início do seu texto, Fernando Haddad faz uma observação precisa sobre o que teria contribuído para a ruína da gestão econômica sob Dilma. Ao comentar a insistência do governo federal em manter congelada a tarifa de ônibus em São Paulo, numa reunião no final de 2012, ele observa ter tido então a sensação de que "alguma coisa estava muito errada". E diz: "Não se pensa em controlar a inflação de um país continental pelo represamento de uma tarifa municipal sem atravessar estágios intermediários e sucessivos de uma compreensão equivocada".

Estou de pleno acordo quanto a isso. Mas o problema, que Haddad parece ignorar, é que aquela "compreensão equivocada" havia começado muito antes, sob Lula, com a retomada da agenda nacional-desenvolvimentista. Essa agenda se caracteriza pela concessão discricionária de benefícios públicos para o setor privado, como a expansão do crédito subsidiado do BNDES, a política de desenvolvimento da indústria naval, as regras de conteúdo nacional, além de projetos faraônicos, como a transposição do rio São Francisco.

O bom momento da economia brasileira naquele início do segundo mandato de Lula, quando já se colhiam os benefícios da política econômica dos anos anteriores, acompanhados da descoberta do pré-sal e do aumento dos preços das mercadorias que o país exportava, talvez tenha significado uma maldição disfarçada de bondade. O sonho do Brasil Grande contribuiu para a disseminação de políticas públicas que buscavam estimular o investimento e a produção, cujo resultado foi um imenso fracasso.

Essa agenda ganhou impulso depois da crise de 2008 e está na origem do impressionante desperdício de recursos públicos dos últimos anos. Apenas os créditos subsidiados do BNDES custaram ao governo, segundo estimativas do Ministério da Fazenda no governo Dilma, mais de 100 bilhões de dólares. Um valor próximo ao total transferido pelo Plano Marshall para recuperar a Europa depois da Segunda Guerra Mundial, cerca de 120 bilhões de dólares, quando corrigidos pela inflação.

As políticas de estímulo foram intensificadas no governo Dilma, apesar dos sinais de que o mercado de trabalho estava próximo do pleno emprego e de que os salários cresciam acima da produtividade. O resultado foi o aumento da inflação e a piora das contas públicas, seja por aumento dos gastos, com a concessão de subsídios, seja pela redução da receita, em decorrência das desonerações.

A evidência de pleno emprego significava que o estímulo à produção em alguma atividade específica implicava necessariamente a retirada de recursos de outros empreendimentos. Surpreende que economistas profissionais tenham ignorado o custo de oportunidade das medidas adotadas — e desconsiderado a pressão inflacionária dos estímulos públicos numa economia que, progressivamente, desacelerava.

Já as regras de conteúdo nacional resultaram na obrigação de compra de equipamentos ineficientes e mais caros do que os que poderiam ser importados, prejudicando a produtividade dos setores que dependem desses bens intermediários. Essa visão de mundo que contrapõe "mercado interno" a "mercado externo", de que Haddad parece compartilhar, a julgar por seu artigo na *piauí*, tornaria inviável, por exemplo, a Embraer, uma empresa que importa grande parte do material que usa para fabricar aviões.

O setor produtivo que apoiou essa agenda foi cúmplice do desastre que se seguiu. Teve o azar de encontrar governos sensíveis aos seus pedidos. As suas preces foram atendidas, e o resultado foi um fracasso monumental, com a deterioração das contas públicas a partir de 2011, e a progressiva desaceleração da atividade produtiva e da geração de emprego durante o governo Dilma.

A evidência disponível indica que, no caso das grandes corporações, o resultado da política de crédito subsidiado foi apenas a redução do custo financeiro das empresas — que usaram o dinheiro barato oferecido pelo governo no lugar de outras fontes de recursos —, sem impacto relevante sobre o investimento.

Muitos dos setores beneficiados pelas políticas de estímulo iniciadas no segundo governo Lula se encontram atualmente em grave crise. As revisões do marco regulatório dos setores de energia e de óleo e gás fracassaram. O mesmo ocorreu com as políticas de proteção setorial, a agenda de acordos de comércio no exterior com os países da América Latina, da África e do Oriente Médio, e a política de combate à inflação por meio de controle de preços, como da gasolina ou das tarifas de ônibus, já no governo Dilma.

O fato é que a política intervencionista de Lula e Dilma transformou-se em um cemitério de empresas, como Oi, Grupo X e Sete Brasil. A política de proteção ao setor automobilístico resultou em uma capacidade ociosa de cerca de 50%. Os navios brasileiros são mais caros e demoram mais a ser entregues do que os produzidos em outros países, e vários estaleiros estão em graves dificuldades.

A estratégia nacional-desenvolvimentista teve outros efeitos colaterais. O sucesso de vários empreendimentos no setor privado passou a ser determinado pelo acesso aos gabinetes de Brasília, e não por ganhos de produtividade no chão de fábrica.

José Alexandre Scheinkman e eu escrevemos um artigo para a *Folha de S.Paulo*, em 2016, que sistematizou as evidências da pesquisa acadêmica descrevendo o impacto negativo, sobre a produtividade, da proteção concedida a empresas ineficientes.

Ao contrário do que sugere o senso comum, deixar empresas ineficientes fechar as portas e ter os seus ativos vendidos pode ser benéfico para o país. Quanto mais ágil for o processo de reconhecimento das perdas para os acionistas, preservando os credores, mais eficaz é a realocação dos ativos para empresas mais eficientes, com ganhos de produtividade.

Nos Estados Unidos, cerca de 60% da criação e destruição de empregos na indústria decorre do processo de abertura e fechamento das empresas. Esse número sobe para perto de 80% no setor de serviços, onde quase 100% dos ganhos de produtividade decorrem desse processo de destruição criativa, como o denominou o economista Joseph Schumpeter há mais de um século.

O Estado nacional-desenvolvimentista acredita no papel do poder público de, discricionariamente, preservar empresas e empregos — sem perceber que, paradoxalmente, o resultado de suas ações é o inverso do desejado: a não criação de emprego e a não utilização dos ativos por outros produtores mais eficientes.

As políticas de proteção terminam por preservar empresas ineficientes e contribuem para a disseminação de exceções às regras, o que torna ainda mais complexo o nosso aparato institucional, além de incentivar a busca de proteção e de renegociação de dívidas no Congresso Nacional e no Judiciário. Nesses programas de renegociação de dívidas e nas muitas vezes atrapalhadas recuperações judiciais das empresas, quem se beneficia são os acionistas, em detrimento da sociedade.

No começo de 2013, escrevi, com Zeina Latif, um longo ensaio intitulado "Crescimento e democracia no Brasil". A nosso ver, uma característica específica do caso brasileiro era a disseminação de mecanismos de distribuição discricionária de benefícios públicos a interesses privados, descritos na literatura acadêmica como *rent-seeking*, ou, como eu dizia entre amigos, característicos do "país da meia-entrada". Nosso artigo citava o patrimonialismo descrito por Raymundo Faoro, exacerbado pelas escolhas de política econômica do segundo governo Lula.

Haddad afirma em seu texto para a *piauí* que o PT subestimou o patrimonialismo brasileiro. "O patrimonialismo é, antes de mais nada, uma antítese da república", ele escreve. No patrimonialismo, diz o ex-prefeito, o Estado "é objeto de posse, tomado pela camada dirigente como seu".

Ora, dizer que o PT subestimou o patrimonialismo é pouco. A política econômica heterodoxa, nacional-desenvolvimentista, adotada pelo partido já no segundo governo Lula *reforçou* o patrimonialismo.

Em uma economia de mercado e republicana, em que os iguais são tratados como iguais, os ganhos privados são determinados pelo sucesso das decisões individuais que se revelam bem-sucedidas no mercado. Nessas economias, a política pública prioriza o acesso à educação e o cuidado com os mais pobres.

No nacional-desenvolvimentismo, por outro lado, destaca-se a relevância do poder público para conceder benefícios para grupos privados, como crédito subsidiado e medidas de proteção contra a concorrência externa.

Uma agenda republicana prioriza regras horizontais, tratamento equânime aos diversos grupos e garantia de igualdade de oportunidades para as novas gerações. O nacional-desenvolvimentismo, em contrapartida, prioriza a política pública discricionária, que seleciona as empresas e os setores a serem privilegiados.

Várias reformas feitas no Brasil entre 1990 e 2007, sobretudo nos governos de Fernando Henrique Cardoso e no primeiro mandato de Lula, foram na contramão do nacional-desenvolvimentismo e do patrimonialismo, e representaram um esboço de política pública próxima ao modelo da social-democracia europeia.

O resgate do nacional-desenvolvimentismo permitiu o fortalecimento do patrimonialismo e o agravamento de seu corolário, a corrupção. O Estado que oferece benefícios ao setor privado discricionariamente é conduzido por servidores, alguns dos quais podem optar por serem indevidamente remunerados pelos privilégios que concedem. A corrupção é o efeito colateral do poder público que pode escolher vencedores, conceder isenções tributárias selecionadas ou outras formas de proteção.

Em países em que as regras tributárias devem ser iguais para todos os setores, conceder benefícios para alguma empresa desperta desconfiança e requer justificativas claras e avaliações independentes. Quando as exceções se tornam o novo normal, por outro lado, facilita-se a concessão indevida de benefícios públicos para grupos de interesse, bem como a troca de favores entre servidores e o setor privado.

A falta de equanimidade e de regras claras, impessoais, afetou também a avaliação de políticas dentro do próprio governo federal, diminuindo a eficácia de suas iniciativas. A partir do segundo mandato de Lula abandonou-se a prática de avaliar o desempenho da política pública. Programas como Minha Casa Minha Vida, Ciência Sem Fronteiras, Pronatec (Programa Nacional de Acesso ao Ensino Técnico e Emprego) e Fies (Fundo de Financiamento Estudantil), entre outros, foram implementados sem que se tivesse uma política de acompanhamento e avaliação de desempenho rigorosa. Não à toa, os dados mais recentes indicam o fracasso desses programas.

Haddad critica, corretamente, a pressão que sofreu da presidente Dilma para não reajustar as tarifas de ônibus no início de 2013. Quando o aumento veio, no meio do ano, as manifestações explodiram. Para ele, contudo, uma das principais causas das grandes passeatas que se seguiram foi uma espécie de ressentimento de classe, uma insatisfação das "camadas médias" com a melhoria de vida dos mais pobres e a queda da desigualdade.

O ex-prefeito parece se esquecer, contudo, de que a inflação de alimentos ultrapassou 10% naquele ano, apesar do controle dos preços dos combustíveis e da energia elétrica. Esse foi apenas o primeiro efeito sentido pela população de uma estratégia iniciada pelo segundo governo Lula que resultou na progressiva queda da produtividade e na desaceleração da economia no governo Dilma.

Os sinais de que tempos difíceis estavam à frente podiam ser sentidos já em 2012. No livro *Além da euforia*, Fabio Giambiagi e Armando Castelar apontavam, naquele ano, diversos problemas que não estavam sendo enfrentados pelo governo, como o elevado crescimento do gasto público, a baixa produtividade e o envelhecimento da população, com impacto sobre os gastos com Previdência. Em março de 2013, José Roberto Mendonça de Barros, em sua coluna no *Estadão*, apontava os riscos da política fiscal expansionista mascarada "por um festival de truques contábeis".

Naquele período, escrevi artigos com Zeina Latif e Samuel Pessôa chamando atenção para o impacto negativo das políticas de intervenção setorial sobre a produtividade, além da provável desaceleração do crescimento e aumento do desemprego. Em maio, em um longo artigo para o *Valor Econômico* — "País apresenta indícios de deterioração institucional" —, escrevi sobre o risco de repetirmos o fracasso da estratégia adotada pelo governo Geisel após a crise do petróleo.

"Ao invés do ajuste, o governo [militar] optou por uma série de estímulos ao investimento com a concessão de privilégios e benefícios para setores escolhidos, empréstimos subsidiados [...] e proteção para [...] grupos privados." O resultado foi o "descontrole das contas públicas, a aceleração da inflação e a expansão de distorções microeconômicas que reduziram a produtividade e o crescimento sustentável. A consequência foi uma década perdida".

Em vez de mudar de rota, o governo Dilma dobrou a aposta. O resultado foi uma crise ainda mais grave e prolongada do que o esperado.

Na campanha eleitoral, surpreendeu-me, a ponto da irritação, a negação dos problemas que poderiam resultar em retrocesso dos ganhos sociais da última década, como no debate que travei com o então ministro Marcelo Neri, à frente da Secretaria de Assuntos Estratégicos, publicado pelo *Estadão*.

Em resposta, os partidários do governo costumavam minimizar as críticas que recebiam, tratando-as como uma reação de uma elite supostamente descontente com a queda da desigualdade, como o faz, ainda hoje, Haddad. A deterioração da economia e seus impactos sobre a maioria dos trabalhadores eram desconsiderados. Havia um tsunami chegando e o governo e a oposição optaram por minimizá-lo durante a campanha eleitoral.

Pouco depois da reeleição da presidente Dilma, mas antes da escolha de Joaquim Levy como titular da Fazenda, escrevi outro artigo para a *Folha*, dessa vez afirmando que mesmo a escolha de um ministro fiscalmente responsável não permitiria ao governo resolver os graves problemas existentes; afinal seria necessária uma agenda de reformas incompatível com o que fora prometido no processo eleitoral. O artigo concluía dizendo: "A deterioração das contas públicas tem um impacto significativo sobre a economia [...]. O discurso da campanha eleitoral colaborou com a eleição da presidente. Infelizmente, pode, da mesma maneira, ter derrotado o próximo governo".

Os governos de Fernando Henrique Cardoso e de Lula, no primeiro mandato, produziram o que mais se aproximou de uma agenda social-democrata para o Brasil. Por um lado, foram colocadas em prática políticas horizontais para o setor produtivo, estímulo à concorrência e uma agenda de melhoria do ambiente de negócios, com intervenções setoriais localizadas. Por outro, houve ênfase na expansão das políticas sociais.

O Brasil apresentou imensos avanços na condução da economia e na política social nos vinte anos entre a Constituição e 2008, não obstante alguns retrocessos e ainda o muito que restava por fazer.

Pouco depois da crise de 2008, contudo, o petismo se perdeu, para não mais se reencontrar, abraçando-se ao nacional-desenvolvimentismo. Os intelectuais do PT parecem ter confundido bem-estar social com a defesa de interesses corporativos — e ainda estão por fazer o acerto de contas em relação aos resultados dessas escolhas.

As diversas intervenções setoriais fortaleceram, e em alguns casos criaram, grupos de interesse que agora reagem à retirada dos seus privilégios. A política econômica resultou na deterioração das contas públicas a partir de 2011 e na grave crise que combinou durante muito tempo inflação elevada com severa recessão.

Mais uma vez temos o desafio de aperfeiçoar regras e a governança da gestão pública, reduzindo a possibilidade de políticas discricionárias e a concessão de benefícios a grupos de interesse, que pressionam nem sempre em prol do bem comum. Houve demasiado malfeito nos últimos anos, seja por motivos nada republicanos, seja por simples incompetência.

Grupos de interesse e exemplos de distorções existem nos mais diversos países. Nossa diferença, na segunda metade do século XX, decorre da escala da intervenção pública e da proliferação das distorções. Um dos resultados das inúmeras exceções e privilégios criados ao longo dos anos é a complexidade do nosso regime tributário, da legislação trabalhista ou das regras de comércio internacional. Cada grupo beneficiado com um regime especial torna a legislação ainda mais complexa.

Existem diversos grupos privados que não sobrevivem sem privilégios públicos, como revela a demanda recorrente pela manutenção de subsídios e políticas de proteção. Existem também entidades privadas que sobrevivem financiadas com recursos compulsoriamente arrecadados da sociedade, como o Sistema S, os sindicatos e os seus desdobramentos, como as federações e as confederações.

A permeabilidade do setor público aos grupos de interesse se manifesta na rigidez do orçamento do governo federal. Anualmente, Congresso e Executivo podem deliberar apenas sobre menos de 10% dos gastos públicos. Todo o restante é determinado por uma complexa rede de obrigações legais aprovadas nos últimos vinte anos, que destina recursos para atividades específicas.

Durante os governos de Fernando Henrique Cardoso e no primeiro mandato de Lula, as regras e restrições existentes limitavam a capacidade do poder público de atender aos pedidos dos grupos de interesse. Havia escassez de recursos e os bancos oficiais podiam conceder muito menos crédito do que passou a ser possível depois de 2008.

Vários setores organizados foram bastante vocais naqueles anos, reclamando publicamente da abertura comercial e demandando maiores subsídios e incentivos à produção local. Esses pedidos caracterizam o que tenho denominado de "Brasil velho", que acredita ser obrigação do poder público prover subsídios e estímulos para o setor privado.

Não se trata de rejeitar toda e qualquer medida de proteção setorial. Há casos em que as políticas de proteção são justificáveis. O agronegócio, no Brasil, é um bom exemplo de como a interação de política pública e empreendedorismo privado pode resultar em notáveis ganhos de produtividade. Pode-se apoiar um setor temporariamente, desde que exista um diagnóstico de que seja possível desenvolver vantagens competitivas naquela atividade. Nesse caso, recomendam-se metas claras de desempenho e prazo para o benefício ser interrompido. Afinal, ou bem a política fracassou e deve ser revista, ou foi bem-sucedida e não mais é necessária.

Aquilo a que se tem assistido, via de regra, no debate público, porém, é bem diferente. Diversos setores pedem medidas de proteção e concessão de benefícios simplesmente porque não conseguem concorrer com os bens produzidos em outros países. Muitas vezes, mesmo quando as suas demandas são atendidas, esses setores não se tornam competitivos e a proteção se revela permanentemente necessária.

Surpreendentemente, a sociedade aceitou por muito tempo, pacificamente, os pedidos de privilégios e intervenções setoriais para atender interesses privados. Ainda hoje assistimos a novas rodadas de programas de anistias de dívidas fiscais, assim como reclamações em decorrência da redução das regras de conteúdo nacional, das desonerações ou do crédito subsidiado.

Não faz sentido passar outras tantas décadas insistindo nesse tipo de política que tem se mostrado danosa para o país, ainda que lucrativa para os grupos de interesse beneficiados. É preciso fazer uma escolha. Vamos optar pelo Brasil velho do nacional-desenvolvimentismo e do patrimonialismo, e a sua relação confusa entre o setor público e o privado? Ou vamos resgatar o Brasil da social-democracia de Fernando Henrique Cardoso e do primeiro mandato de Lula, um país que ampliou as políticas sociais, reduziu subsídios e estimulou a concorrência, além de procurar garantir a condução responsável da política econômica?

12. (Des)ilusões liberais

FHC, Lula e a ficção histórica de Marcos Lisboa

*Fernando Haddad**

Num ambiente tão contaminado pelo ressentimento, Marcos Lisboa deu um exemplo de civilidade ao alertar o leitor sobre o respeito que tem por mim, ainda que nossas divergências possam ser grandes, como ele deixou claro no artigo que publicou na *piauí*, no mês passado ("Outra história"), em resposta ao relato que fiz para a revista ("Vivi na pele o que aprendi nos livros"). Lisboa trouxe ao debate argumentos que vão pautar as avaliações históricas — e os confrontos políticos — acerca de um período importante da vida nacional. Com o mesmo respeito, quero rebater seus comentários e, quem sabe, estabelecer algumas aproximações, ainda que as diferentes visões de mundo que temos nos mantenham em campos distintos, mas que podem e devem interagir.

Lisboa afirma que eu classifico a política econômica exitosa do governo Lula de heterodoxa ou "de esquerda", quando para ele o seu mérito maior foi o de ter sido ainda mais liberal do que a de

* Publicado originalmente em *piauí*, edição 132, set. 2017.

seu antecessor. Para provar seu ponto, ele passa então a listar uma série de economistas de esquerda, críticos às medidas tomadas por Lula no início do mandato. Duas objeções quanto a isso: eu jamais caracterizei a política econômica de Lula como heterodoxa ou "de esquerda", e eu estava no Ministério do Planejamento justamente defendendo as medidas tomadas, com uma ou outra exceção.[1] Lisboa usa meu ensaio como pretexto para um acerto de contas com economistas de esquerda que não estavam no governo — e alguns nem no Partido dos Trabalhadores. O exercício pode até lhe trazer algum conforto espiritual, mas, quanto a mim, pretendo me ater nesta réplica ao que o próprio Lisboa defende, sem recorrer à opinião de terceiros próximos a ele para contestá-lo. A rigor, seu texto dialoga pouco com o meu. Trata-se de um recorte bastante restrito, que interessa mais a ele do que a mim, o que não diminui a importância do debate.

Centremo-nos, então, em seus comentários. Lisboa afirma que há uma continuidade entre Fernando Henrique Cardoso e Lula até 2008. Em resposta à crise internacional, Lula muda de rumo e abraça a heterodoxia. Dilma dobra a aposta, e o país quebra. As afirmações de Lisboa pressupõem a existência de dois Lulas muito distintos, ladeados por um FHC liberal e uma Dilma desenvolvimentista. Há continuidade entre FHC e Lula 1, de um lado, e entre Lula 2 e Dilma 1, de outro. Numa ponta o sucesso; na outra, o fracasso.

A vida, porém, é um pouco mais complexa. Não por outra razão, os presidentes mais inteligentes, apesar de adotarem uma determinada linha de atuação, compõem suas equipes procurando mesclar os perfis de seus subordinados diretos para que possam arbitrar soluções diante de cada situação concreta, com base na sua sensibilidade econômica, social e política. FHC fez isso. Lula fez isso. A despeito de suas diferenças, sabem que a economia não é uma ciência dura e que a adesão cega a um receituário pode ser fatal. A análise histórica não dialoga necessariamente com os manuais. Alguém dirá que esse é o problema. Eu digo que assim é a vida.

Um dos pressupostos da hipótese extravagante de Lisboa é o de que houve dois Lulas, mas um só FHC. É como se, para ele, não houvesse diferenças importantes na condução da política econômica entre o primeiro e o segundo governo de Fernando Henrique Cardoso. Em seu raciocínio, há Lula 1 e Lula 2, mas nunca FHC 1 e FHC 2 — apenas FHC. E o Fernando Henrique que Lisboa escolhe é o do segundo mandato, sobretudo: o FHC da Lei de Responsabilidade Fiscal (LRF), das metas de inflação e do câmbio flutuante. Nada, porém, é mais enganoso. O FHC do primeiro mandato, que praticou sucessivos déficits primários, que adotou uma insustentável âncora cambial e que, nessas condições, promoveu uma abertura econômica indiscriminada não pode simplesmente evaporar da história.

Invocando uma famosa conferência proferida pelo Nobel de economia John Hicks (em Helsinque, 1973), eu lembrava,[2] em outubro de 1998, que a estratégia de Pedro Malan e Gustavo Franco era insustentável. O caminho adotado pelo governo tucano para manter a inflação baixa tinha como custo inevitável a diminuição da capacidade de crescimento do país e o aumento do desemprego. Além disso, quando o governo não conseguisse mais sustentar o real, seríamos lançados no pior dos mundos: a crise e o desemprego se agravariam, só que agora acompanhados de aumento da inflação. Como eu previra, a inevitável desvalorização cambial sepultou FHC 1 em 13 de janeiro de 1999, apenas três meses depois do meu vaticínio. Àquela altura, contudo, uma emenda constitucional aprovada por cooptação do Congresso, em 1997, e um empréstimo-reeleição do FMI às vésperas da eleição presidencial de 1998 já haviam garantido o surgimento de FHC 2. No dia

31 de janeiro de 1999, a *Folha de S.Paulo* publicaria reportagem[3] afirmando que a maxidesvalorização do real surpreendeu nove em cada dez analistas financeiros de consultorias independentes, bancos de investimentos e associações de economistas. Mas nem todos se deixaram enganar.

Como reação à crise, já sob o comando de Armínio Fraga no Banco Central, adotou-se o receituário que conhecemos: câmbio flutuante, política fiscal superavitária e metas de inflação. Eram imposições vindas de fora. A LRF é uma lei que não foi escrita em português. Ela foi traduzida e imposta a um governo que não a desejava. Quem escreve estas linhas, é bom frisar, enquanto prefeito colocou as finanças de São Paulo em linha com todas as exigências da LRF e obteve grau de investimento da agência Fitch Ratings, não apenas pela renegociação da dívida da cidade com a União, mas pagando precatórios, renegociando contratos, combatendo a corrupção e dando transparência aos negócios municipais.

Portanto, a suposição de que não houve uma mudança bastante expressiva na condução da política econômica do primeiro para o segundo mandato de FHC, mesmo que tenha ocorrido à revelia do governo, contraria todas as evidências. FHC não trocou um manual por outro. A aposta errada exigiu que o mesmo personagem se adaptasse às novas circunstâncias.

Vejamos a questão por outro ângulo, o da suposta continuidade entre o segundo mandato de FHC e o primeiro de Lula. Até que ponto isso é verdade?

De fato, não houve ruptura. Aliás, jamais fiz tal afirmação, como pretende Lisboa em seu texto. Mas, como veremos, também é difícil falar em continuidade.

Tome-se como ponto de partida os programas de transferência de renda que deram origem ao Bolsa Família. Quem introduziu o assunto na agenda política do país foi o senador Eduardo Matarazzo Suplicy. Isso é indisputável. Desde abril de 1991, quando apresentou o primeiro projeto de lei criando um programa de transferência de renda, Suplicy fez disso sua razão de viver. O economista José Márcio Camargo sugeriu a introdução da frequência escolar dos filhos dos beneficiários como condição de participação no programa. Quase quatro anos depois, em janeiro de 1995, o Distrito Federal, governado pelo então petista Cristovam Buarque, e Campinas, governada pelo tucano José Roberto Magalhães Teixeira, adotaram a medida. Mais três anos, e em dezembro de 1997, no fim do seu primeiro mandato, FHC institui o primeiro programa federal de garantia de renda mínima. Um programa de início extremamente tímido e limitado.

Em 2000, essa agenda ganhou novo impulso com a eleição da então petista Marta Suplicy para a Prefeitura de São Paulo. Saneadas minimamente as finanças, depois do descalabro financeiro da gestão Celso Pitta, abriu-se espaço no orçamento para programas sociais da maior importância, como o Renda Mínima e os Centros Educacionais Unificados (CEUs) — projeto de Alexandre Delijaicov e equipe, apresentado à prefeita pela Secretaria de Finanças.

O governo federal então reagiu, expandindo a transferência de renda de maneira caótica. Foi criada uma série de programas sobrepostos (Auxílio Gás, Bolsa Alimentação, Bolsa Escola), sem nenhuma avaliação de impacto e muito menos controle de condicionalidades. A agenda era muito mais política do que de combate à desigualdade: havia algo como um tipo de cartão de benefício para cada eventual presidenciável tucano, numa atitude clientelista à moda antiga.

Prova disso foi o gesto de FHC por ocasião da sanção, com vetos, do Plano Nacional de Educação, em 2001. Peço licença aqui para descer a tecnicalidades. O item 1.3, subitem 22 do PNE determinava o seguinte: "Ampliar o Programa de Garantia de Renda

Mínima associado a ações socioeducativas, de sorte a atender, nos três primeiros anos deste Plano, a 50% das crianças de zero a seis anos que se enquadram nos critérios de seleção da clientela e a 100% até o sexto ano". FHC vetou o dispositivo com a seguinte justificativa: "As metas propostas [...] implicam conta em aberto para o Tesouro Nacional, configurando-se em despesa adicional de caráter continuado, sem a correspondente fonte de recurso, o que não se compadece com o quanto estabelecido nos artigos 16 e 17 da LRF. Assim, por contrariar o interesse público, propõe-se o veto ao texto mencionado".

As razões de veto falam por si.

Antes da posse, em janeiro de 2003, Lula se reuniu com intelectuais para discutir as primeiras medidas de seu governo. Eu intuía o que ele tinha em mente e levei um livro comigo. As falas foram variadas, todas muito pertinentes. Depois de ouvir, Lula tomou a palavra e anunciou sua meta número um: acabar com a fome. Na segunda rodada do debate, quando chegou a minha vez, li um trecho da *Minima moralia*, de Theodor Adorno. Num dos fragmentos da obra, o filósofo alemão discute qual seria, afinal, o objetivo de uma sociedade emancipada. As respostas a essa questão, ele escreve, costumam evocar ideais como "a realização das possibilidades humanas" ou "a riqueza da vida". Para Adorno, o espiritualismo ou o suposto caráter elevado de tais respostas tinham algo de enganador e repulsivo. "A única resposta delicada seria a mais grosseira: que ninguém mais passe fome." Ou seja, se quiséssemos nos manter firmes diante de nossos compromissos, a tarefa que nos cabia era a mais rudimentar: matar a fome no país. Lula riu da ironia. Aquilo que para o catedrático contrariava o interesse público por conflitar com a LRF era questão de honra para o retirante. Que, afinal, estava mais próximo de Adorno.

Lisboa tem razão ao afirmar que programas como o Bolsa Família são de cepa liberal. Reafirmo isso no meu texto e defendo tais programas desde 1994,[4] ao contrário da classe política e da mídia conservadoras. Nossas divergências, e as razões que me fazem preferir Lula a FHC, estão em outro lugar.

A certa altura do seu texto, Lisboa argumenta que a redução da desigualdade no Brasil teria começado no governo FHC e que o equilíbrio fiscal no governo Lula foi conquistado à custa da elevação da carga tributária. Os dados oficiais do IBGE e do Ministério da Fazenda desmentem essas afirmações.

A evolução do coeficiente de Gini, que mede a desigualdade econômica, no período é a seguinte: de 1995 a 2002, o índice cai de 0,5987 para 0,5874; de 2003 a 2010, o índice cai de 0,581 para 0,5331. Afirmar que "a desigualdade de renda começou a cair já na transição entre os governos de FHC e Lula", como faz Lisboa, parece condescendente demais com o tucano. As trajetórias da desigualdade no mercado de trabalho são simplesmente incomparáveis. Os assalariados, sob Lula, se tornaram muito mais iguais. Isso também ajuda a iluminar o debate sobre ruptura ou continuidade entre os dois governos.

No que toca à carga tributária, a diferença é ainda mais gritante. Nos oito anos de FHC, a carga tributária subiu de 26% para 32% do PIB. Sob Lula, ela teve crescimento marginal, de 32% para 32,5%, devido à geração de empregos formais. Apesar disso, Lula fez um superávit primário maior do que os alcançados no segundo mandato de FHC.[5] Não procede, portanto, a afirmação de Lisboa de que o crescimento dos gastos públicos sob Lula "teve seu impacto mitigado pelo aumento da carga tributária". Vista a contrapelo, a situação é bem outra: a desigualdade de renda não melhorou no Brasil de FHC justamente porque o ajuste fiscal foi feito pelo aumento da carga tributária sobre os mais pobres, com tributos sobre o consumo, regressivos e não compartilhados com outras esferas de governo — como é o caso do aumento da alíquota das contribuições sociais — e a isenção tributária sobre distribuição de dividendos. Sob Lula, apesar de a carga tributária ter permanecido praticamente estável, os pobres "entraram" no Orçamento da União, agora pelo lado da despesa (ou do investimento, como prefere dizer Lula), ao mesmo tempo em que, por ações de governo, se alteraram favoravelmente as condições no mercado de trabalho e, sobretudo, no acesso ao crédito.

Avancemos no tempo. Em que medida é possível falar em Lula 1 e Lula 2? Mais uma vez surge a pergunta sobre ruptura ou continuidade. Numa passagem, Lisboa afirma que nas economias modernas "a política pública prioriza o acesso à educação e o cuidado com os mais pobres". Eu acrescentaria, entre as prioridades, esforços para a ampliação da infraestrutura. Pois bem, uma vez que o Bolsa Família estava relativamente bem encaminhado, Lula lançou dois planos no início do seu segundo mandato que dialogam com essa agenda moderna e que o distanciam ainda mais do antecessor: o Plano de Aceleração do Crescimento (PAC) e o Plano de Desenvolvimento da Educação (PDE). Nesses setores, de infraestrutura e educação, a comparação entre FHC e Lula é extremamente desfavorável ao primeiro, como se sabe. O Brasil havia passado por um apagão nas duas áreas.

A crise energética de 2001 foi dramática e o investimento público em infraestrutura, de modo geral, foi extremamente acanhado durante os anos FHC. Sob Lula, linhas de transmissão, usinas hidrelétricas, ferrovias, aeroportos, transposição de águas, saneamento, habitação social — toda infraestrutura recebeu atenção do PAC, e, ainda que se possa questionar uma ou outra iniciativa, o balanço do conjunto e o volume do investimento são comparativamente muito melhores. Depois de uma queda acumulada do investimento público por três mandatos (FHC 1-2 e Lula 1), Lula 2 (2006-10) investiu, em termos reais, o dobro de FHC 2 (1999-2002). A propósito, o mesmo Lisboa que erroneamente considera a transposição do rio São Francisco uma obra faraônica parece supor que a descoberta do pré-sal foi obra do acaso.

Na educação, a queda da qualidade do ensino fundamental entre 1995 e 2001 foi vertiginosa. Os dados do Sistema de Avaliação da Educação Básica, Saeb (e mesmo o Índice de Desenvolvimento da Educação Básica, Ideb, calculado a posteriori), não deixam dúvidas. A educação superior pública federal, por sua vez, estava completamente sucateada, embora o investimento por aluno nesse nível educacional fosse, sob FHC, dez vezes superior ao investimento por aluno na educação básica. A respeito da educação infantil e da educação profissional não há sequer registro a fazer sobre a atuação do governo FHC.

No segundo mandato de Lula, o Ministério da Educação atuou em todo o ciclo educacional, da creche à pós-graduação. As matrículas de educação infantil e educação profissional tiveram um incremento importante. Creches e escolas técnicas foram construídas em todo o país. A educação superior pública foi resgatada, dobrando e interiorizando a oferta de vagas de ingresso em mais de uma centena de novos campi. Com a expansão das federais, com o Programa Universidade para Todos (ProUni) e com as cotas, os pobres e negros finalmente chegaram à universidade por mérito.

As curvas de qualidade do ensino fundamental foram revertidas, e o Brasil, nos anos 2000, figurou entre os três países que mais evoluíram no Programa Internacional de Avaliação de Alunos, o Pisa. Dobramos o investimento por aluno na educação básica, com a criação do Fundo de Manutenção e Desenvolvimento da Educação Básica e de Valorização dos Profissionais da Educação (Fundeb), mantendo o nível de investimento por aluno na educação superior.

Em nenhum ponto, aliás, a "outra história" de Lisboa é menos aderente à realidade do que na abordagem sobre a educação. Ele chega a afirmar que "a partir do segundo mandato de Lula abandonou-se a prática de avaliar o desempenho da política pública. Programas como [...] Ciência Sem Fronteiras, Pronatec e Fies, entre outros, foram implementados sem que se tivesse uma política de acompanhamento e avaliação de desempenho rigorosa". Ora, os dois primeiros programas simplesmente não existiam no governo Lula. Foram concebidos em 2011 e implementados no ano seguinte. Quanto ao Fies, no último ano do segundo mandato de Lula, o programa ofereceu apenas 74 mil contratos de financiamento, todos avaliados pelo próprio MEC e depois pelo Tribunal de Contas da União.

A ampliação dos investimentos em infraestrutura e educação, é bom insistir nisso, foi feita sem aumento da carga tributária e sem diminuição do superávit primário. A dívida pública, inclusive, mantinha sua trajetória de queda em relação ao PIB (com exceção do ano de 2009), algo bem distinto do que ocorrera nos anos FHC.

Chegamos a um momento importante: 2008. Lisboa diz que: "O sonho do Brasil Grande contribuiu para a disseminação de políticas públicas que buscavam estimular o investimento e a produção, cujo resultado foi um imenso fracasso. Essa agenda ganhou impulso depois da crise de 2008 e está na origem do impressionante desperdício de recursos públicos dos últimos anos". Em seguida, ele afirma que "pouco depois da crise de 2008, contudo, o petismo se perdeu para não mais se reencontrar, abraçando-se ao nacional-desenvolvimentismo". E, mais ainda, que: "Em vez de mudar de rota, o governo Dilma dobrou a aposta. O resultado foi uma crise ainda mais grave e prolongada do que o esperado".

Por fim, para Lisboa, "o resgate do nacional-desenvolvimentismo permitiu o fortalecimento do patrimonialismo e o agravamento de seu corolário, a corrupção".

Esse último movimento é realmente desafiador. Até aqui, penso que minhas divergências com Lisboa foram factuais. Todos os dados e índices que utilizei são oficiais e não contestados: Ideb, Gini, carga tributária, nível de investimento etc. Procurei demonstrar que, na análise da política econômica, não há muito espaço para o pensamento esquemático, uma vez que os atores e sobretudo as circunstâncias mudam, de modo que a discussão sobre ruptura e continuidade nunca é tão trivial quanto parece. Por isso essas categorias tão ao gosto de Lisboa me causam certo desconforto.

A partir daqui, entretanto, nossas divergências talvez sejam também conceituais e analíticas.

A crise de 2008 é uma crise do neoliberalismo. Desde o final dos anos 1980, os liberais abusaram da desregulamentação financeira em escala global e geraram a maior bolha especulativa nos mercados de ações e imobiliário da história. O mundo parecia desabar. Basta analisar a trajetória da dívida pública dos países atingidos para concluir que, apesar do discurso e de alguns esforços em contrário, houve uma brutal socialização dos prejuízos.

É nesse contexto que deve ser analisado o empenho de Lula para que a crise não nos afetasse nos dois anos finais do seu segundo mandato. Lula assumiu o comando da situação pessoalmente e, com a autoridade de quem já dispunha do PAC e de cerca de 300 bilhões de dólares em reservas cambiais — acumuladas a contragosto dos liberais —, liderou a recuperação, entregando a economia com crescimento de 7,5% em 2010, sem qualquer ajuda externa. A resposta do governo foi considerada brilhante no meio político e empresarial. Não me consta tampouco que alguém do meio acadêmico tenha alertado, na ocasião, para erros crassos no enfrentamento daquela situação emergencial.

Quando Lisboa afirma que, "em vez de mudar de rota, o governo Dilma dobrou a aposta", raciocina com o pressuposto de que uma medida econômica tem sentido absoluto. Não é uma boa maneira de pensar quando se quer fazer análise histórica. Uma medida econômica adotada numa emergência pode ter um significado completamente diferente da mesma medida, com o dobro da intensidade, numa circunstância menos urgente. Se Dilma mudasse de rota, como gostaria Lisboa, distanciando-se das medidas tomadas por Lula em 2008, essas mesmas medidas poderiam ganhar na sua análise outra interpretação. Evitemos, portanto, o anacronismo. Estamos falando de personagens muito diferentes agindo em contextos muito diferentes e que, a bem dizer, adotaram medidas muito diferentes. Represamento cambial, administração de preços públicos, desonerações tributárias excessivas nunca fizeram parte do cardápio de Lula.

Ao mesmo tempo, imaginar que a debacle da economia em 2015-6 tenha única e exclusivamente a ver com o erro de diagnóstico de Dilma — que produziu, sim, distorções, conforme apontei em meu ensaio — me parece redutor demais. É preciso considerar, além disso, os efeitos da crise política e os efeitos da Lava Jato sobre a economia para que se possa explicar a magnitude do colapso econômico.

Isso não significa deixar de considerar que medidas micro e macroeconômicas do governo Dilma, muitas vezes contraditórias entre si, tenham onerado em demasia o orçamento federal, partindo da suposição equivocada de que não havia ocorrido uma mudança estrutural da economia global. Mas isso nada tem a ver com o debate entre liberalismo e desenvolvimentismo. Insisto: tem a ver com erro de diagnóstico. Não foi esse também o caso do populismo cambial expresso na paridade real-dólar, mantida até a reeleição de FHC, que durou apenas enquanto havia patrimônio público para vender na bacia das almas?

Ao aproximar desenvolvimentismo e patrimonialismo, Lisboa comete um erro conceitual. É muito possível existir patrimonialismo de tipo "liberal", sem desenvolvimentismo. Basta ler o noticiário da época das privatizações dos anos 1990. O fato de a "privataria tucana" não ter sido investigada pelo Ministério Público Federal à época só demonstra que o patrimonialismo contava com a benevolência, ou coisa pior, por parte de quem deveria combatê-lo, e não que ele não existia. Outro exemplo: pode haver patrimonialismo na relação entre Banco Central e bancos privados, na fixação da taxa básica de juros, e assim por diante.

Da mesma forma, também é possível um certo arranjo desenvolvimentista de natureza não patrimonialista.

Indo direto ao ponto que me afasta de Lisboa. Até onde vão minhas luzes, eu jamais colocaria o BNDES no rol das instituições brasileiras que promovem ou reforçam o patrimonialismo, como ele sugere.

O BNDES de FHC é bem diferente do de Lula, é verdade. Mas a diferença, como mencionei de passagem no meu ensaio, reside na maneira como os dois personagens percebem as potencialidades de inserção do Brasil na ordem internacional. Para explicar essa diferença, recorri aos conceitos de subcapitalismo e subimperialismo, que nos anos 1960 e 1970 opunham, de um lado, FHC e, de outro, o sociólogo Ruy Mauro Marini. Sem me filiar ao pensamento de nenhum dos dois autores, que considero bastante insuficientes, valho-me dessas categorias para iluminar como os governos de FHC e de Lula enxergam a chamada questão nacional — e como isso condicionou as respectivas políticas econômicas, com impacto significativo na política externa dos dois governos.

FHC, desde sempre, não depositava muita confiança na burguesia nacional e imaginava um acoplamento da economia nacional à ordem mundial de tipo subcapitalista. Em outras palavras, FHC via a burguesia nacional apenas como um sócio menor e dependente do capital internacional. Lula, ao contrário, sem negar nossas dificuldades históricas, imaginava a possibilidade do exercício de um subimperialismo, de tipo regional, mediante a internacionalização do capital nacional feita com o apoio do Estado nacional, mas limitada pela ação do capital internacional. O BNDES, sob Lula, agiu para promover essa internacionalização regionalizada, impulsionando os setores que demonstravam maior aptidão para a tarefa: o agronegócio e a construção pesada.

Não creio que isso se confunda com o patrimonialismo, recentemente exacerbado pelo financiamento empresarial de campanhas eleitorais e pelas coligações proporcionais que submetem o chefe do Executivo de qualquer governo a toda sorte de vicissitudes para a formação de maioria.

A verdade é que estadistas levam em consideração tanto a concorrência entre empresas quanto a concorrência entre Estados para definir suas estratégias. E as formas pelas quais o Estado nacional e o capital se inter-relacionam variam de época para época e de local para local. Poder e dinheiro interagem continuamente sob várias formas. Certas formas envelhecem e dão lugar a novas. O desenvolvimento das nações se explica por movimentos de inovação que se condicionam reciprocamente: a inovação tecnológica, que determina novas formas de interação econômica entre o homem e a natureza, e a inovação institucional, que determina novas formas de interação política dos homens entre si. A ciência que estuda esse fenômeno chama-se economia política. A meu ver, ela vai além na compreensão do mundo do que a chamada economia neoclássica.

No caso brasileiro, o velho nacional-desenvolvimentismo,

depois do crescimento em marcha forçada no período de 1930 a 1980, se desarticulou já há algum tempo, mas novas formas de inter-relação Estado-capital tomaram o seu lugar. No mundo desenvolvido também essa inter-relação se altera sem cessar. Lisboa certamente não ignora a relação íntima entre o investimento estatal americano em tecnologia bélica e o surgimento do Vale do Silício, ou a relação explícita entre as guerras localizadas ou a desestabilização política de regimes e o interesse das petrolíferas americanas. Também não ignora como a Alemanha, depois da reunificação, moldou, num lance de gênio, a União Europeia segundo seus propósitos; ou como a China atua em escala nacional e global em busca de hegemonia, com suas joint ventures e diplomacia agressivas.

Em 2018, não vamos optar entre o nacional-desenvolvimentismo de Lula e a social-democracia de FHC, como pensa Lisboa, simplesmente porque esses personagens nunca existiram. Aliás, FHC não existe para seu próprio partido em qualquer versão, liberal ou social-democrata. Atravessamos quatro campanhas presidenciais sem que ninguém reivindicasse seu legado, muito injustamente. Em 2018, a polarização se dará com o governo Temer, ao qual os tucanos estão indissociavelmente ligados. Aliás, como Lisboa caracterizaria Temer? Essa é uma questão que eu gostaria de ver respondida.

13. De crise em crise

Uma proposta para superar os impasses do nacional-desenvolvimentismo

Marcos Lisboa[*]

Não foram poucos os pontos de convergência e concordância que Fernando Haddad e eu descobrimos no debate que travamos nas páginas desta revista sobre os governos de Fernando Henrique Cardoso e Luiz Inácio Lula da Silva. O texto original de Haddad, em que relata a sua experiência à frente da gestão municipal em São Paulo, "Vivi na pele o que aprendi nos livros", apareceu na edição de junho da *piauí*. Foi seguido de um comentário meu em agosto, "Outra história".

Na sua intervenção mais recente, "(Des)ilusões liberais", publicada no mês passado, Haddad concordou comigo que não houve ruptura na política econômica entre o segundo mandato de FHC e o primeiro de Lula — afinal foram mantidos o equilíbrio das contas públicas, o câmbio flutuante e o modelo de metas de inflação, políticas tradicionalmente identificadas como liberais ou conservadoras. Também estamos de acordo que o principal programa social do governo Lula, o Bolsa Família, é de "cepa libe-

* Publicado originalmente em *piauí*, edição 133, out. 2017.

ral", como afirma Haddad. Não restam ilusões quanto a isso, pelo menos para uma das principais lideranças do PT.

Fernando Haddad, em contrapartida, comentou que houve diferenças na condução da política econômica entre o primeiro e o segundo mandatos de Fernando Henrique, destacando o crescimento dos gastos públicos bem acima da arrecadação entre 1995 e 1998. Mais uma vez, concordamos.

Restam, entretanto, alguns pontos de desacordo entre nós. Talvez o mais importante deles diga respeito à viabilidade e à eficácia da agenda nacional-desenvolvimentista, algo que a meu ver contamina há décadas o debate sobre a política pública no país — e que mais uma vez apareceu nos argumentos de Haddad, em seu último artigo.

Naquela que me parece a ideia principal de seu texto, o ex-prefeito defende as escolhas de Lula em seu segundo mandato — escolhas que a meu ver contribuíram para a crise econômica em que mergulhamos e da qual só agora, lentamente, começamos a sair —, argumentando que uma política econômica bem-sucedida deve necessariamente ser maleável, adotando diferentes receituários diante das situações específicas de cada momento.

Haddad afirma que a crise por que o mundo passava em 2008 justificava o conjunto de medidas adotadas no segundo governo Lula; medidas essas que refletiriam uma abordagem para o desenvolvimento do país distinta da adotada até então pelo governo Fernando Henrique e pelo próprio Lula em seu primeiro mandato.

Estou de acordo com Haddad que a política econômica deve ser ajustada às especificidades de cada momento, a partir de diagnósticos tão precisos quanto possível, de modo a reduzir a possibilidade de problemas inesperados e a garantir um maior crescimento econômico com inclusão social. A questão, entretanto, é que não é isso que tem acontecido na gestão da economia brasileira nas últimas décadas. Ao contrário, o que temos observado é uma mesma história que sempre se repete, e decisões que se alternam com a mesma regularidade com que temos passado de momentos de crise para outros de relativa bonança.

Desde o começo da década de 1990, a cada vez que atravessamos momentos de crise decorrente do descontrole dos gastos públicos (inflação ou dívida pública que ameaçam fugir do controle) acabamos por adotar difíceis medidas de ajuste para resolvermos os problemas. No entanto, mal controlamos a inflação ou percebemos algum alívio nas contas públicas, tomamos decisões que alimentam novas crises. Optamos por criar leis que garantem recursos para políticas públicas independentemente da arrecadação e da discussão anual do orçamento, além de adotarmos políticas protecionistas, intervenções setoriais e distribuição de crédito barato para os mesmos estamentos que há décadas são privilegiados pelo Estado brasileiro.

A recorrência dessas escolhas, adotadas e intensificadas no segundo mandato de Lula, é algo muito distante do "diálogo com a história" e da capacidade de fugir das receitas prontas diante dos diferentes cenários econômicos, que Haddad defende. É desse roteiro perverso, que repetimos de crise em crise, que precisamos escapar.

Diversas afirmações de Haddad em seus artigos publicados na *piauí* sugerem que nossas divergências se referem ao papel da intervenção do poder público para promover o crescimento econômico. Elas também refletem, a meu ver, o debate polarizado no Brasil atual, que contrapõe liberais a desenvolvimentistas. Os primeiros defenderiam a redução do papel do Estado, acreditando que os mercados resolveriam todos os problemas. Os segundos defenderiam que não há desenvolvimento econômico na ausência da intervenção pública.

Essa polarização pode agradar à política, mas termina por esconder a sutileza das divergências. Afinal, todos defendemos o desenvolvimento. A discordância se dá quanto à forma da intervenção pública, não sobre a sua relevância. O desenvolvimento dos mercados requer regras coletivas que delimitem como os contratos são realizados, assim como mecanismos para a resolução de conflitos. Além disso, a intervenção pública é essencial para a expansão de diversas atividades fundamentais, como em vários setores de infraestrutura, ou para a promoção da política social.

É longa a história dessa confusão ideológica, que opõe caricaturalmente liberais a desenvolvimentistas e termina por preservar um receituário econômico que muitas vezes favorece grupos privilegiados, em detrimento do crescimento econômico e da inclusão social.

Entre 1930 e 1990, estabeleceu-se no Brasil a crença dominante de que caberia ao poder público coordenar os investimentos privados por meio de medidas de proteção contra a concorrência externa, por meio da distribuição de subsídios e da intervenção discricionária do Estado, selecionando empresas e setores a serem privilegiados. Essa agenda, denominada de nacional-desenvolvimentista, resultou na impressionante expansão da intervenção pública na economia naquele período e teve como contrapartida o desequilíbrio das contas públicas. A ênfase concedida à industrialização do país não foi acompanhada por uma atenção equivalente à política social, incluindo educação e saúde.

O fracasso do nacional-desenvolvimentismo contribuiu para a severa crise dos anos 1980. A disseminação de benefícios concedidos pelo poder público ao setor privado resultou na inflação elevada e crescente, que chegou a 90% ao mês no começo da década seguinte.

As medidas protecionistas permitiam a sobrevivência de empresas ineficientes, prejudicando a produtividade e o crescimento econômico. A obrigação de comprar insumos e bens de capital nacionais, muitas vezes de pior qualidade ou mais caros do que os produzidos em outros países, fazia com que vários setores econômicos ficassem defasados em relação ao que se praticava de mais moderno no resto do mundo. As empresas estatais, da telefonia à mineração, contribuíam para a baixa produtividade no Brasil e para que tivéssemos um acesso deficiente a serviços que em outros países já eram comezinhos. Perdíamos o rumo do desenvolvimento em meio a uma severa crise e aos mais altos patamares de desigualdade da nossa história.

Essa longa crise terminou por impor a adoção de uma série de reformas. A partir do final dos anos 1980 começaram a ser reduzidas as barreiras ao comércio exterior, e diversas empresas estatais foram privatizadas na década seguinte. Houve um notável ajuste das contas públicas, e o Plano Real finalmente estabilizou a economia e reduziu a inflação, que prejudica sobretudo os mais pobres. Ocorreram também ganhos de produtividade em diversos setores, como nos serviços de telefonia. O Brasil começava a avançar na direção de uma agenda diferente.

Essa outra agenda, que tenho denominado social-democrata, se caracteriza pela adoção de uma política econômica que preserva a estabilidade da economia por meio dos instrumentos convencionais; pela reduzida intervenção nos mercados, com regras comuns aos diversos setores; pela abertura à concorrência; e pelo fortalecimento das agências de Estado, a fim de viabilizar políticas de longo prazo, como o investimento em infraestrutura.

Por fim, essa agenda enfatiza o papel do setor público em promover serviços universais, como saúde e educação, além de cuidar dos grupos mais vulneráveis.

O avanço do país nessa direção, contudo, foi bastante sinuoso, e parece ter decorrido muito mais da reação às crises econômicas do que de um projeto de reforma do Estado e de regras para a intervenção pública. Assim, não deve surpreender que uma vez superadas as crises, com a volta de um melhor momento econômico, fossem resgatadas políticas típicas do nacional-desenvolvimentismo. Os resultados desses resgates, porém, foram retrocessos: algo que ocorreu no primeiro mandato de Fernando Henrique Cardoso, como bem aponta Haddad, e na crise significativamente mais severa do governo Dilma.

Não foi assim em outros países, como na Inglaterra do final dos anos 1970, na Austrália na década seguinte, ou na América Latina do Pacífico, nos últimos vinte anos. Nesses casos, o debate público sobre o fracasso das políticas nacional-desenvolvimentistas resultou numa clara agenda liberal e social-democrata, e em profundas alterações na política pública.

No Brasil, porém, essa agenda estava longe de ser consensual. Diversos economistas vinculados ao PT profetizavam que o Plano Real iria fracassar, por exemplo. Não demorou para que também tivéssemos que testemunhar aguerridas manifestações contrárias às privatizações.

As divergências, de resto, não estavam restritas aos partidos de oposição. Dentro do próprio governo FHC foram frequentes as críticas à agenda social-democrata, tal como proposta pelo Ministério da Fazenda, por parte de ministros que defendiam a volta dos instrumentos típicos dos anos 1970.

Essas críticas refletiam uma divisão que ia além da política. Diversas lideranças do setor produtivo eram contrárias à abertura comercial e apoiavam a retomada das políticas de estímulo às empresas, por meio da concessão de benefícios diferenciados a esse ou àquele setor, resgatando as políticas do nacional-desenvolvimentismo. Na contramão da distribuição de privilégios, a agenda social-democrata defendia que as regras deveriam ser iguais para os diversos setores — daí por que eu a denomine, frequentemente, de agenda republicana.[1]

Por refletir interesses arraigados na sociedade, o debate entre social-democratas e nacional-desenvolvimentistas não serve para diferenciar os dois mandatos de FHC do primeiro de Lula. Ao contrário, a discussão era a mesma, e esse debate foi comum aos dois governos, dividindo as suas equipes.

Apesar das divergências, a agenda republicana avançou, com notáveis conquistas na política social. Graças à Constituição de 1988 e a diversas políticas adotadas na década seguinte, o ensino fundamental foi universalizado, assistimos à melhoria dos serviços de saúde, expandiu-se o acesso à Previdência, e foram criados programas de transferência de renda para as famílias mais pobres.

De maneira concomitante a esses avanços, a falta de consenso sobre a agenda de reformas resultou na adoção de diversas medidas herdeiras do Brasil velho, como a proteção à indústria automobilística, ao mesmo tempo que deterioravam as contas públicas, no primeiro governo FHC — deterioração que acabou resultando na crise de 1999.

A resposta à crise permitiu a retomada da agenda republicana. As dívidas estaduais foram renegociadas, elevou-se a carga tributária e a Lei de Responsabilidade Fiscal foi aprovada, apesar da oposição do PT. O segundo governo FHC também adotou o câmbio flutuante, o regime de metas de inflação e o compromisso com o equilíbrio fiscal. Foi a crise, insisto — muito mais do que qualquer consenso sobre a necessidade de uma nova agenda para a intervenção pública —, que motivou essas reformas.

Feito o ajuste, o Brasil velho prevaleceu no debate da eleição de 2002. As propostas econômicas dos principais candidatos, incluindo PT e PSDB, simplesmente ignoraram a agenda de reformas para estimular os ganhos de produtividade, a concorrência e a expansão do mercado privado de crédito. Da mesma forma, não foi debatido o tema da gestão pública e de como aperfeiçoar a eficácia dos programas sociais.

A crescente possibilidade de vitória de Lula trouxe um inegável otimismo a diversos grupos da sociedade brasileira, mas gerou também preocupação com a provável política econômica do novo governo. Afinal, poucos meses antes o XII Encontro Nacional do PT propunha a ruptura com a política econômica do segundo mandato de FHC e denunciava o acordo com o FMI, além de defender a retomada de medidas intervencionistas típicas do governo Geisel. O resultado foi a crise de 2002, com a dificuldade crescente do governo em obter novos empréstimos.

A reação do candidato petista foi ambígua. Sem renegar as tradicionais propostas econômicas do PT, Lula sinalizou, na "Carta ao povo brasileiro", que talvez surpreendesse no seu governo. E foi exatamente isso o que ocorreu. Talvez pelo receio da crise que se agravava, em vez de seguir as propostas do XII Encontro Nacional do PT, o novo presidente optou por reforçar a política econômica do segundo governo FHC. Continuidade em vez de ruptura.

O resultado foi o aprofundamento da agenda republicana, com a adoção de diversas reformas institucionais que buscavam permitir o melhor funcionamento dos mercados, como na concessão de crédito, no setor da construção civil e em muitas outras áreas.

Como tinha acontecido no período tucano, porém, essa agenda não foi isenta de oposição dentro do próprio governo. Foi o que se viu na reação ao Bolsa Família, com severas críticas vindas da esquerda, inclusive de ministros do próprio governo, como relatei no meu artigo anterior para a *piauí*. Permanecia, no governo Lula, a mesma tensão entre a agenda social-democrata e o resgate do nacional-desenvolvimentismo que caracterizou o governo FHC. As propostas de políticas de proteção à indústria nacional foram frequentes no primeiro Lula, na contramão da agenda conduzida pela equipe econômica.

Cabe ressaltar que houve também diálogo no primeiro mandato de Lula, dentro e fora do governo. A divergência, em alguns casos, foi menor do que se esperava, frequentemente mais de forma, ênfase e detalhes do que de conteúdo. Esse diálogo permitiu o avanço da agenda republicana no primeiro mandato.

Diversas reformas, naquele período, foram aprovadas graças ao apoio decisivo de políticos da oposição, como Tasso Jereissati, Arthur Virgílio e Agripino Maia, entre muitos outros. Assim ocorreu, por exemplo, com a reforma da Previdência, a do Judiciário, as medidas de crédito e o ProUni. Foi esse diálogo que permitiu preservar a política econômica e a agenda de reformas iniciada no segundo mandato de FHC.

Ao que tudo indicava, parecia possível alcançarmos uma espécie de aliança social-democrata, que incluiria inclusive políticos da oposição. Infelizmente, não foi o que aconteceu. O governo Lula fez uma opção diferente. A governabilidade não foi obtida com base em um programa comum com a social-democracia, mas sim pelo apoio dos interesses oportunistas, negociado em troca da divisão de cargos nas empresas estatais. O escândalo do mensalão levou à ruptura definitiva com o PSDB e o DEM, ao mesmo tempo que reforçou a aliança do PT com pequenos partidos e grupos selecionados do PMDB.

Há, aqui, uma história que ainda precisa ser contada pelos seus protagonistas. Por que o primeiro governo Lula não negociou uma aliança com o que havia de social-democrata na política brasileira? Por que preferiu optar pelo que havia de mais patrimonialista nos interesses representados em Brasília?

Haddad não contesta a continuidade dessa agenda de progressivos avanços ao longo dos governos FHC e do primeiro de Lula. Suas principais discordâncias em relação a mim residem na avaliação dos resultados obtidos em ambos os governos — segundo ele, muito melhores sob Lula. Ele afirma em seu texto que foi a capacidade do mandatário petista de escapar aos "manuais" e de dialogar com a história que teria permitido obter esse desempenho supostamente superior. Quanto a isso, nossas discordâncias são imensas.

Ao comparar os dois períodos — o de FHC e o de Lula — Haddad desconsidera as circunstâncias e o tempo de maturação das políticas públicas. Os bons resultados de Lula devem muito ao que foi feito antes, sob FHC. Da mesma forma, o desastre econômico sob Dilma começou a ser semeado já no segundo mandato de seu antecessor.

Vejamos. Haddad e eu concordamos que a maior parte da redução da pobreza ocorreu no governo Lula, ainda que iniciada no fim do segundo mandato de FHC. A evidência disponível indica que essa queda decorreu do desempenho do mercado de trabalho e dos reajustes do salário mínimo, resultado das políticas iniciadas nos anos 1990 e preservadas pelo primeiro Lula, em meio a um cenário externo favorável. A propósito, a queda da pobreza e da desigualdade ocorreu em muitos países emergentes, inclusive da América Latina, nesse mesmo período. A expansão do comércio mundial parece ter sido muito mais relevante para esse resultado do que as políticas adotadas no Brasil.

Na década de 2000, o país colheu os frutos de uma longa travessia, iniciada nos anos 1990, com a estabilização da economia, as privatizações e a melhoria do ambiente de negócios. Foram conquistas de um país, não de um governo em particular. Não há qualquer evidência de que o melhor desempenho do mercado de trabalho nos anos 2000 tenha decorrido de alguma nova política adotada por Lula, ou de qualquer ruptura com a agenda de reformas que entrava na sua segunda década.

Mesmo os aumentos recorrentes do salário mínimo já haviam sido iniciados no governo de Fernando Henrique. Em cada um dos quatro mandatos de FHC e Lula, o salário mínimo subiu pouco mais de 20% acima da inflação. Os testes estatísticos que conheço não indicam quebra estrutural na política de reajustes salariais, seja no primeiro mandato de Lula, seja no segundo.

Haddad compara resultados específicos em cada período para tentar demonstrar que o governo Lula foi superior ao de FHC. Esse debate parece mais afeito a disputas comezinhas do que à análise dos desafios para a política pública. Afinal, se havia uma agenda de reformas bem-sucedida, apesar dos eventuais retrocessos, era de se esperar que cada governo adicionasse de forma crescente benefícios ao conquistado anteriormente.

Mas, se comparar resultados é relevante para Haddad, então é preciso dizer que provavelmente não houve benefício maior do que a estabilização da economia em 1994, com a superação de mais de uma década de grave crise. Não há dúvidas de que FHC promoveu imensos avanços na política social, em seu primeiro mandato, mas errou no controle das contas públicas. No segundo mandato, FHC fez o ajuste fiscal, mas fracassou em avançar no investimento em infraestrutura.

O primeiro mandato de Lula, por sua vez, aperfeiçoou a política macroeconômica e social e avançou nas reformas institucionais, ao mesmo tempo que promoveu retrocessos nos setores regulados, enfraquecendo as agências públicas. Além disso, como comentei em artigo recente na *Folha de S.Paulo*, a retórica do governo Lula em relação à agenda social foi distinta da adotada no governo FHC, e pode ter colaborado para uma maior eficácia nas ações de inclusão, em meio ao aperfeiçoamento das políticas de transferência de renda.

Na comparação entre os governos FHC e Lula, Haddad se esquece de controlar pelas circunstâncias. O cenário externo era bem mais favorável nos anos 2000 do que nos anos 1990. A estatística permite analisar os resultados obtidos pelos diversos governos em comparação com o desempenho dos demais países emergentes no mesmo período.

João Manoel Pinho de Melo, Vinícius Carrasco e Isabela Duarte documentaram que o desempenho do Brasil foi pior, no governo Lula, do que o de outros países semelhantes ao nosso naquele mesmo período, para um impressionante conjunto de indicadores. Por outro lado, a renda por habitante durante o governo FHC avançou de maneira similar ao observado naqueles países, como revelam os mesmos autores em outro trabalho.

O ex-prefeito de São Paulo, em seu artigo, também procurou destacar os resultados da política educacional do governo Lula.

Quando se considera todo o período entre 1994 e 2010, houve inegáveis avanços na educação, como a universalização do ensino fundamental e o acesso aos indicadores de aprendizagem dos alunos, processo iniciado por Paulo Renato Souza, ministro de FHC. No começo do governo Lula, contudo, assistiu-se ao retrocesso de muitos avanços introduzidos por FHC, como a interrupção do Provão. Esses retrocessos foram revertidos por Fernando Haddad quando esteve à frente do Ministério da Educação. Ele resgatou a agenda iniciada por Paulo Renato e ainda teve o mérito de criar o ProUni.

Houve também, é verdade, um impressionante aumento de gasto com a educação nos mandatos petistas — que, no entanto, se revelou ineficaz. No começo dos anos 2000, esse dispêndio equivalia a 4% do PIB, e hoje representa cerca de 6%. Entre 2009 e 2014, os gastos do Ministério da Educação aumentaram 70% acima da inflação. Parte do incremento de gastos da pasta foi consumida pelos 80 mil novos funcionários contratados pelo ministério nesse mesmo período. O aumento do dispêndio com funcionários, que cresceu mais de 50% acima da inflação entre 2009 e 2014, acabou por comprimir os demais gastos, em investimento e custeio, da pasta.

Apesar desse expressivo aumento de recursos, não houve melhora relevante dos indicadores de aprendizado. O que eles revelam é uma incômoda estagnação, que contrasta com os avanços educacionais de outros países emergentes, alcançados mesmo sem aumentos tão significativos de gastos. Resta-nos o imenso desafio de melhorar a qualidade da gestão educacional no Brasil.

Mas o que dizer do grande momento que Haddad defende e elogia, o da reação do governo Lula à crise de 2008? É verdade que naquele período diversos países adotaram políticas anticíclicas. Nada a obstar. Minha discordância é de outra ordem. A meu ver, o problema foi que o governo confundiu medidas temporárias, necessárias para enfrentar a recessão, com intervenções setoriais de longo prazo. Esse erro não foi cometido pelos demais países emergentes que passaram a crescer bem mais do que o Brasil depois de 2011.

O que aconteceu, na verdade, foi uma retomada de parte das teses defendidas pelo PT no encontro nacional do partido em 2001, e que haviam sido deixadas de lado por Lula no primeiro mandato. O segundo governo Lula apostou no resgate do monopólio da

Petrobras, no desenvolvimento da indústria naval, na expansão do crédito subsidiado e nas regras de conteúdo local. Em todos esses casos, a evidência é de fracasso das políticas implementadas, que resultaram em baixa produtividade, empresas em crise e baixo investimento. Diversos trabalhos acadêmicos apontam que a expansão do crédito concedido pelo BNDES para grandes empresas não teve como consequência o aumento do investimento, mas apenas a queda do custo de financiamento para as companhias beneficiadas e o aumento de lucros para os acionistas. As políticas de estímulo ao desenvolvimento e os investimentos públicos em diversas atividades, iniciados pelo segundo governo Lula e aprofundados por Dilma, tiveram como consequência graves prejuízos para o país. Será que Haddad ainda acredita que aquelas políticas poderiam ter resultado em um novo Vale do Silício?

Discordo ainda de Haddad no seu elogio à política externa do governo Lula. Enquanto outros países emergentes, como Chile, Colômbia e Peru, realizaram acordos comerciais com países desenvolvidos e assistiram ao crescimento do seu comércio externo, o Brasil optou por poucas parcerias, que se revelaram ineficazes. Nosso comércio externo não avançou, as políticas de proteção setorial adotadas a partir de 2009 fracassaram em desenvolver a produção local, claramente feriram acordos internacionais de que o Brasil é signatário e resultaram em diversos processos na Organização Mundial do Comércio em que devemos ser condenados.

O bom desempenho da economia no começo do governo Lula e a descoberta do pré-sal parecem ter sido a sua maldição. Como no primeiro mandato de FHC, os bons tempos permitiram a retomada das velhas práticas. A combinação de um país bem melhor do que uma década antes e um cenário externo mais favorável resultou, uma vez mais, na retomada do nacional-desenvolvimentismo, dominado por alianças que fortaleceram o patrimonialismo e que serviram como abre-alas do fracasso monumental do governo Dilma. A mesma velha história se repetia.

Concordo com Haddad que não se deve confundir patrimonialismo com medidas de estímulo ao desenvolvimento. Entretanto, o resultado das políticas iniciadas pelo segundo governo Lula, aprofundadas com a competência peculiar do governo Dilma, foi apenas mais patrimonialismo, e não maior desenvolvimento.

A agenda social-democrata não excluiu políticas de desenvolvimento da produção local. A diferença, porém, está nas escolhas das alianças políticas assim como no desenho técnico das medidas. Como tenho destacado, há exemplos dessas políticas que resultaram em aumento da produtividade e da geração de renda, como no caso da agricultura nos anos 1970.

A economia não se reduz à ideologia. Há a política e os interesses, certamente, mas também existem a técnica e a análise da evidência. O resgate do Estado patrimonialista e a incompetência iniciada no segundo mandato de Lula, em meio a práticas pouco republicanas, resultaram na grave crise que o país atravessou — crise que só agora parece dar sinais de começar a ser revertida.

Haddad e eu podemos concordar sobre os objetivos da política pública, mas discordamos quanto aos meios mais adequados para atingi-los. Por exemplo, a evidência que conheço indica que a reforma trabalhista aprovada pelo Congresso deve beneficiar a produção e a geração de empregos. Da mesma forma, uma maior abertura comercial deve estimular o aumento da produtividade e da renda. Trata-se de uma discordância sobre os meios mais eficazes para promover o desenvolvimento e a inclusão social, que deveria ser debatida com base na evidência, e não de uma divergência sobre os interesses a serem protegidos.

Em meio às eventuais discordâncias, talvez seja possível

superar a intolerância decorrente das cicatrizes dos embates partidários recentes e concordar sobre princípios comuns. Afinal, os desafios são imensos. O gasto público crescente, decorrente de diversas regras existentes, inviabiliza políticas públicas essenciais, como em ciência e tecnologia. A continuar essa trajetória, o resultado será a volta da inflação elevada, talvez já em 2019.

A agenda de reforma do Estado passa por rever regras e benefícios a fim de proteger os grupos mais vulneráveis da sociedade, bem como garantir igualdade de oportunidades para as novas gerações. Devemos rever os instrumentos de gestão e os critérios de avaliação de políticas públicas, de modo a melhorar a qualidade e a eficácia das intervenções governamentais.

Essa agenda passa por simplificar o regime tributário, tratando igualmente os iguais, com regras simples, comuns a todos os setores produtivos, além de rever as distorções que prejudicam o comércio externo e dificultam o investimento em infraestrutura. A mudança das regras de intervenção pública deve ter como objetivo a retomada do crescimento econômico com inclusão social, impedindo a repetição das escolhas desastrosas da última década.

Não se trata de uma agenda fácil. Para implementá-la, é preciso enfrentar dilemas e fazer escolhas. No começo do primeiro governo Lula, quase conseguimos estabelecer uma ampla aliança social-democrata. Será possível tentar novamente e resgatar a oportunidade perdida?

PARTE III

Comedimento e a crise da política: em diálogo com Celso Rocha de Barros e Helio Gurovitz

14. O Brasil e a recessão democrática

Como o cenário político global ajuda a entender a nossa crise — e vice-versa

Celso Rocha de Barros[*]

Em 2014 tivemos um estelionato eleitoral, que foi ruim, mas pareceu brincadeira de criança se comparado ao fato de que, em 2015, fomos governados por Eduardo Cunha, que, em 2016, quebrou a política brasileira ao meio para entregar a Presidência a Michel Temer, que só não caiu porque entregou à cafetinagem o Tribunal Superior Eleitoral e o Congresso (em duas votações) em 2017. As Forças Armadas invadiram o Rio de Janeiro para garantir foro privilegiado ao ministro Moreira Franco, e a vereadora em quem votei foi executada no meio da rua. Desde que o favorito absoluto nas pesquisas presidenciais foi condenado em segunda instância por corrupção e lavagem de dinheiro, o primeiro lugar passou para um fascista, que, aliás, só tem 20% das intenções de voto: se dependesse do eleitorado, essa eleição terminaria zero a zero. Mais ou menos todo mundo foi pego nas delações das empreiteiras.

* CELSO ROCHA DE BARROS é doutor em sociologia pela Universidade de Oxford (Inglaterra) e colunista da *Folha de S.Paulo.*

Publicado originalmente em *piauí*, edição 139, abr. 2018.

Ou seja, não seria o pior dos exageros dizer que a democracia brasileira está em crise.

Não há dúvida de que a maior parte do que aconteceu no Brasil provavelmente foi mesmo coisa nossa. Nossos problemas econômicos de longo prazo, os erros de política econômica de Dilma, os defeitos do sistema político, a fragilidade do pensamento econômico de esquerda, o pouco apreço dos conservadores brasileiros pela estratégia de "ganhar no voto", tudo isso sempre foi bem conhecido, e tudo isso foi importante para ajudar a cavar nosso buraco atual.

Mas também é verdade que a democracia não vai bem ao redor do mundo. O cientista político Larry Diamond criou o termo "recessão democrática" para descrever como, mais ou menos desde 2006, o número de democracias vem caindo, e a qualidade das democracias restantes também. É um processo lento, com reviravoltas, mas a tendência é preocupante.

Afinal, a democracia vinha em uma ascendente de trinta anos: ao fim das ditaduras do sul da Europa seguiram-se a democratização da América Latina, o fim das ditaduras comunistas do Leste Europeu, e alguns processos de democratização na Ásia e na África.

Essa onda democrática, entretanto, parece ter chegado ao fim e, talvez, começado a refluir. Na Europa, Polônia e Hungria são governadas por partidos de extrema direita que vêm eliminando barreiras legais ao exercício de seu poder. A Venezuela e a Turquia tornaram-se ditaduras. Dos países que participaram da Primavera Árabe, só a Tunísia tornou-se democrática. Nem a longevidade no poder do Congresso Nacional Africano, na África do Sul, nem as sucessivas reeleições de Evo Morales são sinais de vitalidade democrática. Durante a crise do euro, as reclamações sobre o "déficit democrático" da União Europeia foram recorrentes, e nos Estados Unidos o presidente é Donald Trump.

Enquanto tudo isso acontecia, Dilma Rousseff caiu, a classe política foi desmoralizada pela Lava Jato, e as instituições brasileiras perderam a reputação de robustez que haviam conquistado nos anos anteriores.

O que uma coisa tem a ver com a outra? A crise brasileira é mais uma manifestação da recessão democrática? O exemplo brasileiro pode ajudar a entender o processo mais geral? Nossos comentaristas e analistas políticos têm ignorado o assunto, como se dissessem: "Não tenho nem roupa para participar da crise global da democracia".

Para discutir essa questão, apresento a seguir dois livros recentes que tratam da crise da democracia sob ângulos bem diferentes. Em seguida, proponho um ensaio de aplicação dos conceitos de cada um dos livros para explicar a crise brasileira.

Concluo argumentando que a crise da democracia no Brasil se destaca entre suas similares por uma implosão muito mais acentuada do sistema partidário, o que, surpreendentemente, fez com que o sistema político brasileiro se mostrasse mais capaz de se recompor do que seus similares ao redor do mundo.

Os dois livros têm quase o mesmo título, que, entretanto, significam coisas muito diferentes: *How Democracies Die* [*Como as democracias morrem*], de Steven Levitsky e Daniel Ziblatt, lançado no início do ano nos Estados Unidos, é uma investigação de ciência política comparada sobre como países democráticos podem retroceder para formas autoritárias ou semiautoritárias; *How Democracy Ends* [*Como a democracia chega ao fim*], de David Runciman, a ser publicado em maio,[1] é uma discussão sobre o que pode fazer a democracia, mesmo nos lugares onde ela funciona, aos poucos perder seu significado original e transformar-se em algo irreconhecivelmente diferente.

O livro de Levitsky e Ziblatt — professores de ciência política em Harvard — é empiricamente mais rigoroso, por mais que sua motivação política — o medo de que a eleição de Donald Trump danifique irremediavelmente a democracia americana — seja evidente. Reconstruindo a história da democracia nos Estados Unidos, procuram encontrar o segredo que lhe permitiu funcionar ininterruptamente desde a Independência, bem como aquilo que, nos últimos anos, fez com que parasse de funcionar como antes.

Runciman, professor de teoria política na Universidade de Cambridge, escreveu um ensaio mais especulativo, o que talvez fosse inevitável: seu livro está em busca de sinais que ainda não são padrões. No caso, sinais de decadência democrática nos países ricos. Segundo Runciman, o tipo de retrocesso "tradicional", evidente, em direção ao autoritarismo ainda pode ser possível no Egito ou no Brasil, mas as ameaças nas democracias consolidadas são diferentes. Seu argumento central é este: a democracia não vai falhar da próxima vez como falhou da última.

Vou discutir cada livro separadamente, mas antes de mais nada, é preciso dizer: não é um bom sinal que a bibliografia sobre a crise da democracia contemporânea venha crescendo tão rápido.

A tese central de Levitsky e Ziblatt é a de que não foi a excelência da Constituição americana que garantiu a continuidade democrática desde a Independência dos Estados Unidos. A Constituição escrita pelos *founding fathers* tem muitos méritos, mas, como se sabe, é bastante curta. Há inúmeras brechas para a manipulação das regras do jogo por dentro mesmo da legalidade. Se essas brechas tivessem sido exploradas em todas as oportunidades, a história política americana teria sido muito mais turbulenta.

As condições que autorizam o impeachment pelo Congresso, por exemplo, são vagas: a princípio, todo presidente poderia ser impedido quando perdesse a maioria parlamentar. E, entretanto, isso não acontece. Nos Estados Unidos, ao menos.

Levitsky e Ziblatt argumentam que a democracia americana é sustentada por um conjunto de normas não escritas capazes de impedir que esses pontos cegos da Constituição sejam explorados para desestabilizar o sistema. A primeira dessas normas é o que eles chamam de autocontrole (*forbearance*): a disposição de se abster de usar contra o adversário todos os recursos institucionais disponíveis, pelo bem do funcionamento do jogo político como um todo. Vários presidentes americanos enfrentaram congressos de maioria oposicionista, e sempre, nesses casos, a oposição conseguiu tornar a vida deles bem mais difícil. Mas quase nunca a maioria optou pela "opção nuclear" do impeachment, preferindo não correr o risco de instabilidade que impeachments frequentes trariam para a democracia. Isto é, demonstraram autocontrole.

O problema, dizem os cientistas políticos de Harvard, é que essas normas não escritas têm perdido força. Pouco antes da eleição de Trump, os republicanos deixaram de respeitar, de maneira bastante aberta, o imperativo de autocontrole: impediram que Obama nomeasse o substituto de Antonin Scalia, um juiz conservador da Suprema Corte, que faleceu no último ano de mandato do presidente democrata. A maioria republicana preferiu esperar a posse de Trump para só então aprovar o substituto, um conservador nomeado pelo novo presidente. Isso não foi ilegal: mas, como notaram Levitsky e Ziblatt, foi claramente uma violação das normas que orientavam as nomeações da Suprema Corte até então. E a democracia não funciona se todas as possibilidades legais forem sempre utilizadas contra o adversário sem consideração pelas consequências.

A segunda regra fundamental é a tolerância mútua. A propaganda contra o adversário pode ser agressiva (e é), mas deve se abster de colocar em dúvida a legitimidade do oponente: você pode considerar seu adversário incompetente, burro, vagabundo, ladrão, mau-caráter, defensor de ideias que prejudicarão muito o país, mas não pode questionar seu direito de participar da disputa democrática como um postulante legítimo.

As tentativas, ao longo do ciclo de governos petistas, de pintar o PT como uma conspiração antidemocrática a serviço do Foro de São Paulo foram violações da norma de tolerância. O mesmo é verdade sobre a propaganda petista contra Marina Silva em 2014, retratando a proposta de autonomia do Banco Central como uma conspiração de banqueiros para roubar comida da mesa dos pobres.

A violação da norma de tolerância é recorrente no discurso populista. Em seu livro recente sobre o populismo, Jan-Werner Müller mostrou como populistas recortam o eleitorado entre "o povo de verdade", "o povo que importa" e os outros, os estrangeiros ou "penetras" do jogo democrático.

Nesse, como em outros casos, é mais fácil explicar uma regra pela sua violação: quando a escritora Ann Coulter diz que o eleitorado americano não está virando à esquerda, mas sim que está diminuindo (porque está incorporando mais negros, latinos etc.), ela está dando uma aula de populismo, e violando a norma da tolerância.

Assim, para Levitsky e Ziblatt, a eleição de Trump seria o coroamento de um processo de deterioração das normas democráticas americanas. Mas Trump, eles insistem, é um sintoma dessa crise, não seu criador.

Desde o fim da segregação racial a política americana se tornou cada vez mais polarizada. O Partido Republicano passou a ser visto e a atuar como o partido da maioria branca. A desigualdade econômica aumentou, e amplos setores da sociedade americana se sentem "deixados para trás" pela globalização. A política americana tornou-se menos tolerante; os conflitos, crescentemente acirrados; e a disposição para jogar pesado (o *hardball*) contra o adversário é cada vez maior.

Apesar de tudo isso, em seu primeiro ano de mandato Trump não conseguiu quebrar a democracia americana. Certamente gostaria de tê-lo feito. Na campanha, o republicano manifestou todos os sinais de candidatos a líderes autoritários identificados por Levitsky e Ziblatt. Mas as instituições americanas, até agora, foram capazes de controlá-lo. Os trumpistas já disseminam teorias da conspiração sobre o "Estado profundo" (*deep state*), uma conspiração de insiders que estariam impedindo o presidente americano de cumprir suas promessas de campanha. Na verdade, quem está contendo Trump são as instituições criadas pelos *founding fathers* para se prevenir contra presidentes como ele.

Mas seria um erro adotar a atitude complacente de "as instituições estão funcionando", mesmo em terras distantes em que de fato estão. Afinal, notam Levitsky e Ziblatt, um surto de popularidade de Trump ou uma crise nacional grave — uma guerra, um grande atentado terrorista — pode fortalecê-lo e permitir que consolide sua reversão autoritária. Se isso acontecer, dizem os autores, a América terá falhado em seu verdadeiro excepcionalismo, o projeto de construir uma grande e vibrante democracia multiétnica.

O livro de Runciman parte do princípio de que, cedo ou tarde, tudo acaba. Será que também a democracia pode, em algum momento, acabar? Trata-se de um fenômeno histórico relativamente recente, lembra o professor de Cambridge. Nada garante que vá durar mais ou menos do que outras formas de governo.

Runciman vê paralelos entre o período atual de crise democrática e a última década do século XIX, marcada por movimentos populistas, teorias da conspiração, mudanças tecnológicas, desigualdade crescente, e a falta de uma guerra (que ofereceria uma experiência de trauma coletivo semelhante àquela que o populismo encena).

Aquela crise da democracia deu origem a uma espetacular era de reformas, em que se consolidaram as duas bases de sustentação da democracia: a garantia de prosperidade futura, conseguida por meio da combinação entre capitalismo e Estado de bem-estar social, e o reconhecimento da dignidade individual, pelo respeito aos direitos individuais e o direito ao voto. Nos lugares em que a democracia conseguiu se consolidar, a crise da democracia do final do século XIX a fez ressurgir mais forte do que nunca.

A crise atual, entretanto, dificilmente será resolvida como a do século XIX. Não há como expandir o Estado de bem-estar social indefinidamente, e, nos países desenvolvidos, o direito ao voto é universal. Se esses limites já não bastassem, há uma outra característica, bastante particular, específica dos dias atuais, segundo Runciman: os problemas colocados diante da sociedade moderna talvez estejam se tornando ou grandes demais ou pequenos demais para serem resolvidos pela governança democrática.

Por um lado, há uma série de ameaças existenciais pairando sobre a espécie: o risco de guerra nuclear, o risco de catástrofe ambiental, e, talvez, em um futuro não tão distante, o risco de subjugação pela tecnologia.

Não é claro que a democracia consiga lidar bem com esses problemas de grande escala. Os governos democráticos deixaram o problema do aquecimento global chegar a um ponto em que talvez não seja mais possível evitar uma catástrofe. Poderíamos ter votado por limites ao nosso próprio consumo, mas, até agora, não votamos. Da mesma forma, devemos mesmo dar a Donald Trump o poder de destruir o mundo apertando um botão? Mas, se não o fizermos, quem deve ter esse poder? Os generais americanos provavelmente são mais confiáveis do que Trump, mas o quão confiáveis eles são?

Da mesma forma, há um risco real de que a mudança tecnológica comprometa a democracia. O caso mais evidente é a possibilidade de aprimoramento genético para quem puder pagar. Se os filhos dos ricos forem programados para ser superinteligentes ou supertalentosos, será que a igualdade jurídica ainda vai significar a mesma coisa? As possibilidades abertas pela tecnologia podem ser fascinantes: um futuro de automação total em que passemos nossa vida nos divertindo, por exemplo. Mas também podem ser terríveis — uma ditadura de super-homens geneticamente aprimorados, uma vida social destruída pela virtualidade e pela fragmentação da identidade que ela traz. Ainda não temos instrumentos analíticos para prever sequer que problemas teremos nesse front.

Essas ameaças grandes demais para a democracia transferem poder aos tecnocratas e outros tipos de especialistas, que, cada vez mais, também controlam áreas importantes da vida social, como a gestão macroeconômica. Isto é, a participação na gestão dos benefícios de longo prazo do desenvolvimento é cada vez menos decidida democraticamente.

E não basta simplesmente injetar o ruído da democracia na gestão tecnocrática: isso pode funcionar quando o problema é a insensibilidade social ou a inércia dos especialistas, mas e se a gestão do problema exigir o mínimo de turbulência possível? O acrobata será beneficiado se o público começar a urrar sua desaprovação no meio do trajeto? Como saber o que é insensibilidade e inércia e o que, de fato, exige deixar o acrobata em paz? Não é uma questão simples. Naturalmente, todo sujeito inerte e insensível vai mentir que é acrobata.

Por outro lado, a dimensão "dignidade pessoal" da democracia — o respeito aos direitos individuais e à livre expressão dos cidadãos — é cada vez mais privatizada, e cada vez mais deriva para o anarquismo das redes sociais. E esse espírito ultrademocrático das redes sociais, se tem um lado bom evidente, também traz riscos significativos. Runciman lembra que Tocqueville via nos linchamentos americanos uma manifestação deformada do espírito democrático: a maioria se sente autorizada a descontar suas frustrações nas minorias vulneráveis. Na democracia moderna esses impulsos são domesticados pelas instituições, pela presunção de inocência, pelos direitos das minorias. Mas ainda não há nada disso na democracia das redes. Na frase de Runciman, "nós não linchamos mais; a não ser no Twitter".

O tipo de individualidade formado pelo anarquismo das redes sociais também desfavorece a política democrática. No Facebook, no Instagram ou no Twitter, as pessoas se acostumam a ter gratificações imediatas, na forma de *likes*, compartilhamentos, retuítes, comentários. A democracia representativa funciona de outra forma: não gera gratificação imediata, e, como nota Runciman, não foi feita para fazê-lo. O ritmo mais lento dos compromissos partidários, dos procedimentos parlamentares, das negociações e acordos, deveria servir de contrapeso aos vieses cognitivos que nos tornam míopes. Os partidos políticos, em especial, deveriam administrar esse processo de avanços e tréguas, o tempo longo do compromisso.

Daí a tendência recente à substituição do partido — incapaz de gerar gratificações imediatas — pelo movimento. O Podemos da Espanha começou como movimento, o En Marche! de Emmanuel Macron foi criado em torno de seu líder, e o trabalhismo de Jeremy Corbyn representou a tomada do Partido Trabalhista por um movimento. Esses movimentos, para Runciman, são como o Facebook: combinam máxima horizontalidade — as redes, a espontaneidade etc. — com lideranças fortemente verticais. O Facebook é uma rede horizontal, sem dúvida, mas é também, no fim das contas, o brinquedo do Mark Zuckerberg. É ele quem decide as regras do jogo, e as modifica como e quando quer. O mesmo vale para Macron no En Marche!.

A conclusão do livro é a de que só a política pode resgatar a política. É preciso que as tentativas de manipulação tecnológica e o poder do mercado sejam enfrentados por políticos com coragem de desafiar fortíssimos interesses econômicos. O próprio mercado global é uma máquina que saiu de controle, e — como no *New Deal*, em reação à crise econômica da década de 1930 — a solução é simples: só o exercício do poder político pode limitar o poder do mercado ou da técnica. Só o antigo Leviatã pode enfrentar o novo Leviatã.

Como essas duas perspectivas — a dos cientistas políticos de Harvard e a do professor de Cambridge — se cruzam? Ao final de *Como a democracia chega ao fim*, Runciman lamenta que o trabalho de Levitsky e Ziblatt tenha sido publicado quando seu próprio livro já estava pronto, e manifesta sua torcida para que as duas perspectivas se revelem complementares. São?

Há temas em comum entre os dois livros: em primeiro lugar, o caráter muito mais gradual dos retrocessos democráticos recentes. Como notou Runciman, as democracias frágeis têm uma, e só uma vantagem sobre as sólidas: elas sabem quando acabam. Os generais fecham o Congresso, ocupam as estações de tevê, e todo mundo sabe o que aconteceu. Não é só que a democracia pode acabar de forma lenta: há toda uma área cinzenta entre democracia e ditadura dentro da qual é possível se mover com avanços e retrocessos. E talvez a democracia não acabe, ela só passe a significar menos do que já significou.

O caso de sucesso mais evidente da democracia — os países desenvolvidos no Pós-Guerra — aconteceu quando a discussão política se dava em torno de pautas de "médio alcance", como o tamanho do Estado de bem-estar social ou os níveis de tributação. Conforme essas questões foram resolvidas (ou excluídas da pauta pela exigência de competitividade global), os problemas passaram a girar em torno de temas que talvez sejam grandes demais (o risco de guerra nuclear) ou pequenos demais (a epidemia de opiáceos nos Estados Unidos). Esse deslocamento do eixo da discussão pode ajudar a explicar por que retrocessos democráticos começaram a afetar mesmo as democracias mais maduras, favorecendo o surgimento de populistas como Trump. A erosão dos valores democráticos identificada por Levitsky e Ziblatt e a necessidade de gratificação imediata discutida por Runciman podem ser processos que se alimentam. A desigualdade de renda, que para Levitsky e Ziblatt faz crescer a polarização partidária, em Runciman (seguindo Paul Krugman) dificulta a articulação política em torno da produção de bens públicos.

Além disso, é possível pensar em um cenário em que o esvaziamento da democracia descrito por Runciman torne um retrocesso como o descrito por Levitsky e Ziblatt mais provável. Por mais que a política se transforme, é bem provável que o controle da máquina estatal continue a ser um bom negócio. Se os vínculos entre expectativas e valores do público das redes — cada vez mais imediatistas — e a realidade da política institucional se esvaziarem, a disputa pelo poder vai continuar, agora sem o público e sem valores. Se decidirmos, definitivamente, que o poder não nos representa mais, podemos ter certeza de que alguém vai torná-lo seu representante. E é muito improvável que o vencedor dessa briga não seja quem já conta com recursos de poder consideráveis.

Talvez os dois livros tenham o mesmo defeito: é bem claro que o pano de fundo de suas análises é a crise de legitimidade do liberalismo depois da crise financeira de 2008, mas a crise e seus desdobramentos não são partes importantes de nenhum dos dois livros. Ao menos como respostas às analogias correntes com os anos 1930, que transcorreram sob o impacto da crise de 1929, a crise de 2008 merecia mais atenção em uma explicação da crise atual nas democracias.

A desigualdade já vinha crescendo havia um bom tempo, mas em 2008 ficou claro que ela não seria revertida em prosperidade geral: ao contrário, os governos salvaram os bancos (como era mesmo necessário fazer) e deixaram os pobres entregues à própria sorte (o que foi um crime). A União Europeia, símbolo de integração pacífica entre países, passou a ser vista como uma agência de cobrança que vetava ou aprovava os líderes eleitos em cada país-membro. Os países ricos já eram cheios de imigrantes, mas até pouco tempo atrás o multiculturalismo era só uma das manifestações de uma integração cultural global que prometia prosperidade para todos. Como os trabalhos do cientista político Peter Mair já haviam mostrado, os partidos políticos vinham perdendo legitimidade, mas a alternativa a eles foi, por um bom tempo, o desinteresse e a abstinência eleitoral. Só recentemente esses partidos enfraquecidos tiveram que enfrentar a concorrência de movimentos populistas agressivos. Não é por acaso que Trump centrou fogo nas elites cosmopolitas dos grandes centros, ou que todos os outsiders europeus — à esquerda e à direita — centrem fogo em Bruxelas.

A análise da crise global também é importante por outro motivo: a "política de médio alcance" de que fala Runciman desapareceu porque faltam boas propostas para encaminhar um novo pacto social como os que foram alcançados pela social-democracia do Pós-Guerra ou pela "terceira via" da primeira fase da globalização. Há boas razões para suspeitar que a solução da crise da democracia passe pela recomposição do pacto social em torno da globalização. Se um novo compromisso começasse a gerar prosperidade compartilhada nos países ricos amanhã, é provável que quinze dias depois as ameaças populistas já estivessem bem mais enfraquecidas, e as partes desse novo acordo mínimo servissem de base para um renovado padrão de concorrência eleitoral.

No geral, os dois livros têm muitas semelhanças e pontos de contato, mas, além das semelhanças, há, sim, complementaridades. Runciman dá mais atenção aos problemas que se apresentam à democracia e à sua relação com a vida na sociedade contemporânea. Levitsky e Ziblatt dão mais atenção à competição política no sentido mais estrito (disputas entre partidos etc.) e à deterioração das instituições. Supondo que a competição política dependa do que acontece na vida concreta das sociedades, e que as instituições dependam de legitimidade produzida culturalmente, é fácil ver que as duas perspectivas se complementam.

Vejamos agora como esse cruzamento de perspectivas pode nos ajudar a entender a atual crise democrática brasileira, a maior desde a redemocratização.

Um dos elementos mais importantes da política brasileira nos últimos anos foi o surgimento de uma política da indignação sustentada pelas redes sociais. O papel dessa política de indignação nas manifestações de 2013 e na luta pelo impeachment é evidente, mas ela é fundamental para entender como a Lava Jato funcionou desde 2014: foi por meio das mobilizações nas redes sociais que o sistema político mediu o grau de insatisfação popular contra as diversas tentativas de interromper as investigações.

Mas desses três processos — junho de 2013, as passeatas da Paulista, a mobilização pela Lava Jato — só um foi claramente bem-sucedido: Dilma Rousseff caiu. As manifestações de 2013 tiveram efeitos políticos modestíssimos, e a Lava Jato vem sofrendo derrotas cada vez mais frequentes desde o impeachment.

O que isso nos diz sobre o tipo de política das redes sociais que preocupa tanto Levitsky e Ziblatt quanto Runciman? A experiência brasileira é clara: a política das redes só foi eficaz quando teve um ponto de entrada na luta política tradicional.

Saudada como "refundação da república" pelos mais exaltados no momento em que aconteceram, as manifestações de 2013 perderam prestígio. A direita perdeu o interesse quando teve seu próprio 2013, as manifestações pelo impeachment. E, na esquerda institucional, a interpretação dominante tornou-se algo mais ou menos assim: voluntária ou involuntariamente, talvez (nas interpretações mais doidonas) com participação estrangeira, as manifestações de 2013 ajudaram a criar uma onda conservadora que deu origem ao impeachment (ou golpe) de 2016. O culto a "Junho" sobrevive, entretanto, no PSOL, na Rede Sustentabilidade, entre os anarquistas e na esquerda universitária.

Mas as manifestações foram simplesmente espetaculares. As grandes cidades brasileiras pararam. Foi, provavelmente, a maior onda de manifestações da história do Brasil. Subitamente, pequenos grupos da esquerda não lulista (o Movimento Passe Livre, os coletivos anarquistas, os black blocs) pautavam a vida nacional. O efeito de espetáculo dos carros queimados gerou evidente fascínio, ao mesmo tempo que todos manifestavam seu repúdio à violência. O aumento da tarifa de ônibus foi cancelado, e todos nos familiarizamos com personagens como Sininho, Game Over, Pablo Capilé e a economia dos "cubo cards".

E, entretanto, Junho não deixou nenhum legado institucional. Não teve nenhuma influência sobre a eleição presidencial seguinte, vencida pela situação. Nenhum dos líderes do movimento teve uma carreira de sucesso. Poucos anos depois de termos discutido a sério ônibus de graça para todo mundo, estávamos debatendo que escolas fechar porque o dinheiro acabou.

Nenhum movimento ou partido foi fundado a partir de Junho de 2013. O partido que mais se aproximou do espírito de Junho foi a Rede Sustentabilidade, de Marina Silva, legenda que até hoje enfrenta seríssimas dificuldades para se consolidar. A Rede Sustentabilidade, aliás, apresenta diversos problemas que Runciman identifica em movimentos como o En Marche! (e no Facebook): tem alta horizontalidade, mas, ao mesmo tempo, é o brinquedo de Marina Silva, como o En Marche! é de Macron. Entre os dissidentes da Rede, são comuns reclamações sobre a concentração de poder em torno do círculo de Marina (no qual só ela tem peso eleitoral). Nenhum partido tem mais a cara de "Junho" do que a Rede Sustentabilidade, e a Rede não conseguiu se consolidar. Seria culpa de Junho?

Talvez seja, ao menos em parte. A baixa tolerância à frustração, identificada por Runciman na política das redes sociais, pode ter contribuído para evitar que Junho de 2013 tenha deixado legados políticos consistentes. O "não me representam" pode não ter sido apenas uma crítica à classe política realmente existente, mas um desafio à própria ideia de representação, uma falta de tolerância ao tempo lento do compromisso. A Rede Sustentabilidade vem demonstrando grande dificuldade em fazer alianças, e mesmo críticos simpáticos ao partido (como eu) se preocupam com a estratégia que a Rede adotaria para montar uma maioria parlamentar se Marina vencesse a eleição presidencial. Há algo de narcisista nesse purismo, como há algo de narcisista na política das redes sociais.

Ainda acho que as manifestações de 2013 foram bem-vindas, porque a situação da classe política brasileira, nos termos de Runciman, era muito mais parecida com a do político inerte do que com a do acrobata na corda bamba. Mas a consolidação desse tipo de atitude pode ter sido prejudicial. Imaginem a vantagem para o país se, em 2015, houvesse um partido forte capaz de bancar a pauta da convocação de novas eleições em vez da fraude do impeachment?

Os movimentos pelo impeachment foram outra história. Também se caracterizaram pela utilização ativa das redes sociais, e usaram amplamente o repertório das manifestações de 2013 (inclusive o slogan "Vem Pra Rua"). A diferença crucial é que a turma de 2015 não teve pudor de se aliar a um dos lados da briga política institucional, a direita, e abandonar a reivindicação de "apartidarismo" assim que Dilma caiu. Seus líderes hoje são assessores de políticos e concorrem a cargos eletivos. O Movimento Brasil Livre tornou-se um pequeno exército de *trolls* de internet que negocia seu apoio a candidatos presidenciais de qualidade duvidosa.

Ao aliar a política de indignação das redes com o que havia de mais poderoso na política institucional — os partidos de direita, os ricos —, o movimento pelo impeachment tornou-se muito diferente de Junho, mas muito parecido com os movimentos populistas que venceram ao redor do mundo.

A insurreição de Trump teve tempo e lugar: aconteceu nas prévias partidárias. Depois disso, ele concorreu como o legítimo candidato do Partido Republicano. Como notaram Levitsky e Ziblatt, o trágico é que a legenda tenha deixado de desempenhar sua função de filtro contra gente como Trump, permitindo que, daí em diante, a eleição fosse "normal" (e o normal é a troca do partido na Presidência de oito em oito anos). Da mesma forma, o Brexit aconteceu pelas mãos do Partido Conservador britânico, e é difícil imaginar algo mais establishment do que os *tories*. David Cameron imaginava que o Brexit seria derrotado no plebiscito, enfraquecendo o Ukip (sigla em inglês para Partido da Independência do Reino Unido), que desafiava os *tories* pela direita. Perdeu, e agora são os *tories* a implantar o programa do Ukip. Do outro lado, o trabalhismo também se viu tomado por dentro, pelo movimento de Jeremy Corbyn, que foi bem-sucedido onde Bernie Sanders fracassou. Esses movimentos foram vitoriosos porque conseguiram jogar o jogo tradicional de esquerda × direita. Como o MBL conseguiu, mas a Rede Sustentabilidade não.

E a mesma dinâmica pode ser vista na história da Lava Jato.

A Lava Jato é fruto de um processo de aprimoramento institucional de muitos anos. Mas a conversão da Lava Jato em força política passou por sua absorção pela política de indignação das redes sociais. Quando se fala da pressão da opinião pública em favor da Lava Jato, a esperança (ou o medo) reside exatamente nessa capacidade das redes sociais de organizarem manifestações como as de 2013 ou 2015.

Enquanto a Lava Jato convergiu com o movimento do impeachment, isto é, com interesses poderosos dentro do sistema político, ela fez o que quis. Entre 2015 e 2016 vivemos o que a jornalista Renata Lo Prete chamou de "Império da Lava Jato". Assim que Dilma caiu, a Lava Jato tornou-se mais parecida com Junho de 2013: uma expressão poderosa de indignação popular que, entretanto, não conseguiu produzir um Leviatã que enfrentasse o Leviatã do outro lado. Assim que deixou de ser bom negócio para a direita, e com a esquerda já denunciada, a Lava Jato começou a refluir.

A Lava Jato, como as manifestações de 2013, atacava o sistema político como um todo. A direita conseguiu apoiar a Lava Jato hipocritamente enquanto as denúncias não chegavam até ela, mas, no fim das contas, todo mundo era financiado pelo cartel das empreiteiras.

E aqui talvez esteja a chave para entender a especificidade da crise democrática brasileira diante das outras: exatamente porque ela foi mais grave que as outras — porque a Lava Jato explodiu o sistema partidário —, a política de indignação popular não achou uma brecha no sistema político. Não havia mais partidos fortes para fornecer-lhes um ponto de entrada, como os republicanos foram para Trump, os *tories* para o Brexit ou os trabalhistas para Corbyn.

Longe de dar o poder a um outsider, a turbulência política no Brasil derrubou Dilma Rousseff para promover uma extraordinária recomposição do sistema.

No livro de Levitsky e Ziblatt, um dos exemplos de exercício de autocontrole institucional é justamente a parcimônia com que o instituto do impeachment sempre foi utilizado pelos americanos. Podemos acrescentar que o próprio fato de o julgamento do impeachment ser realizado pelo Congresso — e não por um tribunal — mostra o quanto os legisladores se preocuparam com as consequências políticas do processo. Não se trata, nem de longe, de uma questão eminentemente jurídica. É a redistribuição, pelo Congresso, do principal prêmio em disputa em um sistema presidencialista — o cargo de presidente da República. É o tipo de coisa que pode degenerar em guerra civil. Ao final do livro, Levitsky e Ziblatt acautelam os democratas: só pensem em impeachment para Trump se isso for resultado da construção de um grande consenso nacional que envolva também parte importante da direita. Aceitem compromissos programáticos com a direita moderada se isso for necessário para derrotar o radicalismo de Trump.

O impeachment de Dilma Rousseff, em contraste com as recomendações de Levitsky e Ziblatt, foi realizado assim que se tornou institucionalmente possível: quando Eduardo Cunha deu início ao processo, em represália ao voto do PT contra ele no Conselho de Ética. Não houve qualquer esforço de estabelecer um consenso entre esquerda e direita durante o impeachment de Dilma — ao contrário do que houve no impeachment de Collor.

Os votos a favor e contra o impeachment são mapeáveis quase que perfeitamente na divisão direita × esquerda no Congresso. Temer chegou ao Planalto com um programa de governo claramente pró-mercado, o que impediu que os partidos de esquerda concorrentes do PT apoiassem o impeachment. O impeachment de Dilma foi um ato de poder de um dos lados do espectro político — o lado que havia perdido em 2014 —, exercido como gesto de autoafirmação, sem qualquer esforço de incorporar bandeiras do outro lado.

E o impeachment foi só a conclusão do processo que Levitsky e Ziblatt chamaram de *hardball*, o uso de toda e qualquer possibilidade institucional para derrotar o adversário.

A direita tentou impedir a posse de Dilma Rousseff com base em boatos de Facebook: passado algum tempo, o candidato derrotado em 2014, Aécio Neves, admitiu que havia entrado com o processo "só para encher o saco". E a eleição de Eduardo Cunha para a presidência da Câmara dos Deputados foi um marco: daí em diante, as instituições brasileiras seriam ligadas ou desligadas conforme o interesse dos derrotados de 2014.

Em seu segundo mandato, Dilma tentou corrigir as atrocidades que fez na gestão macroeconômica no primeiro, que, não custa enfatizar, foram inúmeras. Ninguém deixou. Essa mesma turma que agora faz anúncio "Sem a reforma da Previdência, o Brasil vai quebrar" votou a favor do fim do fator previdenciário em 2015 para impedir Dilma de arrumar as contas públicas. Ao menos demonstraram coerência — involuntária — fracassando em aprovar a reforma durante o governo Temer. Eduardo Cunha esvaziava o plenário quando os vetos de Dilma às pautas-bomba iam à votação, e todos os parlamentares direitistas, dos mais radicais aos mais moderados e pretensamente civilizados, deixavam o recinto como um rebanho dócil.

Na verdade, o Brasil teve outra Constituição em 2015-6, e

ela foi revogada após o impeachment. Em 2015, delações eram provas suficientes para derrubar políticos e encerrar carreiras. Em 2017, deixaram de ser. Em 2016, era proibido nomear ministros para lhes dar foro privilegiado; em 2017 deixou de ser. Em 2016, os juízes eram vistos como salvadores da pátria, em 2017 viraram "os caras que ganham auxílio-moradia picareta". Em 2015, o sujeito que sugerisse interromper a guerra do impeachment em nome da estabilidade era visto como defensor dos corruptos petralhas; em 2017 tornou-se o adulto no recinto, vamos fazer um editorial para elogiá-lo. Em 2015, presidentes caíam por pedaladas fiscais; em 2017 não caíam nem se fossem gravados na madrugada conspirando com criminosos para comprar o silêncio de Eduardo Cunha e do doleiro Lúcio Funaro. Em 2015, a acusação de que Dilma teria tentado influenciar uma decisão do ministro Lewandowski deu capa de revista e inspirou passeatas. Em 2017, Temer jantou tantas vezes quanto quis com o ministro do Supremo Tribunal Federal que o julgaria no TSE e votaria na decisão sobre o envio das acusações da Procuradoria-Geral da República contra ele, Temer, ao Congresso. Em 2015, Gilmar teria cassado a chapa Dilma-Temer. Em 2017, não cassou.

O leitor pode ter qualquer opinião sobre temas jurídicos: talvez não lhe pareça razoável considerar delação como prova; talvez não fosse razoável cassar a chapa no TSE; talvez seja legítimo nomear ministros para lhes dar foro privilegiado; talvez seja errado prender logo após o julgamento em segunda instância; talvez valha o benefício da dúvida quando o presidente é gravado combinando crimes.

O que é obviamente errado, e indiscutivelmente aconteceu no Brasil nos últimos anos, é um dos lados da disputa política ter o poder de ligar ou desligar instituições conforme seus interesses.

E lembrem-se: não se trata só da conquista da Presidência. Os áudios de Romero Jucá deixaram claro que o impeachment era uma contrarreforma, uma reação do sistema contra a Lava Jato. Não há dúvida de que o PT teria parado a operação, se pudesse — desde que caiu, o partido só fala nisso. Mas não era a esquerda quem tinha poder para fazê-lo. Como já vimos, depois que a Lava Jato deixou de servir de degrau para o impeachment, sua luta contra o sistema político tornou-se muito mais desigual. A operação ainda continua, e talvez ainda produza frutos, mas o Império da Lava Jato caiu.

Além disso, a elite econômica mostrou-se capaz de controlar o timing das quedas dos políticos. Dilma caiu quando era presidente. Lula foi condenado quando liderava a pesquisa presidencial. Cunha foi poupado até a semana seguinte à aprovação do impeachment. Se Temer for investigado, será quando nenhuma reforma desejada pelo mercado depender mais dele. Se Temer caísse em 2017, se Cunha caísse em 2015, a Bolsa despencaria na hora (como despencou no Joesley Day). Quando Cunha caiu em 2016, a Bolsa continuou feliz da vida. Se Temer cair em 2019, será a mesma coisa. Se quiserem ver poder, poder de verdade, procurem quem teria perdido dinheiro se a Bolsa tivesse caído.

Mesmo sem supor qualquer viés conservador nos investigadores da Lava Jato, seu efeito sobre cada um dos lados da disputa política foi claramente enviesado: a direita conseguiu segurar os seus no poder até eles perderem importância. A esquerda perdeu uma presidente e um candidato favorito.

Isso é poder, meu amigo, poder em estado puro. Aqui já não tem mais norma, não tem mais instituição. E esse exercício descarado de poder é um sintoma claro de que nossa democracia anda bastante doente.

Isto é, no Brasil, ainda mais do que nos Estados Unidos, a norma do autocontrole foi para o espaço até o PT cair. Nossa deterioração institucional foi muito mais grave do que qualquer coisa que Trump tenha feito até agora. Talvez as instituições, em 2019, sejam, por fora, iguais ao que eram em 2013. Mas o fato de que, em 2015-6, a direita as ligou e desligou conforme seu interesse não vai ser esquecido por ninguém.

O debate sobre o "golpe de 2016" corre o risco de obscurecer a natureza e a dimensão da crise democrática brasileira. A essa altura, só gente muito protegida na própria bolha ideológica dirá que a democracia brasileira não está funcionando muito pior do que funcionava até 2015. Mas talvez "golpe" não seja mais o conceito relevante aqui: talvez a democracia brasileira, nos termos de Runciman, esteja dando errado de uma forma diferente.

O impeachment de 2016 fez parte de um processo maior de deterioração democrática, que só se acelerou desde então. As normas de tolerância e autocontrole deixaram de operar em grau muito mais intenso do que nos Estados Unidos de Trump ou no Reino Unido do Brexit. A separação entre a política macro em que foi decidido o ajuste fiscal e a política micro da indignação moral foi total. Talvez a política de indignação das redes sociais consiga se transformar em uma força positiva na política brasileira, mas, até agora, só foi escada para as manobras palacianas mais cínicas possíveis. E a recomposição do sistema político por meio do impeachment ainda arrisca fortalecer movimentos populistas nas eleições deste ano.

A democracia brasileira está em crise, o mesmo tipo de crise que diversos países do mundo vêm experimentando desde a crise de 2008. Demos mais sorte do que os países em que a democracia colapsou, como a Venezuela ou a Turquia, mas foi particularmente ruim ter que administrar os efeitos da "nova matriz econômica" enquanto a política brasileira desmoronava.

* * *

O que o exemplo brasileiro sugere, portanto, é que fenômenos como Trump ou o Brexit dependeram de os sistemas partidários estarem em crise, mas não destroçados. A bomba atômica da Lava Jato tornou a política partidária brasileira inutilizável pela indignação popular. E, como seria de se esperar, a indignação popular, sozinha, não é suficiente para construir partidos: é bem mais fácil fazer uma passeata ou um linchamento com a indignação popular do que uma aliança partidária ou uma composição de interesses semelhantes. Justamente por ter sido mais aguda do que as outras, a crise democrática brasileira, até agora, terminou com o sistema recomposto, não com a ascensão de um outsider.

Dentro de poucos meses, teremos uma eleição presidencial. Só então saberemos como acaba essa história. Talvez o sistema se apresente recomposto e os partidos tradicionais consigam disputar a Presidência como vinham fazendo. Talvez novas forças partidárias — seja a Rede de Marina, seja o PDT repaginado de Ciro Gomes, seja o PSL de Bolsonaro — consigam quebrar a recomposição da era Temer.

Neste caso, teríamos um difícil processo de negociação entre a insurreição eleitoral e a recomposição do sistema. O próximo mandato exigiria compromissos muito mais inteligentes do que os que fomos capazes de estabelecer desde o início da crise da democracia brasileira.

É difícil saber como a crise da democracia dos anos 2010 será vista no futuro. Talvez a recomposição do sistema e o fim da Lava Jato pareçam menos piores por comparação, se os outsiders pelo mundo afora se revelarem muito mais nocivos do que foram até agora. Talvez o arranjo pós-impeachment tenha sido o pior dos mundos, e ainda tenhamos que enfrentar um surto populista que se some à sequência das tragédias "nova matriz econômica" e impeachment. Uma alternativa perfeitamente possível é que um presidente Bolsonaro recorra ao autogolpe e nossa geração tenha votado pela última vez.

Talvez haja movimentos positivos acontecendo que ainda não estejam no radar. E talvez tudo seja lembrado apenas como uma sequência estúpida de erros grotescos conduzida por personagens ridículos demais para serem lembrados de uma forma ou de outra. Se a economia melhorar, é possível que voltemos à vida normal e todo mundo prefira não falar mais nisso. Há cenários piores.

Mas a crise sempre é uma aula. Aprendemos que, independentemente de quem vinha ganhando eleições presidenciais, a direita é incomparavelmente mais forte que a esquerda, e as instituições brasileiras eram mais fortes quando o lado mais fraco estava no poder. E aprendemos que a política de indignação das redes sociais pode, sim, influenciar a política, mas não conduzi-la; e isso a torna presa fácil para manobras cínicas da velha política.

A política de indignação não conseguiu produzir seu próprio Leviatã, e, sem isso, nosso velho Leviatã está cada vez mais soltinho.

15. A recessão democrática no Brasil: resposta a Celso

Samuel Pessôa e Marcos Lisboa[*]

Celso Rocha Barros escreveu artigo na revista *piauí* de abril afirmando que a direita no Brasil foi responsável por "mandar para o espaço a norma do autocontrole".

Essa afirmação foi feita na sua resenha sobre o livro *Como as democracias morrem*, dos cientistas políticos Steven Levitsky e Daniel Ziblatt. Eles argumentam que a perenidade de uma democracia depende de os jogadores praticarem duas regras não escritas. A primeira é reconhecer o adversário como um legítimo jogador e a segunda é praticar autocontenção, o que significa não operar nas zonas cinzentas das regras do jogo.

Os autores propõem que a direita americana tem quebrado essas regras de boa convivência e documentam outros processos de destruição lenta de regimes democráticos decorrentes de operar nas zonas cinzentas, como no caso da Venezuela. Segundo os autores, as duas regras não escritas foram quebradas pelo chavismo desde o seu início.

* Publicado originalmente no blog do Ibre, 8 maio 2018.

Para Celso, a direita brasileira mandou para o espaço o autocontrole ao derrubar o PT. "O que é obviamente errado, e indiscutivelmente ocorreu no Brasil nos últimos anos, é um dos lados da disputa política ter o poder de ligar e desligar instituições conforme seu interesse." Dilma, exemplifica Celso, não conseguiu confirmar Lula na Casa Civil em 2015, enquanto Temer nomeou Moreira Franco ministro em 2016.

Celso argumenta que o tratamento desigual não reflete detalhes do desenho institucional, como o foro privilegiado; afinal, parlamentares à direita e à esquerda foram protegidos pelas regras existentes (há acusações graves contra Aécio e Gleisi). O tratamento desigual decorreria do poder de influência da direita ("a turma que perde dinheiro quando a Bolsa cai"): "Se quiserem ver poder, poder de verdade, procurem quem teria perdido dinheiro caso a Bolsa tivesse caído".

A sugestão de Celso, se nossa leitura de seu texto estiver correta, é que de alguma forma a "turma da Faria Lima" manipula as instituições políticas e de controle do Estado para que estas decidam a favor do grupo "que perde dinheiro quando a Bolsa cai".

NOSSAS DIVERGÊNCIAS

A tese de Celso é frágil. Em geral, quem perde dinheiro quando a Bolsa cai são os investidores institucionais, como os fundos de pensão. A "turma da Faria Lima", por sua vez, ganha dinheiro quando se antecipa aos movimentos da Bolsa, tanto faz se para cima ou para baixo. O texto de Celso, cheio de ironias, fluente e bem-humorado, ignora esse fato.

Quem se beneficia da Bolsa para cima é o país. As ações de empresas aumentam de valor quando se espera que as vendas e a produção aumentem, o que significa crescimento da renda e do emprego. Esse processo, como ocorreu no governo Lula, resulta em ganhos para a maioria da sociedade, incluindo os trabalhadores que obtêm maiores salários.

Celso abraçou uma teoria conspiratória sem identificar os nexos causais. Temos duas divergências adicionais com a narrativa de Celso. Primeiro, ela nos parece bastante parcial. É necessário contar a história completa das perdas de autocontenção para entendermos o impedimento da presidente Dilma. Lendo o texto de Celso parece que, tendo perdido a eleição, a direita, representada em dois terços do Congresso Nacional, resolveu impedir a presidente. As coisas foram, entretanto, bem mais complexas.

Em segundo lugar, a narrativa de Celso, a nosso ver, reflete a enorme dificuldade da esquerda em entender a natureza de nosso presidencialismo e o papel do Congresso, e voltamos a este ponto no fim do artigo. Antes, analisamos o histórico das falhas da autocontenção no Brasil recente e seus muitos desdobramentos.

AUTOCONTENÇÃO DE QUEM?

Celso considera que o impedimento da presidente Dilma representou uma quebra da regra de autocontenção. As coisas na política, segundo ele, andaram relativamente bem por muitos anos, com um excesso aqui e outro acolá, até que a direita resolveu "ligar e desligar as instituições conforme seus interesses".

A sequência de eventos que levaram ao impedimento da Dilma é bem mais longa do que sugere o relato de Celso.

Durante o governo Dilma, a transparência das contas públicas foi severamente prejudicada por muitas decisões do Tesouro Nacional que violaram a autocontenção. Afinal, um dos pilares da democracia é reportar adequadamente a real situação do governo. O mesmo vale para empresas privadas. O escândalo da Enron há quase duas décadas decorreu da apresentação de resultados contábeis que mascaravam a real situação da empresa. O resultado foram vários processos, prisões e a falência da então maior empresa de auditoria do mundo.

Alguns argumentam que o estelionato de Dilma é equivalente ao de FHC em 1998, que manteve a valorização cambial até a eleição, para somente depois fazer o ajuste inevitável. A "jurisprudência de 1998" tornaria aceitável o estelionato de 2014.

Esse argumento parece ignorar que o maior problema do governo Dilma não foi propor uma política econômica diferente da que defendeu na campanha eleitoral. Estelionatos eleitorais devem ser criticados, mas nem de longe podem ser comparados à manipulação que mascara para a sociedade a real situação das contas públicas.

Erros de política econômica fazem parte da vida e devem ser julgados nos ciclos eleitorais. Tudo bem que o desastre da gestão Dilma foi incomparável. Difícil imaginar maior sequência de decisões incompetentes do que as adotadas no seu mandato. Intervenções desastrosas em diversos setores, como em petróleo e gás, as políticas fracassadas de conteúdo local e a expansão do crédito subsidiado do BNDES são apenas alguns exemplos de desperdício de recursos que resultaram em um fracasso impressionante e que custou caro ao país.

Descolamos dos nossos vizinhos latino-americanos a partir de 2011. Enquanto os demais países se recuperavam depois da grave crise externa de 2008, o Brasil assistiu à queda contínua da taxa de crescimento, da geração de emprego e da taxa de investimento. A recessão que se inicia no fim de 2014 foi a continuação de uma trajetória de desaceleração iniciada no começo do governo Dilma.

Por maior que tenha sido o desastre da gestão Dilma, reconhecido inclusive por muitos petistas, não foi esse o seu crime. A destruição do equilíbrio fiscal implicou bem mais do que evitar um ajuste inevitável por motivos eleitorais. Durante anos, o governo expandiu o gasto público por meio de subterfúgios de modo que a sociedade não soubesse o que estava ocorrendo. A Caixa Econômica Federal pagou os programas do governo sem ser ressarcida por meses. A conta das pedaladas fiscais chegou a mais de 70 bilhões de reais em 2015.

Descoberto o truque, o governo argumentou que não era empréstimo. O argumento surpreende: um banco cede dinheiro para pagar as obrigações do governo e é ressarcido apenas muito depois. Se isso não é empréstimo, melhor rasgar os manuais de economia. Vale ressaltar que a lei proíbe um banco de emprestar para beneficiar o seu controlador e isto se aplica ao setor privado e ao governo.

O resultado da política econômica em 2013 e 2014 foi uma piora fiscal anual de uns dois pontos percentuais do PIB, com a economia ainda em crescimento, e sem que a contabilidade pública registrasse esse aumento do gasto.

A criatividade para expandir os gastos sem aparecer nas despesas do governo foi imensa. Muitos estados pediram auxílio financeiro no governo Dilma. O Tesouro poderia conceder os recursos e registrá-los na contabilidade pública. A opção, porém, foi por avalizar empréstimos para os estados. Isso significa que o Tesouro deveria pagar caso os estados não pagassem as suas dívidas. Entretanto, esses avais não são registrados como dívida ou despesa até que algum estado fique inadimplente, como ocorreu com o Rio de Janeiro anos depois. O total das dívidas avalizadas pelo Tesouro chegou perto de 100 bilhões de reais.

O governo criou o programa PSI, em que o BNDES emprestava a taxas de juros abaixo da TJLP, que era o custo dos recursos recebidos pelo banco. A diferença entre a taxa de juros cobrada dos empréstimos e o custo dos recursos seria coberta pelo Tesouro. Corretamente, desde que o empréstimo era concedido, o BNDES registrava o que devia receber do Tesouro. A norma legal proposta pelo governo previa, porém, que o Tesouro apenas contabilizasse dois anos depois a despesa devida ao BNDES.

Algo assim: pode gastar que eu vou ressarcir. Agora, só vou registrar a despesa nos meus livros contábeis daqui a dois anos.

O subsídio concedido para estudantes em universidades privadas, o Fies, saía diretamente do Tesouro. Depois de uma mudança contábil, o custo passou a ser financiado por um fundo público. O novo governo precisou de mais de um ano para entender o tamanho do desastre.

Gastos foram feitos, não pagos e não registrados como restos a pagar, como foi descoberto em 2014. A lista é imensa, revelando persistência e muita disposição para manipular.

A HISTÓRIA É MAIS COMPLICADA

No começo do segundo governo Dilma, Eduardo Cunha, então presidente da Câmara, aprovou muito do proposto pelo governo. A degringolada começou com o fracasso da agenda titubeante de ajuste, ajuste este na contramão do que a presidente Dilma prometera na campanha. A própria base aliada reclamou e parte da oposição achou que era hora de dar o troco ao histórico golpista do PT, como nas muitas manifestações de "Fora FHC".

O PSDB errou e muito ao votar contra o ajuste das contas públicas, como no caso do fator previdenciário. Não passou despercebido, e o partido paga o preço por isso. Merecidamente.

Por sua vez, o PT nega os problemas da Previdência há duas décadas e sempre se recusou a discutir os méritos das medidas de ajuste do governo quando era oposição. Nos anos 1990, denunciou levianamente muitas propostas como apenas motivadas por interesses escusos e patrocinou ações judiciais contra servidores públicos com argumentos superficiais. Alguns ainda pagam pelos socos abaixo da cintura desferidos pelo PT naquela época.

Uma vez governo, o PT rapidamente descartou fazer acordos no Congresso para apoiar as suas propostas e preferiu a aliança com os partidos pequenos, que deram apoio em troca de diretorias de estatais e da distribuição de cargos em áreas com poder de conceder benefícios. A falta de autocontenção vem de bem mais longe do que sugere Celso.

AS DIFERENÇAS ENTRE O PT E O PSDB

No começo do primeiro governo Lula, o PSDB apoiou o governo em muitas reformas. Nunca vimos o PT fazer o mesmo. Antes disso, os tucanos patrocinaram uma transição civilizada após perderem uma eleição presidencial. Difícil imaginar o PT se comportando da mesma forma.

O PSDB pode ter abusado das regras disponíveis para prorrogar o ajuste inevitável de 1998. Por sua vez, o PT burlou as regras e mascarou os problemas. Em um caso houve populismo e o uso inaceitável das regras disponíveis (o que deve ser criticado); em outro houve fraude (o que deve ser criminalizado).

O comportamento do PT na oposição ao governo FHC e os excessos cometidos a partir de 2013 convenceram muitos políticos moderados de que o partido representava um grupo autoritário, sistematicamente operando nas zonas cinzentas da democracia.

O PT provocou uma imensa decepção. O partido fez as alianças com os partidos da várzea no primeiro mandato e agrediu como pôde o PSDB e o DEM na eleição de 2006. Dilma depois de 2010, com a "competência" usual, interveio na economia e minou a transparência das contas públicas.

A presidente reeleita depois da lamentável campanha de 2014 pede para a oposição ajudar a arrumar a casa? Quem podia garantir que não iria destruir o orçamento novamente? A falta de autocontenção foi o resultado de longa obra petista.

Para continuar com as comparações, vale lembrar que o governo FHC realizou ajuste fiscal nos anos eleitorais de 1998 e de 2002, além de ter tratado explicitamente na campanha de 1998 da necessidade de ajuste fiscal em 1999. Exatamente o oposto do que fez o governo Dilma em 2014.

POR QUE O PT FOI CONTRA RESOLVER O PROBLEMA DO ESTELIONATO ELEITORAL DE 1998?

A taxa de câmbio valorizada até a eleição de 1998 permitiu salários artificialmente elevados, mas implicou juros mais elevados e menor crescimento econômico. O esgotamento das reservas depois da eleição forçou a mudança do regime em meio a uma crise severa de muitos meses.

Em 1998, pode ter havido algum oportunismo político e incompetência econômica, bem documentada pela literatura acadêmica sobre populismo cambial nos países da América Latina, quando governos prorrogam a desvalorização inevitável para depois das eleições.

Exatamente por essa possibilidade, a maioria das democracias adota regras de governança que reduzem a possibilidade de comportamentos oportunistas em períodos eleitorais, como a autonomia do Banco Central.

O PT, e boa parte da esquerda, no entanto, têm sido recorrentemente contra a autonomia do Banco Central com argumentos falsos ou, na melhor das hipóteses, incompetentes, revelando desconhecer as experiências dos demais países. A autonomia não resulta na criação de um poder independente ou "retirar comida da mesa do trabalhador". Quem faz argumentos como esses não pode reclamar quando é acusado de ser populista ou incompetente.

O CENTRO DA POLÊMICA: O IMPEDIMENTO

Qual opção restou para a oposição em 2015: 1) não impedir a presidente e apoiar a arrumação de casa proposta pelo governo; 2) não impedir a presidente, rejeitar a arrumação de casa proposta pelo governo e deixar o país sangrando por quatro anos; 3) impedir a presidente? Haveria uma quarta? Nós não conseguimos enxergá-la.

Aparentemente, Celso argumenta que qualquer ação aceitável para a oposição em 2015 implicaria manter a presidente. O apoio ao programa de ajuste do governo, porém, significaria validar o estelionato eleitoral da presidente eleita. O próprio PT, porém, não era muito entusiasta do ajuste proposto pelo governo Dilma. Nos corredores do Congresso, os petistas afirmavam: "Vocês tucanos é que são da arrumação fiscal. Vocês devem votar o ajuste. Para nós é mais difícil".

Parece-nos que o único curso de ação que Celso acharia aceitável para satisfazer a autocontenção e que fosse, simultaneamente, palatável para a oposição seria deixar o país sangrando por quatro anos, ainda que resultasse em desemprego e recessão maior do que a crise entre 2014 e 2016.

Como afirmamos, temos duas discordâncias com Celso. A primeira é que o processo de impedimento tem uma história muito mais longa do que ele reconhece. O PT durante anos abusou da zona cinzenta tanto na oposição quanto nas vésperas da eleição de 2014, cometendo fraude e não apenas abuso das regras.

Não estava tudo bem no início de 2015 e para muitos deputados havia motivos claros para acreditarem que o PT era intolerante e que, se fosse necessário, empregaria toda a tinta da caneta da Presidência da República para se perpetuar no cargo.

A nossa segunda discordância de Celso decorre do que acreditamos ser um erro comum na esquerda latino-americana: desconhecer a divisão de trabalho entre o Executivo e o Legislativo. Em geral, a esquerda desprestigia o Legislativo — por achá-lo excessivamente conservador ou muito corrupto — e acredita que o presidencialismo constitui um atalho para aprovar reformas, mesmo que à revelia da maioria.

Transparece no texto de Celso um certo desrespeito cultivado pela esquerda contra o Congresso Nacional (CN). A história dos trezentos picaretas é para valer. Celso fala recorrentemente nos derrotados de 2014 que fizeram o impedimento de Dilma e não percebe o absurdo de achar que dois terços do CN representam um grupo derrotado nas eleições.

Segundo Celso, no impedimento de Collor houve um esforço de entendimento entre a esquerda e a direita. Esse esforço não teria ocorrido no caso de Dilma. É verdade que o PT apoiou o impedimento de Collor. Mas o PT não apoiou o Plano Real nem participou do governo Itamar. Parece-nos que o entendimento foi somente para tirar Collor.

Vale lembrar a história de uma das mais repulsivas e violentas ditaduras latino-americanas, o governo Pinochet. No começo dos anos 1970, o governo Allende também não confiava no Congresso, onde a oposição tinha maioria. Exatamente por defender medidas que desagradavam a boa parte da população, o presidente, um homem bem-intencionado segundo depoimentos, optou por decretos em que impunha as suas escolhas.

A sociedade conflagrada reagiu. O afastamento das regras de autocontenção teve um desfecho trágico para todos os que defendiam a democracia. O voluntarismo que opera na zona cinzenta, tanto no governo quanto na oposição, muitas vezes tem consequências inesperadas e desastrosas, na contramão das intenções.

O governo Temer propôs uma PEC dos gastos e uma reforma da Previdência que não eram substancialmente diferentes das propostas defendidas pelo ministro Nelson Barbosa em 2016.[1] A mudança de rota na política econômica ocorreu no governo reeleito de Dilma em 2015 e não com Temer. A discordância ocorreu apenas na reforma trabalhista e na lei da terceirização.

Negociar com o PT é difícil porque já houve demasiada quebra de confiança.

QUEM É DE ESQUERDA?

Não concordamos em utilizar a denominação "esquerda" para o PT, ou "direita" para a oposição. O termo "esquerda" tradicionalmente designa os grupos preocupados com a inclusão social. Nesse sentido, não há diferença relevante entre os governos FHC e Lula. O aumento do salário mínimo e dos gastos sociais foi semelhante em ambos os governos.

A diferença ocorreu na defesa dos interesses corporativos e na política quando na oposição. O PT sempre defendeu os grupos organizados, como os sindicatos patronais e de servidores públicos. Como todos os interesses que dependem dos favores do

Estado, o PT nunca foi de esquerda, mas apenas corporativista, há muito defensor do velho patrimonialismo.

Os velhos comunistas, que fizeram com notável transparência a autocrítica dos erros do passado, como no caso do PPS, se revelam muito mais à esquerda do que o PT. Da mesma forma, herdeiros da direita, como o DEM, igualmente fizeram a autocrítica, abraçaram a democracia e as políticas sociais inclusivas.

Curiosamente, o centro congregou a esquerda social-democrata, enquanto o PT se aproximou do Brasil velho dos interesses cartoriais. Basta listar todos os grupos, sindicatos e federações que apoiaram a agenda nacional-desenvolvimentista do governo Dilma.

Os extremos da direita e da esquerda se assemelham. Todos são corporativistas e autoritários. Nem o MBL é liberal, nem o PT ou o PSOL são de esquerda. Esses grupos lembram muito mais irmãos que disputam o butim com golpes abaixo da linha de cintura do que representantes de divergências ideológicas. Propor fechar museu vai contra o liberalismo da mesma forma que defender servidores com remuneração acima de 30 mil reais, privilégio dos 1% mais ricos do Brasil, vai na contramão da esquerda.

O PSDB foi populista em 1998, mas muitas vezes reconheceu e enfrentou os problemas. Na oposição em 2003, apoiou diversas medidas do governo por reconhecer o seu mérito. Havia diálogo. Nos últimos anos, entretanto, o PSDB de lideranças memoráveis, como Tasso e Arthur Virgílio, se perdeu e passou a se comportar como o PT dos anos 1990. Foi uma decepção.

A surpreendente ambiguidade do PT com os acontecimentos na Venezuela não ajuda em nada a construção de uma aliança social-democrática. Ainda outro dia, José Eduardo Cardozo, moderado do grupo político petista, em resposta a Míriam Leitão em seu programa de entrevista, disse que o tema da Venezuela é complicado pois há dois lados. Nós não conseguimos enxergar dois lados, a não ser que sejam opressores e oprimidos.

Há mais. Dilma na campanha de 2014, como aliás nos treze anos de petismo, em nenhum momento falou em repensar os regimes tributários especiais, como o Lucro Presumido e o Simples. Rever esses regimes pode ter um impacto relevante sobre a desigualdade de renda, mas nunca fez parte de um programa de governo petista.

UM PRESIDENTE AUTORITÁRIO?

A impressão que fica é que o PT foi apenas oportunista. Bastava eleger um presidente, não importam as circunstâncias da campanha. Vê-se depois como construir maiorias. O resultado foi uma presidente impedida por dois terços do CN. Não entendeu que se precisa de boa-fé e respeito pela velha política para ter o apoio da maioria.

Ao contrário dos petistas, os tucanos durante muito tempo entenderam essa restrição de nossas instituições políticas: o presidente pode empregar o seu poder de agenda para priorizar os temas de seu interesse no CN, mas não pode forçar a mão. Cabe ao CN a última palavra, não ao presidente.

Celso, para convencer o leitor da ilegitimidade do impedimento da presidente Dilma, lembra que Levitsky e Ziblatt argumentam que os democratas, na política norte-americana, "só devem pensar em impedimento para Trump se isso for o resultado de uma construção de um grande consenso nacional que envolva também parte importante da direita. Aceitem compromissos programáticos com a direita moderada se isso for necessário para derrotar o radicalismo de Trump".

Ora, Dilma foi impedida por dois terços do CN. Se os democratas tivessem dois terços das duas Casas provavelmente Trump já teria sido impedido. O PT parece ter dificuldade em ser o chefe do Executivo com um partido que nunca teve maioria do CN e que achava que bastava comprar o apoio dos que desprezava para aprovar a sua agenda.

O impedimento de Dilma foi fruto de um longo processo de desgaste decorrente da dificuldade do PT com o dia a dia do CN. Há evidências de que o custo de gestão da coalizão foi maior nos governos petistas.[2] As suas alianças com partidos na contramão da sua suposta visão de mundo revelaram a falta de disposição para exercer a autocontenção. Em nada ajudou a sua ambiguidade com ditaduras violentas em países muito próximos, como a Venezuela.

O texto de Celso Barros, amigo e intelectual que respeitamos, parece-nos mais um capítulo do longo processo da esquerda de afastar de si a responsabilidade pela tragédia política e econômica que, progressivamente, se abateu sobre nós desde 2011.

O PT jamais foi responsável na oposição. O partido também não foi responsável quando os problemas começaram a ocorrer no fim do segundo mandato de Lula. A demonização da divergência e a falta de autocontenção iniciada pelo PT cobram o seu preço. Hora de criar novas pontes.

16. Recessão democrática: resposta a Samuel e Marcos

*Celso Rocha de Barros**

Em artigo de abril de 2018 na revista *piauí*, sustentei, entre outras coisas, que:

1. Não há evidência de viés sistemático da força-tarefa da Lava Jato contra a esquerda. Procuradores, juízes, a PF, a PGR, todos parecem ter se esforçado para ir atrás de corruptos dos dois lados.

2. Mas é evidente que a direita conseguiu resistir muito melhor à ofensiva. A Lava Jato colecionou fracassos desde o impeachment. Entre as mudanças evidentes de regra ocorridas após a queda da esquerda, o artigo destaca as seguintes:

> Na verdade, o Brasil teve outra Constituição em 2015-6, e ela foi revogada após o impeachment. Em 2015, delações eram provas suficientes para derrubar políticos e encerrar carreiras. Em 2017, deixaram de ser. Em 2016, era proibido nomear ministros para lhes dar foro privilegiado; em 2017 deixou de ser. Em 2016, os juízes eram vistos como salvadores da pátria, em 2017 viraram 'os

* Publicado originalmente no blog do Ibre, 11 maio 2018.

caras que ganham auxílio-moradia picareta'. Em 2015, o sujeito que sugerisse interromper a guerra do impeachment em nome da estabilidade era visto como defensor dos corruptos petralhas; em 2017 tornou-se o adulto no recinto, vamos fazer um editorial para elogiá-lo. Em 2015, presidentes caíam por pedaladas fiscais; em 2017 não caíam nem se fossem gravados na madrugada conspirando com criminosos para comprar o silêncio de Eduardo Cunha e do doleiro Lúcio Funaro. Em 2015, a acusação de que Dilma teria tentado influenciar uma decisão do ministro Lewandowski deu capa de revista e inspirou passeatas. Em 2017, Temer jantou tantas vezes quanto quis com o ministro do Supremo Tribunal Federal que o julgaria no TSE e votaria na decisão sobre o envio das acusações da Procuradoria-Geral da República contra ele, Temer, ao Congresso. Em 2015, Gilmar teria cassado a chapa Dilma-Temer. Em 2017, não cassou.

É muito, muito difícil sustentar que essas mudanças não se explicam por diferenças de poder entre as coalizões que ocupavam a Presidência antes e depois do impeachment.

3. O impeachment de Dilma Rousseff foi uma violação, pela direita, da norma democrática de autocontrole institucional, a disposição de se abster de utilizar todos os recursos institucionais de que se dispõe para atacar o adversário. Como argumentaram os cientistas políticos Steven Levitsky e Daniel Ziblatt em *Como as democracias morrem*, se todos os lados em disputa utilizarem todos os recursos disponíveis para desestabilizar o adversário, quem se torna instável é a própria democracia. Um dos exemplos utilizados pelos autores é justamente o recurso ao impeachment, que deve ser usado com parcimônia.

Em resposta publicada aqui no blog do Ibre, os craques Samuel Pessôa e Marcos Lisboa procuraram refutar as teses 2 e 3.

Embora tenham se contraposto à tese 2, Pessôa e Lisboa não

enfrentaram as evidências apresentadas no artigo. Não há, em sua contestação, uma explicação alternativa para as diferenças supracitadas entre o funcionamento das instituições brasileiras em 2015 e em 2016.

O máximo que se consegue extrair sobre isso é a sugestão de que as diferenças de tratamento entre esquerdistas e direitistas se explica pela diferença de acesso ao foro privilegiado. Não são esses os fatos.

Em primeiro lugar, o acesso ao foro privilegiado também é função de disputas de poder. Se Lula tivesse sido ministro, teria foro privilegiado. Foi barrado pelas instituições e por intensa campanha junto à opinião pública, e por isso continuou sem foro. Poucos meses depois, exatamente a mesma operação foi realizada em benefício de Moreira Franco, com sucesso. Temer só continua tendo foro privilegiado porque não caiu após o Joesley Day, e não caiu porque tinha mais poder que o PT no parlamento.

Em segundo lugar, está cada vez mais claro que diversos políticos estão prontos para perder o foro privilegiado, se isso significar o julgamento em seus respectivos estados, onde governadores aliados exercem grande influência sobre o Poder Judiciário. Se a prisão após condenação em segunda instância cair, como todos apostam que cairá, perder o foro pode ser um grande negócio para quem tiver boas relações com as oligarquias estaduais.

Lisboa e Pessôa também confundem meu argumento sobre a Bolsa de Valores — é uma boa *proxy* do que o mercado quer que aconteça — com uma explicação de motivos. Os políticos de direita não foram blindados pela elite para que a Bolsa não caísse, a queda da Bolsa é que sugere que as elites não queriam que Temer caísse.

E é muito difícil discordar que, enquanto foram úteis ao programa de reformas, os políticos conservadores foram blindados. Cunha é o caso mais escandaloso, tendo sido poupado até muito depois de as provas contra ele terem se tornado indiscutíveis. Caiu depois do impeachment, quando já era perfeitamente substituível. Se Temer tivesse caído no Joesley Day, o programa de reformas teria sido fortemente prejudicado. Quando Aécio foi poupado pelo Senado, ninguém escondia que era pelo papel que poderia desempenhar na articulação pela reforma da Previdência. Abandonada a reforma da Previdência, Temer e Aécio viraram *fair game*, como Cunha depois do impeachment.

Os próprios Lisboa e Pessôa o dizem: "A degringolada começou com o fracasso da agenda titubeante do ajuste". Se Dilma tiver caído por não ter feito o ajuste, isso só reforça meu argumento.

O próprio Temer sabe que o jogo é esse, e por isso tenta desesperadamente se manter influente na sucessão presidencial. Sabe que precisa voltar a ser o tipo de político cuja queda derruba a Bolsa. Atualmente, não é.

Enfim, a tese 2 sai do debate ilesa.

Quanto à tese 3, os argumentos de Lisboa e Pessôa são melhores. Eles são os seguintes:

1. A história de violação da norma de autocontenção é bem anterior a 2015, e é responsabilidade, sobretudo, do próprio PT, que fez oposição irresponsável a FHC e fraudou as contas públicas no primeiro mandato Dilma.

O primeiro argumento é fraco. O PT não fez contra FHC nada remotamente semelhante ao que foi feito contra Dilma em 2015. Vale lembrar, o "Fora FHC", proposto pela esquerda petista, foi recusado pela direção do partido. Quem duvida da afirmação deve consultar os *Diários da Presidência* de Fernando Henrique Cardoso, está tudo lá.

E, a propósito, não há dúvidas de que a maior violação da norma de autocontenção dos anos 1990, o gesto mais bolivariano da história da democracia brasileira pós-1989, foi a aprovação da reeleição valendo já para FHC, com vergonhosa contribuição do Congresso e do Supremo. Aquilo foi chavismo puro.

Já o argumento das contas públicas é bem melhor. Em especial a avacalhação das contas públicas em 2014 foi claramente eleitoreira, e deve ser contada como violação da norma da autocontenção. Concedo o ponto.

1. A esquerda tem um histórico de desrespeito à autonomia institucional do Legislativo, exemplificada pela relação tensa e constantemente corrupta entre o PT e o Congresso. Segundo Lisboa e Pessôa, a campanha de 2014 convenceu os congressistas de que o PT estava disposto a fazer tudo para se manter no poder, e o medo desse bolivarianismo os teria levado a votar o impeachment.

O argumento não procede. O problema dos governos petistas com o Congresso era bastante objetivo: os governos petistas eram bem mais diferentes ideologicamente dos congressistas do que os governos tucanos. Não havia nenhum cenário em que a articulação da maioria parlamentar pelo PT não fosse mais difícil do que pelo PSDB. E, note-se, a predominância conservadora no Congresso tem uma de suas origens na circunstância de termos uma classe política herdada do regime militar. Supondo, como é razoável, que ser politicamente forte ajuda a continuar politicamente forte, a direita largou no período democrático com uma dianteira bastante razoável.

No fim das contas, quem desequilibrou o jogo irreversivelmente foi a direita no Congresso, que derrubou a presidente de esquerda.

E quanto à tese de que o medo do bolivarianismo provocou o impeachment, não há nenhuma evidência disponível nesse sentido. Há, sim, evidência de que o Centrão acreditava que a direita seria mais capaz de barrar a Lava Jato: o áudio de Romero Jucá com Sérgio Machado.

Isto é, os congressistas do Centrão concordavam com minha tese 2. E o fato de que precisaram fugir da Lava Jato corrobora minha tese 1.

Além desses argumentos, há no texto de Lisboa e Pessôa um mal-entendido e uma discordância sobre minhas premissas.

O mal-entendido se refere à diferença entre o impeachment de Collor e o de Dilma. Lisboa e Pessôa reconstruíram meu argumento assim: houve um acordo entre esquerda e direita para derrubar Collor (como Levitsky e Ziblatt sugerem que se faça caso se decida impedir Trump), mas não houve nada disso no impeachment de Dilma. Contra esse argumento, lembram que o PT apoiou o impeachment, mas não apoiou o governo Itamar ou o Plano Real.

No meu argumento original, o que torna o impeachment de Dilma muito mais traumático do que o de Collor é justamente o fato de que, em 1992, os perdedores da eleição anterior não formaram o novo governo.

O governo Itamar foi formado a partir da base de governo de Collor. Seus ministros não foram recrutados primordialmente na Frente Brasil Popular (PCdoB, PSB, PT) que apoiou Lula em 1989. Temer, por sua vez, formou um governo com forte presença dos derrotados de 2014. Em regime presidencialista, isso é francamente bizarro.

E a discordância de fundo se refere à minha classificação de esquerda e direita. Meu critério é o universalmente aceito em todos os países do mundo: a direita é o setor do espectro ideológico que, mais do que o outro lado, enfatiza a importância do livre mercado e tem a preferência dos setores empresariais. A esquerda, em geral, é mais simpática à redistribuição e ao provimento de serviços pelo Estado, e tem sua base política nos sindicatos.

Essa divisão não explica tudo, mas todos os analistas de todas as democracias modernas concordam que explica muita coisa. Mesmo divisões que não deveriam, em tese, ser bem mapeadas em esquerda × direita — como a defesa do meio ambiente — acabam, nas votações do Congresso, funcionando desse jeito.

E, é claro, não é uma divisão entre bem e mal. Direita e esquerda são as duas metades da democracia moderna. Em um cenário ideal, as duas grandes coalizões competem pelo centro e moderam seu discurso. De fato, entre a centro-direita e a centro-esquerda a diferença não é grande. Mas cada um está moderando segmentos sociais e visões gerais do mundo razoavelmente diferentes.

Lisboa e Pessôa procuram reorganizar os termos do debate colocando o PT como defensor dos privilégios e o PSDB como defensor (ao menos em seus melhores momentos) do desenvolvimento com justiça social. Essa tipologia adere mal aos fatos.

Os gastos sociais dos governos Lula subiram mais, como proporção do PIB, do que os dos governos FHC.[1] E uma parte muito maior do acréscimo de FHC era constituída por gastos com Previdência, em que a discricionariedade do presidente é menor (existe, pela política do salário mínimo, mas o SM também subiu mais no governo Lula).

Ora, argumentam Lisboa e Pessôa, o PT nunca propôs medidas de progressividade tributária quando foi governo. Na verdade, o PT não propôs quase nada muito à esquerda que dependesse do Congresso, porque sabia que ali jogava no campo do adversário. A redistribuição do PT foi inteira pelo lado do gasto. Mas o partido é defensor de progressividade tributária desde sempre.

Usando seu critério, Lisboa e Pessôa argumentam que o PPS foi muito mais eficaz do que o PT em construir uma esquerda razoável. Ficarei feliz se isso for verdade sobre o PPS atual, mas é sempre bom lembrar que o PPS rompeu com o PT no primeiro mandato Lula por oposição à política econômica moderada de Palocci.

Lisboa e Pessôa, enfim, consideram que meu texto é parte do esforço da esquerda de não encarar sua responsabilidade na crise atual. A responsabilidade da esquerda na crise econômica é evidente: não discordamos sobre a política econômica de Dilma.

Mas a esquerda já tem culpas demais para ainda se dar ao luxo de assumir as dos outros, e quem fez a crise política não foi ela.

Meus interlocutores terminam o texto dizendo que é preciso construir novas pontes. Não poderia concordar mais, mas, se esse era o plano, era melhor não ter começado a conversa derrubando o governo dos outros caras.

17. Autocontenção democrática: novos argumentos no debate com Celso

*Samuel Pessôa e Marcos Lisboa**

Nosso amigo Celso Rocha de Barros reagiu neste blog a nossos comentários críticos ao seu texto na revista *piauí* de março. Recuperando o debate, Celso, baseando-se no livro recentemente publicado *Como as democracias morrem*, dos cientistas políticos Steven Levitsky e Daniel Ziblatt, argumentara que desde 2015 a direita brasileira vem quebrando a regra básica de convivência necessária para que as democracias perdurem: os políticos não devem atuar, sistematicamente, nas zonas cinzentas das regras. A democracia requer a autocontenção, "a disposição de se abster de utilizar todos os recursos institucionais de que se dispõe para atacar o adversário".

Segundo Celso, se é verdade que a esquerda, com os seguidos erros de política econômica, foi responsável por nossa depressão econômica, a direita é responsável pela crise política.

Aqui começou a nossa discordância. Não nos parece que, no jogo democrático brasileiro, a "dita esquerda" — o grupo formado

* Publicado originalmente no blog do Ibre, 6 jun. 2018.

por PT e seus aliados — tenha praticado a regra de autocontenção. Muito pelo contrário. O PT joga nos limites da legalidade desde sempre, sem autocontenção. Pode-se debater se o impedimento da presidente representou uma quebra dessa regra, e não estamos certos de que tenha sido. Mas certamente as seguidas quebras da regra de autocontenção praticadas pelo PT nas últimas décadas contribuíram para a radicalização da disputa política.

Celso utilizou bons argumentos — como, aliás, apontou o leitor Rafael em comentário (postado em 21 de maio) ao nosso primeiro texto. Concordamos em parte, mas persistem pontos de divergência. Por isso, continuamos o debate. O diálogo talvez possa ajudar a entender onde estão as diferenças e, talvez, permita chegar a alguns novos consensos.

Vale iniciar esta conversa com os pontos de concordância.

Primeiro, a crise econômica é fruto dos erros de política econômica praticados provavelmente desde 2009, e com mais intensidade depois de 2011. Talvez o prólogo que iniciou a construção de nosso calvário tenha sido a desistência por Lula em 2005 de iniciar o ajuste fiscal estrutural, fato que ficou público com a entrevista da então chefe da casa civil Dilma Rousseff ao jornal *O Estado de S. Paulo*, em novembro de 2005, acusando de rudimentar a proposta de ajuste.

Deve-se ressaltar que muitos dos setores que apresentaram severas dificuldades econômicas nos últimos cinco anos foram precisamente aqueles apoiados pelo governo a partir de 2008. Surpreendentemente, alguns economistas parecem ter dificuldade em compreender o custo de oportunidade dos investimentos realizados, ignorando a pesquisa recente sobre má alocação de capital e o seu impacto negativo sobre o crescimento econômico.

Segundo, a destruição da estabilidade fiscal ao longo do primeiro mandato de Dilma Rousseff, com mais intensidade no último biênio do seu primeiro mandato, com objetivos evidentemente eleitoreiros, representou clara quebra da regra de autocontenção de Levitsky e Ziblatt.

Terceiro, a votação da emenda de reeleição em 1997, válida para os titulares do cargo no mandato simultâneo à votação, também representou quebra de autocontenção.

Quarto, "não há evidência de viés sistemático da força-tarefa da Lava Jato contra a esquerda. Procuradores, juízes, a PF, a PGR, todos parecem ter se esforçado para ir atrás de corruptos dos dois lados". De fato, a recente prisão de Eduardo Azeredo pela Justiça de Minas Gerais reforça a visão de que a Justiça brasileira, na qual está inserida a operação Lava Jato, não tem um viés partidário antiesquerda. (*Foi feita uma mudança neste parágrafo pós-publicação, porque a redação anterior dava a impressão errada de que a prisão de Azeredo fez parte da Lava Jato, o que foi notado por alguns leitores.*)

Quinto, não há evidência robusta de que o PT seja um grupo bolivariano intolerante, e que isto tenha contribuído para o Centrão decidir pelo impedimento da presidente Dilma. Tema para pesquisa futura. Nossa evidência casual sugere que sim, mas não há evidência sistemática desse fato. Celso está correto.

Sexto, parece ser verdade que a possibilidade de interromper a operação Lava Jato pesou no cálculo do impedimento da presidente Dilma.

Nosso leitor Rafael considera que a emenda constitucional da bengala, que elevou de setenta anos para 75 anos o limite de idade para que os juízes do STF se aposentem compulsoriamente do tribunal, representou clara quebra de autocontenção da direita. Entendemos o argumento de Rafael, mas consideramos que, nesse caso, o Congresso Nacional atuou de acordo com sua atribuição, sem jogar na zona cinzenta.

A proposta já vinha ganhando força há alguns anos, até pelo aumento da expectativa de vida e a percepção de que a aposentadoria compulsória aos setenta anos se tornara precoce. Do ponto de vista do equilíbrio atuarial do sistema previdenciário do setor público, inclusive, seria importante que a idade para aposentadoria fosse aumentada para os demais servidores públicos. É possível que a quebra de confiança entre o Executivo e o Legislativo após a eleição de 2014 tenha contribuído para a decisão, mas não nos parece que tenha havido quebra de contenção. Reconhecemos, porém, que não temos argumentos decisivos para mudar a opinião de quem pensa diferente.

A primeira discordância que temos com Celso — e não está claro que seja discordância ou nossa incompreensão do seu argumento — decorre da sua afirmação de que a direita consegue "ligar e desligar" as instituições do sistema político ao seu bel-prazer e em função de suas necessidades. Nas palavras de Celso em sua resposta:

> Mas é evidente que a direita conseguiu resistir muito melhor à ofensiva. A Lava Jato colecionou fracassos desde o impeachment. Entre as mudanças evidentes de regra ocorridas após a queda da esquerda, o [primeiro] artigo [de Celso] destaca as seguintes:
>
> Na verdade, o Brasil teve outra Constituição em 2015-6, e ela foi revogada após o impeachment. Em 2015, delações eram provas suficientes para derrubar políticos e encerrar carreiras. Em 2017, deixaram de ser. Em 2016, era proibido nomear ministros para lhes dar foro privilegiado; em 2017 deixou de ser. Em 2016, os juízes eram vistos como salvadores da pátria, em 2017 viraram "os caras que ganham auxílio-moradia picareta". Em 2015, o sujeito que sugerisse interromper a guerra do impeachment em nome da estabilidade era visto como defensor dos corruptos petralhas; em 2017 tornou-se o adulto no recinto, vamos fazer um editorial para elogiá-lo. Em 2015, presidentes caíam por pedaladas fiscais; em 2017 não caíam nem se fossem gravados na madrugada conspirando com criminosos para comprar o silêncio de Eduardo Cunha

> e do doleiro Lúcio Funaro. Em 2015, a acusação de que Dilma teria tentado influenciar uma decisão do ministro Lewandowski deu capa de revista e inspirou passeatas. Em 2017, Temer jantou tantas vezes quanto quis com o ministro do Supremo Tribunal Federal que o julgaria no TSE e votaria na decisão sobre o envio das acusações da Procuradoria-Geral da República contra ele, Temer, ao Congresso. Em 2015, Gilmar teria cassado a chapa Dilma-Temer. Em 2017, não cassou.

Os fatos descritos por Celso ocorreram. Nossa discordância é que sejam sintomas de uma conspiração, como se de alguma forma "a turma que perde dinheiro quando a Bolsa cai" fosse capaz de controlar as instituições do Estado brasileiro. Não nos parece ser o caso.

Como argumentamos anteriormente, a maioria das assimetrias apontadas por Celso é fruto do foro privilegiado. O fato de haver alguns casos em que o foro privilegiado não foi o motivo não nos parece suficiente para invalidar a nossa tese.

Achamos útil analisar os diversos casos mencionados por Celso. Cada caso parece ter suas especificidades, não justificando a tese de conspiração.

Certamente o juiz Sergio Moro excedeu seu papel ao liberar as gravações que inviabilizaram a ida de Lula ao ministério em 2015. O juiz tomou a decisão por sua conta e risco. Lula movimentou-se para sair de sua jurisdição e ele reagiu. Parece-nos que ao arrepio da lei. O importante é que a sua decisão foi de foro íntimo e baseada em suas convicções. O "pessoal da Faria Lima" não pressionou o juiz a tomar essa decisão.

O ministro do STF Teori Zavascki não ficou esperando ansiosamente Eduardo Cunha dar início ao processo de impedimento da presidente Dilma para em seguida cassar seu mandato. Não foi assim que ocorreu. Houve um longo processo em que as evidências de obstrução da Justiça por parte do presidente da Câmara se avolumaram e o ministro parece ter avaliado que não era possível o segundo homem mais poderoso da República empregar todos os expedientes possíveis para impedir que a Justiça agisse. Tomou decisão excepcionalíssima, como a qualificou em seu despacho, e, para muitos, desrespeitou a norma legal. Não houve pressão "do pessoal que perde dinheiro quando a Bolsa cai" para que Teori deixasse Cunha atuar até iniciar o processo de impedimento.

Da mesma forma, é difícil saber as motivações de Gilmar Mendes. Por que ele mudou de ideia com relação à prisão de segunda instância? É possível que ele tenha genuinamente se arrependido de apoiar a prisão após a segunda instância e tenha revisto a sua posição inicial. É também possível que a sua mudança de opinião seja resultado de uma decisão política, o que deveria ser criticado. Mas não parece que o "pessoal da Faria Lima" forçou ou pressionou Gilmar Mendes a mudar de ideia.

O ônus da prova cabe a quem propõe a tese de conspiração e requer mais do que uma narrativa.

Além disso, como escrevemos no nosso primeiro artigo, a "turma da Faria Lima" não ganha dinheiro necessariamente com a subida da Bolsa de Valores. Essa "turma" ganha dinheiro quando antecipa os movimentos dos preços dos ativos, tanto faz se para cima ou se para baixo.

Quando a Bolsa de Valores sobe continuamente, quem se beneficia é o país. Afinal, as ações das empresas brasileiras se valorizam quando melhoram as perspectivas de crescimento da nossa economia, o que significa maior geração de renda e de emprego.

A nossa segunda divergência com Celso decorre das causas da assimetria no tratamento da "esquerda" e da "direita". Parte dessa assimetria resulta dos diferentes modelos de ação política. O PT baseou sua construção e sua ação política na figura de uma liderança carismática extremamente popular. Se o Judiciário impede a candidatura desse líder, o dano ao projeto político petista será muito maior do que a prisão de qualquer liderança do outro lado.

Adicionalmente, a assimetria de poder não representa necessariamente quebra da autocontenção, como definida por Levitsky e Ziblatt. Essa é uma diferença sutil que, parece-nos, não está clara para Celso. Ele inicia seu argumento enfatizando a quebra da autocontenção e em seguida começa a falar de assimetria. Boa parte da assimetria decorre do fato de um grupo político, a "direita" na sua classificação, ter 70% do Congresso Nacional e a "esquerda" ter 30%. A assimetria, nesse caso, apenas reflete uma imensa maioria de um grupo político no Congresso, resultado de eleições democráticas.

Parece-nos que Celso e parte do PT têm dificuldade em aceitar a natureza das instituições políticas do presidencialismo brasileiro. A democracia não se resume a eleição para presidente, que representa a maioria do eleitorado. No nosso sistema de contrapesos institucionais, o Congresso representa os diversos grupos da sociedade, majoritários ou não. Um presidente na contramão da maioria do Congresso implica conflitos inevitáveis nas regras atuais. E um presidente consciencioso e cauteloso deveria saber desse fato.

Um Congresso que exerce as suas prerrogativas respeitando as normas legais, e elas são muitas na nossa democracia, não necessariamente representa a violação da autocontenção.

Para mudar esse estado de coisas, é necessário alterar as regras. E, para nós, não está claro que as prerrogativas do Congresso Nacional, incluindo a capacidade de bloquear decisões da Presidência, sejam ruins. O caso da Venezuela sugere que a supremacia do Executivo sobre o Congresso não contribui para uma democracia saudável.

A nossa terceira divergência com Celso ocorre sobre em que medida o PT praticou fair play — outra forma de nomearmos a autocontenção de Levitsky e Ziblatt.

Por mais interessante que seja o critério de Levitsky e Ziblatt, a sua avaliação nos casos concretos é difícil por dois motivos.

Primeiro, o conceito de autocontenção é quantitativo e não qualitativo. A disputa é natural da democracia, e inclui o recurso a eventuais mecanismos legais que possam parecer motivados por razões oportunistas. A ação política inclui confrontos e decisões performáticas, muitas vezes por divergências efetivas, outras para delimitar posições ou para impor derrotas ao outro lado. Nem sempre se trata de um jogo agradável de se assistir e excessos são eventualmente cometidos. Mas a assimetria de informação sobre os detalhes dos conflitos e a agenda política de longo prazo tornam difícil uma delimitação precisa dos limites das ações aceitáveis. Existe, assim, uma certa subjetividade na determinação de quando a autocontenção é ou não violada.

O *segundo* motivo que dificulta a operacionalização desse conceito, com base no trabalho de Levitsky e Ziblatt, é que as nossas instituições políticas são muito diferentes das norte-americanas. Medidas que violam a autocontenção no sistema político brasileiro não necessariamente a violam nos Estados Unidos e vice-versa.

Nossas instituições políticas são extremamente consensuais, como o voto proporcional, a enorme fragmentação partidária e os muitos instrumentos à disposição do presidente. Situações de impasse entre os poderes são muito mais graves por aqui do que na política americana. Nas situações de impasse nos Estados Unidos, o Congresso, na prática, governa a política interna e os temas econômicos, enquanto o presidente tem maior autonomia na política externa. No Brasil, por outro lado, esses conflitos podem levar ao impasse e à paralisia decisória e, consequentemente, a uma crise política.

Além disso, o sistema político no Brasil torna bem mais frequente um presidente com minoria nas duas Casas. A nossa Constituição, muito detalhada, gera duas consequências adicionais: primeiro, a maioria das reformas requer aprovação de emendas constitucionais (por 60% das Casas) ao ritmo de mais de três por ano (tem sido assim desde 1990); segundo, delega ao STF ampla liberdade para rever quase tudo que é decidido no Congresso.

Dessa forma, subir demasiadamente o tom da campanha eleitoral em um sistema tão consensual tem severas consequências. Afinal, o presidente eleito vai ser obrigado a negociar com pelo menos 60% do Congresso para aprovar emendas constitucionais, ou assistirá à paralisia do seu governo.

No livro *João Santana: Um marqueteiro no poder*, de Luiz Maklouf Carvalho, Nizan Guanaes afirmou: "Se as pessoas acham que a campanha foi pesada (e ela foi) e que ela foi bruta (e ela foi), tem que ver os filmes negativos das campanhas americanas. Marketing político é UFC. O marqueteiro tem que ter estômago e os candidatos também. Eu não tenho. João Santana tem, e gosta. Por isso ele é o Anderson Silva".

Nizan está certo nos fatos. No entanto, dado o nosso desenho institucional, não é possível ganhar uma eleição com o jogo bruto de João Santana. Não por moralismo. Simplesmente porque em seguida o presidente eleito terá que sentar com os seus adversários inúmeras vezes para aprovar emendas constitucionais. Nizan entende de marketing, mas não é político. Marina Silva, há tempos na política, cunhou a expressão "ganhar perdendo". Sabemos hoje exatamente o seu significado.

A necessidade de o presidente brasileiro negociar com uma maioria qualificada do Congresso Nacional para aprovar reformas requer que a disputa eleitoral não resulte em rupturas insuperáveis. A autocontenção por aqui requer a preservação do diálogo entre o presidente e a maioria do Congresso, o que se tornou inviável depois da campanha de 2014.

O mesmo se aplica ao estelionato eleitoral, talvez mais fácil de lidar nos sistemas políticos de outros países. Aqui é comum haver estelionato, mas há o risco de inviabilizar as alianças necessárias para construir a maioria necessária para governar. O estelionato de 2014 ultrapassou os limites da autocontenção, ao contrário do de 1998, que permitiu reformas importantes, como a Lei de Responsabilidade Fiscal.

Temos, portanto, quatro exemplos de quebra da autocontenção do PT em 2014: estourar a saúde fiscal do Estado para reeleger Dilma; demonizar seus adversários de forma a tornar difícil qualquer conversa posterior com a maioria do Congresso; manipular as regras contábeis para ocultar a real situação das contas públicas nos últimos anos de seu governo; e, finalmente, praticar política econômica oposta a tudo que pregou na campanha eleitoral.

Deve-se destacar que as quatro quebras de autocontenção são quantitativas. Há elevado grau de subjetividade na caracterização desses fatos como quebra ou não de autocontenção. Em qualquer campanha eleitoral há, até certo ponto, ciclo político na despesa pública, algum uso oportunista dos números oficiais, certo grau de agressividade e demonização dos adversários e, finalmente, em geral os candidatos não são 100% explícitos com relação ao que farão. A nosso ver, com a "competência" usual, Dilma inviabilizou o diálogo político com a sua campanha eleitoral, que foi além do razoável em todas essas quatro dimensões.

Por mais difícil que seja essa caracterização, e Celso possa discordar da nossa avaliação, o debate pode ser construtivo. Quais os limites no uso da máquina pública para viabilizar uma reeleição? Defender uma política que se revela insustentável pode ser aceitável até certo ponto, mas e o uso de mecanismos para obscurecer a real situação das contas públicas? A nosso ver, a segunda estratégia ultrapassa o aceitável.

Por outro lado, devido ao excesso de consenso requerido pelas nossas instituições políticas, ser oposição irresponsável, isto é, apostar o tempo todo no quanto pior melhor — votar contra o Plano Real, o Fundef, a LRF e a renegociação das dívidas estaduais (como fez o PT no governo FHC), ou votar contra o fator previdenciário (como fez o PSDB em 2015) — constitui quebra da autocontenção.

No sistema político americano, em que a Constituição delimita apenas princípios gerais, a quase totalidade das matérias é aprovada por maioria simples no Congresso. Insistimos no ponto: no sistema político brasileiro, fazer oposição sistemática e destrutiva, inclusive votando contra matérias em que há amplo entendimento de que são necessárias, representa quebra de autocontenção, pois a implementação de reformas usualmente requer maioria qualificada no Congresso.

Finalmente, o presidente no Brasil tem prerrogativas impensáveis no sistema americano, e o sistema político se torna disfuncional quando há quebra de confiança entre o Executivo e o Legislativo. A lei brasileira de impedimento de 1950 caracteriza crime de responsabilidade de forma muito ampla. Essa lei, na prática, é parlamentarista no mérito e presidencialista no rito.

O STF referendou esse entendimento quando decidiu não reformar a decisão do Senado no mérito. É possível propor outro mecanismo para resolver conflitos entre o Poder Legislativo e o Executivo. Porém, por enquanto, o instrumento que temos é o impedimento como descrito pela lei de 1950.

Assim, não está claro que o impedimento representa necessariamente quebra de autocontenção. E não há nada de errado em nosso presidencialismo ter um instrumento com sabor parlamentarista. Deus não criou os sistemas políticos antes de descansar no domingo. As diversas sociedades apresentam sistemas políticos peculiares e é perfeitamente possível haver características parlamentaristas em um sistema presidencialista e vice-versa.

Deve-se mencionar que o PT é o partido campeão de pedidos

de impedimentos — cinquenta em cerca de 135 no total. Se a lei do impedimento permite atuar na zona cinzenta, nenhum partido a utilizou de forma tão generalizada quanto o PT.

Celso argumenta que

> O problema dos governos petistas com o Congresso era bastante objetivo: os governos petistas eram bem mais diferentes ideologicamente dos congressistas do que os governos tucanos. Não havia nenhum cenário em que a articulação da maioria parlamentar pelo PT não fosse mais difícil do que pelo PSDB. E, note-se, a predominância conservadora no Congresso tem uma de suas origens na circunstância de termos uma classe política herdada do regime militar. Supondo, como é razoável, que ser politicamente forte ajuda a continuar politicamente forte, a direita largou no período democrático com uma dianteira bastante razoável.

A afirmação encerra uma meia verdade, afinal, o governo FHC não foi um governo de direita. Difícil entender que Celso não reconheça que em nenhum país do mundo um governo que eleve a carga tributária e aumente o gasto social seria considerado de direita.

Os tucanos lutaram contra o governo militar da mesma forma que o petismo. Talvez até mais. As instituições herdadas do governo militar dificultaram o governo FHC da mesma forma que dificultaram a vida dos governos petistas.

O que distinguiu os governos FHC e os de Lula e Dilma foi a maneira de lidar com a necessidade de construir a maioria no Congresso Nacional para aprovar reformas.

Como mostram os trabalhos de Carlos Pereira e seus coautores, os tucanos decidiram construir coalizões ideologicamente menos heterogêneas e mais próximas da ideologia mediana do Congresso; além de respeitar a proporcionalidade dos partidos da coalizão na composição dos ministérios. E, exatamente por praticar a autocontenção na relação com o Congresso, a gestão no dia a dia do relacionamento do Executivo com o Legislativo foi menos custosa na concessão de benefícios do que ocorreu com os governos do PT. Há evidência empírica desse fato.

Nós também discordamos do argumento de Celso de que o maior crescimento do gasto social sob o petismo é suficiente para caracterizá-lo como de esquerda e diferenciá-lo dos governos tucanos.

O gasto social cresceu muito no período tucano, como também a carga tributária. A diferença de crescimento entre os governos FHC e Lula é pequena, 1,4 ponto percentual (pp) do PIB com FHC e 1,8 pp com Lula. E esses gastos ocorreram em diferentes circunstâncias. Celso, bem como todos os petistas que conhecemos, se recusa a fazer o contrafactual: qual teria sido o crescimento do gasto social de um governo Lula eleito em 1994? FHC administrou o rescaldo de uma redemocratização complicada que desaguou em uma hiperinflação, e teve contra si uma oposição muito violenta e disfuncional, que votou contra várias reformas hoje reconhecidas como benéficas para o país, como o Plano Real e a Lei de Responsabilidade Fiscal (LRF).

Lula recebeu uma economia com problemas, mas bem mais arrumada do que FHC, além de ter sido beneficiado por condições internacionais favoráveis, e teve o apoio da oposição para a aprovação de muitas reformas. Controlando-se pelas condições de contorno, o crescimento do gasto social sob FHC não destoa em comparação com o sob Lula.

Os economistas comparam a evolução dos indicadores do Brasil com os dos demais países emergentes para avaliar em que medida os resultados foram mais significativos no governo Lula do que no governo FHC. A resposta é "não foram".

A economia cresceu mais no governo Lula, mas o mesmo

ocorreu nos demais países emergentes. Os gastos sociais cresceram menos no governo FHC, mas as circunstâncias externas eram bem menos favoráveis.

Quando comparada com o crescimento econômico dos demais países emergentes, a gestão FHC foi mais bem-sucedida do que a gestão Lula, como apontam os trabalhos de Vinicius Carrasco, João Manoel Pinho de Mello e Isabela Duarte. Além disso, o salário mínimo cresceu perto de 20% acima da inflação em cada um dos mandatos de quatro anos de FHC e Lula, a diferença sendo de poucos pontos percentuais. A pobreza extrema caiu na imensa maioria dos países emergentes na década de 2000, não apenas no Brasil. Muito do que atribuímos ao governo Lula foi apenas a marola de um mundo bem melhor na sua época do que nos anos FHC.

Como afirmamos no início deste texto, difícil discordar que a emenda da reeleição feriu a autocontenção e queimou a imagem de FHC irremediavelmente. Mas não afetou a sua governabilidade. FHC reeleito conseguiu promover um forte ajuste fiscal, retomou o crescimento da economia, mesmo que pouco (mas em linha com os demais latino-americanos) e entregou o governo de forma civilizada para a oposição. O conjunto da obra não foi bolivariano.

A maioria dos políticos em 2015, após as quatro quebras de autocontenção pelo PT em 2014 (estelionato, violência da campanha, expansão fiscal e mascaramento da contabilidade pública), e após o seu histórico de, por anos, apostar no quanto pior melhor, pode ter achado que o partido era bolivariano. Vale lembrar que o PT quebra regularmente acordos no Congresso, tem muita inabilidade política, não apoiou o ajuste fiscal de Levy e defendeu (e defende) os governos de Chávez e de Maduro.

Segue, portanto, o tema mais importante do artigo original de Celso. Para ele, o impedimento da presidente Dilma foi clara quebra de autocontenção. Temos dificuldade de concordar. Um exercício interessante seria inverter os termos da equação.

É útil imaginar o que o grupo político petista faria caso estivesse do outro lado em 2015. Suponha um governo FHC absolutamente inábil politicamente — recém-reeleito, perde a presidência da Câmara para um deputado que o combate —, enfrenta oposição de 70% do Congresso, além de ter um vice-presidente de um partido ligado a estes 70%. FHC, nesse exercício, teria sido reeleito mentindo deslavadamente sobre a política econômica, demonizando os adversários, além de destruir a estabilidade fiscal em diversos pontos percentuais do PIB. Adicionalmente, o país atravessaria a segunda maior perda de PIB per capita dos últimos 120 anos e a maior taxa de desemprego de sua história, com forte mobilização popular contra a Presidência da República. Será que o PT não iria reunir 70% da esquerda e impedir o governo FHC?

Não se deve esquecer que o governo Dilma adotou critérios e práticas contábeis que mascaravam a real situação das contas do governo. Foi necessário mais de um ano para que a contabilidade pública fosse refeita segundo os parâmetros internacionais de modo que a sociedade tivesse ciência da real degradação do país. Fosse uma empresa privada, seria considerado crime.

Sempre defendemos que teria sido melhor para o futuro do país que os políticos tivessem feito um acordo de salvação nacional, com a maioria votando a favor do ajuste fiscal, independentemente de coloração ideológica, e que deixassem a disputa política para a próxima campanha eleitoral.

Era mais ou menos isso que o petismo parecia esperar da oposição em 2015, mas sem nem mesmo defender o ajuste fiscal, muito menos votar a seu favor. Celso pede da oposição uma autocontenção que o PT jamais praticou. Pelo contrário, o PT, no governo, pareceu sempre esperar a responsabilidade da oposição enquanto muitas vezes defendia o populismo na tribuna.

Celso afirma que, diferentemente do caso Collor, o impedimento de Dilma resultou em troca de governo. Entendemos seu argumento, mas ressaltamos que não houve troca de política econômica, que foi alterada já logo depois da eleição de 2014. Adicionalmente, quem assumiu depois do impedimento foi o vice-presidente eleito na chapa presidencial. Além disso, Dilma ganhou por pequena margem, com ajuda da máquina do PMDB, sendo muito bem votada no Triângulo Mineiro, por exemplo, região tipicamente não petista.

A máquina do PMDB não foi essencial para construir a pequena maioria que elegeu Dilma? Quando Celso afirma que a "turma mudou", ele deveria lembrar que a mudança foi decorrência de o grupo petista ter escolhido um vice-presidente que era, segundo os próprios termos de Celso, do outro grupo político, da "outra turma". E que se não tivesse um vice da "outra turma", talvez Dilma não tivesse sido eleita presidente.

Se as regras do jogo permitem condições tão amplas para o impedimento de um presidente, é necessário levar este fato em consideração no momento de escolher um vice. O petismo deve ter avaliado que os ganhos eleitorais que obteria ao escolher Temer como vice-presidente na chapa eleitoral compensavam os riscos de compor com a "outra turma". O PT parece justificar o oportunismo político apenas quando a seu favor.

Finalmente, os petistas e seus aliados minimizam o impacto do seu apoio ao regime da Venezuela. Há sinais cada vez mais claros de que parcela da "dita" esquerda não abraça os valores democráticos. Boulos apoia abertamente o regime venezuelano. Vanessa Grazziotin também. A maneira como eles tratam os crimes de sangue de Chávez e Maduro é totalmente diferente da forma como eles tratam os crimes de sangue da ditadura militar brasileira. "Há dois lados na Venezuela."

Ora, o mesmo argumento foi utilizado pelos militares brasileiros no fim da ditadura: havia dois lados. Há por parte de intelectuais e apoiadores do petismo e da "dita" esquerda uma surpreendente tolerância com as experiências autoritárias da Venezuela, de Cuba, da Nicarágua, de Angola etc. Como Marcos já disse, a esquerda brasileira lembra a direita americana durante a Guerra Fria. Bastava um ditador falar poucas frases contra a ameaça comunista para ter o apoio norte-americano. Por aqui, parece que é suficiente criticar ocasionalmente o imperialismo ianque para ter o apoio da esquerda, não importa quão autoritário e violento seja o regime.

Há certa autoindulgência. A fonte dessa autoindulgência parece ser uma certeza de que a esquerda luta pelas boas causas, decorrente de uma superioridade moral autoconcedida.

Essa mesma autoindulgência ocorre quando a esquerda minimiza os impactos nocivos sobre o país da estratégia do PT de não colaborar, quando na oposição, com a construção de um país melhor. "Ah, mas FHC mobilizava a base e aprovava." Não aprovou a idade mínima para a Previdência por um voto. Muito da pauta reformista tucana foi diluído ou descaracterizado com o apoio relevante da oposição feroz e generalizada do PT, que emprestava um glamour ideológico a interesses de grupos de pressão claramente corporativos.

Se o PT fosse uma oposição menos destrutiva, consensos poderiam ter sido construídos entre o Plano Real e 2002, e o país provavelmente estaria hoje bem melhor. Muitas reformas aprovadas pelo PT durante o governo Lula, como a da Previdência dos servidores públicos, contaram com o apoio da oposição. No entanto, essas mesmas reformas teriam sido ferozmente combatidas pelo PT caso tivessem sido encaminhadas durante o governo de FHC (em alguns casos isso aconteceu de fato). Esse mesmo PT, que sempre fez oposição destrutiva, reclama das pautas-bomba. Reclama com toda a razão. Mas se reclama, por coerência precisa rever seu comportamento; afinal, inúmeras vezes apoiou pautas-bomba.

O célebre voto contra o fator previdenciário do PSDB em 2015 foi muito criticado por simpatizantes dos tucanos. Já todo o histórico de oposição ferrenha do PT às reformas de FHC — incluindo as muitas preservadas pelo PT quando se tornou governo — parece perfeitamente legítimo para os apoiadores do partido, como se fosse "parte do jogo".

O livro de Steven Levitsky e Daniel Ziblatt estabelece duas condições para as democracias perdurarem: a prática da autocontenção e o reconhecimento da legitimidade do adversário. A nossa "dita" esquerda também não pratica o segundo princípio da boa convivência democrática de Levitsky e Ziblatt. A superioridade moral autoconcedida do PT, o seu oportunismo político exacerbado e o seu namoro, cada vez mais intenso, com o autoritarismo na América Latina explicam a sua perda de credibilidade no debate democrático.

18. Autocontenção democrática: nova resposta a Marcos e Samuel

*Celso Rocha de Barros**

Os craques Samuel Pessôa e Marcos Lisboa publicaram um novo texto discutindo as ideias de um artigo meu na revista *piauí* de abril último. O texto dos dois, como sempre, é muito bom, e o assunto — a autocontenção democrática — pode se tornar particularmente urgente no Brasil no ano que vem. Afinal, os três primeiros colocados na pesquisa eleitoral têm bancadas parlamentares muito pequenas, e dependerão ainda mais de alguma autocontenção da parte de seus adversários. O líder nas pesquisas, a propósito, não parece ser um grande adepto de qualquer tipo de autocontenção.

O texto de Samuel e Marcos toca em um grande número de pontos, mas vou me limitar a discutir os que me parecem mais decisivos para o debate.

Começando pelas concordâncias: parte importante da crise econômica atual foi causada pela política econômica do governo do PT. Na última rodada do debate, Marcos e Samuel me conven-

* Publicado originalmente no blog do Ibre, 6 jul. 2018.

ceram de que parte dessa política — as desonerações e medidas semelhantes no último ano de governo — também violou a norma da autocontenção, porque, ao que tudo indica, foi adotada com propósito eleitoreiro. Quebrar o caixa do governo para ganhar a eleição certamente denota falta de autocontenção e de compromisso com o longo prazo do jogo democrático. Note-se que erros de política econômica anteriores a 2014 talvez sejam explicáveis de outra forma (como ideologia, por exemplo).

Daí em diante, discordamos no seguinte:

1. Não acho que a diferença entre os efeitos da Lava Jato sobre a direita ou sobre a esquerda seja resultado de uma conspiração, como Marcos e Samuel acham que eu acho. É um reflexo das diferenças de poder: a direita é mais forte, por isso resiste melhor à Lava Jato. A evidência em favor dessa interpretação é bastante ampla. E essa diferença é mais notável quando se compara o peso político de cada personagem quando caiu. Dilma caiu quando era presidente, Lula quando liderava as pesquisas, Azeredo quando era o fósforo mais queimado da história dos mecanismos domésticos de ignição. Cunha não foi poupado por Teori, como bem notaram Marcos e Samuel, mas foi poupado pelos seus pares no Congresso, e pela imprensa que apoiava o impeachment, até deixar de ser útil. Se Temer tivesse caído no Joesley Day, quando ainda tínhamos grandes expectativas sobre sua capacidade de implementar reformas, minha hipótese teria sofrido um duro golpe, pois a direita teria sido fortemente prejudicada pela Lava Jato. Temer não caiu.

2. Ainda sobre o Joesley Day, parece ter havido uma confusão sobre uma das ideias do artigo na *piauí*, provavelmente por falta de clareza na exposição original: discutindo maneiras de medir a relevância de políticos de direita no momento de sua queda na Lava Jato, propus a pergunta: "Se ele cair, cai a Bolsa?". Meu argumento não é que "a turma da Faria Lima" conspirou para manter Temer. Meu argumento é que a turma da Faria Lima (e,

mais ainda, a turma da Avenida Paulista) apoiava o programa de Temer, e aplicava seu dinheiro de acordo com a possibilidade de ele ser implementado. A queda da Bolsa, portanto, mostra o quanto a possibilidade de implementação foi alterada pela queda de cada político conservador na Lava Jato. Mas isso não quer dizer que "o pessoal da Faria Lima" tenha sido o ator principal nas movimentações políticas relevantes. Eles são só um bom índice de relevância dos atores políticos envolvidos, porque o dinheiro que investiram (e perderam) quantifica a relevância e torna a hipótese mais falsificável. "Temer 2016" derrubava Bolsa, "Temer 2019" não deve derrubar.

3. Noto, a propósito, que pouco depois da publicação do texto de Marcos e Samuel mais um mecanismo institucional importantíssimo durante a crise do impeachment foi, no essencial, desativado: a condução coercitiva. Talvez seja bom que tenha sido desativado. Mas é ruim que isso tenha dependido de mudança no comando do país.

4. Marcos e Samuel também ressaltam diversos momentos em que o PT não teria respeitado a norma da autocontenção. Têm alguma razão no que se refere aos anos do PT na oposição, embora seja preciso dizer que a direção do partido não adotou o "Fora FHC" proposto pela ala liderada por Milton Temer (não, não é parente do presidente). Mas não é possível ignorar a história do PT no governo, que foi marcada por notável autocontenção. As nomeações para o Supremo, por exemplo, foram muito mais propensas a condenar os petistas do que Gilmar Mendes jamais foi na condenação dos tucanos (que o indicaram). A própria nomeação de diversos conservadores nos governos petistas se explica pela necessidade institucional de construir maiorias. E, no fim, o PT caiu por votação no Congresso, foi para casa e começou a se preparar para a próxima eleição.

5. É possível que o PT tenha respeitado mais as instituições

por ser mais fraco? Sem dúvida. A norma de autocontenção é bem mais fácil de ser seguida quando não se tem poder suficiente para abusar dele. Mas Lula não concorreu a um terceiro mandato que teria vencido com facilidade. Se na economia houve violação das normas de contenção democrática, como bem notaram Marcos e Samuel, na política os governos petistas foram mais moderados do que qualquer coisa que houve antes ou, especialmente, depois. Se um futuro governo petista seria igualmente moderado é outra questão, aliás inseparável do fato de ter havido impeachment.

O que parece claro é que não há como o jogo continuar nesses termos. Se o próximo presidente, que tem grande chance de ser eleito por um partido ainda mais fraco do que o PT, se deparar com adversários ainda mais dispostos a explorar toda e qualquer chance de exercer o poder, cai em quinze dias. E o candidato líder nas pesquisas já anunciou sua disposição para aumentar o número de membros do STF, a manobra de livro-texto nos esforços recentes de sabotagem da democracia, da Venezuela à Europa Central.

19. Contumélia e comedimento democrático

*Helio Gurovitz**

Para os gregos antigos, σωφροσύνη (lida em português como "sofrosyne", o y pronunciado como o "u" em francês ou o "ü" em alemão) era uma palavra que definia a suprema das virtudes. Derivava de σωφρων ("sofron"), adjetivo que costuma ser traduzido por "prudente". Mas σωφροσύνη é bem mais que a nossa prudência. Quem detinha a tal σωφροσύνη demonstrava moderação nas atitudes, temperança nos modos, tolerância com os outros, autocontrole, certa resignação com adversidades e, para usar um termo que anda na moda, resiliência. O sentido original era, nas palavras de Platão, "o acordo entre as paixões de que a razão deve governar". Transmite uma ideia de equilíbrio entre forças em tensão.

O antônimo de σωφροσύνη é outra palavra na moda hoje em dia: ὕβρις (lida como "hybris", o h aspirado como em inglês, mesma observação sobre o y). Manifestar ὕβρις era ofender os deuses, perder o senso de medida. Está na ὕβρις a origem de toda

* HELIO GUROVITZ é jornalista e ex-diretor de redação da revista *Época*. Publicado originalmente no blog do Ibre, 5 set. 2018.

tragédia grega. A palavra costuma ser traduzida como arrogância, prepotência, orgulho ou destempero. É, na verdade, algo ligeiramente distinto. Transmite a ideia de ruptura no equilíbrio de forças, que desencadeia consequências incontroláveis, desperta a reação de antagonistas (nêmesis) e conduz invariavelmente ao desfecho trágico.

Em latim e num português mais castiço, a tradução de ὕβρις costumava ser contumélia. Meu professor de grego era mais preciso: traduzia ὕβρις por *descomedimento* (quando queria ser mais formal, por *desmesura*). Em contrapartida, σωφροσύνη era *comedimento* (ou senso de medida). *Comedimento*, portanto, é a palavra que prefiro usar para traduzir a virtude que nos protege da tragédia. É, também, a tradução mais correta para o sentido em que os cientistas políticos Daniel Ziblatt e Steven Levitsky usam a palavra em inglês "forbearance", virtude a cuja falta atribuem a crise da democracia no pequeno opúsculo *Como as democracias morrem*, lançado no início do ano e objeto de debate intenso aqui no Blog do Ibre.

A palavra *autocontenção*, usada pelos participantes do debate, é pior por dois motivos. O primeiro é estético: é uma palavra feia, que ninguém fala espontaneamente. Se quisessem dizer *autocontenção*, Levitsky e Ziblatt teriam escrito "self-restraint", tradução precisa do termo em inglês. Não escreveram provavelmente por causa do segundo motivo, o mais importante. Embora *autocontenção* (*self-restraint*) ou *autocontrole* (*self-control*) sejam antônimos aceitáveis para ὕβρις, trata-se de virtudes tão somente individuais. Mas, enquanto a ὕβρις deriva da falta individual do senso de medida, este é na essência coletivo. A σωφροσύνη grega, assim como a *forbearance* inglesa, exige a medida alheia para ser reconhecida. É, portanto, mais que apenas *autocontenção* ou *autocontrole*, derivados de uma força interna. Exige, além disso, senso de equilíbrio diante de forças externas, cuja reação poderá desencadear a tragédia. Deriva de uma medida comum a todos. É, portanto, como costumava traduzir meu professor de grego, *co-medimento*.

A tradução imprecisa da palavra não é apenas um detalhe nessa discussão. Palavras revelam nosso grau de compreensão de fatos, fenômenos e mecanismos em ação. Quando somos incapazes de encontrar as palavras precisas, os termos exatos, é porque fomos incapazes de compreender as ideias em toda a sua extensão. A ideia de democracia está, desde a origem, ligada à σωφροσύνη grega. Traduz o equilíbrio, a medida justa entre as forças da sociedade para atingir o bem comum. É verdade que os cientistas políticos modernos mostraram que nem sempre o resultado prático da democracia é o melhor possível para a sociedade (a melhor referência aqui é *Democracy for Realists*, de Christopher Achen e Larry Bartels). Eleitores erram com frequência. Mas todos reconhecem que não há sistema melhor para manter o equilíbrio social, evitar a resolução de conflitos pela violência e tragédias como guerras civis. A essência da democracia repousa no comedimento (σωφροσύνη), no respeito a uma medida externa reconhecida por todos os atores, nas regras coletivas que mantêm as estruturas em funcionamento à revelia das forças individuais, mesmo quando não escritas ou gravadas explicitamente na lei. Se há dificuldade em reconhecê-las ou respeitá-las, se alguém não tem pudores em violá-las em benefício próprio ou de grupos de interesse, os gregos diriam que estamos diante da tragédia.

Nenhum dos lados do debate parece duvidar de que a polarização nas eleições deste ano é uma realidade que poderá resultar trágica para o país. A dúvida repousa sobre quem deu início à fratura, a quem coube a desmesura, a ὕβρις que violou o comedimento democrático. Outra dúvida é se ela representa uma tragédia sem volta, ou se a própria política ainda dispõe de mecanismos de homeostase capazes, depois das eleições de outubro, de resgatar a σωφροσύνη perdida.

Uma safra de artigos, vídeos, panfletos e cursos acadêmicos considera a ruptura irremediável. Tome como exemplos os documentários *O processo*, de Maria Augusta Ramos, as dúzias de cursos sobre o "Golpe de 2016" que tomaram conta de nossas universidades, os livros *A radiografia do golpe*, do sociólogo Jessé de Souza, ou *O lulismo em crise*, do cientista político André Singer. Todos compartilham, em maior ou menor grau, a mesma visão sobre os fatos que levaram à queda de Dilma Rousseff. Tratou-se, afirmam, de reação de elites políticas e econômicas aos governos populares do PT, com a colaboração da imprensa e dos setores do Judiciário e do Ministério Público envolvidos na operação Lava Jato. Há, segundo tal visão, um viés persecutório evidente nas ações contra o ex-presidente Luiz Inácio Lula da Silva, figura mais popular do Brasil, tido como responsável por ampliar o acesso dos pobres a bens, educação e serviços — fato que as tais "elites" não aceitam, seja por puro preconceito, seja por uma sede irrefreável de poder e riqueza.

O artigo do sociólogo Celso Rocha de Barros na revista *piauí*, que desencadeou a polêmica com Marcos Lisboa e Samuel Pessôa aqui neste blog, se distingue dessa visão simplista. Em contraste com o movimento acima, resiste a qualificar o movimento contra Dilma de golpe. "Talvez 'golpe' não seja mais o conceito relevante aqui", escreve. Em contrapartida, aponta o impeachment de Dilma como momento crucial na crise da democracia brasileira. Para Celso, o Brasil segue a tendência identificada pelo cientista político Larry Diamond como "recessão democrática", termo com que descreve a transformação progressiva e paulatina de regimes democráticos em autoritários em todo o planeta, ao longo da última década e meia.

Mais que isso, Celso inclui o caso brasileiro na tese de Ziblatt e Levitsky, ao afirmar que o impeachment representou o momento em que faltou "autocontrole institucional" à nossa democracia, momento crítico que a pôs na trajetória rumo à tragédia aparentemente irremediável. Diz Celso:

> Só gente muito protegida na própria bolha ideológica dirá que a democracia brasileira não está funcionando muito pior do que funcionava até 2015. O impeachment de 2016 fez parte de um processo maior de deterioração democrática, que só se acelerou desde então. As normas de tolerância e autocontrole deixaram de operar em grau muito mais intenso do que nos Estados Unidos de Trump ou no Reino Unido do Brexit.

É sedutora a noção de que o Brasil viva um esfacelamento institucional que põe sua democracia em risco. O próprio Levitsky, em visita recente ao Brasil, me disse que o impeachment de Dilma foi um momento em que faltou comedimento democrático aos atores políticos. Não, segundo ele, tão escandaloso quanto nos casos do Paraguai ou do Equador. "Mas o sarrafo para um impeachment deveria ser bem mais alto do que era no caso de Dilma", afirmou. "O crime tem de ser sério a ponto de haver consenso partidário." Em virtude da complexidade de analisar o caso brasileiro, Ziblatt e Levitsky evitaram, no livro, incluir o Brasil entre os exemplos de recuo democrático mundo afora. Analisam diversos casos latino-americanos, como a Venezuela de Chávez e Maduro, o Peru de Fujimori ou o Chile de Allende, mas ainda classificam o Brasil entre os exemplos de democracias que, segundo eles, "permanecem intactas" (p. 205).

Em sua resposta a Celso, Marcos e Samuel argumentam que, bem antes do impeachment, já faltava comedimento ao PT. "O PT joga nos limites da legalidade desde sempre, sem autocontenção", escrevem. "Pode-se debater se o impedimento da presidente representou uma quebra dessa regra, não estamos certos de que tenha sido. Mas certamente as seguidas quebras na regra de autocontenção praticadas pelo PT nas últimas décadas contribuíram para a radicalização da disputa política." A principal violação nas regras implícitas da democracia que apontam foi a destruição da estabilidade fiscal, erguida nos anos FHC e mantida ao longo do primeiro mandato do ex-presidente Luiz Inácio Lula da Silva. O PT escondeu, segundo a conta deles, gastos em torno de 200 bilhões de reais por meio de manipulação nas contas públicas. Além disso, mencionam a sabotagem petista a toda iniciativa do governo FHC, com processos infundados que resultaram até na condenação de um promotor anos depois; a "demonização dos adversários" durante campanhas, de modo a suprimir qualquer possibilidade de diálogo; o "estelionato eleitoral" na eleição de 2014, quando Dilma negou a necessidade de ajuste fiscal e se viu obrigada a pô-lo em prática assim que eleita; e os mais de cinquenta pedidos de impeachment contra FHC. Estranhamente, não citam mensalão, nem petrolão, nem a corrupção petista desmascarada pela operação Lava Jato, cuja influência na queda de Dilma foi decisiva e cujo ápice resultou na prisão e na inelegibilidade de Lula. Celso rebate que a emenda da reeleição aprovada no governo FHC também foi um momento em que faltou comedimento democrático. O debate prossegue, sem resolução à vista.

Em que pese a defesa de pontos de vista antagônicos, tanto Marcos e Samuel quanto Celso parecem reconhecer a polarização preocupante que toma conta da discussão política no Brasil (e, em grau menor, do eleitorado). Petistas e tucanos, ou mais precisamente, petistas e antipetistas apontam o dedo uns aos outros como irmãos que brigam. "Foi ele que começou", diz um. "Não, foi ele!", rebate o outro. "Não foi...", grita o primeiro. E assim interminavelmente, sem que nenhuma autoridade paterna consiga impor a força da lei. Só uma instituição externa respeitada por ambos teria o condão de interromper o ciclo vicioso de dedos levantados, vozes elevadas e culpas exportadas. É do respeito a essa medida externa que poderia derivar o *comedimento* tão necessário à nossa democracia. Não se trata de mera falta de *autocontenção*. Toda a dificuldade em arbitrar a questão reside, essencialmente, na falta de uma medida externa comum, reconhecida por ambos os lados. Ela resulta, em consequência, na atribuição subjetiva de critérios de *autocontenção* a gosto do freguês. O que um diz ser "quebra de autocontenção", o outro contesta quase por reflexo automático, sem que a disputa atinja um consenso satisfatório. A situação é resultado evidente de divergências na leitura sobre o papel das nossas instituições na democracia. Só elas, aceitas de modo consensual, inspirariam *comedimento* em ambos os lados.

A Lava Jato e o impeachment foram sem dúvida os fatos políticos mais relevantes dos últimos anos no país. Da dúvida sobre a consequência de ambos para nossas instituições democráticas, deriva o conflito. Mas há uma distinção essencial entre os dois lados. Apenas os petistas se consideram vítimas de perseguição dirigida. Em virtude disso, a leitura de Celso é singular. "Mesmo sem supor qualquer viés conservador nos investigadores da Lava Jato, seu efeito sobre cada um dos lados da disputa política foi claramente enviesado", escreve. "A direita conseguiu segurar os seus no poder até eles perderem importância. A esquerda perdeu uma presidente e um candidato favorito." Eis a essência da justificativa dele a sua tese sobre o impeachment:

> O impeachment de Dilma Rousseff, em contraste com as recomendações de Levitsky e Ziblatt, foi realizado assim que se tornou institucionalmente possível: quando Eduardo Cunha deu início ao processo, em represália ao voto do PT contra ele no Conselho de Ética. Não houve qualquer esforço de estabelecer um consenso entre esquerda e direita durante o impeachment de Dilma — ao con-

> trário do que houve no impeachment de Collor. Os votos a favor e contra o impeachment são mapeáveis quase que perfeitamente na divisão direita × esquerda no Congresso. Temer chegou ao Planalto com um programa de governo claramente pró-mercado, o que impediu que os partidos de esquerda concorrentes do PT apoiassem o impeachment. O impeachment de Dilma foi um ato de poder de um dos lados do espectro político — o lado que havia perdido em 2014 —, exercido como gesto de autoafirmação, sem qualquer esforço de incorporar bandeiras do outro lado.

Será mesmo? Como entender os votos de senadores como Marta Suplicy (a favor) ou Kátia Abreu (contra), de deputados como Jarbas Vasconcelos (a favor) ou Celso Pansera (contra)? Ou o apoio ao impeachment disseminado em partidos da base do governo Dilma, como PSD, PDT ou PP? Quem são, concretamente, "um lado" e "outro lado" nessa briga? Que sentido existe em usar as palavras "direita" e "esquerda" para qualificar uma decisão aprovada por um grupo heterogêneo de 367 dos 513 deputados (representando, apenas na votação nominal, 74,4% dos 57,4 milhões de votos para a Câmara), e por 61 dos 81 senadores (representando 74,9% entre os 155,1 milhões de votos ao Senado)? Basta ler a lista da votação para constatar que, a valer mesmo a divisão teórica entre "direita" e "esquerda" postulada por Celso, a "força popular" da esquerda não passa de fantasia. Popular mesmo, então, é o lado que recebeu 75% dos votos — a "direita".

Marcos e Samuel têm razão em sugerir que tal análise é rasteira, ao desprezar a relevância do Congresso e das decisões consensuais na nossa democracia. "Boa parte da assimetria decorre do fato de um grupo político, a 'direita' na sua classificação, ter 70% do Congresso Nacional, e a 'esquerda', 30%. A assimetria, nesse caso, apenas reflete uma imensa maioria de um grupo político no Congresso, resultado de eleições democráticas", escrevem.

"Um Congresso que exerce as suas prerrogativas respeitando as normas legais, e elas são muitas na nossa democracia, não necessariamente representa a violação da autocontenção." Mas eles extraem daí uma conclusão ousada, que não deriva automaticamente da premissa. Afirmam que, ao exercer oposição sistemática contra medidas como o Plano Real, a Lei da Responsabilidade Fiscal, a renegociação de dívidas estaduais e o fator previdenciário, o PT violou a necessidade de "consenso requerido por nossas instituições políticas" e cometeu "quebras de autocontenção". Não necessariamente. O PT pode ter simplesmente exercido uma estratégia de oposição legítima, dentro das regras. Estratégia que, ao fim, se revelou correta do ponto de vista político, pois resultou na conquista do poder. Considerá-la "quebra de autocontenção" é fazer dela um juízo subjetivo.

Houve descomedimento do PT diante da necessidade implícita de consenso? Talvez, mas seria preciso ter estabelecido um critério mais preciso, objetivamente reconhecido por todos (independentemente da proporção de votos que representam no Congresso), para delimitar a fronteira entre a oposição legítima e a violação dessa norma implícita. Marcos e Samuel não fizeram isso. Apenas insistem que "no sistema político brasileiro, fazer oposição sistemática e destrutiva, inclusive votando contra matérias em que há amplo entendimento de que são necessárias [sic], representa quebra de autocontenção, pois a implementação de reformas usualmente requer maioria qualificada no Congresso". O que define exatamente a oposição "sistemática e destrutiva"? Como saber de antemão se "há amplo entendimento" sobre matérias necessárias, dado que o Congresso existe justamente como palco para expressão de divergências?

Ao mesmo tempo, discordam de Levitsky e Celso na interpretação do impeachment. "Não está claro que o impedimento representa necessariamente quebra de autocontenção. E não há nada de errado em nosso presidencialismo ter um instrumento com sabor parlamentarista", dizem. "O PT é o partido campeão de pedidos de impedimentos — cinquenta em cerca de 135 no total. Se a lei do impedimento permite atuar na zona cinzenta, nenhum partido a utilizou de forma tão generalizada quanto o PT." Novamente, estamos no campo da interpretação subjetiva. Nenhum dos cinquenta pedidos de impeachment do PT resultou rigorosamente em nada, além de barulho. O pedido de impeachment de Dilma, como Celso aponta corretamente em sua resposta, se distingue dos demais por uma característica óbvia: deu certo. Mas a partir de que momento um processo de impeachment passa a representar descomedimento? Da apresentação, como sugerem Marcos e Samuel? Da aceitação pelo presidente da Câmara, como parece inferir Celso? Ou será da autorização para afastamento do presidente? Ou ainda do julgamento no Senado? Por que faltou comedimento no caso de Dilma, mas não no caso de Fernando Collor? Se o impeachment foi desmesura, que dizer, como questionam Marcos e Samuel, da sabotagem sistemática do PT a reformas urgentes e necessárias, como a da Previdência?

Nossa democracia, com um sem-número de direitos gravados na Constituição, exige um elevadíssimo patamar de consenso para mudanças (duas votações em cada uma das duas Casas parlamentares, cada uma delas com maioria de três quintos). No caso do impeachment, o sarrafo — para empregar a expressão de Levitsky — é ainda mais alto: dois terços. Para derrubar Dilma, votaram mais de 70% das duas Casas, representando três quartos dos eleitores. Será que o comedimento democrático exige ainda mais consenso? Quanto? 80%? 90%? Unanimidade? Nada disso fica claro pela definição de Levitsky, já que as medidas e regras em questão são definidas de modo subjetivo, por quem interpreta cada situação. Pelo argumento dele, a divisão da sociedade em torno da queda de Dilma comprova que ela atravessou a mesma linha do consenso cuja necessidade Marcos e Samuel postulam para o bom funcionamento das nossas instituições.

A dúvida se resume, portanto, a definir quando o consenso é necessário e quando não é; em que situações a divergência é aceitável, em que outras se transforma em desmesura. Se for impossível responder a tais questões com um mínimo de objetividade e critérios aceitos por todos, estaremos sempre diante da situação trágica, um problema sem solução. A resposta de Marcos e Samuel nos permite vislumbrar a necessidade dessa resposta, ao esbarrar na principal limitação da tese de Levitsky e Ziblatt. O conceito elaborado por eles resulta num paradoxo. O *descomedimento* descrito por ambos é a quebra de regras *implícitas*. Um ator político se mostra *comedido* quando não usa contra seus adversários certos expedientes que, mesmo legais, violariam tais regras. Mas como avaliar, no momento da ação, se há violação, uma vez que, por definição, tais regras não estão *explícitas*, ou ao menos não da única forma aceita por todos, a letra da lei? Eis um obstáculo impossível de contornar.

O que fica explícito, em virtude dessa limitação, é o principal mal que contamina os debates políticos contemporâneos: o renitente viés de confirmação, a interpretação dos fatos de modo a comprovar teses previamente concebidas. É o caso do texto original de Celso, pródigo em manobras argumentativas dessa natureza, que misturam pensamento desiderativo a afrontas à lógica mais elementar. Está, como resultado do viés de confirmação, eivado de erros triviais de argumentação. Analisá-los ajuda a mostrar como um debate intelectual que poderia trazer contribuições importantes para aprofundar o conceito manco de Levitsky e Ziblatt, ao tentar aplicá-lo ao Brasil, se transforma num confronto improdutivo.

A certa altura, Celso afirma que "os áudios de Romero Jucá deixaram claro que o impeachment era uma contrarreforma, uma reação do sistema contra a Lava Jato". Ora, os áudios deixam claro apenas o que queria Romero Jucá. Falar em "reação do sistema" é incorrer na falácia clássica da generalização. Desde quando Jucá é o "sistema" ou tem procuração para falar em nome dele? Mais que isso, o fato de alguém se beneficiar politicamente de uma decisão não implica que ela esteja errada ou que tenha sido tomada apenas por interesse político. É preciso avaliá-la em seu mérito específico. Essa avaliação foi feita pela única instância jurídica qualificada: o Senado, que condenou Dilma por crimes fiscais.

Noutro trecho, Celso escreve, a respeito dos líderes das manifestações contra a corrupção que acabaram resultando nos protestos de rua pelo impeachment: "A turma de 2015 não teve pudor de se aliar a um dos lados da briga política institucional, a direita, e abandonar a reivindicação de 'apartidarismo' assim que Dilma caiu. Seus líderes hoje são assessores de políticos e concorrem a cargos eletivos". Temos aí outro erro de argumentação, apontado já nas críticas de Aristóteles aos sofistas: a falácia da composição, ou atribuição da característica de uma das partes ao todo. O apartidarismo de um movimento não acarreta o de cada um de seus integrantes. Quase todos os participantes do movimento "Diretas Já" foram candidatos por partidos políticos, nem por isso o movimento deixou de ser apartidário. Caminho idêntico ao de manifestantes pró-impeachment.

O principal equívoco de Celso em seu arrazoado tem origem na insistência em tentar comprovar, sem base sólida, que "a elite econômica mostrou-se capaz de controlar o timing das quedas dos políticos" e que "assim que deixou de ser bom negócio para a direita, e com a esquerda já denunciada, a Lava Jato começou a refluir". É a tese que manifesta de modo mais evidente seu viés de confirmação. Ele compõe um parágrafo inteiro em apoio a ela, para depois dar um salto temerário rumo à conclusão:

Em 2015, delações eram provas suficientes para derrubar políticos e encerrar carreiras. Em 2017, deixaram de ser. Em 2016, era proibido nomear ministros para lhes dar foro privilegiado; em 2017 deixou de ser. Em 2016, os juízes eram vistos como salvadores da pátria, em 2017 viraram 'os caras que ganham auxílio-moradia picareta'. Em 2015, o sujeito que sugerisse interromper a guerra do impeachment em nome da estabilidade era visto como defensor dos corruptos petralhas; em 2017 tornou-se o adulto no recinto, vamos fazer um editorial para elogiá-lo. Em 2015, presidentes caíam por pedaladas fiscais; em 2017 não caíam nem se fossem gravados na madrugada conspirando com criminosos para comprar o silêncio de Eduardo Cunha e do doleiro Lúcio Funaro. Em 2015, a acusação de que Dilma teria tentado influenciar uma decisão do ministro Lewandowski deu capa de revista e inspirou passeatas. Em 2017, Temer jantou tantas vezes quanto quis com o ministro do Supremo Tribunal Federal que o julgaria no TSE e votaria na decisão sobre o envio das acusações da Procuradoria-Geral da República contra ele, Temer, ao Congresso. Em 2015, Gilmar teria cassado a chapa Dilma-Temer. Em 2017, não cassou.

De tudo isso, Celso dá seu duplo mortal carpado, sem rede de proteção, para concluir que a "direita" comandou o timing da Lava Jato, de modo a atingir a "esquerda". Incorre noutra falácia de manual: estabelecer uma relação causal comum a diversos fatos separados apenas pelo tempo. Ora, além da "direita" a manipular suas marionetes nos bastidores, pode haver — e há — dezenas de explicações ou contestações plausíveis a cada uma dessas mudanças. Como ele comprova a relação de causa e efeito? Apenas com base no áudio de Jucá? Há provas de que houve uma linha direta entre bancos — a tal "turma da Faria Lima" —, empresas de comunicação, políticos, procuradores e juízes da Lava Jato? Onde estão as evidências da tramoia implicitamente endossada por Celso, explicitamente por todos aqueles que chamam o impeachment de golpe?

Em vez de apresentá-las, ele deixa em aberto interpretações plausíveis sobre vários fatos que poderiam derrubar sua tese. Afirma, ao mesmo tempo, que "se Temer for investigado, será quando nenhuma reforma desejada pelo mercado depender mais dele" e que "se Temer caísse em 2017, se Cunha caísse em 2015, a Bolsa despencaria na hora (como despencou no Joesley Day)". Uma questão singela fica no ar: se o mercado controla tudo e estava mancomunado com Temer, como então foi possível o tal Joesley Day? Qual o indício de que Eduardo Cunha tenha sido poupado pela Justiça, quando sua cassação foi aprovada numa raríssima votação unânime do Supremo Tribunal Federal (STF), em manobra quase desesperada (e constitucionalmente questionada) do então ministro Teori Zavascki, para *acelerar* o processo diante da lentidão da Câmara dos Deputados?

O ponto mais frágil nessa argumentação, repetido na literatura que vê o impeachment como "golpe", é a tentativa de considerar Cunha como "aliado da direita", descartado apenas depois de ter sido útil para a abertura do processo contra Dilma. Cunha sempre foi um parlamentar independente, um elétron livre a soltar faísca, alguém que pensava, antes de tudo, em seus próprios interesses e naqueles de quem financiava suas manobras legislativas. Foi aliado do PT até o momento em que Dilma tentou lhe tolher a ambição de presidir a Câmara. Venceu a parada, mas assumiu a presidência em conflito latente com o Executivo. Tentou usar seu poder de acatar um pedido de impeachment como forma de pressão. Só o fez depois de abandonado pelo PT na votação da Comissão de Ética que lhe ameaçava o mandato, tão flagrante era a mentira sobre suas contas na Suíça desmascaradas pela Lava Jato. A noção de que Cunha estivesse a serviço de uma certa "direita" imaginária, não de seu próprio interesse, não tem aderência alguma nos fatos públicos. Se há novos fatos a comprová-la, que sejam apresentados. Nem Celso, nem nenhum dos defensores da tese do "golpe" o fazem de modo convincente.

Celso sustenta ainda que a tal "direita" — seja lá o que isso signifique — "é incomparavelmente mais forte que a esquerda, e as instituições brasileiras eram mais fortes quando o lado mais fraco estava no poder". É verdade que o campo definido — ou, como ele sugere, "mapeado" — naqueles que votaram contra Dilma tem representação maior no Congresso. Mas isso não implica que as ideias de direita (sem aspas) sejam necessariamente mais fortes que as de esquerda no país. Ao contrário. Temos um Estado gigante, leis trabalhistas e previdenciárias absurdas, uma burocracia infernal para empreendedores. Faz trinta anos que a mítica "direita" insiste em reformas de toda natureza para a economia, em especial na urgência da reforma da Previdência, cujo fracasso resultou justamente do Joesley Day. Até agora, só obteve sucesso em momentos de crise aguda. Ao dividir o universo político em esquerda e direita, Celso traduz uma visão simplória dos nossos problemas como país. Ignora a ocupação do Estado por todo tipo de corporação, clique ou cartório, representados nas instituições e na cena política nacional. Será possível mesmo, diante do fracasso subsequente da reforma da Previdência, das concessões de Temer a caminhoneiros e a outros grupos privados de interesse, sustentar que "o impeachment de Dilma foi um ato de poder de um dos lados do espectro político — o lado que havia perdido em 2014 —, exercido como gesto de autoafirmação"? Explicações mais razoáveis não exigem o recurso à fantasmagoria da "direita conspiradora".

"Imaginem a vantagem para o país se, em 2015, houvesse um partido forte capaz de bancar a pauta da convocação de novas eleições em vez da fraude do impeachment?", pergunta Celso. Ora, ainda que o processo possa ter violado as regras implícitas da democracia de que falam Levitsky e Ziblatt, o próprio Celso reconhece que seguiu as normas jurídicas. A que fraude se refere então? Fraude haveria caso houvessem sido convocadas novas eleições diretas, à revelia do que determina a Constituição em caso de impeachment depois do segundo ano de mandato. Seria uma violação não das regras implícitas, mas das explícitas mesmo, da Constituição e das instituições que garantem o funcionamento da democracia. Se houve um momento em que elas vacilaram, não foi em 2015, mas em 2017, no julgamento da legalidade da chapa Dilma-Temer no Tribunal Superior Eleitoral (TSE). A queda de Temer naquele momento teria dado uma demonstração da força institucional no combate à corrupção. Foi ali, depois de várias decisões desfavoráveis à Lava Jato tomadas no primeiro semestre pela Segunda Turma do Supremo, que ela começou a refluir de modo consistente. Mas quem garante que os casos pendentes, entre eles as duas denúncias contra Temer que voltarão à Justiça a partir do dia 1º de janeiro, terão desfecho feliz para os réus?

Celso repete de diversas formas que a Lava Jato aniquilou qualquer possibilidade de recomposição institucional e representatividade dos movimentos populares pelos partidos políticos: "a Lava Jato explodiu o sistema partidário"; "não havia mais partidos fortes para fornecer um ponto de entrada [aos manifestantes]"; "a política de indignação popular não achou uma brecha no sistema político", "a bomba atômica da Lava Jato tornou a política partidária brasileira inutilizável pela indignação popular"; "nossa deterioração institucional foi muito mais grave do que qualquer coisa que Trump tenha feito até agora", "fenômenos como Trump ou o Brexit dependeram de os sistemas partidários estarem em crise, mas não destroçados". Não há como negar que os partidos saíram machucados das investigações de corrupção. Mas como conciliar essa visão apocalíptica com as dezenas de candidaturas, por diferentes partidos, de representantes de movimentos como

MBL ou Vem Pra Rua? Ou com a afirmação de que, "justamente por ter sido mais aguda do que as outras, a crise democrática brasileira, até agora, terminou com o sistema recomposto, não com a ascensão de um outsider". Ou o sistema partidário foi implodido pela Lava Jato, ou não foi. Celso dá outro salto de raciocínio que carece de explicação. A aprovação do novo modelo de financiamento de campanha pelo Congresso, os milhares de candidaturas de políticos tradicionais ou novos nomes surgidos a partir dos protestos de junho de 2013 são prova suficiente de que, apesar do barulho, da condenação e prisão de vários políticos, os partidos brasileiros sobreviveram relativamente intactos. Entre eles, até mesmo o PT, presença provável no segundo turno, ainda que a candidatura Lula seja impugnada.

A leitura de Celso sobre os movimentos de rua de 2013, 2015 e 2016 comete equívocos de outra natureza. Ele afirma que "as manifestações de 2013 tiveram efeitos políticos modestíssimos"; "a política das redes só foi eficaz quando teve um ponto de entrada na luta política tradicional"; "Junho não deixou nenhum legado institucional"; "não teve nenhuma influência sobre a eleição presidencial seguinte, vencida pela situação". É uma crítica semelhante à que faziam sobre Maio de 1968 na França (De Gaulle também venceu as eleições subsequentes). O objetivo de ambos os movimentos jamais foi institucional. Não era a tomada do poder, nem havia articulação política. "Legado institucional" é tudo aquilo de que o movimento não tratava. É enxergá-lo através das lentes erradas, como fizeram todos, esquerda e direita, com Maio de 68, cujo legado nos anos seguintes é inequívoco, sobretudo no campo dos costumes.

Ao contrário do que Celso dá a entender, não houve uma separação entre a "direita" das causas de 2013 e a campanha pelo impeachment. As manifestações pela queda de Dilma foram continuação natural de 2013. Eram um protesto contra qualquer político corrupto. Celso sustenta que "o movimento pelo impeachment tornou-se muito diferente de Junho, mas muito parecido com os movimentos populistas que venceram ao redor do mundo". Qual a evidência disso? Pesquisas feitas com participantes dos protestos pelo impeachment revelam que apenas uma minoria pedia intervenção militar. Identificar todos com os herdeiros do fascismo na Europa ou partidários de Trump nos Estados Unidos simplesmente não tem cabimento. Celso fornece a seguinte análise do sentimento que levou o brasileiro às ruas: "O 'não me representam' pode não ter sido apenas uma crítica à classe política realmente existente, mas um desafio à própria ideia de representação, uma falta de tolerância ao tempo lento do compromisso". É uma análise até convincente, mas ela precisaria estar escorada em fatos que não são apresentados. Também não dá para qualificar a Lava Jato como ação da "direita", quando os troféus se espalham por vários partidos. Todos eles, em especial PT, PSDB e MDB, defendiam as investigações quando interessava; atacavam quando não.

O impeachment de Dilma precisa ser entendido nesse contexto. A explicação mais convincente e mais simples não envolve nenhuma conspiração das elites, nem ação coordenada da "direita". Dois fatores atuaram em paralelo. De um lado, a revolta da população com a corrupção do PT, evidente desde o mensalão, amplificada pela ostentação dos estádios da Copa, desmascarada pelas investigações da Lava Jato. É sempre bom lembrar que os mesmos líderes petistas que se proclamavam paladinos da moralidade na política foram flagrados em banquetes regados a Romanée Conti, orgias com prostitutas em mansões ou hotéis cinco estrelas em Brasília e no Rio de Janeiro. Seus nomes foram usados durante anos por amigos, amantes e companheiros para obter todo tipo de favor ilícito, cujos detalhes vieram à tona em inúmeras investigações policiais. Como explicar esse tipo de atitude num partido que dizia combater as "elites" e os "ricos" para defender o "povo" e os "pobres"? Acrescentem-se a isso a esbórnia fiscal e a crise econômica incontornável, deflagrada pela incompetência do governo Dilma Rousseff. É uma liberdade inaceitável com os fatos afirmar, como Celso, que ninguém deixou Dilma corrigir em seu segundo mandato "as atrocidades que fez na gestão macroeconômica no primeiro". Primeiro, ninguém teria o poder de "deixá-la". Cabia a ela construir o consenso político em torno de seu projeto, seja lá qual fosse. Segundo, basta analisar os índices de popularidade para perceber que, depois de ela voltar atrás na retórica da campanha, quase ninguém aprovava o governo Dilma, nem mesmo os petistas. Será tão difícil assim entender a revolta popular ou o eco que encontrou na classe política?

De outro lado, políticos de todos os partidos se viram acossados pela Lava Jato. A adesão do grupo do MDB, a turma que reunia Temer, Renan, Jucá, Geddel, Moreira Franco, Padilha e o próprio Cunha, não se deve necessariamente a uma pretensa conspiração para implantar o programa "pró-mercado" de que fala Celso. Pode muito bem ter sido, para cada um desses atores individualmente, uma tentativa desesperada de "estancar a sangria" diante da investida da Lava Jato (embora faltem provas para afirmar isso com toda certeza). Naquele momento, a adoção do programa reformista parece ter sido mais conveniência para arrebanhar apoio no Congresso e na opinião pública do que convicção genuína. Dilma caiu, mas a tentativa malogrou. A Lava Jato não parou depois do impeachment e, na hora de usar seu capital político para salvar a própria pele, Temer não hesitou em rifar a reforma da Previdência, em ceder à chantagem dos caminhoneiros, em tirar do BNDES ou da Petrobras os nomes preferidos do mercado financeiro. Se a tal "turma da Faria Lima" ou a "direita" tivessem mesmo toda a influência que Celso lhes atribui, é difícil acreditar que Maria Sílvia ou Pedro Parente não tivessem mantido seus cargos, que a agenda de reformas não tivesse andado mais rápido ou que o Orçamento da União não tivesse deixado de atender pelo menos alguns dos inúmeros privilégios que beneficiam as corporações incrustadas no Estado.

É provável que Celso tenha razão ao constatar que "a democracia brasileira está em crise, o mesmo tipo de crise que diversos países do mundo vêm experimentando desde a crise de 2008". Mas atribuir o impeachment de Dilma ou a prisão de Lula a inimigos imaginários só serve para trazer conforto a crenças arraigadas, é reflexo do insidioso viés de confirmação que atribui toda mazela do país à maquinação da "direita". A verdade não costuma ser tão simples na prática. No Brasil, o poder é exercido não por maquinações fabulosas, mas por aqueles que ocupam postos no Executivo, no Legislativo e no Judiciário, como determina a Constituição. Justamente por envolver múltiplos atores e instituições, a política não se resume à partida de futebol imaginária entre "esquerda" e "direita" que invariavelmente contamina o debate. É até certo ponto esperado (embora não desejável) que, no afã da disputa pelo poder, políticos e ideólogos deem de ombros para fatos, opiniões ou princípios da argumentação. O objetivo é outro. Desde a Grécia Antiga, sabemos que sofismas têm sucesso para conquistar a opinião pública ou o aplauso fácil. Mas, se algo distingue um intelectual, é justamente saber (ou ao menos tentar) afastar-se dessa armadilha. Por definição, ele almeja a verdade, ou ao menos chegar o mais perto dela que seus limites permitirem.

O maior limite, nessa discussão toda, é dado pelo próprio conceito formulado por Levitsky e Ziblatt. É oportuna e necessária a investigação sobre a "recessão democrática" no planeta. Saber como as democracias morrem e garantir que não desapareçam é um tema essencial na ciência política contemporânea. Mas o conceito de *forbearance*, ou *comedimento*, a σωφροσύνη dos atores democráticos, ainda carece de definição mais precisa para ser útil na interpretação de fatos contemporâneos, como o impeachment de Dilma. O conceito de Levitsky e Ziblatt se revela ótimo para impressionar amigos numa conversa de botequim, mas enfrenta dificuldades sérias quando submetido a um escrutínio intelectual mais rigoroso.

A única instância formalmente respeitada e reconhecida por todos os atores, da qual derivaria um senso de medida comum e incontroverso, são as instituições legais, régua externa que permite julgar as violações. Regras *implícitas* geram, necessariamente, espaço para dúvida e interpretações subjetivas. Definir se faltou *comedimento* democrático num caso particular, como o impeachment de Dilma, dependerá de quem as define e de suas crenças prévias. É perfeitamente legítimo dizer que faltou, embora nem Celso nem Levitsky consigam mostrar isso de modo persuasivo. Mas, quando o que está em jogo são regras *implícitas*, também é legítimo afirmar que, num país em que quase toda mudança exige três quintos da Câmara e do Senado, qualquer oposição precisa ser *comedida* ao votar contra aquilo que sabe necessário — sob pena de o país jamais resolver seus problemas mais graves (o contrário do que faz o PT desde sempre e, mais recentemente, também o PSDB). Ou que o uso da palavra "golpe" para se referir a um processo conduzido dentro da lei, respeitando todas as instituições e instâncias jurídicas, com pleno direito ao contraditório, à defesa e até ao esperneio, representa uma absoluta falta de *senso de medida*, uma afronta à memória daqueles que sofreram golpes de verdade no passado e um pretexto perigoso para outros no futuro. Ou ainda, por fim, que a insistência, para fins de propaganda e estratégia eleitoral, na candidatura de um condenado em segunda instância, preso por corrupção, candidatura que todos sabem ilegal desde o início — essa insistência ofende o bom senso, testa as instituições, desequilibra as forças políticas e aguça a *desmesura*, a ὕβρις aparentemente irreversível na tragédia política brasileira.

PARTE IV

Heterodoxia à brasileira: em diálogo com Luiz Fernando de Paula, Elias M. Khalil Jabbour, José Luis Oreiro, Paulo Gala, Pedro Paulo Zahluth Bastos e Luiz Gonzaga Belluzzo

20. O funcionamento da economia segundo a direita e a esquerda

Marcos Lisboa e Samuel Pessôa[*]

O debate sobre política econômica nas principais economias decorre da contraposição de objetivos. Alguns preferem países mais igualitários, ainda que isso signifique menor crescimento econômico. Outros, por sua vez, aceitam maior desigualdade em troca de maior crescimento. Norberto Bobbio, por exemplo, define a esquerda pela defesa de políticas que promovam maior igualdade na distribuição de renda.

Não há, no entanto, discordância sobre a evidência empírica. As diversas vertentes utilizam o mesmo método de análise. A divergência decorre de preferências distintas sobre as implicações das políticas públicas.

A escolha entre crescimento ou igualdade requer juízo de valor. Nesse caso, a economia nada tem a dizer. Seu papel é apenas apresentar a melhor evidência sobre as diversas possibilidades e suas implicações. Cabe à sociedade, por meio de suas instâncias deliberativas, decidir sobre a política pública.

* Publicado originalmente na *Folha de S.Paulo*, Ilustríssima, 17 jul. 2016.

Nos países desenvolvidos, direita e esquerda defendem diferentes modelos de sociedade. A direita quer menor carga tributária e menor oferta de serviços públicos e de seguro social. A esquerda deseja o oposto. A controvérsia recente nos Estados Unidos sobre a criação de um serviço de saúde mais abrangente ilustra a natureza da divergência.

No Brasil, o debate é totalmente distinto. São outras as razões da divergência e para compreendê-las é útil recuperar o estudo dos modelos econômicos comparados.

EIXOS

As diferentes formas de organização da produção e da seguridade social podem ser caracterizadas em dois eixos.

O primeiro decorre da extensão de políticas e seguros sociais: saúde, educação, seguro-desemprego, programas que protejam os grupos sociais mais vulneráveis, como auxílio-doença e pensão por morte, entre outros. As sociedades podem decidir construir ampla rede de bem-estar social, ou optar por fazê-la bem reduzida. Existe, evidentemente, um contínuo de possibilidades entre os extremos.

A segunda dimensão em que os modelos diferem é na intervenção do setor público nos mercados: a abertura da economia ao comércio internacional e aos fluxos de capital, a escala de empréstimos subsidiados concedidos pelos bancos públicos, a regulação e intervenção pública no preço de bens, como dos combustíveis, o grau de intervenção discricionária em setores selecionados, a regulação estatal do mercado de trabalho, entre várias outras.

As duas dimensões estão associadas ao papel do Estado na economia. No entanto, as escolhas em cada uma são independentes, uma não impõe restrições à outra.

Os países asiáticos, por exemplo, não apresentam significativas políticas de bem-estar social — a seguridade social é, em boa parte, responsabilidade dos indivíduos —, mas seu modelo de desenvolvimento contou com elevada intervenção pública na economia. Os anglo-saxões escolheram um Estado de bem-estar social reduzido e pouco interferem nos mercados.

Já os países escandinavos apresentam um generoso Estado de bem-estar social, porém, como nos anglo-saxões, interferem pouco no funcionamento dos mercados. Por exemplo, a demissão de um funcionário é relativamente pouco custosa para uma empresa nesses países, mas os desempregados são protegidos por um amplo programa de seguro social, financiado por meio de impostos. Finalmente, as sociedades latinas da Europa apresentam um amplo Estado de bem-estar social e intervêm mais fortemente nos mercados. Todas as combinações são possíveis. As duas dimensões da ação do Estado são independentes.

CONSENSO OU DISSENSO

Parece-nos que há, no Brasil, amplo consenso de que devemos construir um abrangente Estado de bem-estar social, à imagem dos vigentes na Europa continental, como sistematizado na Constituição de 1988 e referendado em todos os pleitos eleitorais posteriores. Não há indícios de força política com expressão no Congresso que seja contra esse consenso, como aponta a evidência disponível.

Esse consenso resultou no aumento progressivo da carga tributária e do gasto social. No governo FHC, o gasto social cresceu 1,5 pp (ponto percentual) do PIB, sem considerar a implantação do SUS e os ganhos com a reorganização dos recursos da educação promovidos pelo Fundef. Ao longo dos oito anos do governo Lula, o gasto social cresceu 1,7 pp do PIB. O salário mínimo subiu 22% acima da inflação entre 1995 e 2002, ante 54% nos oito anos de Lula.

Pode-se argumentar que o maior crescimento do gasto social e do salário mínimo no governo Lula resulte de diferenças programáticas entre os dois partidos. Pode-se contrapor, porém, que esse maior crescimento foi fruto de melhores circunstâncias, decorrentes dos ganhos da estabilização econômica, de reformas institucionais e do boom de commodities.

Em que medida Lula, se eleito em 1994, teria feito mais na área social do que FHC e, simultaneamente, continuado a agenda macroeconômica da estabilização? Vale lembrar que o PT foi contra o Plano Real, fundamental para a estabilização da economia, e que resultou em forte queda da desigualdade. O crescente desequilíbrio fiscal do governo Dilma sugere pessimismo com a resposta.

De qualquer forma, no governo FHC a carga tributária e o gasto social cresceram significativamente, não cabendo, portanto, o selo de governo liberal nessa dimensão. A construção de um amplo Estado de bem-estar social não distingue os governos tucanos e petistas. Ambos defendem políticas bem mais generosas do que as da agenda liberal anglo-saxã.

RUPTURA

A ruptura na política econômica não ocorreu em 2003, com a substituição do governo PSDB pelo PT, mas sim após a saída do ministro Palocci, quando se iniciou uma lenta inflexão na direção de aumento da intervenção do governo nos mercados. Esse processo foi radicalizado na reação à crise internacional de 2008, e passou a ser parte do discurso oficial com o governo Dilma.

A política macroeconômica do primeiro Lula foi ainda mais conservadora do que a adotada no segundo mandato de FHC. Houve aumento do superávit primário e da taxa de juros. As críticas, à época, decorreram do excessivo conservadorismo da política econômica.

O mesmo ocorreu com a política social. O PT defendia os programas Fome Zero e Primeiro Emprego. Ambos fracassaram. A equipe econômica propôs, em abril de 2003, a unificação dos programas de transferência de renda e que eles se voltassem aos grupos sociais mais vulneráveis, o que resultou no Bolsa Família, e foi severamente criticada por intelectuais e ministros vinculados ao PT.

A ruptura na política econômica não ocorreu em 2003, mas, sobretudo, a partir de 2009. E não decorreu da revisão da política social, mas sim da intervenção do Estado na economia. As seguintes medidas distinguem os governos petistas após a saída de Palocci da Fazenda:

1. Alteração no regime de câmbio flutuante para fortemente administrado;
2. Adoção recorrente de artifícios contábeis (Refis, contabilidade criativa e pedalada fiscal), com a progressiva, e pouco transparente, redução do superávit primário;
3. Redução, sem que os fundamentos permitissem, da taxa real de juros de curto prazo e, portanto, maior tolerância com a inflação (contrariamente ao esperado, a menor taxa de juros paga pelo Banco Central e a maior taxa de câmbio não resultaram em maior crescimento, mas sim em maior inflação e em queda progressiva do crescimento e maior taxa de juros de longo prazo);
4. Controle de preços como mecanismo alternativo para conter a inflação;

5. Expansão do crédito subsidiado, sobretudo por meio do BNDES, para estimular o investimento, com forte discricionariedade em relação aos favorecidos;
6. Redução da abertura da economia ao comércio internacional;
7. Ampliação das políticas discricionárias, como a desoneração tributária de setores ou de bens selecionados, em detrimento das políticas horizontais;
8. Aumento da intervenção pública e do papel da Petrobras no setor de petróleo;
9. Intervenção no setor elétrico para baixar as tarifas e antecipar a renovação das concessões;
10. Uso dos bancos públicos para reduzir o spread bancário;
11. Resistência à participação do setor privado na oferta de serviços de utilidade pública e de infraestrutura em geral;
12. Adoção indiscriminada da política de conteúdo nacional e de estímulo à produção local, sem a preocupação com o custo de oportunidade dos recursos públicos.

Não há nada de social-democrata nessas medidas. A sua motivação foi promover maior crescimento econômico. Alguns intelectuais, populares na academia brasileira, consideram que o desenvolvimento econômico decorre do intervencionismo estatal. Essa interpretação esteve na origem do novo rumo da política econômica a partir de 2009, que resultou na versão tropicalizada do modelo asiático de desenvolvimento.

HETERODOXIA

A saída de Palocci do Ministério da Fazenda resultou na ida para o centro da formulação da política econômica dos economistas heterodoxos, que têm uma participação na academia brasileira impressionantemente maior do que nos países desenvolvidos.

Para os economistas tradicionais, o desenvolvimento econômico decorre do crescimento da produtividade, que depende de dois fatores principais. O primeiro é a formação dos trabalhadores. Por esse motivo, a existência de um sistema público de educação eficiente seria essencial para o crescimento econômico. O segundo, a produtividade sistêmica, está associado à qualidade do marco institucional, como documentada em diversos trabalhos acadêmicos nas últimas duas décadas, e sistematizada por Acemoglu e Robinson no livro *Por que as nações fracassam* (2012). Regras e processos importam. Exatamente o que será produzido, porém, não parece ser essencial para determinar o grau de desenvolvimento econômico.

Para a heterodoxia, por outro lado, o desenvolvimento econômico decorre do crescimento de atividades produtivas específicas, como a indústria, e, para isso, seria essencial a intervenção do Estado para alterar o mix de produção.

Economistas tradicionais e heterodoxos também discordam sobre a gestão de curto prazo da política econômica. Para os primeiros, a evidência indica que, em geral, as economias operam nas proximidades do pleno emprego. Há, no entanto, sociedades que apresentam ociosidade crônica. Nesse caso observam-se deflação e juros nominais próximos de zero. Esse é o caso, por exemplo, do Japão desde os anos 1990, e das economias centrais após a crise de 2008.

Para a heterodoxia, por outro lado, todas as economias quase sempre apresentam ociosidade dos fatores. Nesse caso, a política fiscal conduz ao crescimento sem pressionar a inflação: o aumento do gasto público induz maior utilização da capacidade instalada.

Além de haver entre os dois grupos divergências de conteúdos há, principalmente, divergência no método de análise, o que causa as diferenças de conteúdos.

Nos principais centros da academia internacional, o debate deve ser resolvido pela evidência estatística dos dados disponíveis.

Muitas vezes, no entanto, a evidência não é conclusiva sobre qual conjectura deve ser validada. Em alguns casos, os testes não são finais, ou variações na técnica e nos dados utilizados apresentam resultados conflitantes. Além disso, novos estudos, decorrentes do acesso a novos instrumentos de análise, podem rever antigos consensos. Esse contínuo processo de proposição de conjecturas, análise da evidência e debate acadêmico sobre a robustez dos resultados caracteriza a economia tradicional.

No Brasil, o debate é diferente. Economistas, mesmo os que concordam com os objetivos da política econômica, muitas vezes discordam sobre o método de análise, os fundamentos da economia e como as divergências deveriam ser dirimidas.

Os economistas tradicionais preferem a evidência dos dados, como na academia internacional.

Já com a heterodoxia, a história é outra. Parte-se da conclusão. A visão de mundo determina os principais aspectos de funcionamento das economias. Como na escolástica medieval, os argumentos são discriminados pela sua concordância com a narrativa, construída com base em alguns princípios sobre a dinâmica da economia, dados esparsos, exemplos da história econômica e argumentos de autoridade.

Não há, nessa tradição, a preocupação em identificar conjecturas específicas que possam ser testadas pela melhor estatística disponível. Ao contrário, o ponto de partida é a grande narrativa que procura ser consistente com alguns fatos estilizados.

Não são apresentados, por exemplo, argumentos estatísticos que justifiquem a tese de que as economias em geral apresentem ociosidade crônica e que, por essa razão, a expansão dos gastos públicos permitiria maior produção sem resultar em maior inflação. A narrativa é suficiente.

Para Celso Furtado e a tradição estruturalista, o desenvolvimento econômico requer uma matriz industrial diversificada. Quando, no início dos anos 1980, ficou claro que o Brasil já tinha uma matriz diversificada, inclusive com um sofisticado setor produtor de bens de capital, e, assim mesmo, continuava subdesenvolvido, a heterodoxia propôs que o problema decorria de o país não ter internalizado a produção de novas tecnologias. A desastrosa política de informática, por exemplo, foi concebida a partir desse entendimento.

Da mesma forma, a heterodoxia acredita que os subsídios públicos concedidos aos grandes conglomerados empresariais — *cheibols* e *keiratsu* — foram essenciais para o desenvolvimento da Coreia e do Japão.

Essa narrativa pode ser plausível para explicar algumas experiências de desenvolvimento. Muitos outros países, porém, optaram por políticas semelhantes e fracassaram. Alguns, por sua vez, se desenvolveram apesar de adotarem políticas distintas.

Na economia tradicional, cabe à análise dos dados verificar em que medida os subsídios seriam os responsáveis pelo desenvolvimento desses países. Caso a evidência seja confirmada, devem ser identificadas as condições que permitiram esses resultados, na contramão de outros países em que políticas semelhantes fracassaram, como no Brasil, no Iraque e na Índia, entre tantos outros.

Na Coreia, os subsídios ao setor produtivo estavam atrelados a metas de exportação e foi adotada, simultaneamente, uma política que permitiu, em uma geração, a escolarização, com elevada qualidade, de toda a população. Adicionalmente, esses países sempre apresentaram taxas domésticas de poupança acima de 30% do PIB.

Surpreende que a narrativa estruturalista tenha sido aceita, e que políticas muito custosas tenham sido implantadas, sem evidências empíricas com um mínimo de robustez que a sustente.

A patologia da heterodoxia (que, como toda patologia, compromete alguns, mas não a todos) ocorre quando se recorre à desqualificação dos métodos estatísticos ou da motivação do pesquisador para rejeitar alguma evidência.

A evidência empírica tem pouca relevância nesse debate. Seu papel seria apenas de ilustração. Se a favor, decorre de pessoas que compartilham da visão. Se contrária, decorre daqueles que têm outra visão de mundo e deve ser rejeitada.

AUSTERIDADE

Existe um debate sobre em que casos a expansão do gasto público auxilia ou prejudica a retomada do crescimento econômico. Discute-se a eficácia do instrumento, não o objetivo da política pública. Muitos heterodoxos no Brasil, no entanto, partem do princípio de que o gasto público é sempre eficaz caso a economia se encontre em recessão.

A economia tradicional, por outro lado, procura testar as conjecturas tendo por base os dados disponíveis. Em alguns casos, a expansão do gasto público parece auxiliar a retomada da atividade; em outros, pode ser contraproducente. Cabe à análise dos dados diferenciar os diversos casos.

No Brasil, os dados indicam que a expansão do gasto público nos últimos sete anos contribuiu para a grave crise que atravessamos. A expansão dos subsídios não resultou em aumento do investimento e colaborou para a grave crise fiscal que o país atravessa.

Alguns heterodoxos, porém, propõem que a recessão de 2015 foi o resultado do cenário internacional desfavorável e da política econômica adotada após a reeleição da presidente. Esse argumento vai de encontro, por um lado, ao impacto da crise externa no crescimento dos demais países, que tiveram suas taxas de crescimento reduzidas de 4% para 3% ao ano, em média, enquanto o Brasil passou de um crescimento de 4% para uma recessão de mais de 3% ao ano.

Carlos Eduardo Gonçalves estima, utilizando um grupo sintético de controle, que o impacto apenas da crise externa seria a redução do nosso crescimento para perto de 2% ao ano. O nosso pior desempenho parece decorrer da política econômica adotada a partir de 2009.

Por outro lado, a evidência internacional indica que, em geral, o multiplicador keynesiano, que estima o impacto da política fiscal sobre a atividade econômica, é de cerca de 1,5 (um real a menos de gasto público implica 1,5 a menos de produção) e apresenta uma defasagem de cerca de nove meses, prazo entre a redução do gasto e o seu impacto na atividade. Além disso, Zeina Latif e Tatiana Pinheiro estimam que, com a deterioração fiscal a partir de 2010, o multiplicador foi progressivamente reduzido, podendo ser nulo, ou mesmo negativo, depois de 2014. Por fim, a expansão fiscal é contraproducente quando apenas resulta em aumento da inflação.

Caso o argumento heterodoxo estivesse correto, para que a recessão de 2015 fosse resultado do ajuste fiscal implementado naquele ano, o multiplicador deveria ser de quase 5, e com efeito instantâneo, na contramão da evidência empírica.

Os economistas tradicionais rejeitam essa conjectura precisamente por ser contrária aos dados disponíveis. Alguns heterodoxos, no entanto, a defendem sem apresentar qualquer resultado estatístico que contradiga a evidência empírica existente. Os economistas heterodoxos afirmam que aumentos dos gastos públicos resultariam no aumento da produção e dos impostos arrecadados, equilibrando as contas públicas. Seria esperado que disponibilizassem as evidências empíricas que suportam seus argumentos.

Pode-se, e deve-se, questionar a evidência disponível. Com outras evidências ou técnicas de análise. Apenas dessa forma a economia contribui para reduzir a incerteza sobre os rumos a tomar. Desqualificar os argumentos como representando interesses contra o crescimento reflete, apenas, falta de rigor acadêmico.

COMEÇO

A inflexão da política econômica iniciada em 2009 ilustra o argumento principal deste artigo. No Brasil, a diferença entre direita e esquerda decorre de diferentes maneiras de entender o funcionamento da economia. Trata-se, portanto, de diferenças de natureza positiva (como o mundo funciona), e não normativa (qual é o mundo desejado), ao contrário da divergência nos países desenvolvidos.

O contraste do debate brasileiro com o americano entre os economistas é ilustrativo. Lá, a esquerda é representada por Krugman e Stiglitz, que compartilham a mesma forma de construir conhecimento dos economistas de direita, por exemplo, Fama e Lucas. Não há divergência de método entre eles. A divergência decorre do modelo desejado de sociedade. Krugman e Stiglitz gostariam de um Estado de bem-estar mais abrangente e de uma carga tributária maior do que Lucas e Fama, que temem o seu impacto sobre o crescimento.

Evidentemente, há discordâncias sobre os impactos da intervenção pública. Mesmo porque há inúmeros temas de natureza positiva para os quais a academia não tem resposta definitiva. Por exemplo, muitos economistas tradicionais avaliam que serão baixos os impactos de um aumento do salário mínimo sobre o desemprego. Outros, porém, temem que aumentos do salário mínimo resultem em aumentos apreciáveis do desemprego. Todos concordam, no entanto, que a divergência deva ser resolvida pela análise dos dados disponíveis.

No Brasil, por outro lado, a imensa maioria defende políticas sociais abrangentes. O debate polarizado decorre de uma controvérsia entre os que utilizam evidências para determinar a eficácia das políticas públicas e os que denunciam a divergência por, supostamente, defender interesses indevidos.

Alguns países se desenvolveram e superaram desafios básicos, como a educação em massa e a proteção dos mais vulneráveis. Outros repetem antigos equívocos.

21. Texto rebate críticas aos economistas heterodoxos de Lisboa e Pessôa

Luiz Fernando de Paula e
*Elias M. Khalil Jabbour**

Em artigo publicado nesta Ilustríssima, Marcos Lisboa e Samuel Pessôa afirmam que, enquanto os economistas tradicionais preferem a evidência dos dados, os heterodoxos desprezam os métodos estatísticos e partem aprioristicamente das conclusões, depreendendo que "nos principais centros da academia internacional, o debate deve ser resolvido pela evidência estatística dos dados disponíveis".

Ainda segundo os autores, os primeiros consideram que o desenvolvimento econômico decorre da produtividade, ao passo que os heterodoxos — em especial na vertente estruturalista — sustentam que ele resulta do crescimento de atividades produtivas específicas, estimuladas por políticas setoriais.

Argumentam ainda que, para muitos heterodoxos brasileiros, o gasto público é sempre eficaz caso a economia se encontre em

* LUIZ FERNANDO DE PAULA é professor titular da Faculdade de Ciências Econômicas da Uerj e ex-presidente da Associação Keynesiana Brasileira. ELIAS M. KHALIL JABBOUR é professor-adjunto da Faculdade de Ciências Econômicas da Uerj. Publicado originalmente na *Folha de S.Paulo*, Ilustríssima, 21 ago. 2016.

recessão, como em 2015 — ao que eles se contrapõem sustentando que, na realidade, a expansão dos gastos públicos nos últimos sete anos contribuiu para a crise atual.

A "miséria da ortodoxia", não muito longe da crítica de Marx à "filosofia da miséria" de Proudhon, incorre nos seguintes pontos: 1) uso e abuso da retórica, que os autores condenam sob o mantra da "neutralidade" e "objetividade científica"; 2) desenvolvimento de uma visão deturpada e simplificada da heterodoxia econômica; e 3) generalizações claramente apriorísticas partindo de fatos e experiências específicas. Como veremos a seguir, esses fatores estão relacionados entre si.

A negação recorrente de um fato, método ou até mesmo de um fenômeno pode ser prelúdio de ato repetitivo daquilo que se tenta negar. Esta pode ser uma plausível explicação à utilização intensa e quase fortuita da retórica por parte dos dois economistas no intuito de negar a própria retórica como instrumento científico de persuasão e demonstração. A utilização, por exemplo, de dados com o recurso de técnicas estatísticas para amplificar ideias-força (na intenção de transformá-las em algo amplamente aceito) não deixa de ser um exercício de retórica, no qual se "pinçam" estudos que favoreçam argumentos preconcebidos.

Um insuspeito economista ortodoxo, Pérsio Arida, em artigo originalmente publicado em 1983 ("A história do pensamento econômico como teoria e retórica"), destaca que "os economistas praticam a retórica sem o saber e, o que é pior, dela desconfiando".

A heterodoxia — sustentam Lisboa e Pessôa —, "Parte-se da conclusão. A visão de mundo determina os principais aspectos de funcionamento das economias". Não seria, então, um exercício retórico e apriorístico fazer crer que qualquer debate na seara econômica deva se resolver no âmbito — único e sagrado — da evidência empírica? Recorramos novamente ao artigo de Arida, para quem "nenhuma controvérsia importante na teoria econômica foi resolvida através do teste ou da mensuração empírica. Não importa aqui o rigor do teste: o recurso aos fatos nunca serviu para resolver controvérsias significativas". Para ele, deve-se "abandonar a ficção positivista de um sistema econômico inambiguamente dado à observação, árbitro supremo de todas as discordâncias, face ao qual os vários corpos teóricos proveriam explicações desinteressadas".

Nesse sentido, longe de uma demonstração da robustez científica e "neutra" da ciência econômica, agora reduzida a uma pobre "física social", as demonstrações empíricas estão muito mais próximas de se apresentarem como argumentos de autoridade do que como solução final de controvérsias.

Karl Popper, um dos papas da metodologia científica, era um crítico do "indutivismo ingênuo": em sua busca por uma "filosofia da ciência", além de demonstrar que não existe observação neutra e livre de pressupostos, vaticinava sobre a falsidade da concepção segundo a qual conhecimento científico é corroborado ou falseado apenas a partir de um conjunto de dados empíricos.

Popper sugeria, assim, que o empirismo está sempre à mercê dos pontos de vista próprios do pesquisador e que, portanto, nenhuma teoria poderia se propor a ser verdade absoluta. Mas mesmo seu "princípio de falseabilidade" tem sido criticado especialmente por sua inadequação histórica e pela ideia de que a prática científica não pode se resumir a uma incessante tentativa de falsear teorias, inclusive na economia, como sugerido por Arida. O poder da explicação científica não pode ser aferido apenas a partir da intervenção de um único método, como a estatística, tido como absoluto.

Na realidade, não existe uma análise de fatos e fenômenos econômicos e sociais isenta de valores: a escolha das variáveis relevantes e a maneira pela qual o cientista social (inclusive economista) as analisa são informadas pelos corpos teóricos e juízo de valores subjacentes. Alguns tópicos podem ilustrar mais claramente a questão.

Por exemplo, a alta poupança agregada da China é atribuída por alguns economistas convencionais à alta propensão a poupar das famílias, que seria condição necessária e suficiente para se alcançar uma taxa de câmbio depreciada. Para outros analistas, é a manipulação da taxa de câmbio pelo governo chinês que contribui para elevados superávits comerciais, que, por sua vez, elevam os investimentos nos setores comercializáveis, gerando "ex post" uma alta poupança agregada.

Para alguns economistas liberais, ainda, o sucesso chinês é propiciado pela desregulamentação do mercado, em especial a abertura ao capital estrangeiro e a privatização das empresas estatais.

Já para alguns desenvolvimentistas (como um dos autores deste artigo, influenciado pelo pensamento de Ignácio Rangel), o sucesso do desenvolvimento chinês se deve à "abertura comercial" planificada pelo Estado; à construção de instituições que refletissem a estratégia estatal desenhada pelos acontecimentos de 1949 e 1978; ao surgimento de novas e superiores formas de planificação econômica; e à presença do capital estrangeiro, estimulado mas submetido a regras do Estado, que por sua vez controla com mão de ferro a taxa de câmbio e a política de juros.

Essa experiência, cuja espinha dorsal é a existência de imensos conglomerados empresariais estatais e um poderoso sistema financeiro público, não prescindiu de controles sobre o fluxo de capitais, que capacitaram o Estado a controlar melhor a taxa de câmbio e a política monetária.

PRODUTIVIDADE

Todos os economistas — ortodoxos e heterodoxos — concordam que crescimento depende do aumento de produtividade; contudo há divergência quanto aos seus fatores determinantes.

Para economistas convencionais, a produtividade depende da formação dos trabalhadores e da qualidade do marco institucional (que proporciona segurança jurídica à realização de investimentos). Para economistas keynesianos, esses fatores são importantes, mas não únicos: a produtividade responde também ao próprio processo de crescimento da produção industrial puxado pela demanda, uma vez que as empresas se veem estimuladas a incorporar máquinas e equipamentos a partir da perspectiva de aumento de suas vendas — essa relação causal é conhecida como Lei Kaldor-Verdoorn.

Acrescente-se que a produtividade depende da utilização da mão de obra em setores tecnologicamente de mais alta produtividade, como determinados segmentos da indústria de transformação. Um dos motivos pelos quais a produtividade no Brasil nos últimos anos esteve baixa, em que pese a pequena taxa de desemprego até 2014, foi o fato de boa parte da mão de obra estar empregada no setor de serviços de baixa produtividade, como o comércio.

Há várias formas de diferenciar ortodoxia de heterodoxia. Ortodoxia foi definida de forma ampla pelo economista britânico Frank Hahn como a abordagem que engloba uma perspectiva individualista (agentes atuam como indivíduos atomizados), algum axioma de racionalidade (normalmente otimizadora) e um compromisso com estudos de estado de equilíbrio (repouso em algum ponto). Isto é, as ações de indivíduos otimizadores isolados que interagem em livre concorrência e tendem a alcançar de alguma forma uma posição de equilíbrio.

Desse modo, mecanismos de mercado produzem resultados eficientes se fricções e falhas podem ser abstraídas ou apenas impactam no curto prazo; ou seja, o "laissez-faire" produz resultados ótimos em termos de alocação dos recursos disponíveis. Ressalvamos que tais axiomas podem ser parcialmente afrouxados para incluir, por exemplo, novas formas de racionalidade.

Já a heterodoxia é um espectro amplo de abordagens (institucionalista, marxista, neoschumpeteriana, neorricardiana, pós-keynesiana, regulacionista etc.), que se diferenciam pelas suas orientações substantivas particulares, preocupações e ênfases, que têm em comum a rejeição tanto do reducionismo metodológico em prol da pluralidade quanto da noção de que economias capitalistas abstraídas de fricções tendem ao autoequilíbrio com pleno emprego.

Busca-se, na abordagem heterodoxa, o máximo realismo das hipóteses e rejeitam-se o atomismo e o individualismo metodológico que caracterizam boa parte do pensamento convencional (ver, a respeito, o artigo "Crises econômicas evidenciam reducionismo de modelos teóricos", de Belluzzo e Bastos, publicado no site deste caderno em 20 de março).[1]

Uma interessante analogia acerca da heterodoxia é concebê-la como um "sistema aberto", no qual: 1) não é possível saber com certeza se todas as variáveis relevantes foram identificadas (variáveis importantes podem ser omitidas); 2) a fronteira é semipermeável; 3) há conhecimento imperfeito das relações entre variáveis que podem mudar em função da criatividade humana; 4) pode haver inter-relação entre os agentes (esses podem aprender ao longo do tempo). Em síntese, estrutura e ação são interdependentes. Nesse sentido, a irreversibilidade do tempo histórico e a dependência do sistema em relação à sua trajetória são elementos centrais da heterodoxia econômica.

Lisboa e Pessôa sugerem que só existe uma boa teoria econômica, que supostamente é a ortodoxa. A heterodoxia seria anticientífica, ou uma ciência ideológica — afinal, parte-se das conclusões! A visão que eles têm da heterodoxia é simplista e deturpada. A heterodoxia, como visto, se utiliza de um amplo espectro metodológico, inclusive com uso frequente de modelos matemáticos e técnicas econométricas, embora com a parcimônia necessária e ressalvas quanto a seu uso como um fim em si.

Acrescente-se que hipóteses como o crescimento de longo prazo determinado pela demanda e a restrição externa ao crescimento em economias em desenvolvimento têm recebido farta análise empírica. Para ter uma ideia do que está sendo produzido por economistas pós-keynesianos no Brasil e no exterior, sugerimos ao leitor dar uma olhada nos artigos que são apresentados nos encontros anuais da Associação Keynesiana Brasileira (AKB) ou da Conference Research Network Macroeconomics and Macroeconomic Policies, realizada anualmente em Berlim.

Compartilhamos a preocupação de Milton Friedman de que a economia neoclássica estaria se tornando um ramo da matemática sem lidar com os problemas econômicos reais. A análise do mundo real é fundamental para qualquer entendimento sobre a realidade. Nesse sentido, o economista Bresser-Pereira sugere a precedência do uso do método histórico-dedutivo na economia sobre o método hipotético-dedutivo, de modo a superar o irrealismo dos axiomas ortodoxos.

O método histórico-dedutivo é histórico porque nasce da observação da realidade empírica para efetuar generalizações, mas é também dedutivo porque a análise envolve uma série de deduções feitas a partir do modelo e visão de mundo do analista.

Entre as diversas formas de comparar e abordar a evolução do pensamento científico, um outro papa da metodologia científica, Imre Lakatos, propõe uma perspectiva epistemológica através da construção da metodologia dos programas de pesquisa científica, segundo a qual a superação de um programa de pesquisa por outro constitui-se em processo racional, em que um deles progride na sua capacidade explicativa da realidade, agregando conhecimento, enquanto outro perde eventualmente poder explicativo e, desse modo, regride, sem que isso represente a sua total refutação.

Ademais, segundo ele, a ocorrência de uma "revolução científica" é um processo histórico, normalmente lento, em que o progresso do conhecimento dependerá da existência de programas rivais. O programa científico prevalecente é aquele aceito pela comunidade científica como tal. Quando o desenvolvimento teórico de um programa de pesquisa se atrasa em relação ao seu caráter explicativo de fenômenos existentes e somente oferece explicações ad hoc de descobertas casuais ou de fatos antecipados por um programa rival, o prevalecente pode ser superado por este último.

Interessante notar que essa análise abre espaço para a existência e convivência de programas rivais de pesquisa — afinal é assim que evolui o conhecimento científico! Nesse sentido, nada mais anticientífico do que desqualificar o programa de pesquisa rival com base em argumentos de autoridade e sob o frágil pressuposto de falta de base empírica.

GENERALIZAÇÕES

Uma última questão diz respeito ao uso de generalizações apriorísticas partindo de fatos e experiências específicas, viés retórico que Lisboa e Pessôa adotam com frequência.

A generalização como método serve à transformação do óbvio em achado científico — caso do papel do investimento em capital humano como variável fundamental ao desenvolvimento, que entendemos ser condição necessária, mas não suficiente para que tal processo ocorra. O apriorismo serve para mostrar que no Brasil as políticas setoriais costumam não dar certo e que o segredo da alta taxa de investimento na China reside na elevada propensão a poupar das famílias chinesas. Desconsideram-se, nesse caso, tanto o papel-chave dos investimentos públicos quanto a existência de um sistema estatal amplo e complexo que financia as atividades produtivas.

A desastrada política de informática dos anos 1980 no Brasil seria a evidência de que políticas setoriais com recursos ou subsídios públicos, supostamente caras à tradição estruturalista, em geral não funcionam, ou funcionaram apenas em algumas condições muito particulares. Surpreende aqui a visão simplista de Lisboa e Pessôa a respeito do sofisticado e abrangente trabalho de Celso Furtado e outros autores estruturalistas sobre o desenvolvimento econômico na periferia.

É comum, ademais, alguns economistas ortodoxos concluírem que o fracasso da economia no primeiro governo Dilma é uma evidência de que políticas heterodoxas e desenvolvimentistas são por natureza equivocadas.

Recurso análogo de retórica seria generalizar o fracasso de políticas neoliberais tão somente em função dos resultados do segundo governo FHC: baixo crescimento econômico, elevação explosiva da dívida pública, aumento de desemprego, aceleração inflacionária, crises cambiais, apagão energético etc.

Além de evitar generalizações apressadas, há que analisar com cuidado os fatores que levaram ao fracasso de tais governos, já que, como diz um ditado popular, "a prova do pudim é prová-lo", e, no caso dos dois referidos governos, os resultados econômicos ficaram a desejar.

No caso do primeiro governo Dilma, muitos economistas heterodoxos criticaram os rumos seguidos, ainda que existam, como não poderia deixar de ser, análises diferenciadas a respeito da política adotada e dos seus fracassos. Para dar um exemplo, um dos autores deste artigo publicou (em coautoria com André Modenesi) um texto intitulado "Consequências do senhor Mantega", no encarte "Eu & Fim de Semana", do jornal *Valor Econômico*, em 12 de julho de 2013. Os autores sustentavam que havia no governo Dilma uma descoordenação da política econômica e que políticas keynesianas, para serem bem-sucedidas, têm que ser bem coordenadas.

Uma das razões do fracasso da nova matriz macroeconômica, argumenta-se, foi uma política fiscal expansionista equivocada, que privilegiou isenções fiscais ao invés do gasto público, de maior efeito multiplicador de renda.

Tal política, ademais, não foi transmitida aos agentes de forma adequada: o governo prometeu que cumpriria integralmente a meta de superávit primário, acabando por utilizar artifícios contábeis para alcançá-la. O resultado, como se sabe, foi uma forte deterioração fiscal, em função tanto do baixo crescimento econômico (empresários recompuseram suas margens de lucro ao invés de aumentarem a produção industrial) quanto do fato de que o governo abriu mão de receita fiscal.

Por fim, um comentário sobre a recessão de 2015, que, conforme sustentam Lisboa e Pessôa, não seria consequência de um "austericídio" fiscal no Brasil. A literatura empírica internacional mostra que a magnitude do multiplicador fiscal — isto é, o quanto um aumento (ou diminuição) no gasto público impacta sobre o crescimento econômico — depende do estágio do ciclo econômico, sendo maior na desaceleração econômica. Nesse sentido, é de se esperar que a aguda contração fiscal ocorrida em 2015 tenha contribuído para a forte desaceleração econômica. Mas, sem dúvida, outros fatores também contribuíram para a desaceleração econômica, como o relevante desinvestimento da Petrobras, o choque dos preços de energia elétrica e a deterioração das expectativas empresariais frente à crise política.

Esse assunto, contudo, está a merecer uma análise mais apurada, usando dados que excluam as pedaladas e "despedaladas" fiscais para melhor aferir o efeito da contração fiscal sobre o PIB.

Os efeitos de processos de consolidação fiscal sobre dívida

pública e crescimento econômico têm sido avaliados na literatura internacional. Um trabalho recentíssimo, que tem como um dos autores o ex-secretário do Tesouro americano Lawrence Summers ("The Permanent Effects of Fiscal Consolidations"), confirma achados empíricos anteriores no sentido de consolidações fiscais poderem ser contraproducentes, uma vez que reduções no déficit público podem resultar em aumento na relação dívida-PIB devido aos seus efeitos negativos de longo prazo sobre o crescimento.

AJUSTE A FÓRCEPS

De fato, no debate do mainstream norte-americano pós-crise de 2007-8, tem havido um forte questionamento da tese da contração fiscal expansionista, segundo a qual as contrações fiscais podem ser expansionistas uma vez que seriam capazes de aumentar a confiança do setor privado e estimular novas decisões de consumo e investimento por meio de um efeito de "*crowding-in*" sobre os gastos privados.

A tentativa de fazer um forte ajuste fiscal a fórceps em 2015 pelo então ministro Joaquim Levy, numa conjuntura de aguda queda na arrecadação, se revelou um rotundo fracasso, com a meta do superávit primário inicial anunciada para 2015 caindo sucessivamente de 1,2% do PIB para 0,15% (julho de 2015) e depois para déficit de 0,8% (outubro de 2015), até finalmente alcançar -2,0% do PIB em 2015 (não se descontando as despedaladas fiscais).

Concluindo, procuramos mostrar que Lisboa e Pessôa incorrem em farto uso de exercício retórico para desqualificar a heterodoxia, "pinçando" estudos empíricos que favoreçam suas análises e conclusões, fazendo generalizações a partir de fracassos específicos e vendendo uma visão deturpada.

Se a retórica deles é boa ou ruim cabe ao leitor avaliar, mas a argumentação nos parece frágil e superficial. Como acadêmicos de esquerda, só podemos lamentar que tenhamos poucos economistas ortodoxos progressistas no Brasil, como é o caso de Paul Krugman e Joseph Stiglitz nos Estados Unidos.

22. O núcleo duro da divergência entre ortodoxos e heterodoxos na economia

José Luis Oreiro e Paulo Gala[*]

Numa série de artigos publicados recentemente na Ilustríssima, temos observado um acalorado debate a respeito das diferenças entre a ortodoxia e a heterodoxia econômica no Brasil.

Para autores como Samuel Pessôa e Marcos Lisboa, a diferença entre essas correntes seria essencialmente o método de análise. Enquanto a ortodoxia se basearia em conjecturas precisas e "falseáveis", ou seja, sujeitas a rejeição por intermédio de testes empíricos, a heterodoxia se basearia em "grandes narrativas" apoiadas em "fatos estilizados" selecionados de forma casuística — ou, ainda, na leitura exegética dos grandes autores do passado, como Karl Marx ou John Maynard Keynes.

Já para autores como Luiz Fernando de Paula e Elias Jabbour, a ênfase dada pelos ortodoxos à importância decisiva dos testes empíricos seria apenas um artifício retórico, ou seja, uma

* JOSÉ LUIS OREIRO é professor adjunto do departamento de economia da Universidade de Brasília. PAULO GALA é professor de economia da FGV-SP.
Publicado originalmente na *Folha de S.Paulo*, Ilustríssima, 23 out. 2016.

estratégia de convencimento do grande público acerca da alegada superioridade científica da agenda ortodoxa. A história do pensamento econômico, não custa lembrar, está repleta de casos em que a evidência empírica foi insuficiente para resolver as controvérsias, como demonstrado em artigo de Pérsio Arida ("A história do pensamento econômico como teoria e retórica", 1996).

Nos parece que a resposta de Paula e Jabbour é uma chancela tácita ao argumento de que a diferença entre as abordagens ortodoxa e heterodoxa se refere ao método de análise. Isso porque, como ressaltado por Lisboa e Pessôa, "em momento algum os autores questionaram a nossa taxonomia, contrapondo exemplos de abordagens heterodoxas que, sistematicamente, testam [...] as suas conjecturas, utilizando a melhor metodologia disponível".

Mas será mesmo que a taxonomia usada por Lisboa e Pessôa está correta? A grande maioria dos economistas heterodoxos no Brasil e no mundo escreve artigos nos quais suas conjecturas teóricas também passam pelo crivo dos testes empíricos, inclusive os escribas que assinam este texto (seríamos nós ortodoxos?).

Basta uma rápida análise dos principais periódicos heterodoxos indexados no Brasil e no exterior para se constatar que grande parte da pesquisa heterodoxa segue exatamente o mesmo protocolo defendido por Lisboa e Pessôa, ou seja, o protocolo do método científico.

ETIMOLOGIA

O termo ortodoxia tem sua origem no grego, em que *orthos* significa reto, e *doxa*, fé ou crença. Ortodoxo significa, portanto, aquele que segue fielmente um princípio, norma ou doutrina. Está claro que a origem etimológica do termo não é suficiente para estabelecermos a diferença entre "ortodoxia" e "heterodoxia" na economia, pois um economista marxista que seguisse fielmente os princípios de Marx também poderia ser chamado de "ortodoxo".

No Brasil, a expressão "economista ortodoxo" é usualmente entendida como "economista neoclássico", ou seja, aquele que compartilha o programa de pesquisa neoclássico, definido a partir de um núcleo duro de proposições formado por princípios como a racionalidade econômica, entendida como a maximização da satisfação ou lucro, e o equilíbrio dos mercados como norma ou "ponto de referência" para o funcionamento do sistema.

Deve-se destacar aqui que esses princípios básicos do programa de pesquisa neoclássico são tidos como axiomas, ou seja, fazem parte da "visão de mundo" dos economistas neoclássicos, sendo aceitos como verdades autoevidentes, não estando, em princípio, sujeitos a comprovação empírica.

Em outras palavras, o que está sujeito ao teste empírico são as conjecturas obtidas a partir de modelos teóricos (o assim chamado "cinturão protetor") que se baseiam nesses princípios.

O conceito de programa de pesquisa, de acordo com Lakatos (*The Methodology of Scientific Research Programmes*, 1978), consiste num conjunto de regras metodológicas que definem os caminhos que devem ser evitados e os que devem ser trilhados.

Nesse contexto, o programa de pesquisa possui uma "heurística negativa", a qual define um conjunto de proposições (o "núcleo" do programa) que não estão sujeitas ao critério de falseabilidade exposto por Karl Popper, ou seja, que são tidas como "irrefutáveis" por parte dos aderentes ao programa de pesquisa.

No entorno desse núcleo de proposições são estabelecidas diversas hipóteses auxiliares, as quais devem ser testadas contra os fatos observados.

Além da "heurística negativa", existe também uma "heurística positiva", que é constituída por um conjunto parcialmente articulado de sugestões de como mudar e desenvolver as "variantes refutáveis" do programa de pesquisa.

Aqui se inclui uma cadeia de modelos cada vez mais sofisticados que buscam "explicar" a realidade. Na formulação dos programas de pesquisa, é de esperar que algumas de suas variantes particulares (o "cinturão protetor") sejam refutadas pelos testes empíricos.

A função da "heurística positiva" é, portanto, contornar esses problemas, definindo as regras que devem ser obedecidas na construção de novas variantes particulares do programa.

Em contraposição à ortodoxia entendida em economia como adesão ao programa de pesquisa neoclássico, a heterodoxia se define como rejeição ao núcleo duro desse programa.

MAXIMIZAÇÃO

Em outras palavras, os economistas heterodoxos são todos aqueles que discordam da ideia de que o núcleo duro de um programa de pesquisa deva ser construído a partir dos princípios da maximização e do equilíbrio dos mercados. Economistas marxistas, por exemplo, acreditam que uma análise séria a respeito do funcionamento do sistema econômico deva se basear na dinâmica de conflitos entre as classes sociais, particularmente entre capital e trabalho.

Nesse contexto, a racionalidade individual — maximizadora ou não — é irrelevante para o entendimento do funcionamento do sistema econômico.

Já economistas pós-keynesianos não discordam da necessidade de basear a análise econômica no suposto de racionalidade individual, mas acreditam que a incerteza que permeia o ambiente econômico torna impossível analisar as decisões individuais a partir do suposto de maximização.

Num contexto de incerteza, o comportamento dos agentes

é baseado em convenções ou rotinas que não só simplificam o processo de tomada de decisão como também permitem àqueles lidar com o fato inescrutável da extrema precariedade e incompletude do conjunto de informações sobre o qual decisões racionais devem ser tomadas.

A moeda e a preferência pela liquidez, por exemplo, adquirem, nesse contexto, papel fundamental para explicar o funcionamento do sistema econômico, algo que em princípio parece não fazer sentido para o programa de pesquisa neoclássico, como se pode constatar pela ginástica que os manuais mais modernos dessa corrente têm que fazer para incorporar a moeda na estrutura dos modelos de equilíbrio geral.

Essas divergências entre os programas de pesquisa são diferenças do núcleo duro, ou seja, naquela parte dos programas que não é falseável no sentido de Popper e que, portanto, não está sujeita ao crivo do teste empírico.

A refutação empírica só pode ser aplicada às conjecturas desenvolvidas a partir dos modelos teóricos construídos segundo as regras metodológicas definidas pelo núcleo duro.

PLURALISMO

Se os programas de pesquisa não podem ser rejeitados com base em testes empíricos, pois são constituídos a partir de um núcleo duro não refutável, então a única atitude cientificamente honesta e politicamente democrática é aceitar, incentivar e conviver com o pluralismo teórico.

Ninguém pode afirmar que daqui a cem anos o programa de pesquisa neoclássico continuará hegemônico na comunidade científica. Isso porque não podemos descartar a possibilidade de que esse programa entre em trajetória degenerativa. Ou seja, que, em função do acúmulo de anomalias que não podem ser explicadas a partir de modelos construídos segundo a metodologia definida pelo núcleo duro, o referido programa comece a recorrer a hipóteses ad hoc para explicá-las.

Existem sinais importantes de que isso já está acontecendo com o programa de pesquisa neoclássico, mas certamente se trata de um tema que demandaria outro texto; por isso, não o abordaremos.

Em suma, não é verdade que a diferença entre ortodoxos e heterodoxos no Brasil ou no mundo se resuma ao uso ou não de testes empíricos para aceitar ou refutar conjecturas.

A diferença entre essas correntes se baseia em diferentes "núcleos duros", não sujeitos a comprovação empírica. Nesse contexto, a melhor política será sempre "deixar que mil flores floresçam no campo" e que o tempo, senhor da razão, decida quem deve prosperar ou desaparecer.

23. Uma crítica aos pressupostos do ajuste econômico

Pedro Paulo Zahluth Bastos e
Luiz Gonzaga Belluzzo[*]

Fomos honrados pela citação de nosso artigo (publicado no site da Ilustríssima) por Luiz Fernando de Paula e Elias Jabbour, que responderam a um artigo polêmico de Marcos Lisboa e Samuel Pessôa a respeito da diferença entre direita e esquerda em economia. Concordamos em geral com a resposta, mas pretendemos levantar novos elementos para reflexão.

O argumento central de Lisboa e Pessôa é que, nos Estados Unidos, os debates entre direita e esquerda são resolvidos com o uso de métodos quantitativos de verificação de hipóteses e que, no Brasil, isso não se faz. Nesse sentido, o fenômeno da heterodoxia "sem uso de dados" seria tipicamente brasileiro, como reiterado em novo artigo de Lisboa e Pessôa, em 4 de setembro.

Os equívocos de Lisboa e Pessôa são diversos e alguns deles

* PEDRO PAULO ZAHLUTH BASTOS é professor livre-docente do Instituto de Economia da Unicamp. LUIZ GONZAGA BELLUZZO é professor titular do Instituto de Economia da Unicamp.
Publicado originalmente na *Folha de S.Paulo*, Ilustríssima, 9 out. 2016.

foram apontados por De Paula e Jabbour. Primeiro, não é verdade que praticamente não existam heterodoxias fora do Brasil, mas apenas divisões entre esquerda e direita no seio da "economia tradicional". Esse desconhecimento reflete o fato de que as faculdades neoclássicas não estudam as heterodoxias, embora os heterodoxos estudem e saibam bem por que rejeitam a ortodoxia neoclássica.

Por outro lado, como De Paula e Jabbour alertaram bem, há uso abundante de técnicas econométricas entre economistas heterodoxos, particularmente (agregaríamos) o uso de séries temporais. É verdade que a heterodoxia recorre a métodos quantitativos com muito mais ceticismo do que a ortodoxia, e quase sempre em simbiose com análises qualitativas (institucionais e históricas). Contudo, enquanto as metarregressões de John Stanley documentaram fartamente o viés de publicação dos resultados empíricos desejados pelos neoclássicos, autores como Anthony Thirlwall, John McCombie e Jesus Felipe, por exemplo, apresentam estudos econométricos que refutam cabalmente as hipóteses neoclássicas sobre determinantes do crescimento econômico e da distribuição de renda, sendo convenientemente ignorados pela ortodoxia.

O que deve ser esclarecido é o que de fato diferencia a ortodoxia neoclássica e as heterodoxias. Depois de fazermos isso, mostraremos que as proposições teóricas de Lisboa e Pessôa são refutadas empiricamente mesmo no seio da ortodoxia, mas resolvidas pelas heterodoxias. Finalmente, abordaremos o desastre da proposta ortodoxa de austeridade no Brasil.

ORIGENS

A ortodoxia e as heterodoxias podem ser entendidas como derivações da economia política fundada por Adam Smith. Por um lado, Smith alegava que a livre concorrência levaria à eficiência e harmonia no uso dos recursos, justificando a liberação das restrições à busca de interesses pelos indivíduos e o livre-comércio entre países. Por outro lado, Smith posiciona os indivíduos em classes sociais (aristocratas da terra, burgueses e trabalhadores) que têm conflitos agudos, documentando coordenação dos empresários para rebaixar salários e aprovar leis que proíbem a reação coletiva dos trabalhadores.

Grosso modo, a ortodoxia neoclássica parte do indivíduo como unidade de análise e chega ao equilíbrio geral entre a soma de indivíduos que formam uma economia harmônica. As heterodoxias partem da assimetria entre classes sociais ou países e enfatizam a dinâmica contraditória e a instabilidade geradas pela busca de enriquecimento dos empresários.

Por isso, enquanto a ortodoxia legitima um Estado mínimo ou com intervenções pontuais, as heterodoxias justificam políticas mais estruturantes e maior regulação dos mercados. Na primeira metade do século XIX, Alexander Hamilton, nos Estados Unidos, e Friedrich List, no mundo alemão, já questionavam a harmonia entre países desiguais, inspirando políticas protecionistas e de desenvolvimento.

Em Smith, a distinção entre indivíduo e classe social não muda sua preferência pelos burgueses. Tanto ele quanto David Ricardo justificaram a concentração do patrimônio e da renda pelos capitalistas. Sua abstinência dos prazeres do consumo supostamente geraria a poupança necessária para o investimento que, em seguida, geraria a riqueza que gotejaria para os trabalhadores perdulários, para as rendas dos aristocratas da terra e para a arrecadação tributária. É isso o que Karl Marx e, depois, Keynes questionariam, fundando heterodoxias.

A ênfase no individualismo metodológico só se completou, porém, com a revolução marginalista proposta na década de 1870 por Jevons, Menger e especialmente Walras, patrono do modelo de equilíbrio geral que é a base da ortodoxia contemporânea. O destaque da economia política clássica nas classes sociais é substituído, então, pelo equilíbrio harmônico e justo entre indivíduos livres e iguais, que não se preocupam mais com a aprovação simpática do outro, como dizia Smith, mas apenas com sua vantagem utilitária, à la Bentham.

Assim, a ortodoxia neoclássica parte do axioma (não empírico) de indivíduos racionais e maximizadores de utilidade de acordo com preferências e dotações de recursos que precedem sua interação social. Nem suas relações nem suas preferências seriam estruturadas, assimetricamente, de acordo com seu posicionamento em classes sociais (e países) com poder diferente sobre recursos econômicos e políticos e sobre a formação de convenções sociais.

Partindo desses supostos axiomáticos, a dedução lógica assegura a conclusão esperada desde Adam Smith: as interações livres entre indivíduos (e países) levam a um equilíbrio estável e maximizador, satisfatório para todos. Como as interações individuais não são estruturadas por relações desiguais entre classes sociais e países que mudam historicamente, os fenômenos não precisam ser entendidos com base em uma análise qualitativa de assimetrias estruturais e suas transformações complexas, como é típico das heterodoxias.

À moda positivista, a causalidade é mera concomitância regular de eventos em uma economia de mercado que é essencialmente a mesma em qualquer tempo e espaço. Assim, os fenômenos são explicados pela mudança exógena de preferências, técnicas e intervenções políticas, gerando incentivos comunicados pelos preços que, por sua vez, induzem a reação de indivíduos maximizadores até que um novo equilíbrio seja alcançado.

A moeda é vista apenas como um véu que facilita trocas reais, enquanto o sistema financeiro apenas intermedeia recursos reais entre poupadores e investidores. Assim, a inflação atrapalha a poupança e as interações mercantis que sempre tendem ao pleno emprego dos recursos reais, resultando de alguma intervenção exógena, como gastança do governo ou egoísmo dos sindicatos. Os equilíbrios aquém do ótimo não seriam resultados endógenos das interações, mas meras reações da economia de mercado a intervenções que querem levá-la além do ótimo.

O DESAFIO DE KEYNES

Em 1936, Keynes desafiou a ortodoxia ao afirmar que a economia monetária de produção tinha mecanismos endógenos que não asseguravam o equilíbrio com pleno emprego. O pleno emprego era uma situação possível e especial, mas uma teoria geral deveria explicar outros estados de equilíbrio sem pleno emprego. Keynes alegou que a mera disponibilidade de recursos não assegurava que fossem usados ao máximo, pois os capitalistas investiriam caso houvesse expectativas favoráveis de demanda efetiva para ocupar a capacidade ociosa.

Se imaginarem que a capacidade ociosa não será ocupada e estiverem endividados, os empresários podem destinar recursos para o pagamento de dívidas ou para a constituição de reservas financeiras. O que é racional para o indivíduo, contudo, é ruim para a classe: no agregado, a queda do gasto significa queda de receitas, o que pode tornar ainda mais difícil pagar dívidas e induzir a novas contrações dos gastos e das receitas.

Ao invés da causação cumulativa, a ortodoxia confia no feedback negativo da flexibilidade de preços para restaurar o equilíbrio maximizador: a queda de preços e salários aumentaria a demanda automaticamente. Keynes acusa aí uma nova falácia de composição: preços menores reduziriam a capacidade de pagamento de dívidas e encareceriam sua rolagem, enquanto salários menores reduzem o gasto dos capitalistas, mas também seu nível de produção e suas receitas, inibindo ainda mais o investimento. Michal Kalecki, o principal macroeconomista marxista contemporâneo de Keynes, diria que os trabalhadores tendem a gastar o que ganham, mas os capitalistas ganham o que gastam.

De nada adianta que o corte do gasto privado leve a uma redução da arrecadação de impostos. Se o governo cortar despesas, as receitas do setor privado voltariam a cair e a capacidade ociosa a subir. E nada garante que as exportações líquidas aumentem para compensar a contração da demanda interna.

Isso é agravado pelo funcionamento do sistema financeiro. Como mostrou Hyman Minsky, o sistema não se limita a intermediar recursos reais entre poupadores e investidores: ele cria poder de compra, endogenamente, através da expansão do crédito, alimentando um otimismo crescente que rebaixa exigências para concessão de empréstimos e inflaciona o preço de ativos financeiros.

Quando o ciclo muda de direção, as convenções sociais que animam a valoração de ativos tornam-se pessimistas, levando à queda de preços à medida que são liquidados em uma busca pela liquidez de saldos monetários e títulos da dívida pública. O aumento da poupança financeira desejada microeconomicamente não leva a um aumento da poupança macroeconômica, pois os investimentos caem e, com eles, a renda agregada, os lucros e a capacidade de pagar dívidas.

Assim como a elevação de investimentos, consumo dos trabalhadores, gasto público pode se realimentar e levar a economia a um boom de otimismo e tomada de riscos crescentes, a reversão dos gastos pode alimentar um círculo vicioso de pessimismo e queda de demanda até uma crise financeira, se a deflação de ativos financeiros levar à desconfiança quanto à solvência dos bancos que financiaram a expansão e a especulação.

O recado de Keynes é que o sistema não tem a capacidade de se autorregular. Sem que o governo diminua sua poupança e incorra em déficits quando os empresários resolvem poupar coletivamente, a busca de poupança será frustrada pela queda da renda agregada. Sem que bancos centrais reduzam juros, ofereçam créditos que os bancos não conseguem contratar no interbancário e até comprem ativos quando os bancos os liquidam, a desaceleração cíclica e o esgotamento da bolha financeira acabarão em falências bancárias e em uma montanha de dívidas impagáveis.

Melhor que remediar, contudo, seria prevenir a instabilidade com a construção de instituições apropriadas. Primeiro, o planejamento e coordenação de um volume amplo de investimentos públicos reduziria a instabilidade do investimento privado ao assegurar um nível adequado de demanda efetiva. Segundo, o Banco Central deveria assegurar a liquidez dos bancos, mas em troca proibir ou restringir fortemente o financiamento de posições nos mercados de ativos, separando o financiamento do investimento produtivo e os ciclos especulativos. Terceiro, controles de capitais proibiriam a especulação nos mercados de câmbio, enquanto instituições multilaterais financiariam desequilíbrios de balanço de pagamento sem impor uma recessão, que apenas transferiria o desequilíbrio de um país a outro. Finalmente, políticas de renda e sociais deveriam inibir a desigualdade, pois a maior propensão a consumir dos trabalhadores (em relação aos ricos) ampliaria o multiplicador do gasto autônomo e contribuiria para um nível adequado de demanda para os investimentos.

A RESPOSTA NEOCLÁSSICA

A reação ortodoxa foi enquadrar a macroeconomia de Keynes no arcabouço neoclássico, fazendo da situação de ociosidade de recursos novamente um caso particular da microeconomia do equilíbrio geral. Os macroeconomistas neoclássicos não abandonaram o individualismo metodológico nem incorporaram a concepção de causação cumulativa e endógena dos ciclos de crédito e investimento, o papel da incerteza e das convenções sociais que induzem os agentes a comportamentos individualmente racionais, mas coletivamente irracionais em ondas de otimismo que se desdobram em pessimismo, em razão do excesso de investimento em capacidade ociosa, inflação de ativos e endividamento.

Os neoclássicos não chegaram ao resultado keynesiano apontando motivos endógenos à interação entre capitalistas, pois mantiveram a suposição de indivíduos com acesso simétrico aos mercados de crédito e seguros e às melhores informações e tecnologias, usando o mesmo modelo teórico e operando em concorrência perfeita. O sistema só não seria levado ao equilíbrio maximizador por causa de falhas de mercado que, no fundo, eram um bloqueio exógeno a um sistema que não teria qualquer instabilidade intrínseca. Não haveria imperfeição ou equilíbrio subótimo na realidade sem a perfeição subjacente ao modelo de indivíduos racionais e maximizadores de utilidade.

O irrealismo dos supostos e a experiência recorrente de crises levou a questionamentos crescentes dentro e fora da igreja neoclássica: como confiar nas previsões se os supostos eram cada vez mais deslocados de uma realidade de grandes empresas e bancos com poder oligopólico crescente? A falsa solução foi proposta por Milton Friedman em 1953, criando a metodologia neoclássica moderna e sua ênfase na formalização matemática e métodos econométricos.

Friedman alegou que os economistas neoclássicos não deveriam se importar com o irrealismo das hipóteses sobre a concorrência perfeita e sobre o comportamento dos indivíduos. Não era mais necessário fazer pesquisa empírica e histórica sobre as condições institucionais do capitalismo realmente existente. Bastava partir de supostos escolhidos arbitrariamente (axiomas não empíricos) e supor que o mundo funciona "como se" eles fossem válidos. Em vez de explicar, tratava-se simplesmente de prever a correlação entre variáveis exógenas e endógenas ao modelo, supondo, com toda a fé, que os elos causais entre elas resultem da operação (não observada) de indivíduos livres sem interações assimétricas.

A imensa maioria dos ortodoxos nem sequer sabe que a proposta metodológica de Friedman, próxima do instrumentalismo, é rejeitada quase universalmente entre filósofos e epistemólogos, porque faz da economia a única ciência em que a maioria dos praticantes não se preocupa em explicar fenômenos, mas apenas em prever correlações com base em descrições e supostos completamente irrealistas sobre o funcionamento do objeto.

A despeito de sua artimanha metodológica, todas as hipóteses de Friedman foram refutadas quando se mostrou que confundiam causalidade e correlação ou que a correlação nem existia: que a oferta de moeda era exógena; que a variação de preços dependia da oferta exógena de moeda; que a velocidade de circulação da moeda era praticamente constante; que os agentes econômicos não se preocupavam com variáveis nominais; que a especulação estabilizante levaria o preço de ativos ao seu equilíbrio fundamental. Alguém ainda acredita nisso?

Não obstante seu fracasso teórico, a liberação do irrealismo dos supostos permitiu que vários economistas neoclássicos formulassem hipóteses ainda mais ousadas para elogiar a perfeição dos mercados e a imperfeição de políticas que busquem limitar e orientar comportamentos econômicos. A economia política neoclássica, por exemplo, admitiu de modo protocolar a existência de falhas de mercado (como monopólios naturais e a poluição), mas as considerou raras e menores do que as falhas dos governos que tentassem revertê-las.

Era a senha para o ataque neoliberal contra as instituições de regulação do capitalismo construídas no Pós-Guerra e desmontadas a partir da década de 1980. A revolução das expectativas racionais, liderada por Lucas, Barro e Sargent, levou ao extremo a confiança na mecânica dos mercados livres. Para os autores novo-clássicos, como os agentes racionais sabem que o aumento do gasto público levará à elevação futura de impostos, anulam completamente a política fiscal com cortes compensatórios dos gastos privados, para economizar recursos para o pagamento futuro de impostos. A melhor política contracíclica seria, portanto, cortar o gasto público, o que levaria os agentes a aumentar o gasto privado desde logo!

Como os mercados financeiros seriam eficientes e as bolhas de ativos seriam impossíveis, as restrições às operações financeiras deveriam ser eliminadas ou fortemente reduzidas para permitir a melhor alocação possível dos recursos. Finalmente, políticas de rendas e sociais deveriam ser "flexibilizadas" para permitir a redução de salários e o aumento da poupança, a realocação de trabalhadores entre ramos e o aumento dos incentivos para o trabalho duro.

Hoje em dia, o campo neoclássico é dividido em dois grupos. A visão novo-keynesiana, mais à esquerda, reconhece falhas de mercado (rigidez de preços e salários ou assimetrias de informação) e confia na capacidade do Estado em regulá-las, enquanto os novo-clássicos desconfiam à direita. Os novo-keynesianos defendem políticas contra a desigualdade, mas, contra Keynes, compartilham com os novo-clássicos a hipótese de que geram perda de eficiência e crescimento. Também admitem a política fiscal "de emergência" durante crises, mas até 2008 se uniram em uma "nova síntese" que alegava que novas crises seriam improváveis graças à submissão dos banqueiros centrais às regras do regime de metas de inflação. Nenhuma das escolas neoclássicas previu a crise financeira mundial, ao contrário de inúmeros autores heterodoxos que mantiveram a concepção dinâmica das instabilidades do capitalismo herdada de Marx, Keynes e Minsky.

AUTOCRÍTICA SEM TEORIA

É claro que o fracasso das políticas e reformas neoliberais não poderia passar despercebido pelo campo neoclássico. Curioso é que a autocrítica não passe perto dos neoclássicos brasileiros. Lisboa e Pessôa, por exemplo, sustentam o dogma de que, "em geral, as economias operam nas proximidades do pleno emprego" e não o consideram refutado pelas evidências desde 2008.

Continuam afirmando a contradição — central ao programa neoliberal — entre busca de igualdade e ganho de eficiência e crescimento, como se o aumento da desigualdade não tivesse convivido com redução do crescimento nas três décadas de neoliberalismo e como se até o FMI já não rejeitasse tal causalidade.

Também defendem a pauta mínima dos neoinstitucionalistas anglo-saxões quanto aos direitos de propriedade e gastos em educação como fonte do poderio de seus países, e não a percebem refutada: 1) pelos casos de desenvolvimento com planejamento industrial, empresas estatais e bancos públicos nas periferias do capitalismo; 2) pelo fato de que regras legais, direitos de propriedade intelectual e o gasto educacional foram ampliados nas últimas três décadas, o que não impediu o aumento e aprofundamento das crises financeiras depois do ataque neoliberal, liderado por reformadores anglo-saxões, às instituições keynesianas de regulação dos mercados.

Com efeito, os países que mais cresceram foram os que combinaram a flexibilidade da empresa privada com controles amplos sobre o sistema financeiro, assim como empresas estatais, bancos públicos e políticas industriais que orientavam investimentos públicos e privados, internos e externos. Em suma, o neoliberalismo fracassou na promessa de alocar melhor os recursos (sem crises) e de ampliar a desigualdade para gerar mais crescimento econômico.

É curioso que Lisboa e Pessôa aleguem que as controvérsias teóricas devam ser resolvidas com evidências empíricas, mas ao mesmo tempo desconheçam as evidências que os próprios neoclássicos juntaram contra as proposições teóricas que exportaram, desde a década de 1980, para o Brasil e o resto do mundo através do Consenso de Washington.

Há poucas semanas o Fundo Monetário Internacional surpreendeu ao publicar uma autocrítica aguda do neoliberalismo. A autocrítica envolveu três aspectos do programa que o Fundo impôs aos países periféricos desde a década de 1980: 1) liberalização financeira; 2) a relação entre desigualdade e crescimento econômico; 3) austeridade fiscal.

É digno de nota que tamanha autocrítica se fez sem qualquer reflexão teórica profunda (apesar das dúvidas de Olivier Blanchard), como se não houvesse sistemas universitários e teóricos que formassem economistas que previam o fracasso das reformas neoliberais desde o início. Mais do que isso: como se o próprio patriarca do FMI, John Maynard Keynes, não tivesse criado um sistema teórico que explica por que fracassam as políticas e instituições que a nova ortodoxia neoliberal do FMI difundiu pelo mundo quarenta anos depois de sua criação, apoiada pelas "melhores" faculdades de economia e pelo próprio governo dos Estados Unidos, assim como por think-tanks financiados por grandes empresários e corporações.

Diante da descoberta muito tardia do fracasso das previsões de seu sistema teórico de base neoclássica, os neoclássicos não sabem o que fazer, a não ser agregar hipóteses secundárias, ad hoc, por cima de modelos hipotéticos que partem de um único "agente representativo", mas preveem o equilíbrio maximizador entre indivíduos racionais. A mágica é retorcer os modelos com "choques imaginários" e "falhas de mercado" de modo que, exogenamente, produzam resultados econométricos aparentemente adequados aos dados recortados. A explanação teórica e a reconstituição histórica, no entanto, se perdem em meio a formalizações e racionalizações irrelevantes para entender e explicar as economias capitalistas realmente existentes.

Quanto à liberalização financeira, foi acompanhada pela explosão de crises, à medida que os países confiaram na capacidade de autorregulação dos mercados e desmontaram a regulamentação keynesiana do sistema financeiro doméstico e os controles ao movimento internacional de capitais. O FMI agora voltou a admitir controles de capitais como no mundo anterior à década de 1980 e como na Índia e na China ainda hoje, embora o principal sócio da instituição multilateral, os Estados Unidos, vete uma defesa explícita que nem sequer é discutida no meio da ortodoxia brasileira.

No que tange às relações entre desigualdade e crescimento econômico, tecnocratas neoliberais legitimaram o ataque de empresários, desde a década de 1970, contra os impostos que financiavam o Estado de bem-estar social e contra os arranjos sindicais e políticos que asseguravam o aumento de salários reais. Recuperando argumentos pré-keynesianos, economistas neoclássicos apresentaram evidências episódicas para assegurar que a redução de alíquotas de impostos sobre os ricos e a "flexibilização" (queda) de salários reais e do gasto social aumentariam o crescimento econômico, o nível de emprego e a própria arrecadação tributária. Hoje o FMI admite que o aumento da desigualdade, parcialmente resultante do desmonte das políticas sociais e salariais que buscavam maior igualdade social, trouxe menos e não mais crescimento econômico.

Programas de austeridade fiscal, por sua vez, não se mostraram capazes de controlar o crescimento da dívida pública em relação ao PIB, tendendo ao contrário a aumentá-la ao provocar desacelerações ou mesmo recessões que deprimem a arrecadação tributária. Hoje, o FMI considera melhor reduzir o peso da dívida pública no PIB "organicamente", isto é, depois que o crescimento econômico seja retomado com políticas anticíclicas e, então, provoque aumento da arrecadação tributária a um ritmo superior ao do gasto público, enquanto a redução da taxa de juros diminui o peso da dívida pública no PIB. A ideia de que a contração fiscal é expansionista só não morreu no meio da ortodoxia brasileira.

A DITADURA DA AUSTERIDADE

Só a fé na hipótese de contração fiscal expansionista explica a desconsideração dos neoclássicos brasileiros em relação aos dados de queda da rentabilidade das empresas (apesar das isenções fiscais), deflação do preço das commodities e o ciclo longo de endividamento de empresas e famílias cuja reversão se iniciava em 2014. Nessas condições, tomar a parte pelo todo, o micro pelo macro, a economia doméstica ou a empresa pelo sistema complexo, implica recomendações desastrosas de política econômica: para um empresário individual, o corte do gasto público e do salário real pode representar promessa de custos menores no futuro, sem que entenda a interação complexa por meio da qual a queda resultante da demanda agregada vai prejudicar, antes da redução de custos, as receitas e o balanço patrimonial de sua empresa.

Mais grave é que o mesmo equívoco se repita entre economistas. Sua esperança é que o investimento privado se recupere à medida que o corte do gasto público acompanhe a queda da arrecadação, sem prever que, ao se defrontar com o corte da demanda gerado pela austeridade fiscal e salarial, o empresário vai destinar receitas para pagar suas dívidas e comprar títulos públicos, sobretudo se o Banco Central prometer um ciclo longo de elevação de juros.

Em um sistema complexo, a falácia de composição implica que quando todos, inclusive o governo, tentam poupar, o corte de demanda agregada frustrará o desejo de poupar e dificultará ainda mais o pagamento das dívidas. Como não perceber o desastre caso o governo e o Banco Central também sinalizem para uma grande depreciação cambial que, antes de estimular exportações, encarecerá importações e passivos externos?

Nos meses finais de 2014, já escrevíamos que a economia brasileira estava à beira da recessão. Também apontávamos a queda do preço das commodities, a operação Lava Jato e a possibilidade de racionamento de água e energia como motivos por que um ajuste fiscal seria contraproducente ao jogar a economia na recessão que acentuaria a queda da arrecadação tributária e aumentaria o peso da dívida pública no PIB. Ao mesmo tempo, economistas neoclássicos faziam festa com o anúncio do programa de Joaquim Levy, expressa por exemplo na previsão do boletim Focus de que a economia se recuperaria em relação a 2014, crescendo 0,8% em 2015. A breve melhoria da confiança empresarial no final de 2014 parecia dar materialidade à crença de que, pelo menos no Brasil, a fada da confiança faria milagres.

Nunca afirmamos que foi apenas o corte severo da despesa pública, acelerado no primeiro semestre de 2015, que provocou a contração do PIB de 3,8%. Nesse caso, o "conjunto da obra" que reforçou a desaceleração cíclica já em curso e jogou a economia na recessão incluiu, além das políticas monetária e cambial incensadas pela ortodoxia, o aumento de receitas por meio da elevação de preços públicos e impostos federais e estaduais, e as declarações de Levy de que continuaria cortando o que fosse necessário para correr atrás da enorme queda de arrecadação e alcançar a meta fiscal irrealista, acentuando a espiral descendente que, certamente, contribuiu para aumentar a impopularidade da presidenta e as incertezas trazidas pela crise política.

Afirmamos sim que o programa fiscal seria contraproducente para sua finalidade declarada, melhorar o resultado fiscal ou, pior ainda, a relação dívida pública-PIB. Estudos econométricos apontam que o multiplicador fiscal, o montante que a renda nacional cresce (ou cai) para cada real gasto (ou eliminado) pelo governo, se amplia em uma recessão, podendo chegar a um valor maior do que 3,5, sobretudo se cortar o investimento público e prejudicar a confiança no futuro de empresas e famílias. A sensibilidade da arrecadação tributária a uma recessão também é maior, de modo que a tentativa do governo de aumentar sua poupança tende a se frustrar à medida que o multiplicador fiscal se eleva e a arrecadação despenca. Não se estimou o esforço tributário de estados e municípios, mas o da União chegou a pelo menos 0,44% do PIB, com ganho de carga tributária de apenas 0,12% em 2015 (e com IRPF de 2014!).

Ou pior, uma política que contribui para derrubar o PIB não tem como reduzir a relação dívida-PIB, tanto mais se a política de juros altos colabora para aumentar o numerador e reduzir o denominador. Como dizia Keynes, se há algum momento propício para a austeridade, esse é o boom e não a recessão. O ônus da prova de que o contrário vale para o Brasil, mas não no resto do mundo, continua com os defensores de primeira hora da austeridade expansionista.

Eles precisam provar, também, que a concentração da renda aumenta a capacidade de recuperação da economia brasileira, que acabou de passar por um longo ciclo de crescimento sob o impulso da desconcentração da renda e da incorporação de trabalhadores pobres aos mercados de consumo. Joaquim Levy afirmou em junho de 2015 que havia gente que não queria entrar mais no mercado de trabalho, mas voltaria com a recessão a procurar emprego, o que seria bom pois "não existe crescimento sem aumento da oferta de trabalho".

Em debate que tivemos em outubro de 2015 com Lisboa e Pessôa, este afirmou que, "quanto mais os salários reais caírem, mais rápido e indolor o ajuste vai ser. Em maio, junho, fiquei superfeliz porque as expectativas estavam mostrando uma queda de salário real de 5%". Ora, Keynes já mostrara há décadas que, assim como o corte do gasto público, a queda de salários e do nível de emprego também reduz os lucros agregados à medida que as vendas caem. Mesmo prevendo salários e custos menores, os capitalistas não investem sem demanda. E, paradoxalmente, não lucram se não gastam.

O resultado é que a queda de receitas torna as empresas superendividadas, com risco crescente de inadimplência, que, por sua vez, retrai ainda mais o crédito bancário. Ou seja, quando todos poupam para pagar suas dívidas ao mesmo tempo, tanto a dívida pública quanto a privada aumentam em relação ao PIB em queda.

Curiosamente, muitos dos economistas que diziam não haver espaço fiscal para uma política anticíclica no final de 2014 aceitaram a primeira revisão da meta de déficit fiscal para 170,5 bilhões de reais em 2016 pelo governo interino, nos fazendo supor que não eram tecnicamente equivocadas, mas politicamente motivadas, as censuras àqueles que, como nós, criticavam a resistência do ministro Levy a revisar a meta fiscal irrealista em 2015.

A solução do novo governo Temer é, contudo, dobrar a aposta na austeridade, tornando-a permanente com a PEC 241, que impede a ampliação real do gasto público. Se aprovada, levará a cortes radicais nas leis que preveem ampliação da cobertura de bens e serviços públicos, inclusive educação e saúde, para poupar recursos para o pagamento da dívida pública.

Macroeconomicamente, é um mau negócio. O gasto social

tem um grande multiplicador fiscal, conservadoramente estimado pelo Ipea acima de 1,5, mas o multiplicador do pagamento de serviços da dívida pública é estimado pouco abaixo de 0,8, dado o fato de que seus portadores são, em geral, liberados de preocupações imediatas de consumo.

Embora mesmo o FMI admita que a melhor maneira de controlar o peso da dívida pública no PIB é estimular o PIB e reduzir a taxa de juros, as atas do Copom sob comando de Ilan Goldfajn parecem condicionar a queda da taxa de juros à "continuidade dos esforços para aprovação e implementação [das] reformas fiscais", leia-se a PEC 241.

O problema disso, primeiro, é que o déficit público não resulta de gastança, mas de queda de arrecadação, logo a inflação não resulta de excesso de demanda pública a controlar com juros altos. Segundo, os juros elevados e inexplicáveis são o principal determinante da ampliação da dívida pública, gerando custos que a austeridade do gasto social e do investimento público é incapaz de controlar, tanto mais porque os cortes limitam o crescimento do PIB.

Politicamente, é uma impostura: pesquisas de opinião mostram que a imensa maioria da população (até 98%) aprova a universalidade e a gratuidade da saúde e da educação pública. No mundo acadêmico, além de injusta, a austeridade é vista como contraproducente tecnicamente. O maior risco atual à democracia brasileira é que instituamos uma ditadura de tecnocratas que legitimam, com retórica cientificista, mudanças no pacto social inscrito na Constituição Federal com base em argumentos desatualizados empírica e teoricamente.

Notas

1. RECONSTRUIR A ESQUERDA [pp. 39-86]

1. Agradeço a ajuda preciosa de Arthur Hussne Bernardo, Cícero Araújo, Leonardo da Hora Pereira e Luisa Lobo Fausto. Sem responsabilidade.

2. A ARMADILHA EM QUE A ESQUERDA SE METEU [pp. 87-108]

1. Maxim Pinkovskiy e Xavier Sala-i-Martin, "Lights, Camera..., Income! Illuminating the National Accounts-Household Surveys Debate". *The Quarterly Journal of Economics*, maio 2016.

2. Jan Luiten van Zanden (Universidade de Utrecht), Joerg Baten (Universidade de Tübingen), Péter Földvari (Universidade de Debrecen), Bas van Leeuwen (Universidade de Utrecht), "The Changing Shape of Global Inequality 1820-2000: Exploring a New Dataset". CGEH, Working Paper Series, jan. 2011.

3. AINDA A ESQUERDA [pp. 109-31]

1. O economista pergunta como eu me relaciono com a social-democracia. A social-democracia foi muito melhor do que o bolchevismo, ao contrário do que se costuma dizer, mas com alguns pecados históricos: chauvinismo na Primeira

Guerra Mundial, colonialismo. Teve grandes momentos e grandes figuras, entretanto — mesmo a melhor e verdadeira social-democracia, bem distante da que aderiu ao neoliberalismo — não é propriamente um modelo a ser adotado, entre outras coisas porque não praticava a crítica ecológica do "progresso" e era unilateralmente estatista.

2. Recomendo ao leitor o artigo de Fernando Rugitsky, publicado no blog da revista eletrônica *Fevereiro*, "Para entender a PEC do teto dos gastos". Disponível em: <https://revistafevereiroblog.wordpress.com/2016/11/04/para-entender-a-pec-do-teto-dos-gastos/>.

3. Ver, a esse respeito, o artigo de Sergio Wullff Gobetti e Rodrigo Octávio Orair, "TD-2190 — Progressividade tributária: a agenda negligenciada", abr. 2016. Disponível em: <http://www.ipea.gov.br/portal/index.php?option=com_content&view=article&id=27549>.

4. Com agradecimentos aos amigos Arthur Hussne Bernardo, Cícero Araújo e Fernando Rugitsky, com quem discuti a primeira versão desta resposta. Sem responsabilidade.

4. UTOPIA E PRAGMATISMO [pp. 132-51]

1. Como revelam Carlos Pereira, Frederico Bertholini e Eric Raile no artigo "All the Presidents Men and Women: Coalition Management Strategies and Governing Costs in a Multiparty Presidency", publicado na revista *Presidential Studies Quarterly*, v. 46, n. 3, pp. 550-68, set. 2016.

2. Como mostraram Irineu de Carvalho Filho e Marcos Chamon no trabalho "The Myth of Post-Reform Income Stagnation: Evidence from Brazil and Mexico", publicado no *Journal of Development Economics*, v. 97, n. 2, pp. 368-86, mar. 2012.

5. SEGUNDA RESPOSTA AO ECONOMISTA LIBERAL [pp. 152-81]

1. Ver a respeito Christian Arnsperger e Yanis Varoufakis, "What is Neoclassical Economics?: The Three Axioms Responsible for its Theoretical Oeuvre, Practical Irrelevance, and, thus, Discursive Power", *Panoeconomics*, v. 53, n. 1, pp. 5-18, 2006. Disponível em: <http://www.panoeconomicus.rs/casopis/prvibroj/what%20is%20neoclassical%20economics.pdf>. Acesso em: 11 abr. 2017. Os dois autores se preocupam com a habilidosa resiliência da teoria neoclássica

diante dos seus críticos: "Enquanto as flechas (*slings and arrows*) da crítica se dirigirem contra traços da economia neoclássica dos quais esta pode se desfazer (*shed*) estrategicamente, ao modo pelo qual um lagarto ameaçado 'perde' a sua cauda, elas errarão o seu alvo. Entretanto, acreditamos que há pelo menos três traços da economia neoclássica de que ela não pode se desfazer assim; e, portanto, se os críticos se concentrarem neles, eles poderão pelo menos forçar os neoclássicos a se lançar num diálogo fecundo".

Os axiomas que, segundo Arnsperger e Varoufakis, permitiriam dar uma definição abrangente da economia neoclássica (e, assim, agarrar o lagarto...) seriam o individualismo metodológico, o instrumentalismo metodológico e o equilíbrio metodológico. Não posso discutir aqui em detalhe esse muito interessante artigo. Os dois autores indicam, de resto, outros trabalhos, seus ou de outros autores, que vão na mesma direção. Os meus argumentos convergem bastante com os deles. A observar, entretanto, que discuto aqui dois artigos de um economista, enquanto que o objeto deles é o conjunto da economia neoclássica.

2. Devo observar entretanto que esse questionamento da fundamentação microeconômica (que subscrevo aqui) é *uma* das linhas da crítica heterodoxa. Há uma outra direção que consiste não em contestar a possibilidade dessa fundamentação, mas em propor um *outro modelo* de microeconomia. É, por exemplo, a proposta de Jacques Sapir em *Les Trous noirs de la science économique*: *Essai sur l'impossibilité de penser le temps et l'argent* (Paris: Seuil, 2003 [2000]).

3. Ver Steven Keen, *Debunking Economics*: *The Naked Emperor Dethroned?*, ed. rev. e aum. Londres; Nova York: Zed Books, 2011, p. 75.

4. Apesar do ar de "má" dialética, não se trata disso. Ninguém está se valendo de alguma suposta "lei" dialética da mudança de quantidade para qualidade. Considero sim um objeto substantivo, e é do exame dele através da leitura do autor em questão — e não por meio de algum "instrumento" dialético (não existem, de resto, instrumentos dialéticos) — que faço essas observações.

5. No livro de Keen, o problema aparece sob a forma da necessidade de recorrer a sistemas de equações diferenciais em substituição a sistemas de equações algébricas comuns, o que não quer dizer, seguramente, que ele sugere que os neoclássicos desconhecem aqueles sistemas de equações ou que nunca os tenham utilizado. Creio que o autor supõe que, nesse ponto preciso, o das curvas de oferta e de demanda, os neoclássicos subutilizam ou sub-reptam os sistemas de equações diferenciais, o que tem consequências sérias para a teoria. Ver Steve Keen, op. cit., pp. 407-11. De resto, há na realidade dois problemas, um dos quais é o da alternativa sistema de equações diferenciais/sistema de equações algébricas comuns; e o outro, o da alternativa equações lineares/equações não lineares (ver o quadro da p. 409, op. cit.). Por outro lado, toda essa discussão é desenvolvida

por Keen em conexão com o tema dos limites da matemática (atenção: dos limites definidos pela própria matemática, à maneira do teorema de Gödel). Keen sugere que os economistas não incorporaram suficientemente as lições desses resultados. Seu livro é muito mal conhecido no Brasil. Submeti essa passagem sobre a obra de Keen a meus amigos, economistas e não economistas, e a reação foi variável. Alguns se mostraram muito interessados, outros tiveram uma reação mais reservada. Para esses últimos, a argumentação do autor pareceu "estranha", na medida em que — observam — o mainstream utiliza amplamente equações diferenciais. Acrescentaram, entretanto, que essa argumentação "bate" melhor se considerarmos a literatura ortodoxa de ordem *didática*. Nesta, ter-se-iam de fato aquelas simplificações. Sem dúvida, o livro de Keen é muito voltado para esse último aspecto, o do ensino da economia. Mas creio que, nos passos a que me refiro, o objeto de sua crítica ultrapassa o âmbito dos livros didáticos. De qualquer forma, vai aí o meu protocolo de leitura. O que me impressionou em seu livro foi também o fato de que o autor não fornece apenas uma crítica da ortodoxia neoclássica, mas que ele critica igualmente a economia marxiana. Suas observações a esse respeito, embora contenham algumas imprecisões, são muito pertinentes e fecundas.

6. Paris: Flammarion, 2016.

7. Em *The Road to a Free Economy* (1990). Ver Alec Nove, *The Economics of Feasible Socialism, Revisited*. 2. ed. Londres: Harper Collins Academic, 1991, p. 132.

8. Quando se denuncia a "privataria", frequentemente quem, na esquerda, tem exigências estritas de rigor e de honestidade intelectual se sente, é verdade, um pouco incomodado. Mas a razão desse sentimento não está no fato de que as grandes privatizações não seriam um desastre, mas no de que o "lado de cá" também "privatizava", a seu modo, em benefício dos burocratas e dos políticos ladrões. Porém um erro não justifica o outro, e já sabemos que a boa política da esquerda é a que luta *em mais de uma frente*, sem obedecer ao princípio do terceiro excluído.

9. Ver Jacques Sapir, *Les Trous noirs de la science économique*, op. cit.

10. A saber: axioma 1: quem deve tem de pagar; axioma 2: quem empresta pode estabelecer condições; axioma 3: quem não pode pagar que saia do jogo; etc. etc.

11. Piketty assinala também, com razão, o que houve de vontade de humilhar um pequeno país recalcitrante. Este abrira um precedente perigoso e, por isso, tinha de ser punido.

12. Ver, sobre esses dois problemas, Laura Carvalho, "Exigir 25 anos de contribuição criará milhões de Daniel Blakes". *Folha de S.Paulo*, 30 mar. 2017.

Para uma crítica global da reforma da Previdência, ver o importante artigo de Marcelo Medeiros, professor da Universidade de Brasília, "Mudar a Previdência exige cuidado social", publicado no suplemento Ilustríssima, da *Folha de S.Paulo*, 9 abr. 2017. Para obter os dados relativos às propostas da reforma e à situação atual, ver <folha.com/previdencia2017>.

13. Joseph Stiglitz observa que uma das maiores realizações da sociedade americana (estadunidense), as suas grandes universidades — elas estão entre as melhores do mundo —, não funciona segundo princípios capitalistas. Mesmo se os estudos são pagos, trata-se de fundações ou de instituições públicas. Os grandes resultados das universidades americanas não vêm, assim, contra o que sugerem as aparências, dos milagres da "mão invisível". Não é o valor de troca, nem a busca de lucro, nem a acumulação o objetivo daquelas instituições (mesmo se tudo isso pode funcionar como meio). O objetivo delas é outro, da ordem do valor de uso: em princípio, pelo menos, é a excelência do ensino e da pesquisa.

14. Nesse ponto, eu havia escrito em continuação a "são mais ou menos identificados", com intuito exemplificativo: "Digamos: Bill Gates, um grande industrial, o proprietário de um hotel médio, o dono de um bazar modesto ou da pequena cervejaria com três empregados e em que o patrão também trabalha, o barbeiro com uma só cadeira e o vendedor de paçoca na porta da PUC". Risquei a passagem, por medo de ter exagerado. Mas a restabeleço nesta nota, depois da leitura do seguinte parágrafo do livro de Alec Nove, *The Economics of Feasible Socialism, Revisited*: "O pequeno número de gigantes e o poder de que eles dispõem levaram à reconsideração de uma teoria econômica baseada no número infinito de unidades em competição, uma teoria da 'firma' que, nos seus piores momentos (nas palavras de [Martin] Schubik), não vê diferença entre a General Motors e a sorveteria da esquina" (op. cit., p. 2, cf. id., p. 194).

15. Para a diferença entre economia de mercado e capitalismo, no que se refere não aos dias de hoje, mas ao início da época moderna, a referência principal é evidentemente Fernand Braudel. Essa diferença é mesmo um dos pilares da obra do grande historiador francês. Mas os termos da discussão de Braudel são um pouco diferentes dos que estão presentes neste texto. A distinção braudeliana entre economia de mercado e capitalismo não corresponde exatamente à que faço aqui, pelo menos no sentido de que dou ênfase não só aos "momentos" não capitalistas dentro do sistema (até aí, serve), mas também de que remeto ao projeto de uma economia de mercado com hegemonia cooperativista. Se esse aspecto for privilegiado, a diferença entre os dois objetos (economia de mercado/capitalismo) tal como estabelece Braudel corresponderia frequentemente, no meu texto, antes à distinção entre pequeno e grande capital. Porém, como insisto no papel decisivo que tem o grande capital no funcionamento do sistema (e,

também, no papel que tem o grande capital na própria definição do capital), há finalmente uma convergência entre a minha modesta leitura e a do grande historiador.

16. Para completar o rol de lances retóricos do meu interlocutor: a propósito do Chile, suposto trunfo do FMI, Pessôa responde à minha crítica dizendo que eu não teria me ocupado ("não é disso que Fausto se ocupa") da desigualdade econômica chilena, fato que ele reconhece, enquanto eu preferiria ("ele prefere") falar na questão do cobre. No entanto, eu falei sobre a desigualdade ("Ora, no Chile o índice de desigualdade é alto, a desregulamentação dos bancos criou problemas sérios"). Acrescentei que a economia chilena, pelo peso que a produção e a exportação do cobre têm nela, depende muito do mercado mundial, o que é verdade e se confirma, aliás, pelos efeitos negativos que a recente queda do preço daquele mineral teve sobre a economia do país. Pessôa protesta invocando o sucesso do Chile "no manejo da riqueza mineral", sucesso só comparável ao da Noruega. Nesse ponto, eu observaria duas coisas. Primeiro, que seria bom lembrar que o manejo, de fato, relativamente feliz dessa riqueza pelo Chile deve muito à nacionalização das minas, decretada por Allende, nacionalização que, não por acaso, não foi revogada (senão parcialmente) pela ditadura de Pinochet. Em segundo lugar, quanto à comparação com a Noruega, lembro que entre o Chile, país de grande desigualdade (embora de pouca pobreza), e a Noruega, campeã mundial no índice de desenvolvimento humano, existem diferenças importantes que é preciso não esquecer.

17. "Quem matou Daniel Blake?" (*Folha de S.Paulo*, 2 abr. 2017), que comenta o filme bem conhecido de Ken Loach.

18. A propósito da comparação entre o "massacre pelo tabaco" e os genocídios totalitários, alguns dos meus interlocutores, mais ou menos influenciados pela economia liberal, fazem valer o fato de que se trataria de coisas bem diferentes, porque, no primeiro caso, teríamos um problema de "vendas da indústria" de "marketing", ou quejando, algo muito diferente das práticas do gulag. Claro que os dois casos são diferentes: não confundo sociedades capitalista-democráticas (ou mesmo capitalista-autocráticas) com sociedades totalitárias. Mas isso não impede que se mostre que as duas ordens de massacres, mutatis mutandis, são comparáveis. E que se mostre também que as convergências são *mascaradas* pelas diferenças, e o quanto as pessoas vivendo no interior de uma sociedade capitalista têm dificuldade para perceber as convergências, precisamente porque a ideologia inscrita nesta tem o efeito de *naturalizar*, *fetichizar*, os objetivos econômicos dominantes, que são *o lucro e a acumulação*. Quando se trata de obter lucro e de acumular, a liquidação em grande escala de vidas humanas aparece como efeito colateral, e a tragédia como resultado inevitável de uma prática "natural".

19. J. Stiglitz, *Freefall*, trad. francesa, *Le Triomphe de la cupidité*, ed. Les Liens qui Libèrent (França), 2010, p. 435.

20. Samuel Pessôa põe sempre em evidência o fato de que alguns países escapam dessa sina. Vou evitar uma argumentação que poderia parecer falaciosa, a de insistir em que economias nas quais a situação do emprego parece melhor mostram tais ou tais inconvenientes (embora sejam evidentes os fenômenos de subemprego e de pobreza nos Estados Unidos e, para o caso da Alemanha, provavelmente exista um jogo de soma nula entre ela e as demais economias da zona do euro). Antes me pergunto se é um bom método supor que, se o fenômeno não se manifestar em um ou em dois casos, isso prova que ele não é inevitável e, portanto, que o sistema não tem culpa. Acho que esse é um argumento falso. Se a generalidade dos países da Europa (mais os Estados Unidos, com o subemprego) é atingida pelo desemprego, isso indica que há alguma coisa que funciona mal no sistema. Claro que os neoliberais têm uma carta na manga: que se "libere" a economia e tudo andará bem. Mas essa crença é muito mais da ordem da fé do que da ordem da ciência. A suposição de que o sistema é em grandes linhas harmônico e de que a "mão invisível" dará remédio aos nossos males é fruto da ideia de que o mundo do capital é um mundo de racionalidade. A experiência de alguns séculos parece mostrar, antes, o contrário. Também não afirmo que tudo o que é mau veio da direita e que o que é bom veio da esquerda, como o meu interlocutor insinua. É verdade que há uma luta entre forças progressistas (por mais igualdade) e forças conservadoras, e a regra geral é que o progresso social vem em princípio da primeira, não da última. Mas, mesmo pondo entre parênteses as grandes degenerescências que denunciei e que são o tema fundamental deste livro, a direita pode propor medidas positivas (dei, aqui, exemplos nacionais e internacionais), e a esquerda pode errar. Acho que sobre esses erros já exemplifiquei o suficiente.

21. O destino de Cardoso também interessa, mesmo se Pessôa reconhece que o PSDB (e também Cardoso?) não carrega hoje a bandeira da mudança. Foi Cardoso quem caiu numa armadilha, não a esquerda independente. E isso já ocorria, e se reforçava, quando ele estava no governo.

22. Já que me refiro à questão ecológica, cabe uma última observação. Samuel Pessôa escreve, a propósito da minha atitude em relação às questões ambientais: "Até mesmo a esperança de uma sociedade ecologicamente correta parece pertencer naturalmente, para Fausto, ao seu próprio campo ideológico. Recomenda-se cautela. Basta lembrarmos que os países socialistas foram campeões de destruição do meio ambiente". Nesse ponto, "apito": sou eu quem recomenda "cautela" ao meu ilustre interlocutor. Eu nunca afirmei que os atentados ao meio natural foram coisa exclusiva do capitalismo. Sempre afirmei o

contrário. O que ocorre é que hoje alguns dos países do campo (ou ex-campo) do "socialismo de caserna" se tornaram ao mesmo tempo grandes economias capitalistas. Assim, os dois vetores se fundiram. Mas o delírio prometeico era pelo menos tão forte — e talvez até mais forte — nas sociedades burocrático-totalitárias do que nas sociedades capitalistas. Esta foi sempre a minha posição (que, evidentemente, é mais do que uma posição, e não é apenas minha). Aqui, Pessôa não se engana apenas. Ele tropeça no que penso e escrevo.

23. Dir-se-ia que idealizo os intelectuais, mas há nesse contra-argumento uma confusão: não estou dizendo que o trabalho teórico ou mesmo o combate de ideias pode substituir a política prática enquanto tal. Esta última será sempre insubstituível. Mas os intelectuais — como, de resto, os camponeses e os pobres das cidades, eles também não são todos militantes — terão os seus representantes ativos. Que não se confundam as duas distinções.

7. SERÁ QUE GOVERNO FERNANDO HENRIQUE FOI TÃO DE ESQUERDA QUANTO O DE LULA? [pp. 194-99]

1. Celso Rocha de Barros, "Para onde, esquerda?". *Folha de S.Paulo*. Disponível em: < https://www1.folha.uol.com.br/colunas/celso-rocha-de-barros/2017/07/1897885-para-onde-esquerda.shtml>.

2. "O regime não é dos excluídos", *Folha de S.Paulo*, caderno Mais!. Disponível em: <https://www1.folha.uol.com.br/fsp/1996/10/13/mais!/10.html>.

12. (DES)ILUSÕES LIBERAIS [pp. 275-89]

1. Por exemplo, o aumento da taxa Selic de 25%, herdada de FHC, para 26,5%, mesmo já tendo anunciado um aumento da meta de superávit primário.

2. "Um 1999 sombrio", *Folha de S.Paulo*, Tendências/Debates, 9 out. 1998.

3. "Maxidesvalorização do real surpreende consultores", *Folha de S.Paulo*, Cenários, 31 jan. 1999.

4. Fernando Haddad e Eugênio Bucci, "Propriedade, direita e esquerda". *Teoria e Debate*, n. 25, jun. 1994.

5. Lembremo-nos de que o primeiro mandato de FHC fez déficit primário.

13. DE CRISE EM CRISE [pp. 290-305]

1. Essa agenda não exclui eventuais políticas setoriais, como subsídio para algumas atividades ou novas tecnologias. Mas essas intervenções devem ser rea-

lizadas com parcimônia e apenas em casos específicos, embasadas por evidências sobre o potencial desenvolvimento competitivo dessas atividades produtivas, que não se desenvolvem por alguma falha de mercado.

14. O BRASIL E A RECESSÃO DEMOCRÁTICA [pp. 309-33]

1. Eds. bras.: *Como as democracias morrem*. Trad. de Renato Aguiar. Rio de Janeiro: Zahar, 2018; *Como a democracia chega ao fim*. Trad. de Sergio Flaksman. São Paulo: Todavia, 2018.

15. A RECESSÃO DEMOCRÁTICA NO BRASIL: RESPOSTA A CELSO [pp. 334-47]

1. Nelson sempre criticou o prazo do controle dos gastos da emenda constitucional, dez anos, e sempre considerou que o ideal seria um governo decidir a taxa de crescimento do gasto público para o período de um mandato, quatro anos.

2. Ver, por exemplo, Carlos Pereira e Frederico Bertholini, "Coalition Management in Multiparty Presidential Regimes". Em Barry Ames (Org.), *Routledge Handbook of Brazilian Politics*. Nova York: Routledge, 2018.

16. RECESSÃO DEMOCRÁTICA: RESPOSTA A SAMUEL E MARCOS [pp. 348-55]

1. *Gasto Social Federal: Prioridade macroeconômica no período 1995-2010*, nota técnica do Ipea, set. 2012. Disponível em: <http://www.ipea.gov.br/agencia/images/stories/PDFs/nota_tecnica/120904_notatecnicadisoc09.pdf>.

21. TEXTO REBATE CRÍTICAS AOS ECONOMISTAS HETERODOXOS DE LISBOA E PESSÔA [pp. 414-25]

1. Disponível em: <https://www1.folha.uol.com.br/ilustrissima/2016/03/1751590-crises-economicas-evidenciam-reducionismo-de-modelos-teoricos.shtml>.

1ª EDIÇÃO [2019] 1 reimpressão

ESTA OBRA FOI COMPOSTA PELA SPRESS EM MINION E IMPRESSA EM OFSETE
PELA GRÁFICA BARTIRA SOBRE PAPEL PÓLEN SOFT DA SUZANO S.A.
PARA A EDITORA SCHWARCZ EM JULHO DE 2020

FSC
www.fsc.org
MISTO
Papel produzido
a partir de
fontes responsáveis
FSC® C105484

A marca FSC® é a garantia de que a madeira utilizada na fabricação do papel deste livro provém de florestas que foram gerenciadas de maneira ambientalmente correta, socialmente justa e economicamente viável, além de outras fontes de origem controlada.